通济渠商丘夏邑段遗址考古发掘报告

河南省文物考古研究院
商丘市文物考古研究院　编著
夏邑县文物管理局

中原出版传媒集团
中原传媒股份公司

大象出版社
·郑州·

图书在版编目（CIP）数据

通济渠商丘夏邑段遗址考古发掘报告／河南省文物考古研究院，商丘市文物考古研究院，夏邑县文物管理局编著.— 郑州：大象出版社，2023.3
 ISBN 978-7-5711-1219-6

Ⅰ.①通… Ⅱ.①河…②商…③夏… Ⅲ.①通济渠-文化遗址-考古发掘-发掘报告-夏邑县 Ⅳ.①K878.45

中国版本图书馆 CIP 数据核字（2021）第 208725 号

通济渠商丘夏邑段遗址考古发掘报告
河南省文物考古研究院　商丘市文物考古研究院　夏邑县文物管理局　编著

出 版 人	汪林中
责任编辑	王军敏
责任校对	倪玉秀　毛　路　张迎娟
封面设计	唐若冰
责任印制	郭　锋

出版发行	大象出版社（郑州市郑东新区祥盛街 27 号　邮政编码 450016） 发行科　0371-63863551　总编室　0371-65597936
网　　址	www.daxiang.cn
印　　刷	北京汇林印务有限公司
经　　销	各地新华书店经销
开　　本	787 mm×1092 mm　1／16
印　　张	19
字　　数	356 千字
版　　次	2023 年 3 月第 1 版　2023 年 3 月第 1 次印刷
定　　价	245.00 元

若发现印、装质量问题，影响阅读，请与承印厂联系调换。
印厂地址　北京市大兴区黄村镇南六环磁各庄立交桥南 200 米（中轴路东侧）
邮政编码 102600　　　电话 010-61264834

前　言

　　通济渠商丘夏邑段遗址位于夏邑县西南约 15 千米，是隋唐大运河通济渠的重要一段，西部从虞城县沙岗店入境，向东经济阳镇、罗庄镇、会亭镇，从会亭镇东部入永城马牧镇，境内全长 27 千米，基本走向与河南省道 325 线（即商丘至永城公路南线）基本一致。

　　在 20 世纪 90 年代之前，这段运河故道遗址还保留有断断续续、高低不等的废隋堤土岭，虽然知道是隋堤，但其并没有得到应有的重视和保护。1996 年村民在济阳镇西街水面处发现两艘古代木船、铁锚、瓷器等文物。2001 年、2002 年河南省道 325 线拓宽改造过程中，在通济渠济阳镇段出土大量瓷器，由此才引起了地方政府和文物部门的高度重视。为了进一步加强对这一段大运河的保护，2006 年商丘市人民政府公布大运河商丘段为商丘市文物保护单位，2007 年商丘市文物局组织专业技术人员对大运河商丘段进行全线考古调查，这次调查进一步了解了大运河商丘段的基本情况和遗产价值，为以后的考古调查、发掘和遗产保护奠定了良好的基础。

　　在 2007 年调查的基础上，2011 年 12 月，经河南省文物局批准，河南省文物考古研究院委派专业技术人员在夏邑地方文物部门的配合下，在济阳镇西街约 800 米处的运河北堤进行考古试发掘，结果清理出三个时期的大堤遗存和一批宋代陶瓷器，在明代、宋代大堤表面分别发现清晰的车辙印痕和分布密集的行人脚印、动物蹄印及因天气干旱形成的地裂痕迹。这次发掘收获较大，更增强了人们对这段运河文化进一步进行考古调查和发掘的信心。

　　为配合大运河申报世界文化遗产工作，2012 年春至 2013 年秋，河南省文物考古研究院报请国家文物局批准，对大运河济阳镇遗址进行正式考古调查和发掘，地点选择在济阳镇东约 300 米的刘铺村西，东临刘铺村，北临省道 325 线。这里地面开阔，附属建筑物少，从运河南堤到北堤之间没有障碍物，便于完整了解运河河道结构情况。这次发掘共揭露面积近 3000 平方米，揭示了这段河道完整的结构情况，发现丰富的河道文化遗存，例如堤面分布密集的行人脚印、动物蹄印，南堤外宋代道路等，为确保这段大运河申遗成功提供了坚实的考古资料支撑。

　　通济渠商丘夏邑段遗产点主要是指济阳镇东街县道 101 线向东至刘铺村西；省道 325 线以南至刘铺通往济阳镇的生产路的范围，遗产区面积 12 公顷，之外为缓冲区，面积为13公顷。济阳镇段东西长约4.5千米的一段大运河故道是夏邑段的重点段，这一段大运河故道的主要特点有三个：一是河道宽。已探明济阳镇刘铺村西河道内口宽145米，是一般河道宽度的2倍多。二是在济阳镇区内还有零星分布的故道水面，其中济阳镇西街省道325线北侧的一处水面最大，东西长500余米，南北宽约30米。三是出土文物多。除出土两艘古代木船外，还发现一件长约2米的宋代铁锚，以及唐宋时期的陶瓷器、唐宋钱币等。因遗产区位于济阳镇，按照考古学命名的一般原则，将其命名为大运河济阳镇遗址。

本报告主要介绍的是2007年7—8月间第一次田野考古调查夏邑段大运河、2011年底在济阳镇西街进行的考古调查和试掘、2012年春至2013年秋在刘铺西大运河遗产区进行考古调查和发掘的全部内容。

目 录

第一章 概 述 1
　第一节　文化遗存的发现与命名 1
　第二节　地理位置与环境 12
　　一、地理位置 12
　　二、自然与人文环境 12
　第三节　历史沿革与考古概况 13

第二章 考古调查 15
　第一节　2007 年以前的考古调查工作 15
　第二节　2007 年通济渠商丘夏邑段全线考古调查 18
　　一、调查背景 18
　　二、工作经过 19
　　三、主要收获 22
　　四、遇到的问题 26
　　五、小结 26
　第三节　2011 年至 2013 年上半年济阳镇段考古调查工作 27
　　一、夏邑县汴河济阳镇段古运河的高密度电法探测结果报告 28
　　二、2011 年济西考古钻探结果 38
　　三、2013 年济阳镇前街、刘铺向西至济阳集之间的考古钻探结果 40

第三章 考古发掘 41
　第一节　济阳镇济西考古发掘 43

　　　　一、发掘概况 ··· 43
　　　　二、地层堆积情况 ··· 44
　　　　三、遗迹 ··· 50
　　　　四、遗物 ··· 54
　　　　五、小结 ··· 56
　　第二节　济阳镇刘铺考古发掘 ··· 58
　　　　一、发掘概况 ··· 58
　　　　二、地层堆积情况 ··· 58
　　　　三、遗迹与遗物 ·· 65
　　　　四、小结（分期与年代） ·· 82

第四章　结语 ·· 83
　　　　一、济西发掘点的价值 ·· 83
　　　　二、刘铺发掘点的价值 ·· 83

附录 ·· 86

　　附录一　通济渠夏邑济阳镇段出土文物选介 ······································ 86
　　附录二　大运河文献资料选录 ·· 108
　　附录三　关于运河的古诗词选编 ··· 113
　　附录四　关于通济渠商丘夏邑段的补充材料 ····································· 122
　　附录五　通济渠商丘夏邑段申遗迎检讲解词 ····································· 133
　　附录六　隋唐宋史书记载的大运河行经路线 ····································· 136
　　附录七　通济渠夏邑济阳镇段大事记 ·· 137
　　附录八　有关论文及文章 ·· 139
　　　　一、商丘古城与通济渠史地关系研究 ··· 139
　　　　二、大运河夏邑段沿途地名考 ·· 172
　　　　三、永远的大运河 ··· 174
　　　　四、汴河历史与申遗 ·· 180
　　　　五、商丘市大运河的保护与申遗 ·· 184

六、棹影浩荡通东西　北国江南一脉连——通济渠商丘南关段、商丘夏邑段	200
七、大运河相关非物质文化遗产	205
八、夏邑县济阳镇大运河文化遗产价值介绍	209
九、隋唐大运河永城段	212
十、关于"杨广下江都经过虞城"的史实	215
十一、宋元时期的运河水利专家及其事迹简表	219
十二、汴河棹影通济阳　通济余韵遗会亭	220

附录九　通济渠商丘夏邑段（济阳镇）遗址保护展示设计方案 ⋯⋯ 232

第一部分　遗址保护展示设计方案文本说明 ⋯⋯ 233
第二部分　遗址保护展示设计方案文本图纸 ⋯⋯ 261

附录十　通济渠商丘夏邑段历年征集文物图片选录 ⋯⋯ 285

插图目录

图 1-1　隋代运河图 ……………………………………………………………………… 2

图 1-2　通济渠商丘段位置走向图 ……………………………………………………… 3

图 1-3　济阳镇地理位置图 ……………………………………………………………… 4

图 1-4　通济渠夏邑济阳镇段遗产区位置范围图 ……………………………………… 6

图 2-1　永城侯岭出土唐代木船地理位置图 …………………………………………… 15

图 2-2　永城侯岭出土唐代木船平、剖面图 …………………………………………… 16

图 2-3　永城侯岭唐代木船出土器物图一 ……………………………………………… 16

图 2-4　永城侯岭唐代木船出土器物图二 ……………………………………………… 17

图 2-5　大运河夏邑县济阳镇邓铺村 S325 公路 64 千米路标东 100 米处大运河横剖面图 …………………………………………………………………………… 23

图 2-6　大运河夏邑县济阳镇西 S325 公路 64.5 千米处横断面图 …………………… 23

图 2-7　夏邑县汴河济阳镇段高密度电法探测剖面的位置分析图 …………………… 30

图 2-8　邓铺路南侧物探图 ……………………………………………………………… 31

图 2-9　济阳镇西边缘 S325 省道北侧物探图 ………………………………………… 31

图 2-10　26 号剖面的东面、S325 省道北侧的物探图 ………………………………… 32

图 2-11　戚菜园西侧、S325 省道北侧的物探图 ……………………………………… 33

图 2-12　戚菜园东侧、S325 省道北侧的物探图 ……………………………………… 33

图 2-13　付庄西侧、S325 省道北侧第一物探地点的物探图 ………………………… 33

图 2-14　付庄西侧、S325 省道北侧第二物探地点的物探图 ………………………… 34

图 2-15　付庄东侧的物探图 …………………………………………………………… 34

图 2-16　后楼地区的物探图 …………………………………………………………… 34

图 2-17　后楼地区图 2-16 勘探点以东区域的物探图 ………………………………… 35

图 2-18　在付庄和李庄交界的小路旁的物探图 ……………………………………… 35

图 2-19　在付庄东侧、S325 公路北侧的物探图 ……………………………………… 35

图 2-20　在付庄东侧、S325 公路南侧的物探图 ……………………………………… 36

图 2-21	在图 2-20 勘探点东侧的物探图	36
图 2-22	在图 2-21 勘探地点东侧的物探图	36
图 2-23	刘铺村中部勘探地点物探图	36
图 2-24	综合分析勘探数据后的初步结果	37
图 3-1	济阳镇考古发掘第一、二地点位置示意图	41
图 3-2	2011 年济西发掘探沟、探方平面位置示意图	44
图 3-3	T1 北壁剖面图	45
图 3-4	解剖面 1 剖面图	46
图 3-5	解剖面 2 北壁北剖图	47
图 3-6	大堤结构剖面图	49
图 3-7	三层大堤叠压关系示意图	52
图 3-8	H1 平、剖面图	52
图 3-9	H3 平、剖面图	53
图 3-10	济西晚期大堤出土陶器	54
图 3-11	济西中期大堤出土器物	56
图 3-12	刘铺探方布置总平面图	59
图 3-13	通济渠济阳镇遗产区位置范围平面图	60
图 3-14	T1 东壁南段（局部）剖面图	61
图 3-15	T1 东壁北段（局部）剖面图	61
图 3-16	T1 扩方北壁（局部）剖面图	62
图 3-17	T2 西壁大堤南侧（局部）剖面图	63
图 3-18	T2 西壁大堤北段（局部）剖面图	64
图 3-19	刘铺 T1 遗迹分布平面示意图	65
图 3-20	2012XYJLT1G1 平、剖面图	66
图 3-21	2012XYJLT1G2 平、剖面图	67
图 3-22	2012XYJLT1G3 平、剖面图	67
图 3-23	T1 基槽平、剖面图	68
图 3-24	瓮棺葬 W1 平、剖面图	70
图 3-25	刘铺村西 T2 平、剖面图	71
图 3-26	T2L1、L2 平面图	72
图 3-27	T2 古井平、剖面图	74

图 3-28	T2G5 平、剖面图	74
图 3-29	T2H1 平、剖面图	75
图 3-30	瓷缸标本 16	76
图 3-31	白瓷碗标本 13	76
图 3-32	青瓷碗标本 21	76
图 3-33	白釉瓷碗标本 20	76
图 3-34	瓷瓶标本 18	77
图 3-35	陶碗标本 12	77
图 3-36	青瓷碗标本 14	77
图 3-37	高圈足白瓷碗标本 4	77
图 3-38	瓷瓶标本 3	77
图 3-39	青瓷碗标本 1	77
图 3-40	陶盂标本 5	78
图 3-41	瓷罐标本 2	78
图 3-42	青花瓷碗标本 6	78
图 3-43	白瓷盏标本 25	78
图 3-44	青花瓷盘标本 26	78
图 3-45	青花瓷碗标本 9	78
图 3-46	釉陶盆标本 15	79
图 3-47	青花瓷碗标本 10	79
图 3-48	黑釉瓷碗标本 24	79
图 3-49	陶瓮棺标本 23	79
图 3-50	青瓷碗标本 7	79
图 3-51	青瓷碗标本 8	80
图 3-52	瓷瓶标本 17	80
图 3-53	青瓷碗标本 19	80
图 3-54	黑瓷碗标本 22	80
图 3-55	蓝釉瓷碗标本 28	80
附图 1-1	青瓷碗 DP98	86
附图 1-2	青瓷碗 DP96	86
附图 1-3	青瓷碗 DP139	87

附图 1-4　青瓷碗 DP107 ……………………………………………………………… 87

附图 1-5　青瓷碗 DP120 ……………………………………………………………… 87

附图 1-6　白瓷碗 DP127 ……………………………………………………………… 87

附图 1-7　青瓷碗 DP85 ………………………………………………………………… 87

附图 1-8　白瓷碗 DP148 ……………………………………………………………… 87

附图 1-9　青瓷碗 DP95 ………………………………………………………………… 88

附图 1-10　小青瓷碗 DP102 …………………………………………………………… 88

附图 1-11　青瓷碗 DP72 ……………………………………………………………… 88

附图 1-12　青瓷碗 DP88 ……………………………………………………………… 88

附图 1-13　白瓷碗 DP75 ……………………………………………………………… 88

附图 1-14　黑瓷盏 DP76 ……………………………………………………………… 89

附图 1-15　白瓷轮 DP138 ……………………………………………………………… 89

附图 1-16　白瓷钵 DP112 ……………………………………………………………… 89

附图 1-17　青瓷盘 DP77 ……………………………………………………………… 89

附图 1-18　青瓷碗 DP92 ……………………………………………………………… 90

附图 1-19　青瓷钵 DP100 ……………………………………………………………… 90

附图 1-20　白瓷碗 DP132 ……………………………………………………………… 90

附图 1-21　白瓷碗 DP128 ……………………………………………………………… 90

附图 1-22　青瓷碗 DP94 ……………………………………………………………… 90

附图 1-23　青瓷碗 DP117 ……………………………………………………………… 91

附图 1-24　葵口碗 DP145 ……………………………………………………………… 91

附图 1-25　青瓷碗 DP143 ……………………………………………………………… 91

附图 1-26　青瓷碗 DP135 ……………………………………………………………… 91

附图 1-27　瓷盆 DP105 ………………………………………………………………… 91

附图 1-28　青瓷钵 DP91 ……………………………………………………………… 91

附图 1-29　瓷罐 DP155 ………………………………………………………………… 92

附图 1-30　青瓷碗 DP130 ……………………………………………………………… 92

附图 1-31　白瓷碗 DP115 ……………………………………………………………… 92

附图 1-32　白釉葵口碗 DP116 ………………………………………………………… 92

附图 1-33　青瓷碗 DP81 ……………………………………………………………… 92

附图 1-34　青瓷碗 DP74 ……………………………………………………………… 92

附图 1-35	青瓷盘 DP123	93
附图 1-36	白瓷碗 DP121	93
附图 1-37	白瓷碗 DP126	93
附图 1-38	黑釉粉盒 DP99	93
附图 1-39	青瓷碗 DP53	93
附图 1-40	青瓷碗 DP46	94
附图 1-41	四系子母口釉陶罐 DP66	94
附图 1-42	白瓷碗 DP36	94
附图 1-43	白瓷碗 DP34	94
附图 1-44	白瓷盘 DP3	94
附图 1-45	青瓷碗 DP8	95
附图 1-46	白瓷碗 DP31	95
附图 1-47	白瓷碗 DP30	95
附图 1-48	青花瓷碗 DP2	95
附图 1-49	青花瓷碗 DP47	95
附图 1-50	白瓷盏 DP44	96
附图 1-51	白瓷碗 DP48	96
附图 1-52	青瓷碗 DP45	96
附图 1-53	青瓷碗 DP63	96
附图 1-54	青瓷碗 DP18	96
附图 1-55	淡黄碗 DP4	96
附图 1-56	黄釉双系壶 DP70	97
附图 1-57	双系褐釉罐 DP009	97
附图 1-58	青瓷碗 DP11	97
附图 1-59	白瓷碗 DP25	97
附图 1-60	白瓷碗 DP29	98
附图 1-61	白瓷碗 DP13	98
附图 1-62	白瓷盘 DP35	98
附图 1-63	白瓷碗 DP17	98
附图 1-64	青瓷碗 DP14	98
附图 1-65	白瓷碗 DP33	98

附图 1-66	白瓷碗 DP37	99
附图 1-67	白瓷碗 DP5	99
附图 1-68	青瓷碗 DP16	99
附图 1-69	青瓷碗 DP67	99
附图 1-70	青瓷碗 DP9	99
附图 1-71	青瓷碗 DP28	99
附图 1-72	青瓷碗 DP7	100
附图 1-73	白瓷盘 DP32	100
附图 1-74	白瓷碗 DP6	100
附图 1-75	白瓷瓶 DP20	100
附图 1-76	青瓷碗 DP27	100
附图 1-77	白瓷碗 DP23	100
附图 1-78	青瓷碗 DP52	101
附图 1-79	青瓷灯 DP60	101
附图 1-80	青瓷碗 DP12	101
附图 1-81	黑瓷碗 DP19	101
附图 1-82	青瓷盏 DP54	101
附图 1-83	黑瓷碗 DP58	101
附图 1-84	青瓷碗 DP62	102
附图 1-85	青瓷碗 DP57	102
附图 1-86	白瓷碗 DP67	102
附图 1-87	青瓷碗 DP12	102
附图 1-88	白瓷碗 DP50	102
附图 1-89	青瓷碗 DP64	102
附图 1-90	青瓷碗 DP16	103
附图 1-91	黑瓷盏 DP10	103
附图 1-92	青瓷瓶 DP43	103
附图 1-93	黑瓷碗 DP56	103
附图 1-94	青瓷碗 DP22	103
附图 1-95	瓷盘 DP15	103
附图 1-96	青瓷盏 DP24	104

附图 1-97	瓷盏 DP21	104
附图 1-98	青瓷盏 DP41	104
附图 1-99	青瓷碗 DP55	104
附图 1-100	青瓷碗 DP42	104
附图 1-101	白瓷碗 DP51	104
附图 1-102	青瓷碗 DP49	105
附图 1-103	青瓷碗 DP61	105
附图 1-104	酱釉罐 DP68	105
附图 1-105	单扳单鋬青瓷壶 DP30	105
附图 1-106	单扳带鋬双系青釉壶 DP69	105
附图 1-107	黑釉壶 DP68	106
附图 4-1	宋代汴河行经路线	127
附图 4-2	通济渠商丘夏邑段考古探方平、剖面图	128
附图 4-3	通济渠商丘夏邑段考古探方平面图	130
附图 8-1	商丘故城平面图	140
附图 8-2	归德府图	140
附图 8-3	归德府城池图	141
附图 8-4	商丘宋城、睢阳城、归德城平面图	144
附图 8-5	商丘古城地层钻探示意图	155
附图 8-6	商丘地区古代地貌变迁图	157
附图 8-7	"商丘县境"图	159
附图 8-8	（商丘）城南新河图	159
附图 8-9	隋代宋城与通济渠	161
附图 8-10	春秋时期宋城与睢水	165
附图 8-11	西汉睢阳城与睢水	166
附图 8-12	宋城城墙与护城河剖面图	167
附图 8-13	商丘古城南运河线路及其码头位置	169
附图 8-14	商丘通济渠码头遗址考古发掘现场	170
附图 8-15	隋唐大运河商丘段位置走向图	187
附图 8-16	大运河永城侯岭乡谢酒店村西河道横剖面图	189
附图 8-17	大运河夏邑会亭镇东 1.5 公里窑厂取土区西侧 1 米处河道横剖面图	189

附图 8-18	大运河夏邑会亭镇十里铺村西 50 米处河道横剖面图	189
附图 8-19	夏邑县罗庄乡熊楼村西（325 省道 56.9 公里处）大运河河道横剖面图	189
附图 8-20	大运河夏邑县济阳镇西街 325 省道 64.5 公里处河道横断面图	190
附图 8-21	虞城站集—麦仁段运河横截面钻探图	190
附图 8-22	虞城麦仁—谷熟段运河横截面钻探图	191
附图 8-23	虞城芒种桥—蔡道口段运河横截面钻探图	191
附图 8-24	商丘古城老南关外大运河码头、古道路位置示意图	196

图版目录

图版 1-1　2008 年 12 月 17 日，国家申遗办顾风主任考察汴河济阳镇遗址 …………………… 8
图版 1-2　2011 年 1 月 11 日，国家文物局局长单霁翔视察汴河济阳镇遗址 …………………… 8
图版 1-3　2012 年 1 月 3 日，中国社会科学院考古研究所杜金鹏研究员考察汴河济阳镇遗址 …………………………………………………………………………………………… 8
图版 1-4　2012 年 12 月 26 日，北京大学徐天进教授、杭侃博士考察汴河济阳镇遗址 ………… 9
图版 1-5　2012 年 12 月 26 日，北京大学考古文博学院专家到大运河济阳镇考古工地考察 …………………………………………………………………………………………… 9
图版 1-6　2013 年 3 月 27 日，国家文物局副局长童明康视察大运河夏邑济阳镇考古发掘工地 …………………………………………………………………………………… 9
图版 1-7　2013 年 5 月 24 日，国际古迹遗址理事会副主席、国家文物局专家组成员郭旃到大运河济阳镇考察 …………………………………………………………………… 10
图版 1-8　2013 年世界遗产组织专家现场验收之一 …………………………………………… 10
图版 1-9　2013 年世界遗产组织专家现场验收之二 …………………………………………… 10
图版 1-10　2013 年世界遗产组织专家现场验收之三 ………………………………………… 11
图版 1-11　通济渠济阳镇段遗产区（北至南）………………………………………………… 11
图版 1-12　2013 年 6 月 7 日，商丘市 300 多名骑友在济阳镇举行"骑行大运河　助推大申遗"活动 ………………………………………………………………………… 11
图版 2-1　济阳镇沉船出土处 …………………………………………………………………… 18
图版 2-2　技术人员调查大运河故道断面 ……………………………………………………… 20
图版 2-3　2007 年考古调查工作组在邓铺村前宣传调查 ……………………………………… 20
图版 2-4　2007 年考古工作者在会亭与永城交界处钻探 ……………………………………… 20
图版 2-5　2007 年杜金鹏、刘海旺在济阳指导考古调查工作 ………………………………… 21
图版 2-6　2007 年邓铺村前 325 省道下运河北堤出土树根 …………………………………… 21
图版 2-7　济西故道水面 ………………………………………………………………………… 21
图版 2-8　勘探人员在济阳镇古运河区域布设高密度电法勘探网络 ………………………… 29

图版 2-9	高密度电法勘探仪器运行中	29
图版 3-1	2011 年济西发掘探方、探沟平面分布图	44
图版 3-2	T3③A 层地面车辙痕迹	50
图版 3-3	T2③B 层地面踩踏痕迹	51
图版 3-4	T2∶2 行人脚印	51
图版 3-5	T2∶4 行人脚印	51
图版 3-6	地面干裂遗迹	53
图版 3-7	T1 建筑基槽（西向东）	68
图版 3-8	T1 南堤及建筑基槽	68
图版 3-9	T1 堤北河道木桩遗迹之一	69
图版 3-10	T1 堤北河道木桩遗迹之二	69
图版 3-11	T1 扩方瓮棺葬 W1	70
图版 3-12	T1 扩方南堤北坡行人脚印痕迹	71
图版 3-13	T2 堤南古道路 L2	73
图版 3-14	T2 北坡行人脚印、动物蹄印遗迹	73
图版 3-15	T2 堤南古道路 L1	75
图版 3-16	T1 发掘现场一	81
图版 3-17	T1 发掘现场二	81
图版 3-18	T2 发掘现场北段	81
图版 3-19	T2 发掘现场南部清理	82
附图版 1-1	白地黑花瓷瓮	106
附图版 1-2	"婴戏"白瓷枕	106
附图版 1-3	铁锚	107
附图版 1-4	耢石	107
附图版 1-5	木船板	107
附图版 4-1	《新唐书》相关记载	123
附图版 4-2	《归德府志》相关记载	123
附图版 4-3	《夏邑县志》相关记载	124
附图版 4-4	清《康熙夏邑县志》所载夏邑县疆域图	125
附图版 4-5	清乾隆十九年《归德府志》所载商丘县境图	126
附图版 4-6	《中国历史地图集》相关地图	126

附图版 4-7	考古人员发掘宋代青瓷碗	129
附图版 4-8	出土的唐代螭龙滴砚	129
附图版 4-9	出土的宋代瓷瓮	129
附图版 4-10	出土的铁锚	129
附图版 4-11	出土的船板	129
附图版 4-12	出土的宋代钱币	129
附图版 4-13	堤外道路和车辙遗迹	131
附图版 4-14	堤上建筑基槽	131
附图版 4-15	堤上密集的树木桩遗迹	131
附图版 4-16	济阳镇通济路门牌	132
附图版 4-17	济阳镇济隋路门牌	132
附图版 8-1	青釉瓷碗	185
附图版 8-2	唐代螭龙砚滴	185
附图版 8-3	宋代瓷碗	185
附图版 8-4	夏邑会亭镇东侧大运河北堤面	192
附图版 8-5	大运河商丘段考古调查与勘测方案论证会现场	194
附图版 8-6	河南省文物管理局陈爱兰局长到钻探工地视察	194
附图版 8-7	大运河商丘段文物钻探现场	195
附图版 8-8	2013年9月联合国教科文组织专家考察验收遗产点	202
附图版 8-9	北堤堤面宋代行人脚印遗迹	203
附图版 8-10	北堤堤面车辙痕迹	203
附图版 8-11	南堤外宋代道路	203
附图版 8-12	南堤北坡建筑基槽	204

第一章 概 述

第一节 文化遗存的发现与命名

隋唐大运河通济渠开凿于隋大业元年（605），使用兴盛于唐、宋两个朝代。隋唐大运河包括永济渠、通济渠、邗沟、江南河四个部分，全长约2700千米，连通海河、黄河、淮河、长江、钱塘江五大水系，是当时沟通我国南北的交通大动脉。其中，通济渠又称汴河，是隋唐大运河的首期工程，连接了黄河与淮河，贯通了洛阳到淮安，全长650千米。共历现今3省18县（市），历经隋、唐、五代、宋、辽、西夏、金、元8个朝代，通航约720年。

南宋时期，随着政治中心南移，通济渠的漕运地位逐步减弱，再加上每年缺少清淤治理，运河河床逐渐淤塞断流。元代将河道取直，直接由北京向南通往苏杭，新开凿的京杭大运河比绕道洛阳的隋唐大运河缩短了900多千米。

宋金交战，宋室南迁时，南宋王朝为了阻止金兵南下，第一次官方大规模破坏了运河上的码头、桥梁等主要设施，隋唐大运河通济渠从此丧失了全线通航的能力。尤其是京杭大运河开通后，这段运河除局部通航外，大部分已废弃。受黄河历次泛滥淤积破坏，豫东商丘段大部分河道被掩埋于茫茫黄沙下。这段曾经繁华于我国隋、唐、宋三个时期，为我国经济繁荣、南北统一、政治安定做出过重要贡献的南北交通大动脉，从此远离了人们的视线，但"隋堤烟柳"的美好景观永远地烙在了人们的记忆中。

长期以来，人们对隋唐大运河的认识仅停留在记忆里，不知道它究竟身在何处，从1840年鸦片战争爆发到20世纪70年代长达100多年的时间里，对大运河的研究是一个空白，这是历史之痛，也是文化之殇。直到20世纪七八十年代，才有一部分专家学者对大运河的遗产价值、线路走向进行了研究。改革开放带来的不仅是中国经济的振兴，更有文化的繁荣，在20世纪80年代国家建设百废待兴的时期，一些有远见卓识而且有强烈的时代感和社会责任感的学者就开始了对大运河的考察与研究，从而揭开了大运河研究的序幕。1978年马正林的《中国运河变迁的基本特点》，具体介绍了

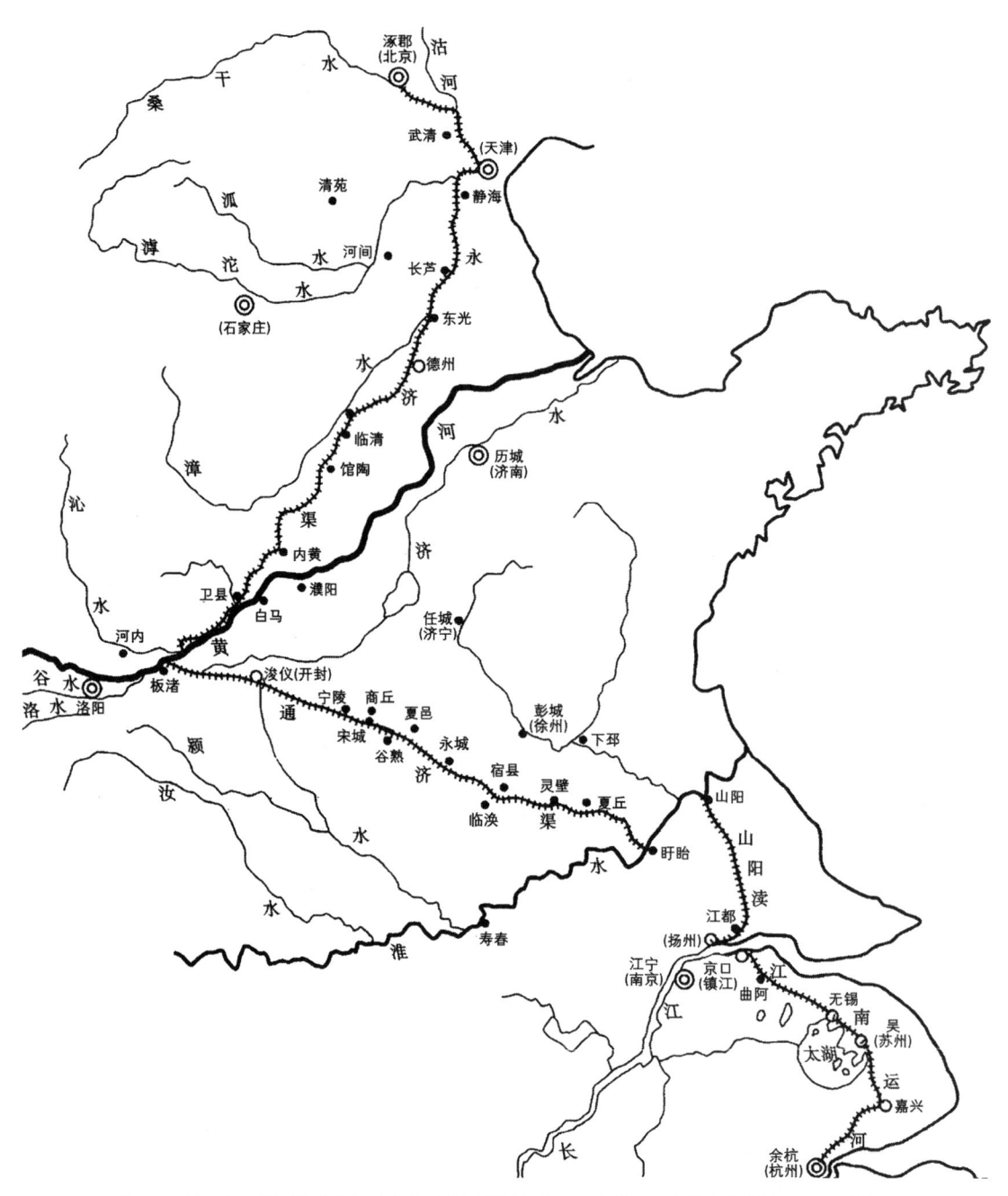

图 1-1 隋代运河图（摘自安作璋主编《中国运河文化史》上册，山东教育出版社 2006 年版）

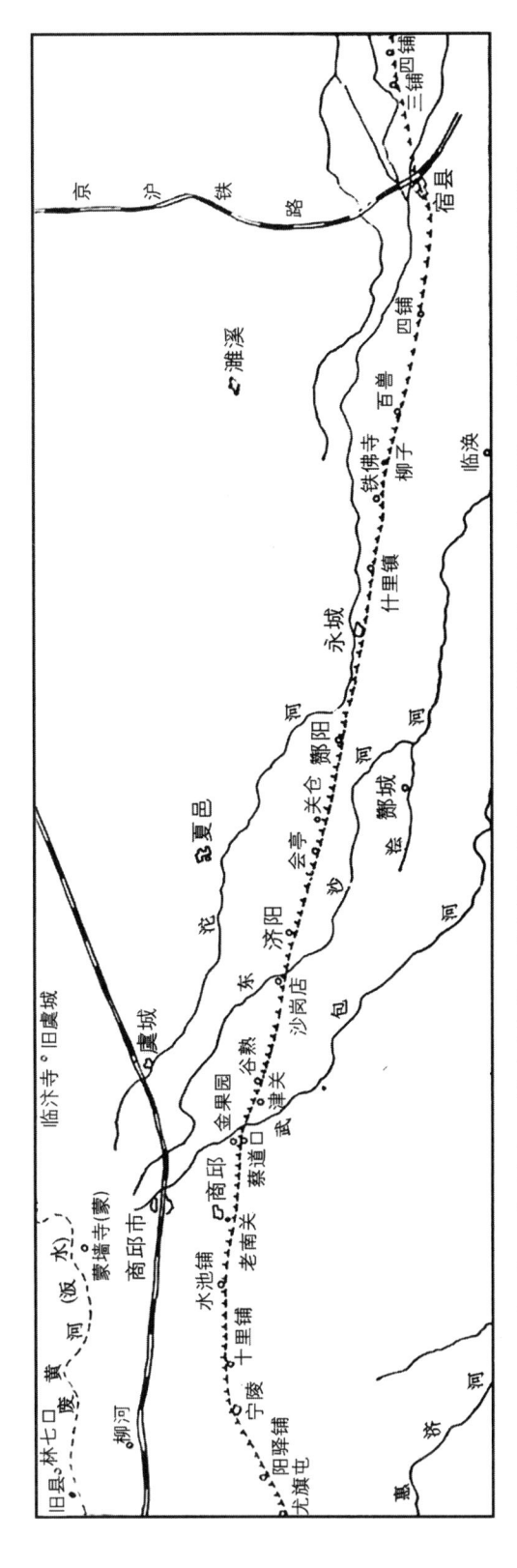

图 1-2 通济渠商丘段位置走向图（摘自涂相乾《宋代汴河行经试考》，载《水利史研究会成立大会论文集》，水利电力出版社 1984 年版）

运河在不同历史时期和不同地域的风格与特点，在那时是难得的用历史眼光研究运河的作品。1985年潘镛的《隋运河通济渠段的变迁》一文在考察运河通济渠段的变化过程中，大胆修正了一些所谓常识的看法，为后人的研究开辟了路径。

大运河商丘夏邑段在20世纪90年代之前还保留有断断续续、高低不等的隋堤土岭，虽然知道是隋堤，但其并没有得到应有的重视和保护。夏邑县济阳镇段木船的发现，铁锚、瓷器的出土，尤其是2001年、2002年河南省S325省道（即商丘至永城公路南线）拓宽改造过程中，在通济渠济阳镇段出土大量瓷器，由此才引起了文物部门的高度重视。为了进一步加强对这一段大运河的保护，2006年商丘市人民政府公布大运河商丘段为商丘市文物保护单位，2007年商丘市文物局组织专业技术人员对大运河商丘段进行全线考古调查，这次调查进一步了解了大运河商丘段的基本情况和遗产价值，为以后的考古调查、发掘和遗产保护奠定了良好的基础。

大运河商丘段是隋唐大运河通济渠的一部分，在商丘古城南关外从西向东流过，西部从开封杞县与商丘睢县交界处入商丘境，途经商丘睢县、宁陵县、梁园区、睢阳区、虞城县、夏邑县、永城市七个县（市、区）。从夏邑县会亭镇进入永城市境，经永城市老城区向东流，从永城市原侯岭乡呼庄村进入安徽淮北濉溪县境，全长199.7千米，其中夏邑段全长27千米，东西横穿济阳、罗庄、会亭三个乡镇。

通济渠是中国大运河中开凿时间较早、规模较大、体现中国古代早期规划思想和建造工艺的技术高峰的重要河段，其中的商丘夏邑段是最具有典型性和代表性的遗产之一。通济渠商丘夏邑段作为重要的河道和水工遗存，展现了隋、唐、宋时期大运河河道巨大的规模尺度，以及形制、工艺、线路、走向等真实情况，证实了经

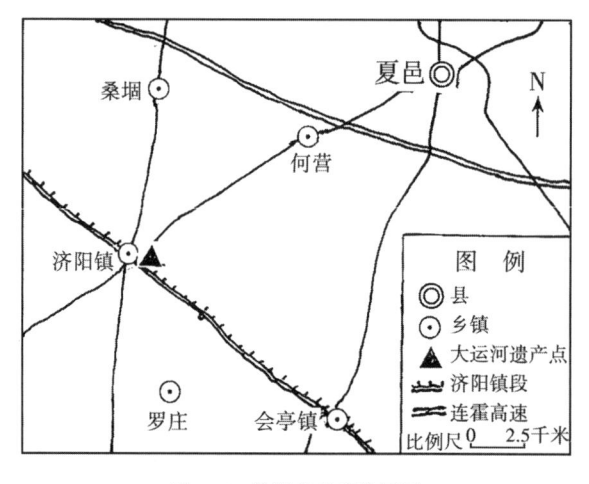

图1-3 济阳镇地理位置图

常对其进行清淤疏浚、使用树桩加固河堤、堤外为官道等历史史实和技术特征，是中国古代水利工程高超水平的直接见证。

通济渠从虞城县沙岗店入夏邑境，流经夏邑县济阳镇、罗庄镇、会亭镇三个乡镇，从会亭镇东部流入永城市境，这个线路走向与史书记载以及近代学者研究成果一致。宋代王存的《元丰九域志》系统记载了汴河行经荥阳（今郑州北）、原武、阳武（今原阳县境内）、中牟、开封、陈留（今开封县境）、雍丘（今杞县）、襄邑（今睢县）、宁陵、宋城（今睢阳区）、谷熟（今虞城县境）、下邑（今夏邑）、永城、酂县（今永城境内）、临涣（今安徽濉溪境内）、符离（今宿州市北）、虹县（今江苏泗县）、临淮（今泗洪县境）等县境。《宋代汴河行经试考》一文对宋代汴河行经路线进行了详细考证，结果与2007年商丘市文物管理局组织的对大运河钻探的调查结果完全一致，确认通济渠从济阳镇流过。

大运河济阳镇段遗址是隋唐大运河通济渠的重要一段，是指以济阳镇为中心，河道走向与河南省道325线方向基本一致，东西长约4.5千米的一段大运河故道。这一段大运河故道的主要特点有三个：一是河道宽。已探明济阳镇刘铺村西河道内口宽145米，是一般河道宽度的2倍多。二是在济阳镇区内还有零星分布的故道水面，其中济阳镇西街省道325线北侧的一处水面最大，东西长约500米，南北宽约30米。三是出土文物多。20世纪90年代这里出土两艘古代木船，一件长约2米的铁锚，还有唐宋时期的陶瓷器、唐宋钱币等，因遗产区位于济阳镇，按照考古学命名的一般原则，命名为大运河济阳镇遗址。

大运河济阳镇段遗址文化遗存状况比较清晰，2007年之前进行过一些零星调查。2007年7—8月，商丘市文物局组织技术人员对大运河商丘段进行全线调查，对夏邑县段进行重点调查。在此基础上，2011年4月，夏邑博物馆与中国社会科学院考古研究所文化遗产保护研究中心遗址勘探规划部、科技考古中心物探部合作，利用高密度电法勘探技术，对汴河济阳镇段进行探测，这是物探技术首次运用于大运河考古调查的一次尝试，共布探测线36条，累计探测长度达6400米。经过这次调查，从另一个技术层面为大运河研究提供了了解这段河道文化遗存情况的基本线索。2011年底至2012年初，在河南省文物局陈爱兰局长的直接关心下，河南省文物考古研究院组织人员在夏邑县博物馆的配合下，对大运河济阳镇西运河北堤进行考古发掘。2012年3月至2013年6月，河南省文物考古研究院报请国家文物局批准，领队发掘了济阳镇刘铺村西的大运河故道。从历次考古调查与发掘情况看，这里的大运河文化遗存保存完整，内容丰富，主要文化遗存包括河堤、河道、河道堆积、堤外

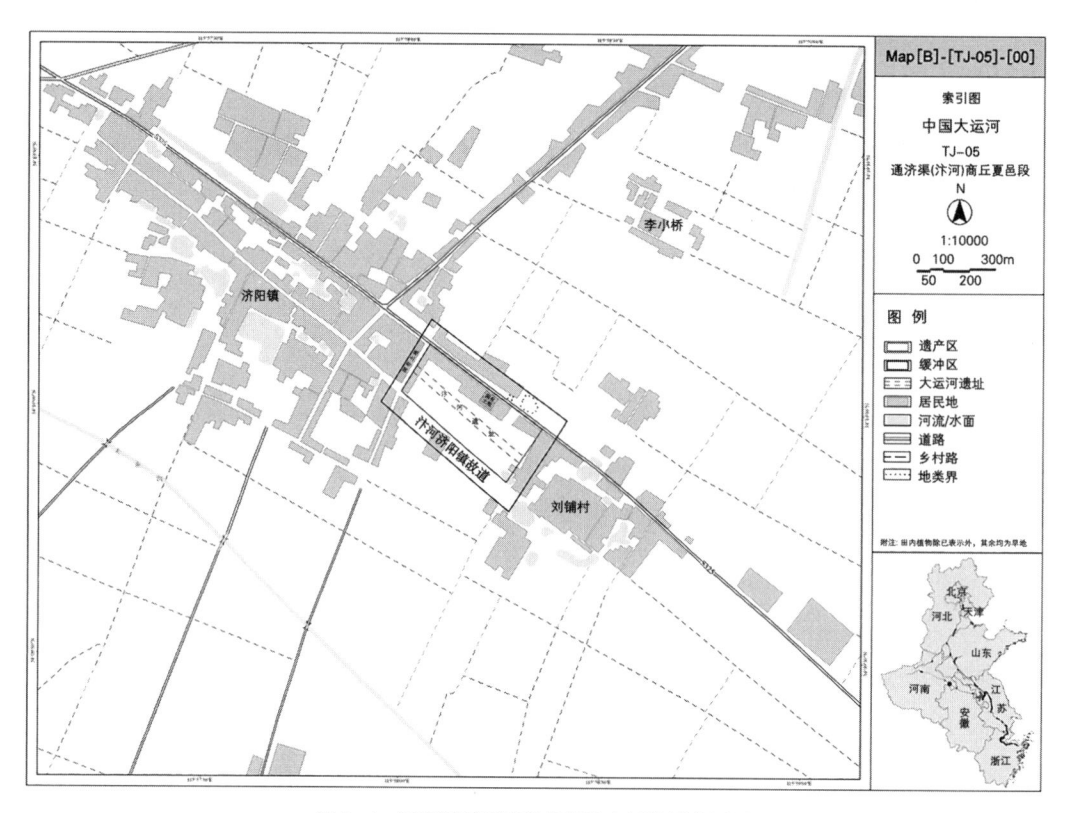

图1-4 通济渠夏邑济阳镇段遗产区位置范围图

道路，相关遗物、遗迹等。

由于历史上黄河泛滥、淤积彻底改变了豫东的地形、地貌，历史遗存多深埋于黄河泥沙之下，客观上保护了废弃后的大运河文化遗存，黄沙掩埋下的大运河故道免遭了后代自然和人为破坏，基本保留了运河废弃时的历史面貌。

据考古调查资料，这一段河道宽40~150米不等，河道堆积为纯净黄沙土，包含有瓷器等运河使用时期遗留下来的遗物。河堤分三个时期筑成，早期是隋代开大运河之前的旧河道大堤，中期是隋、唐、宋时期的运河大堤，晚期是明代废弃前使用的大堤。河堤顶部宽15~30米不等，河堤顶部埋深0.3~1米不等。晚期堤用黄灰色黏土筑成，发现有少量明代青花瓷片；中期堤用青黑色黏土筑成，土质坚硬；早期堤用青褐色沙土筑成，土质松散，含水量大，干燥后呈灰白色，纯净。出土遗物有木船板、瓷器、陶器、铁锚、钱币等。主要遗迹有河堤本体、河道、堤外古道路、河道水工设施、陶器窖藏坑、河堤面车辙印痕、行人脚印、动物蹄印、天气干旱形成的地裂现象等。

隋炀帝大业元年（605），发河南、淮北各地民工百余万人修建通济渠，就是现在的通济渠遗址，济阳镇因位于隋唐大运河通济渠北岸而得名。据《夏邑县地名考》记载，唐初置济阳镇，明代置济阳乡，清复为镇，相沿至今。原为谷熟县济阳集、商丘县济阳区，1951年划归夏邑县为第九区，1955年为济阳中心乡，1958年设济阳公社，1984年改称济阳乡。2000年10月撤济阳乡设济阳镇。济阳镇占地面积51.5平方千米，辖94个自然村，325省道从济阳镇中心区东西穿过，镇区街道至今保留有通济路、济隋路的称谓，是大运河文化遗产传承的生动记忆。

考古调查者走访村民时，据村民讲述，济阳人世代口头相传，认为济阳镇的产生是因为隋唐大运河通济渠通航之后，常有过往商旅船只靠岸，南北两岸过河摆渡，在此落脚、经商、运输货物的人慢慢多了起来，逐渐在北岸形成了村镇。山南水北为阳，因此就有了济阳镇的名字。济阳镇是一座典型的因大运河而产生、发展、繁荣延续的村镇，是大运河沿线村镇地名的典型代表。

2001年至2013年，为了给大运河遗产保护提供科学依据，文物部门对济阳镇段进行过多次考古调查、发掘，取得了一批有价值的考古资料，进一步证实了济阳镇大运河遗存的真实性。

在考古调查和发掘期间，国家文物局原局长单霁翔、副局长童明康，国家文物局专家组成员、国际古迹遗址理事会副主席郭旃，北京大学考古文博学院教授杭侃、徐天进，中国社会科学院中国文化遗产保护研究中心原主任杜金鹏，中国社会科学院考古研究所研究员唐际根等领导和专家学者来到现场指导考察。2013年9月，通济渠济阳镇段接受世界遗产组织专家组的验收考察。2014年6月，中国大运河被正式列入世界文化遗产名录。通济渠商丘夏邑段遗产区位于夏邑县济阳镇东街，核心区面积12公顷，缓冲区面积13公顷，总计25公顷。

图版1-1　2008年12月17日，国家申遗办顾风主任考察汴河济阳镇遗址　王良田摄

图版1-2　2011年1月11日，国家文物局局长单霁翔视察汴河济阳镇遗址　王良田摄

图版1-3　2012年1月3日，中国社会科学院考古研究所杜金鹏研究员考察汴河济阳镇遗址

第一章 概 述

图版1-4 2012年12月26日，北京大学徐天进教授、杭侃博士考察汴河济阳镇遗址 张帆提供

图版1-5 2012年12月26日，北京大学考古文博学院专家到大运河济阳镇考古工地考察 张帆摄

图版1-6 2013年3月27日，国家文物局副局长童明康视察大运河夏邑济阳镇考古发掘工地 张帆摄

图版1-7　2013年5月24日，国际古迹遗址理事会副主席、国家文物局专家组成员郭旃到大运河济阳镇考察　张帆摄

图版1-8　2013年世界遗产组织专家现场验收之一

图版1-9　2013年世界遗产组织专家现场验收之二

图版 1-10 2013 年世界遗产组织专家现场验收之三

图版 1-11 通济渠济阳镇段遗产区（北至南）

图版 1-12 2013 年 6 月 7 日，商丘市 300 多名骑友在济阳镇举行"骑行大运河 助推大申遗"活动 张帆摄

第二节 地理位置与环境

一、地理位置

济阳镇位于夏邑县西南，距夏邑县城 15 千米。地处东经 116°13′，北纬 34°23′，平均海拔 41 米。交通便利，公路四通八达，北部有陇海铁路、连霍高速公路、310 国道。325 省道（商永南路）、326 省道（骆通路）、327 省道（刘白路）三条省级公路在镇区交会，县道 010 在镇中心南北穿过。有 010 县道、326 省道通往县城，有 325 省道向东南直达永城市，向西北通往商丘市，有 325 省道连接通济渠商丘南关段和安徽省濉溪县柳孜大运河遗址。西北距通济渠商丘南关段遗址约 40 千米，东南距濉溪县柳孜大运河遗址约 70 千米。325 线与 326 线在镇区西街交会，省道 325 线从镇区东西穿过，县道 010 线在镇东与省道 325 线交会，向南通往马头镇。西邻虞城县站集镇沙岗店，北邻夏邑县桑堌乡、何营乡，东临罗庄镇，南邻马头镇。

济阳镇土地总面积 60 平方千米，其中城镇建成区域面积 7 平方千米，总人口约 4 万人，其中镇区人口 1.2 万人。辖济东、济西、济北、刘铺、田道口、刘岗楼、朱菜园、陆楼、王大庄、薛楼、彭楼、刘大楼、张阁、胡楼、王双楼、军李楼、袁东、袁西、大刁庄、丁楼、刘贾庄、杨楼、刁楼、段庄、八里北、八里南、娄庄 27 个行政村，94 个自然村，202 个村民组，现有耕地面积 4.7 万亩。

二、自然与人文环境

夏邑地处豫、鲁、苏、皖四省接合处，面积 1481 平方千米，人口 120 万。夏代属虞地，秦置栗县，北魏为下邑县，金改下邑为夏邑，延续至今。北依陇海，南临江淮，东接连云港，西连京九，有陇海铁路、连霍高速在境内东西穿过，是京九铁路经济开发带的黄金枢纽——商丘的重要组成部分，是商丘市第二个省级财政直管县。

夏邑是一片古老神奇的土地，早在 5000 多年前的新石器时代，这里便有人类繁衍生息，创造了灿烂的古代文明，是黄河文化的最早发源地之一。境内有清凉山、三里堌堆、崇光寺等历史遗址，举世闻名的中国大运河通济渠从县境南东西流过，虽然故道遗址已埋于地下，但留下了诸如济阳、会亭等因运河而形成的村镇地名和与之相关的非物质文化遗产，记录了先民们伟大的劳动创造，是宝贵的物质和精神财富。

济阳镇所属的夏邑县属北温带季风气候，冬春多风少雨，夏秋雨水集中，冷暖适中，四季分明，光照充足，年平均气温14.1℃，年平均降水量762毫米，无霜期217天。

济阳镇所在地为黄淮冲积平原，四周地势平坦，土壤肥沃，为沙淤两合土。水系属黄淮水系，北有歧河，南有大涧沟、东沙河。地下水源充足，地下水位平均在2米左右，水质较好。以种植传统粮食作物为主，盛产棉花、小麦、玉米、大豆等；间种烟叶、花生、白菜、西瓜、莲藕、留兰香等经济作物。树木种类主要有杨树、柳树、桐树、槐树、椿树、苦楝树等。主要野生动物有野兔、黄鼠狼、蛇、野鸡、刺猬、灰鹊、喜鹊、白鹭等。家养动物主要有猪、羊、牛、马、狗、猫、鸡、鸭、鹅、鸳鸯、鸽等。

随着镇区建设和新型农村社区建设步伐的加快，济阳镇环境有了较大改变，镇区沿大运河故道水面两侧被绿色植被完全覆盖，使镇区及周边的环境较为幽美，空气指数超过国家平均标准，是中国长寿之乡。

第三节　历史沿革与考古概况

隋炀帝大业元年（605），发河南、淮北民工百万人挖通济渠，就是现在的通济渠遗址。济阳镇因位于隋唐大运河通济渠北岸而得名。据史料《夏邑县地名考》记载，唐初置济阳镇，宋代称济阳镇。《宋史·卷六十一》载：宋开宝四年（971）六月，"汴水决宋州谷熟县济阳镇"。《宋会要辑稿·食货十九》载：南京"官造曲如东京之制，及楚丘、谷熟、宁陵、虞城、下邑、柘城县、高辛、会亭、济阳镇九务"。明代置济阳乡，清复为镇。相沿至今。明嘉靖《夏邑县志》："隋堤烟柳，县南三十里，炀帝时所筑，夹堤杨柳青翠……""县南三十里"与济阳镇位于县南15千米相吻合。民国九年《夏邑县志·地理志·古迹》载："隋堤烟柳，县南三十里。炀帝大业元年所筑。遍树杨柳，俯映碧流，破晓烟凝，苍翠欲滴。"《夏邑县地名词条选编》载："济阳集，北依大金沟，南北朝时建村，因位于通济渠之阳，故名。唐称济阳镇，清咸丰年间筑寨得今名。"

唐天宝（742—756）后，汴河复湮。广德二年（764），刘晏开汴水以通运。唐代末年，大堤溃坏。后周显德二年至五年（955—958），疏浚汴口达江淮，通航运，是唐末以来首次疏浚汴河。宋太祖建隆二年（961），加强运河堤岸、水道治理，济阳镇段汴堤两岸广植榆柳以固堤防。熙宁四年（1071），沈括受命浚汴河，采取分层筑堰水准测量法，测量汴京到泗州800多里，精确度达到寸分，其中包括汴河济阳镇段。

南宋建炎二年（1128），为阻金兵南进，东京（今开封）留守杜充决黄河，自泗夺淮入海，汴河济阳镇段遭受较大的破坏。明洪武六年（1373），"议浚汴河而中格"，汴河济阳镇段自此部分壅塞。明嘉靖时期（1522—1566），商丘段大运河仍通航使用。清乾隆二十二年（1757），疏导汴河。

夏邑济阳镇段遗址以济阳镇为中心，东起济阳田道口，西至济阳邓铺，全长4.5千米。这一段河道较宽，出土文物多，目前济阳镇区内还保留有一些分散成片的故道水面。1994年，汴河济阳镇发现两艘古代沉船。2001—2003年，325省道改扩建工程，大运河夏邑段河道出土大量唐宋时期南北方各个窑口的瓷器等文物。2007年7—8月，商丘市文物管理局组织专业技术人员对汴河商丘段进行考古调查、勘探，通过20多天的沿线调查、勘探，基本摸清了汴河济阳镇段河道的走向、大堤的宽度等数据。

2011年1月，国家文物局局长单霁翔视察汴河济阳镇段。2011年4月，夏邑博物馆与中国社会科学院考古研究所联合对汴河济阳镇段进行高密度电法（物探技术）考古勘探工作。2011年12月，对汴河济阳镇段济西村进行考古发掘，在北堤发现早、中、晚三个时期的地层，在最晚期地面发现分布密集的车辙痕迹，在中期地层发现密集的行人脚印和动物蹄印。2012年4月，对汴河济阳镇东刘铺村进行考古发掘，发现堤外宋代道路及类似树木桩的遗迹现象。2012年5月，在对汴河济阳镇东刘铺村进行考古时发现大运河水工建筑基址。

通济渠济阳镇段现为商丘市级文物保护单位，第七批全国重点文物保护单位。

第二章　考古调查

第一节　2007年以前的考古调查工作

　　隋唐大运河通济渠是中国大运河的重要组成部分，从宋室南迁丧失全线通航的能力后，又屡遭黄河泛滥淤积影响，慢慢掩埋于漫漫黄沙之下，与其相关的学术研究很少，更谈不上对其进行科学保护。改革开放以来，特别是20世纪80年代以来，随着经济的快速发展，文化、文物事业也进入了一个新的发展时期，史学界也开始注意对大运河的研究，就是在这种背景下，文物工作者也开始注意对大运河文化遗存的考古调查。

　　大运河商丘段的遗存状况因历史上受黄河泛滥影响程度的不同而呈现不同的面貌。虞城县芒种桥以东至夏邑、永城段，因受黄河泛滥影响较小，1993年以前，还保留有断断续续的高出地面数米的隋堤土岭，是历史上大运河的悬河遗存。村民挖掘故道土岭筑建宅基地时，经常发现有唐宋瓷器等文物，从而引起了文物工作者的重视，开始注意对大运河故道遗址的调查。虞城县芒种桥以西至睢县境，受黄河泛滥影响较大，全部深埋于地下。

　　1991年11月，商丘市文物工作队在永城市文物管理委员会的配合下，在对矿区铁路建设进行考古调查时，对道路经过的位于侯岭乡谢酒店村的西运河故道进行解剖发掘。资料显示，这段河道断面呈坡度较缓的"⌣"形，河道内淤积为纯净的细泥沙，河堤为相对较硬的黑褐色土，夹杂砂姜石。河床底部由于长期流水冲刷，形成比较光滑的表面，呈浅褐色。河道底部出土有隋唐时期的陶瓷器及铜钱等，上部泥沙中出土有宋代陶瓷器等文物。河口上部遭后期破坏，河床上口残宽约30米，残深3.1米。

　　1996年春，永城市政府在拓宽永（城）宿（县）公路时，在永城侯岭隋唐运河故道内发现一艘唐代木船。报请河南省文物局批准后，1996年5月17—30日，商丘市文物工作队与

图 2-1　永城侯岭出土唐代木船地理位置图

永城市文物管理委员会联合对该木船进行抢救性发掘，出土一艘木船和一批唐代遗物。木船为唐代货船，保存基本完好，木船长约25.4米，宽5米余，船体内深约1.5米，可分为33个船舱。出土遗物共70余件，其中瓷盆12件、瓷碗30件、三彩注子3件、三彩盆1件、三彩方壶1件、瓷罐2件、瓷碟1件、釉陶碗2件、陶盆3件、陶器盖2件、陶丸1件、开元通宝铜钱2枚、柳条筐1件、竹席1片和桃核5粒等。

1996年前后，在夏邑县济阳镇西街运河故道内不到100米距离，出土两艘古代木船。

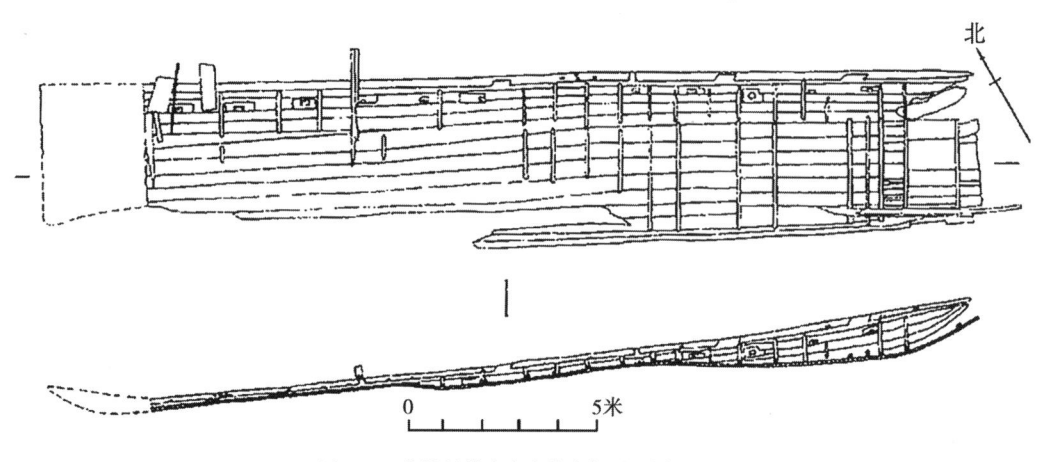

图2-2 永城侯岭出土唐代木船平、剖面图

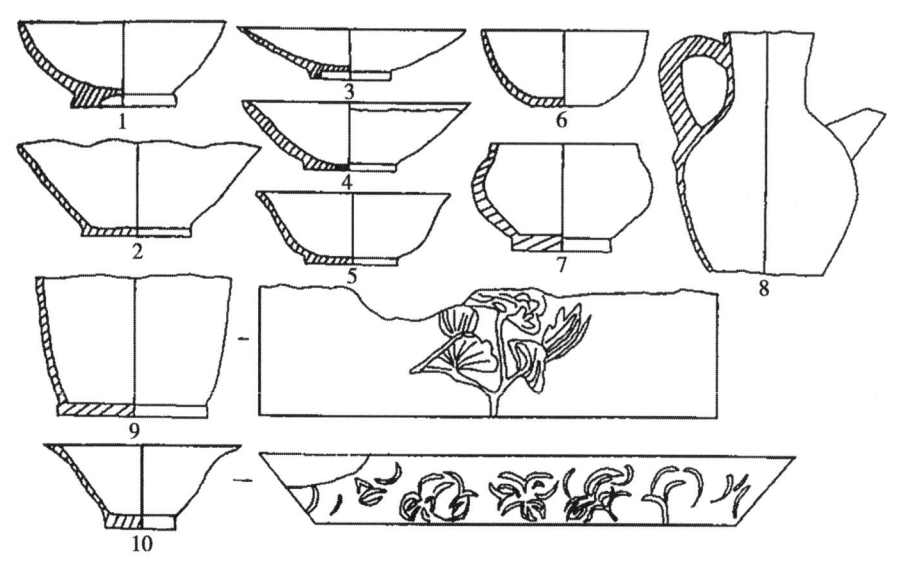

1.釉陶碗（EH∶13） 2.B型瓷碗（EH∶10） 3.瓷碟（EH∶15） 4.瓷碗（EH∶9） 5.E型瓷盆（EH∶47）
6.C型瓷盆（EH∶45） 7.三彩盆（EH∶16） 8.三彩注子（EH∶24） 9.瓷罐（EH∶19）
10.A型瓷碗（EH∶6）（7.1∶2，余1∶4。1～3和7～10为船内及以上堆积出土器物，余为船以下出土器物）

图2-3 永城侯岭唐代木船出土器物图一

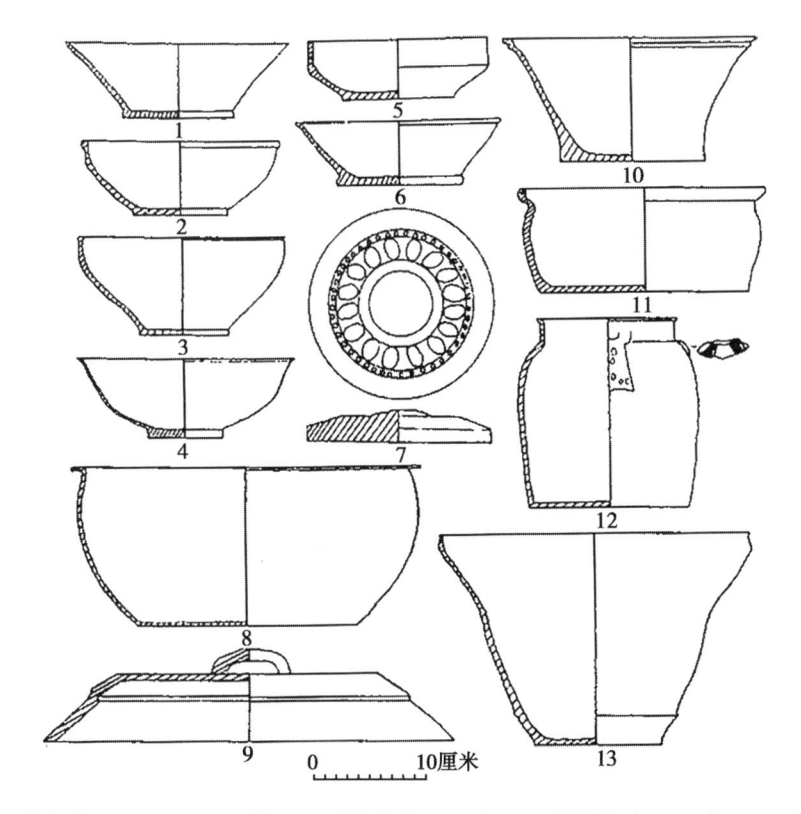

1~4. 瓷碗（EH：36、34、1、35） 5.B 型瓷盆（EH：41） 6.A 型瓷盆（EH：39） 7、9. 陶器盖（EH：33、20） 8、10、11. 陶盆（EH：22、32、18） 12. 瓷罐（EH：21） 13. 瓷盆（EH：31）（3、8~12 为船内及以上堆积出土器物，余为船下出土器物）

图 2-4 永城侯岭唐代木船出土器物图二

由于是村民在生产中发现的，木船具体情况不详。济阳镇西街这段河床保存很好。故道两边现仍植有杨柳，每年柳絮纷飞的时节，在薄雾的清晨行走在这段河岸上，仍能真切地感受到当年白居易在《隋堤柳》诗中描述的"西自黄河东至淮，绿影一千三百里。大业末年春暮月，柳色如烟絮如雪"的"隋堤烟柳"的美好景致。

2003 年、2004 年，公路部门实施商（丘）永（城）公路南路（原路基正修在大运河河床上）拓宽改造工程，当时由于大运河还不是文物保护单位，在工程施工过程中，没有采取应急文物保护措施，从虞城经夏邑直到永城，在改造动土的路基河床淤土内出土大量隋、唐、宋时期的瓷器，涉及定窑、钧窑、临汝窑、邢窑、越窑、龙泉窑、磁州窑、耀州窑、吉州窑、建窑、哥窑、长沙窑等 20 多个窑口，几乎涵盖唐宋时期南北方不同的窑系，且出土器物种类繁多，隋、唐、宋时的各类瓷器基本都有出土，其数量之多、器形之丰富、窑口之齐全，是任何一处遗址都无法比拟的，堪称我国古代瓷器的地下宝库。

图版 2-1　济阳镇沉船出土处

第二节　2007 年通济渠商丘夏邑段全线考古调查

一、调查背景

中国大运河是世界上开凿最早、规模最大、里程最长的运河。隋唐大运河通济渠流经河南省商丘市夏邑县，是隋炀帝大业元年（605）开凿的通济渠的一段，是利用汴河的一部分进行疏浚改造而成的连接南北方重要交通运输干线的人工运河。通济渠于大业元年三月二十一日开凿，当年的八月十五日全线开通，征发河南、淮北民工 100 多万人，时间之短、用工之多、工程之浩大堪称奇迹。

《续资治通鉴长编》记载："唯汴之水横亘中国，首承大河，漕引江、湖，利尽南海，半天下之财赋，并山泽之百货，悉由此路而进。"唐代歙州刺史李敬方在《汴河直进船》一诗中说："汴水通淮利最多，生人为害亦相和。东南四十三州地，取尽脂膏是此河。"说明了运河是维护王朝统治的漕运生命线。唐末时，大运河通济渠的淤塞十分严重。宋太祖建隆二年（961），为加强对大运河（汴水）的水源、水道、堤岸的治理，在汴堤两岸广植榆柳以巩固堤防。到熙宁六年（1073），由于北宋政府疏于对运河的治理，开封以东"自汴堤下瞰民居，如在深谷"，有些地方"汴身填淤，高水面四尺"，长年的泥沙淤积，大运河已形成河床高出地面数米的地上河。北宋末年，大运河的管理更为松弛，以致"汴水浅涩，阻隔官私舟船"，最后运河完全淤塞，河身成为陆路，这段古老的大运河从此退出历史的舞台。

从隋、唐至宋、元、明时期，大运河一直承载着中国南北交通运输，是自隋以来历朝统治者维系其统治的一条交通大动脉。今天的隋唐大运河虽静静地躺卧在漫漫黄沙之下，但其所留下的丰厚的文化遗产，在中国文化史上打上了深深的烙印。

新中国成立以来，这段运河故道上经常出土隋、唐、宋时期的各类文物。20世纪八九十年代，永城、夏邑境内个别河段还保留高出地面3～5米的河床，后因生产和建设的破坏，运河故道现已夷为平地。1993年永城市新城芒山路建设中，文物工作者对芒山路经过大运河故道部分进行了抢救性发掘，第一次获得了大运河商丘段科学考古资料。

2006年12月，大运河被列入中国世界文化遗产预备名单。因此，国家文物局会同财政部安排专项资金，启动大运河资源调查。2007年，国家文物局与全国政协、交通部、水利部等相关部门共同召集大运河沿线省市领导召开大运河保护与申遗协调会，全面启动大运河申遗工作。2008年3月，大运河保护与申遗工作会议在扬州举行，沿线8个省、33个城市政府和有关部门的代表达成《大运河保护与申遗扬州共识》，组建了大运河保护与申遗城市联盟。此后，大运河调查、勘探、发掘工作在各地相继展开。

大运河申报世界文化遗产工作扬州会议以后，为做好大运河申遗的前期准备工作，商丘市迅速行动，于2007年7月13日在商丘市召开第三次全国文物普查暨大运河调查全市动员会。会后，大运河调查分6个工作组开赴工地，夏邑段大运河调查工作由夏邑组负责。

二、工作经过

2007年7月，商丘市文物管理局成立了隋唐大运河商丘段考古勘探调查指挥部，组建6个文物考古调查工作组，分段实施考古调查勘探工作。其中，夏邑段工作组由4名工作人员组成：市文物部门派2人，即商丘博物馆王良田、郑现忠；县文物部门派2人，即夏邑县博物馆张帆、夏云。为确保各项工作有条不紊地进行，开工前工作组对工作人员进行明确分工，王良田负责全面工作，张帆负责后勤和有关单位的协调及工

图版 2-2 技术人员调查大运河故道断面

图版 2-3 2007年考古调查工作组在邓铺村前宣传调查

图版 2-4 2007年考古工作者在会亭与永城交界处钻探

图版 2-5 2007年杜金鹏、刘海旺在济阳指导考古调查工作

图版 2-6 2007年邓铺村前325省道下运河北堤出土树根

图版 2-7 济西故道水面

程技术工作，夏云、郑现忠负责带领民工、记录资料、标本收集测量保管保护等工作，开始对夏邑境内河段的钻探调查。

7月14日，文物考古调查工作组进驻工地开始工作，先查阅与大运河有关的文献资料，主要翻阅了嘉靖、康熙、民国九年的《夏邑县志》，光绪二十九年的《永城县志》，以及《隋唐五代史纲》等，并打印成电子文本，以备查索。7月15日对大运河夏邑境内全线进行了初步调查。在实地考察的基础上，制定了详细的工作方案，根据工作时间和河道长度，确定了先点后线的工作方法，全线确定了9个工作点，在每一个工作点沿垂直河道方向布孔钻探，搞清工作点所在位置的河床宽度、深度，河堤顶部宽度，河床坡度，探明河床内堆积情况、土质土色，河堤土质土色。再由这些点连成线，确认河道流程、走向等基本情况。从2007年7月14日开始到8月4日结束，历时20多天时间圆满完成了预期工作。

三、主要收获

这次大运河考古钻探调查工作正值酷暑季节，气温高，地下水位高，农作物生长旺盛，钻探工作困难重重。尽管如此，在全组工作人员的共同努力下，钻探工作仍然取得了很大成绩，比预期的效果还要好，基本摸清了大运河夏邑段的方位、走向，河堤、河床的宽度及一些疑似码头地方的资料。特别是在夏邑县的会亭镇关仓一带，清理出一段运河大堤的平、剖面，使我们对运河大堤的地层情况有了直观的了解。这段河堤与河床迹象较为明显，河堤土质为质地较硬的黑灰色花土，夹杂灰色硬胶泥土、砂姜石颗粒、螺蛳壳等，河床内基本为纯净的细黄沙，沙土细而均匀。我们采集了不同地段的河堤土及河内细沙等土样，这些将成为我们识别大运河商丘以东百余里河堤、河床土质的标本。主要收获有以下四个方面。

1. 探明了大运河夏邑段的流经走向与长度

经钻探查明，大运河夏邑段东南接永城、夏邑交界处的永城马牧镇马庄村，西北到夏邑与虞城交界处的虞城站集镇沙岗店村，河道总长度27千米，河口最窄处宽48米，最宽处宽150米。济阳镇区西约2000米向东约4000米一段最宽，这一段中间宽约150米，向东、向西逐步变窄至50米左右，其他部分河口宽50米左右。河堤顶部宽7～33米不等，夏邑县会亭镇以东，河北堤顶部宽15米左右，南堤大部分在修建商（丘）永（城）南路（S325省道）过程中被破坏，公路正修建在大运河故道上。

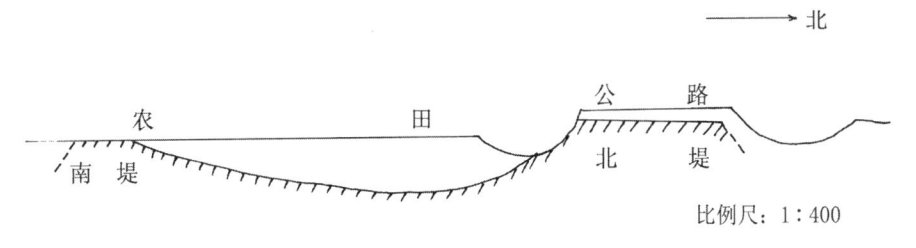

图 2-5　大运河夏邑县济阳镇邓铺村 S325 公路 64 千米路标东 100 米处大运河横剖面图

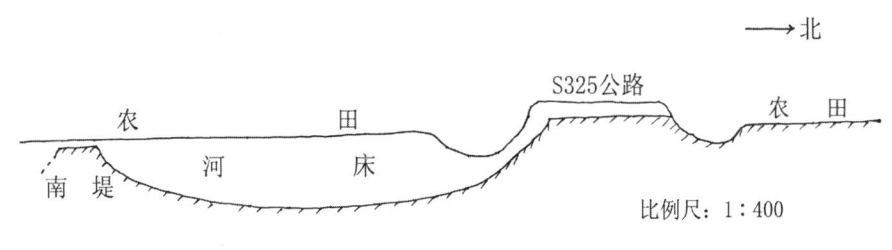

图 2-6　大运河夏邑县济阳镇西 S325 公路 64.5 千米处横断面图

2. 分段探明了河床内堆积、河堤土质土色情况

这次钻探调查在全程河段共选取 9 个工作点，在每个工作点进行了较为详细的钻探调查，探明了大运河河床内堆积、河堤土质土色情况。全程河床内堆积为纯净的细黄沙土，沙土颗粒细而均匀，耕土或扰土层下即为河床内堆积土，商永南路（S325 省道）有些路段修在了大运河河床上，道路的修建对故道遗址扰动破坏较大，特别是 2004 年 S325 省道的拓宽改造，又一次破坏了大运河故道。全段河道河堤土质为黑灰花土质，夹杂硬胶泥土、砂姜石颗粒、螺蛳壳，土质较硬。同一地点河堤土的上层土色较黑，向下逐渐变浅。

3. 征集、采集 10 余件唐宋时期的文物标本

在这次钻探调查过程中，我们注意走访沿线群众，散发文物保护宣传材料，宣传这次大运河钻探调查的重大意义，以及大运河申报世界文化遗产成功后可能给沿线群众带来更多的文化服务甚至经济上的实惠，最大限度地争取沿线群众对我们这次调查工作的支持。由于宣传工作到位，我们获得了沿线群众的无私支持，他们把家里保存的大运河出土文物无偿捐献出来。这次调查共征集大运河出土唐宋时期的文物标本 16 件，其中唐代三系执壶 1 件（残），宋代瓷碗 13 件（残），宋代三系执壶 1 件（残），宋代木船板 1 块（残），采集大运河河堤内树根 1 块，这些可以作为印证史书记载隋唐大运河河堤广植榆柳的实物资料。

4. 调查了大运河沿线因运河而产生的村镇地名及非物质文化遗产资料

在调查大运河故道遗迹现象的同时，我们注意到了因运河而产生的文化现象，例如因运河而产生的村镇名称及相关非物质文化遗产。通济渠开凿于隋大业元年三月二十一日，当年八月十五日全线开通。据史料记载，当时征发河南、淮北民工100多万人，时间之短、用工人数之多、工程量之浩大堪称世界奇迹。隋唐大运河的开凿，对于巩固和加强我国南北方的统一、增进南北经济文化交流发挥了十分重要的作用。随着岁月的流逝，通济渠早已退出历史舞台，静静地躺在漫漫黄沙之下，但由其产生的历史文化现象，至今仍反映在运河沿线区域人们的经济、文化、生活习俗等各个方面。特别是由运河产生的村镇地名，很多沿用至今，成为镶嵌在大运河沿线上的一颗颗明珠，昭示着大运河历史遗产的存在，是我们今天研究已丧失航运功能的大运河文化的重要资源，也是活着的运河符号。

隋唐大运河的贯通，极大地促进了沿线地区社会经济的发展，促使了城市乡村百业俱兴，特别是因河而兴起的村镇商业气息日渐浓厚，商品经济逐步发达。沿线地区从城镇到农村，各类商业店铺、手工业作坊等各行各业蓬勃兴起，商业人口也大大增加，而从事其他行业的人也在沿线村镇从业而聚，从业而居，促使这些村镇的形成和兴盛，正如安作璋在《中国运河文化史》（山东教育出版社2006年版）一书中所讲，这些村镇"沿运河两岸分布，犹如一串镶嵌在运河带上的明珠"，形成了独特的大运河经济带，同时也形成了许多与大运河有关的村镇名。在夏邑段27千米的河段内，因运河而产生的村镇地名有多个，仅以"铺"命名的就有3个，这与传说中的大运河十里置一铺，从距离到名称都是相吻合的。

研究大运河文化，增强对这些村镇地名的认识和了解是十分必要的。因此，在这次考古调查中，我们就这一问题特别注意走访沿线群众。通过调查，基本摸清了这段与运河有关的村镇地名源起发展情况，这些村镇名称有：

（1）会亭镇关仓。因在此建设运河转运仓而得名。据当地群众传说，关仓原为"官仓"，后由于年深日久，官仓久废，被称为关仓。

（2）六里饭棚。与官仓相邻，传说这里西距会亭6里，隋炀帝修建大运河时，修河民工曾在这里聚居吃饭休息，因从会亭驿至设饭棚处约6里，俗称"六里饭棚"，村名由此而来。

（3）会亭，又名会亭驿。隋炀帝时在大运河沿途设置很多驿站。《大业杂记》记载："（大运河）水面阔四十步，造龙舟，两岸为大道，种榆柳，自东都至江都，二千余里，树荫相交，每两驿置一宫，为停顿之所，自京师至江都，离宫四十余所。"会亭驿应为此时所设。在会亭西约4000米处有杨堤湾村,运河开通后,因有杨姓傍河堤居而得名。

(4) 十里铺。东距会亭驿10里。传说大运河沿线十里置一铺,是供过往商旅、船只临时休息、补充给养的处所。

(5) 刘铺。西距济阳镇约500米,其名由来与十里铺相同,传为刘姓人家在此设立店铺故名。

(6) 田道口村。东距济阳镇约2500米,又名田家道口,传说为大运河上的一处渡口,因田姓人家在此摆渡而得名。河南周口地名的由来与此相同,周口原名周家口或周家渡口,因周家兄弟在此摆渡而有周家渡口地名。

(7) 济阳。因位于运河北岸而得名。大运河商丘段是通济渠的一部分,唐初曾改称广济河。山南为阳,水北为阳,故名济阳。我们走访村民时,村民讲,听先辈说济阳原没有居民,隋唐大运河开通后,不断有人家从别处迁来,在运河北岸修建房屋,开设店铺,长期居住下来,逐渐形成集镇,这就是济阳镇的由来。据民国九年《夏邑县志》记载,济阳又名济阳铺。

(8) 邓铺村。在济阳镇西约3500米处,与前述刘铺、十里铺村名由来相同,三个村的间距在10里左右,这与传说大运河上十里置一铺相吻合。

(9) 插花刘楼。这个村庄是专门从事绣品生意的村庄,传说其名字由来与运河有关。

正是这些店铺、手工业、种植业、经久不衰的商业等构成了大运河的经济文化带。大运河通济渠段虽然完成了它的历史使命,退出了历史舞台,但我们在走访过程中发现,在历经1400多年后的今天,运河沿线村民仍能准确指出它流经的地方,讲述与它有关的故事,并称之为隋河,足见隋唐大运河在我国历史上产生的巨大而深远的影响。

经实地调查踏勘,夏邑段大运河经过的会亭镇和济阳镇应为运河疑似码头。在夏邑县济阳镇西街还保留有一段长约2000米、水面宽30~50米、水深3米左右的大运河故道水面。现在的故道仍是水波荡漾。"隋堤烟柳"是历史上夏邑八景之一。据史书记载,隋炀帝为了避暑,也为了加固河堤,从隋代开始便在隋堤上广植杨柳,杨柳叠翠成行,每到春季柳絮纷飞,腾起似烟,景致格外妩媚,故而被誉为"隋堤烟柳"。

夏邑县济阳镇西街大运河水面,是河南省境内唯一保存的一段活着的运河。它的唯一性,对于隋唐大运河申报世界文化遗产具有十分重要的意义和价值,今天人们借助于此可以窥见沉睡于大地之下大运河的真容。

四、遇到的问题

由于这次调查工作时间紧，任务重，尽管有这样那样的困难，但全组人员士气高涨，团结一致，心往一处想，劲往一处使，克服困难，创造性地开展工作，工作进展顺利，达到了预期的目标，圆满完成了工作任务，阶段性成果显著，但还存在着一定的问题。

1. 时间紧，任务重。在此之前隋唐大运河的河道具体位置、走向不甚明确，虽然曾经在河道上有一些零星发现，但没有做过系统工作，从文字记载落实到地面上，需要做大量的工作。这次工作要求在 20 天内把大运河夏邑段河道走向及河床、河堤宽度落实到图纸上，时间太少，任务十分艰巨。

2. 正值雨季，地下水位高，深度调查工作无法进行。工作时间正是三伏季节，雨量大，连天大雨过后，地下水位迅速升高，一般情况下，钻探至 2 米深度，探孔内积水，带土困难，更深度调查无法进行。

3. 7 月份正值农作物生长的旺季，钻探工作只能在田间空地、村头空地、路口、沟旁等地方进行，无法根据河道走向的工作需要进行钻探，有些必须钻探的地方，无法进行钻探。

4. 经费短缺。由于经费太少，无法投入大量探工进行钻探，限制了工作效率，对主要地点无法集中人力、物力解决问题。

5. 由于上述问题引起一些技术上的问题无法解决。例如，据有关文献记载大运河河堤两边有御道，本可以钻探发现，但由于水位高，限制了钻探工作的正常开展。

五、小结

这次大运河调查工作，虽然时间紧，任务重，困难多，但在商丘市文物局的领导下，在夏邑县文物局、沿线乡镇政府的大力支持下，取得了可喜的成绩，达到了预期的目标，探明了大运河夏邑境内河流走向、河床内堆积情况、河堤顶部宽度及土质土色等，基本掌握了大运河夏邑段的基础资料，为下一步大运河调查发掘工作的开展奠定了基础。

第三节　2011年至2013年上半年济阳镇段考古调查工作

在2007年调查的基础上，2011年4月，夏邑博物馆与中国社会科学院考古研究所文化遗产保护研究中心遗址勘探规划部、科技考古中心物探部合作，利用高密度电法勘探技术，对通济渠济阳镇段进行探测。这是物探技术首次运用于大运河考古调查的一次尝试，共布探测线36条，累计探测长度达6400米。经过这次勘探，从另一个技术层面为大运河研究提供了了解这段河道文化遗存情况的基本线索。

本次计划勘探的位置：在夏邑县西南15千米处的济阳镇西街，西距商丘市30千米，现在仍保留有大运河故道水面。

本次计划勘探面积：目前保留的大运河故道水面南北宽30~50米，水深3~5米。而实际保留的北堤尚有33余米宽，南堤6米多宽，南北堤之间故河道宽约152米。若按照勘探运河长度为1000米计算，勘探面积约15万平方米。

勘探区域的地形地貌：地势较平坦，但大部为现代村庄的道路和民宅所覆盖，勘探难度较大。

勘探区域内的土质：土质均为细沙土，质地疏松，不易采集地下土样。

勘探区域内的地下水情况：地下水位较高，普遍为1.5~2米，将会为传统方法勘探增加难度。

勘探区域内的植被情况：主要是中原地区常见的落叶阔叶林，由于地下水充足，土质疏松，故植物根茎较为发达，地面植被较密。

勘探区域内的地面障碍物：主要为村民的民宅和柏油公路，附近没有高压电线。

勘探区域内的地下障碍物：通过咨询陪同的商丘市博物馆和夏邑县博物馆的人员，该勘探区域内没有铺设地下电缆、光缆、地下管道和军事专用设备等设施。

地方工作基础和申遗的前期工作：为了给大运河商丘段的保护工作提供科学依据，也是为了配合大运河申遗工作，商丘市文物管理局于2007年7—8月，抽调全市文物业务骨干开展了一次大运河商丘段的全线考古调查和勘探工作，取得了可喜的成果：一是基本搞清了大运河商丘段的位置走向和长度；二是探明了大运河故道局部河堤和河床情况。济阳镇段大运河的码头和桥梁情况因经费和实地村庄占压，目前尚未搞清。

此外，商丘市文物管理局已制定了相关的规划方案，并编制了《大运河济阳镇段保护与申遗工作情况汇报》及《大运河商丘段保护研究与申遗工作资料汇编》，为下一步的勘探和发掘工作打下了很好的基础。

传统方式钻探：主要是聘用熟练的技术工人，利用传统的勘探工具——探铲（又称"洛阳铲"），进行地表铲探，根据从地下采集的成序列的土样，对地下土层的堆积情况，河道、河堤和河床的大致情况，其他遗迹（如沉船、码头、渡口、桥梁等）的分布等，进行大致的判断和分析。

科技手段勘探：主要是聘用专业的技师，利用遥感、物探等设备，对大面积的地下地质、土质情况，进行扫描式勘探，并把扫描结果直接数据化，进行电脑系统分析。

记录方式：将利用全站仪、GPS、激光测距仪等最新的科技手段和设备进行记录和分析，将勘探结果全部数据化，制作成电子版的勘探数据，并可直接用于电脑系统的数据化分析。对通济渠经过地区的水文、地质、植被、文化、历史等相关资料，进行全面搜集，并进行电子化。可能的话建立相对完善的数据库。

根据此项任务的性质和工作量，抽调中国社会科学院考古研究所文化遗产保护研究中心、考古科技中心、夏商周考古研究室、汉唐考古研究室的科研人员、技术人员组成项目组，并从安阳选调部分技工参与工作。由文化遗产保护研究中心主任杜金鹏任项目组组长，岳洪彬副研究员担任副组长兼现场领队。

一、夏邑县汴河济阳镇段古运河的高密度电法探测结果报告

2011年4月，由中国社会科学院考古研究所文化遗产保护研究中心遗址勘探规划部、科技考古中心物探部与夏邑县博物馆合作，对夏邑县汴河济阳镇段的古运河进行了高密度电法的考古勘探工作。

（一）探测设备简介

高密度电法野外测量是将全部电极（几十至上百根）置于剖面上，利用程控电极转换开关和微机工程电测仪，便可实现剖面中不同电极距、不同电极排列方式的数据快速自动采集。与常规电阻率法相比，高密度电法具有以下优点：

1. 电极布置一次性完成，不仅减少了因电极设置引起的故障和干扰，而且提高了效率。

2. 能够选用多种电极排列方式进行测量，可以获得丰富的有关地电断面的信息。

3. 野外数据采集实现了自动化或半自动化，提高了数据采集速度，避免了手工误操作。此外，电阻层析成像法是利用地表电场的测量值与电场扫描函数进行归一化的

图版 2-8　勘探人员在济阳镇古运河区域布设高密度电法勘探网络

图版 2-9　高密度电法勘探仪器运行中

相似程度作为成像的方法。根据概率论的基本理论，引入幂函数并推导了电阻率异常发生概率函数。通过数值模型实验对此方法进行了验证，对多个孤立异常体和凹陷模型进行了概率成像。通过对多处实测资料概率成像结果与常规最小二乘法反演结果进行比较，电阻率概率成像法能较好地分辨地下地电结构。

该方法在考古遗址中主要用于探寻和分析城墙、墓葬及夯土建筑的宽度、埋藏深度及异常体形状，了解地下是否有空洞以及古代的地下沟渠水、湖泊水系的分布情况等。高密度电阻层析成像探测可完成对上述遗迹的较精确定位。

（二）探测目的

通过高密度电法的探测数据，分析各个探测结点间的电阻率的高低变化情况，进而了解古运河在该段的走向、宽度及河堤所在的位置，进而为寻找运河码头存在的位置提供线索。

（三）探测线路和探测反演结果剖面

探测路线主要围绕河道的走向，在其周边进行物探工作。本次物探工作共勘探了地层剖面36条，其中南北走向的22条，东西走向的14条。勘探的剖面长度约6400米。图2-7为本次探测剖面的位置分布图，我们将反演结果的剖面填到了该图中。

图 2-7　夏邑县汴河济阳镇段高密度电法探测剖面的位置分析图

（四）探测反演结果的分析

根据探测地点的位置由西向东进行反演结果的分析研判：

1. 图2-8是邓铺路南侧即本次勘探最西段的地点，它的探测顺序编号为36。

图2-8剖面的走向为由北侧路边向南。从反演结果中可以看到蓝绿色的低阻区域出现在40~90米的位置，说明该处应该是原古运河的河道区域。古河道在此的宽度约在50米。河底的最深位置距目前的地表约9米，且北侧较深，南部要浅一些。河底的最浅位置出现在河的中心位置，深度约4米。图中两侧的黄色、红色区域为古运河南北两侧的河堤。

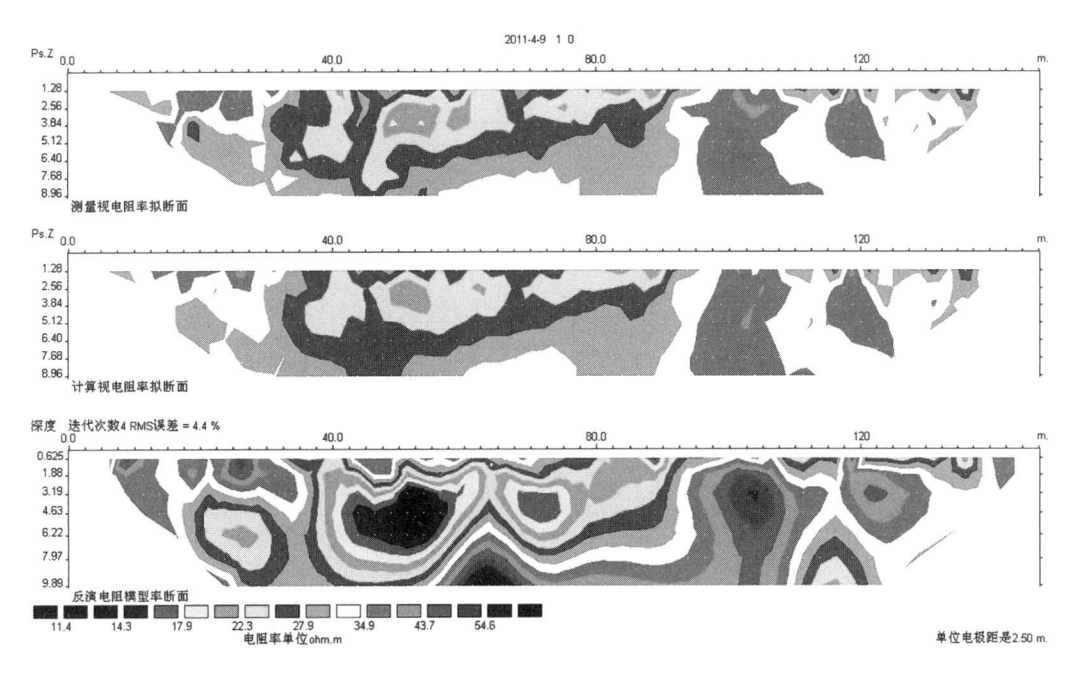

图 2-8 邓铺路南侧物探图

2. 图 2-9 是济阳镇西边缘 S325 省道北侧的物探地点,它的探测顺序编号为 26。

图 2-9 剖面的走向为由北侧路边向南。从反演结果中看到 75 ~ 160 米宽约 95 米的区域出现了一处厚度约 5 米的红色高阻区域,而该高阻区又出现在古河道附近,说

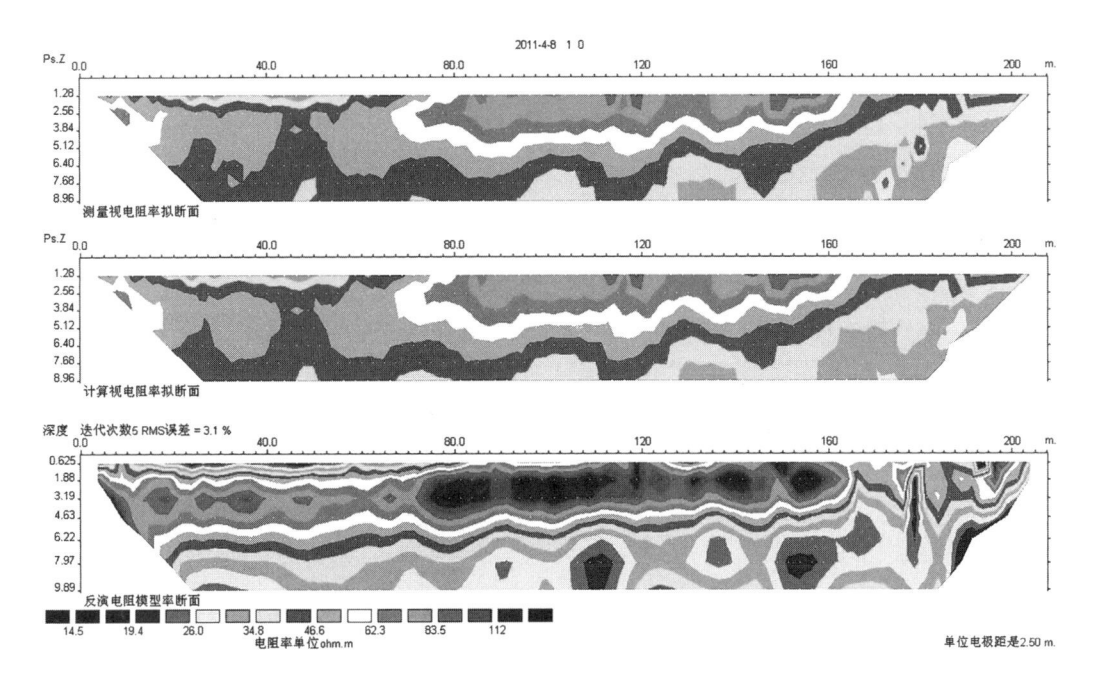

图 2-9 济阳镇西边缘 S325 省道北侧物探图

明该处可能为一处码头的疑似地点。建议在该地点周边进行考古钻探调查。

3. 图2-10是26号剖面的东面、S325省道北侧的物探地点，它的探测顺序编号为24。

图2-10剖面的走向为由南侧路边向北。从反演结果中可见蓝色的低阻区域出现在40～100米的位置，说明该处应该是原古运河的河道区域。古河道在此的宽度约在60米。在100米的位置低阻区的最大深度超过了20米。而红色高阻区的范围较大，因此这里也是一处疑似码头的重点区域。建议在该地点周边进行重点的考古钻探调查。

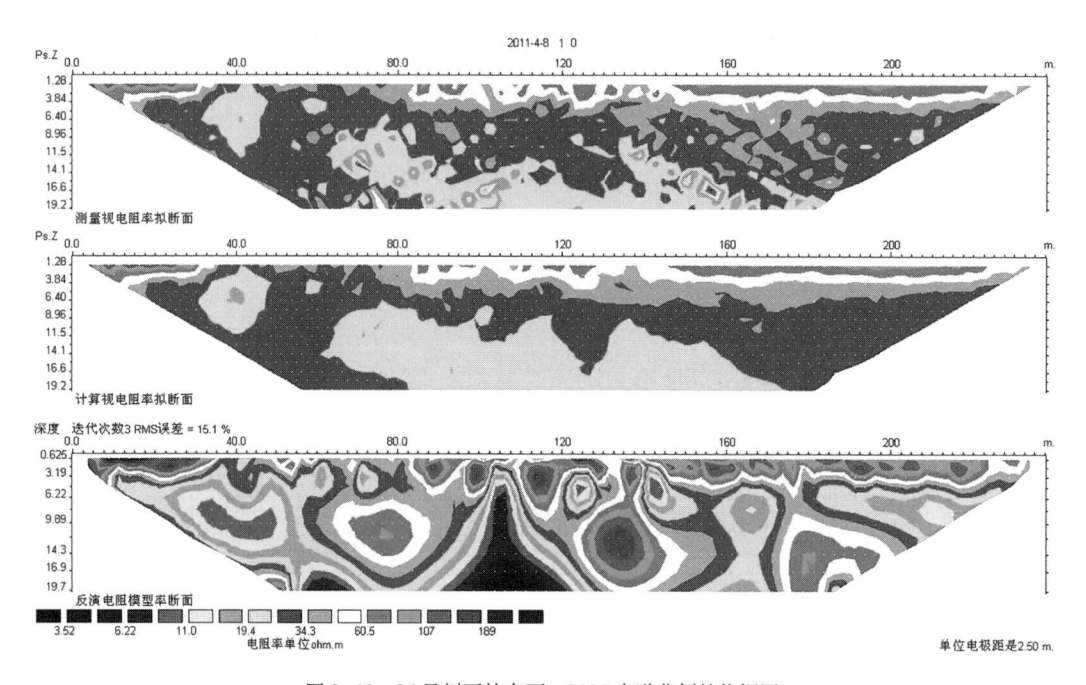

图2-10　26号剖面的东面、S325省道北侧的物探图

4. 图2-11是戚菜园西侧、S325省道北面的物探地点，它的探测顺序编号为1。

在图2-11探测剖面中，0～30米处为古运河的北侧河道区域，30～50米处的位置可能与河堤有关，但该地区的导电系数普遍低于其他测区，因此该段河堤存在码头的可能性较小。

5. 图2-12是戚菜园东侧、S325省道北侧的物探地点，它的探测顺序编号为23。

在图2-12探测剖面中，0～15米处的浅蓝色范围怀疑与古运河的北侧河堤有关，在35～42米处的区域有一处深度约4米的红色高阻封闭异常，该异常说明地下有疑似砖石墓葬的可能，建议进行进一步钻探调查。

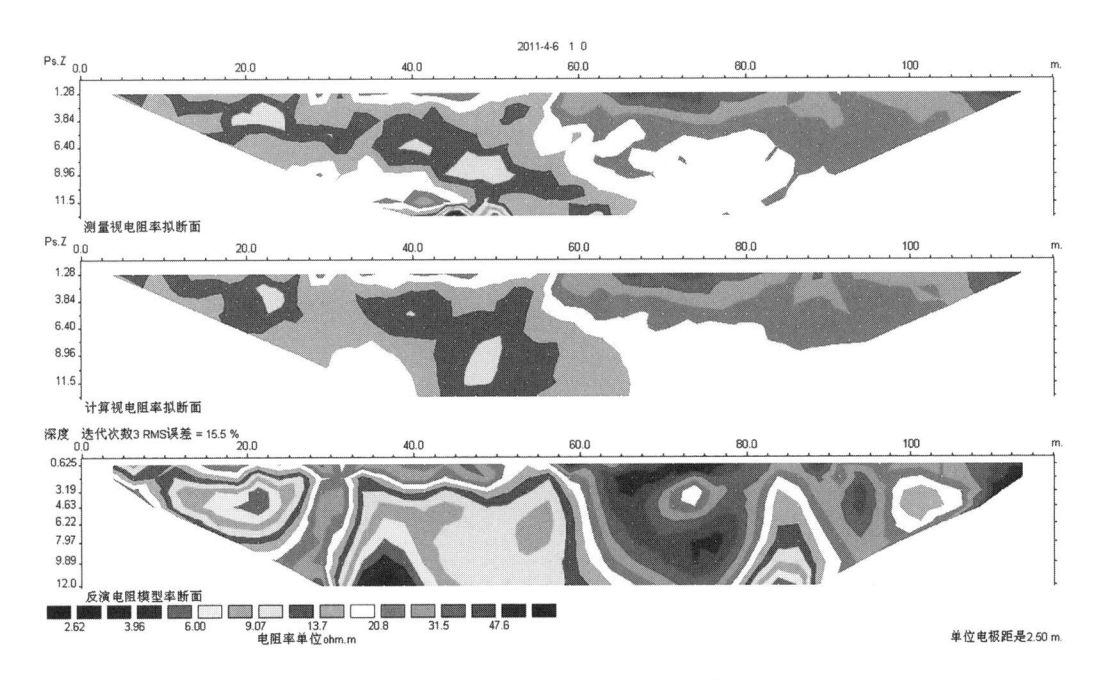

图 2-11 戚菜园西侧、S325 省道北侧的物探图

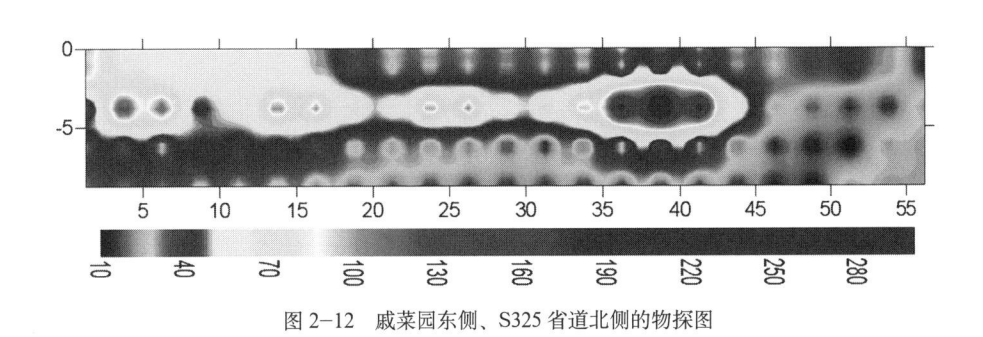

图 2-12 戚菜园东侧、S325 省道北侧的物探图

6. 图 2-13 是付庄西侧、S325 省道北侧的第一物探地点,它的探测顺序编号为 27。

在图 2-13 探测剖面中,0~35 米处的黑灰色范围怀疑与古运河的河道有关,在 35~50 米处的高阻区域可能与河堤有关。

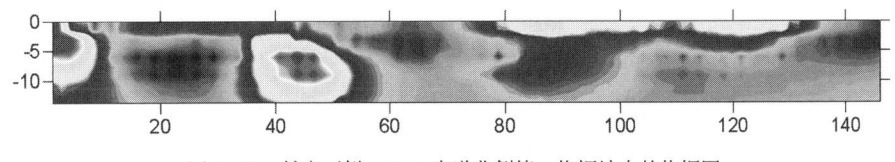

图 2-13 付庄西侧、S325 省道北侧第一物探地点的物探图

7. 图 2-14 是付庄西侧、S325 省道北侧的第二物探地点，它的探测顺序编号为 28。

在图 2-14 探测剖面中，0～60 米处的淡蓝色范围怀疑与古运河的河道有关，而河堤的位置可能在 60～120 米的范围内。在 60～80 米处的黑灰色低阻区域可能与后期的取土破坏有关。

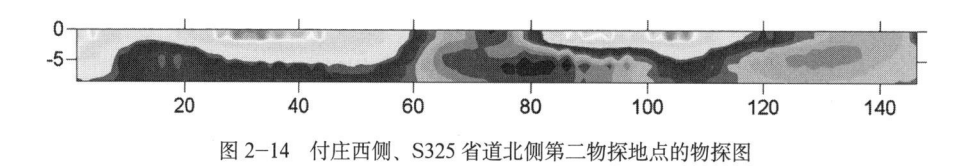

图 2-14　付庄西侧、S325 省道北侧第二物探地点的物探图

8. 图 2-15 是付庄东侧的物探地点，它的探测顺序编号为 29。

图 2-15 为南北向的探测剖面，起点处在北侧。在图 2-15 探测剖面中，0～40 米处的红色高阻异常区域，可能与大型灌渠有关。其他位置没有发现电阻异常，因此该处不存在与古运河有关的信息。

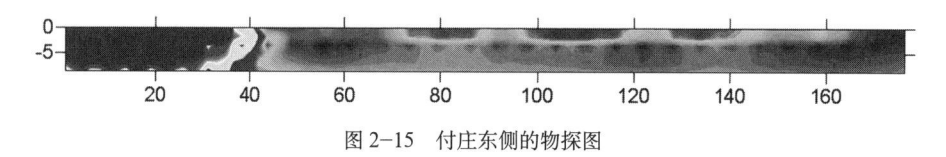

图 2-15　付庄东侧的物探图

9. 图 2-16 的物探地点在后楼地区，它的探测顺序编号为 6。

图 2-16 为东西向的探测剖面，起点处在西侧。在图 2-16 探测剖面中，地下 5 米

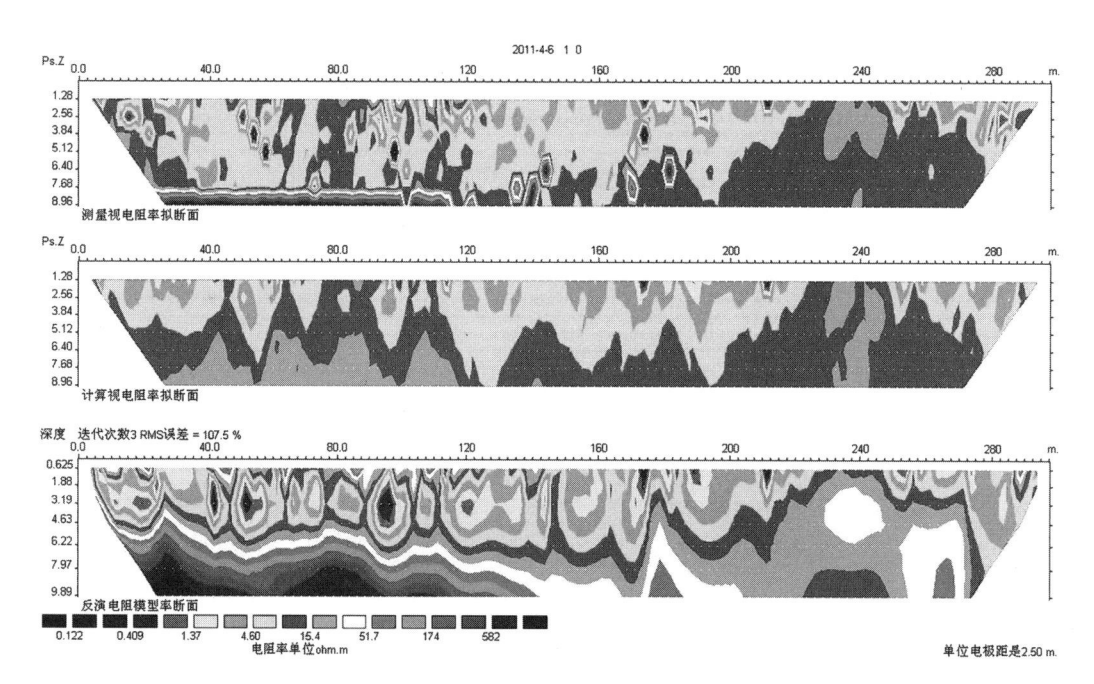

图 2-16　后楼地区的物探图

左右出现红色高阻异常区域,这是地质原因造成的,与考古异常无关。但在240米的一处圆形黄色区域,深度距地表约3~5米,怀疑可能与墓葬有关,建议进行钻探调查。在该处不存在与古运河有关的信息。

10. 图2-17的物探地点在后楼地区,它的探测顺序编号为7。

图2-17为东西向的探测剖面,起点处在西侧。在图2-17探测剖面中,地下在20~30米间有一处封闭的红色高阻区域,深度距地表约3~5米,怀疑可能与大型墓葬有关,建议进行钻探调查。

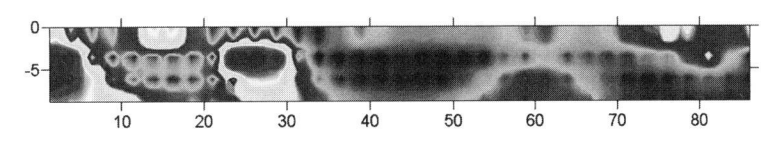

图2-17 后楼地区图2-16勘探点以东区域的物探图

11. 图2-18的物探地点在付庄和李庄交界的小路旁,它的探测顺序编号为14。

图2-18为南北向的探测剖面,起点处在北侧。在图2-18探测剖面中,60~90米间有一处深度约3米的红色高阻区域。经与村中老人调查,结合钻探核实,该异常处是原来人工修的一条灌溉大渠,后由干燥的沙子填平而形成,应与古运河河道无关。

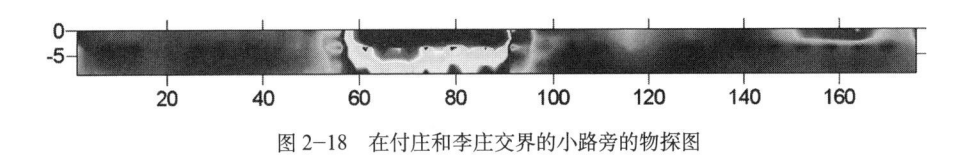

图2-18 在付庄和李庄交界的小路旁的物探图

12. 图2-19的物探地点在付庄东侧、S325公路北侧,它的探测顺序编号为30。

图2-19为南北向的探测剖面,起点处在南侧。在图2-19探测剖面中,0~15米处的红色、绿色高阻区域可能与河堤有关,在100~120米处的高阻异常可能与原地面建筑有关。这两处高阻异常都需钻探进行核实。

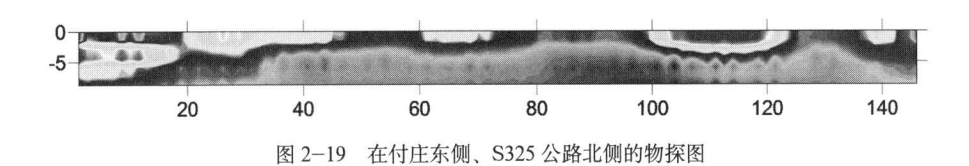

图2-19 在付庄东侧、S325公路北侧的物探图

13. 图2-20的物探地点在付庄东侧、S325公路的南侧,它的探测顺序编号为31。

图2-20为南北向的探测剖面,起点处在南侧。在图2-20探测剖面中,0~20米

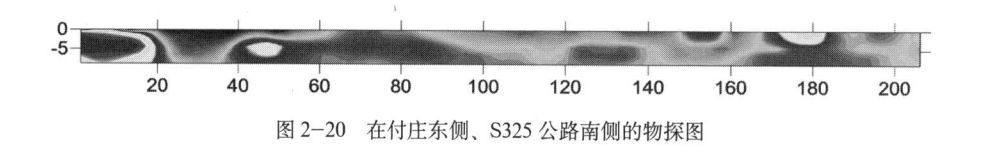

图 2-20 在付庄东侧、S325 公路南侧的物探图

处的红色、绿色高阻区域可能与河堤有关，其他区域普遍为低阻区域，因此怀疑为河道。建议对高、低阻区域进行钻探核实。

14. 图 2-21 的物探地点在图 2-20 勘探地点的东侧，它的探测顺序编号为 32。

图 2-21 为南北向的探测剖面，起点处在北侧。在图 2-21 探测剖面中，130～150 米处为高阻区域，该处可能与河堤有关；10～35 米处的绿色区域是否为运河的北堤位置，还有待于做进一步的调查核实。

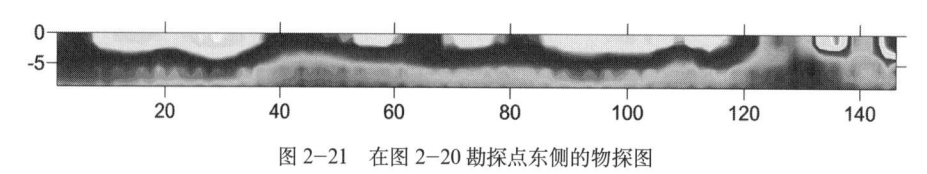

图 2-21 在图 2-20 勘探点东侧的物探图

15. 图 2-22 的物探地点在图 2-21 勘探地点的东侧，它的探测顺序编号为 33。

图 2-22 为南北向的探测剖面，起点处在南侧。在图 2-22 探测剖面中，0～90 米处的浅蓝色高阻区域可能与河堤有关，90～210 米处的低阻区域可能与河道有关，100～140 米处的浅蓝色区域可能是由古河道中较干的河沙形成的地带。以上分析结果还需进行钻探调查验证。

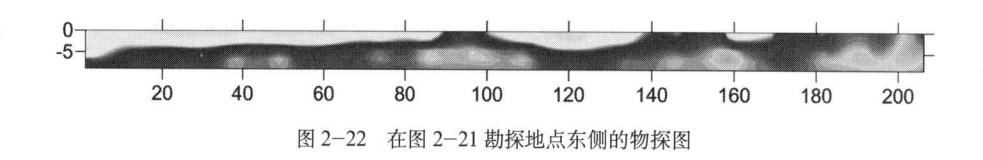

图 2-22 在图 2-21 勘探地点东侧的物探图

16. 图 2-23 的物探地点在刘铺村的中部，它的探测顺序编号为 21、22。

图 2-23 为南北向的探测剖面，起点处在南侧。在图 2-23 探测剖面中，0～75 米处可能与运河南岸的河堤有关，而 80～280 米处的低阻区域可能与河道有关；280～350 米处的蓝色区域可能是河道的北岸河堤的位置，因此该处的河道宽度约在 200 米。以上分析结果还需进行钻探调查验证。

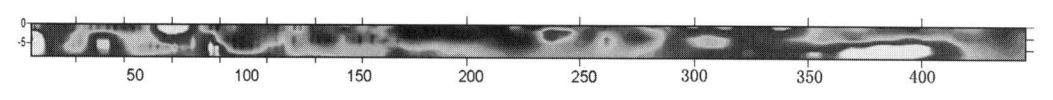

图 2-23 刘铺村中部勘探地点物探图

(五)综合性研判结论

1. 在对夏邑县汴河济阳镇段的古运河进行高密度电法的勘探中,南北纵向的勘探结果要强于东西横向的勘探效果。

2. 通过勘探结果的综合分析,夏邑县汴河在济阳镇西侧邓铺段的河宽约 50 米,而到济阳镇的东侧刘铺段区域,其河道的宽度增加到约 200 米,甚至更宽阔。探测结果显示,在刘铺村西侧的一些区域运河的宽度可能还要大于刘铺村附近的 200 米,甚或宽达 240 米以上。

3. 在本次勘探线路上还发现了大型水渠的存在,进而搞清流传中的运河从李庄北侧绕过的传说。另外,在勘探中发现一些疑似墓葬的异常地点,请考古人员对这些地点进行逐一排除和验证。

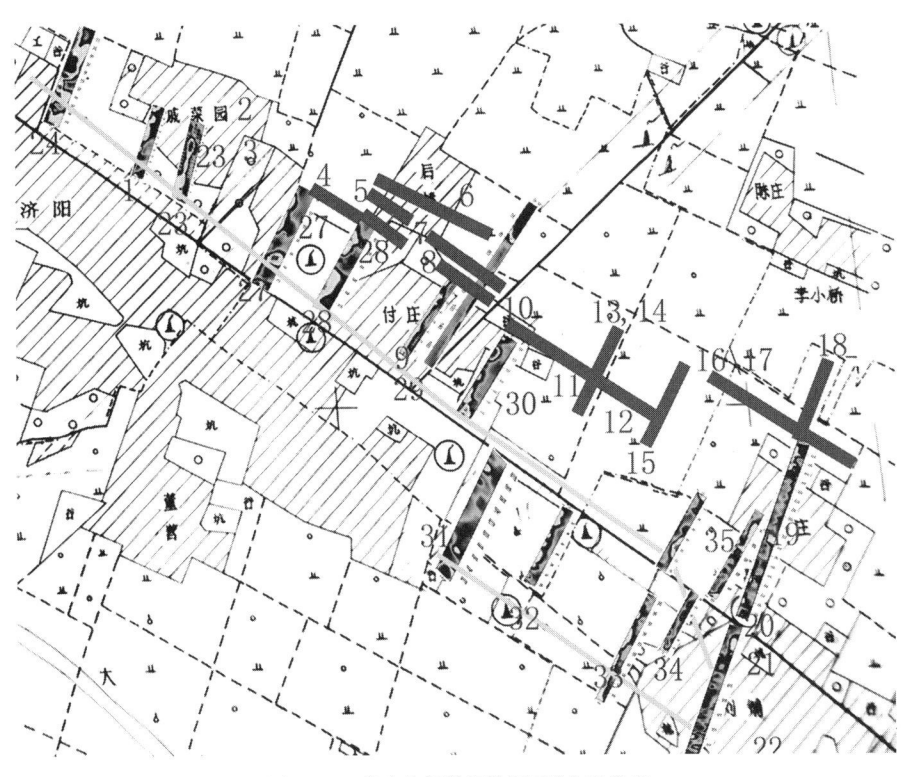

图 2-24 综合分析勘探数据后的初步结果

(六)存在的问题和建议

由于被探测地下后期堆积的垃圾较多,外加村镇建筑物较多,柏油公路和水泥路的覆盖面都较大,在很大程度上影响了我们勘探的准确性,也影响了我们对上述探测结果的研判,因此还需考古工作者对上述异常地点进行钻探验证。但对埋藏较深的异常现象的研判正确率较高。

通过本次高密度电法勘探，我们积累了很多的经验，对后面的勘探和发掘工作提出如下建议，希望对后来的勘探发掘工作会有所帮助：

1. 建议对本次高密度电法勘探的异常区域进行传统考古探法的验证和核实，以确认异常区域的地质土层的性质。

2. 本次勘探基本了解了古运河河道的大致走向，廓清了大部分南北河堤的大致分布情况，建议下一步聘用 5～10 名熟练的勘探技师，再带 5～10 名普通技工，以 1 名带 1 名的方式，沿着河堤的走向，以垂直河堤的横向排列布孔，顺藤摸瓜，向前推进，应该会有较好的效果。

用人方面，熟练的勘探技师与普通技工的比例为 1∶1。若有 5 名熟练技师，再搭配 5 名普通探工，共 10 人，人与人之间预留 5 米间距，河堤中部空出 10～15 米不探，如此则钻探覆盖范围可达 60～65 米，包括河堤约 30 米宽区域、河堤外 20 米区域、河堤内河道 20 米区域，全都在我们的覆盖范围。如此，则河堤、河堤外的建筑、河堤内的码头及渡口（若原来就存在，而且不被彻底破坏）等遗迹现象，将都在我们的掌控之中。而且河堤内的 20 米区域，碰到沉船的可能性也很大。当然，若有 10 名熟练技师，则可前后拉两排，速度将加快一倍。

3. 建议购买夏邑县济阳镇古运河区域内大比例的带有明确坐标的卫星图，便于勘探资料落到图上，以利于将来发掘、保护规划方案的制作使用。

4. 虽然有本次高密度电法勘探结果的指导，但是后续的传统勘探（即利用洛阳铲进行钻探）仍是一项长期的野外工作，不可能在短期内完成，要有充分的思想准备，而且勘探资金要有保障。这些都是后续勘探工作顺利开展的前提和基础。

二、2011 年济西考古钻探结果

2011 年秋，在济西至邓铺一段进行钻探调查。按照 11 月底河南省文物局陈爱兰局长安排，经河南省文物考古研究院同意，由商丘博物馆王良田研究员任领队，在夏邑县文化局的支持下，抽调夏邑县博物馆张帆、高艳艳、夏云、刘鹏飞、李红伟、陈陆兵参加，中国社会科学院考古研究所安阳工作站选派侯文明、王卫杰来夏邑帮助工作，组成大运河夏邑县济西考古队。12 月 16 日进驻济阳镇西街，开始对大运河夏邑段济阳镇西街（以下简称"济西"）进行考古调查和钻探发掘工作。在选定济西发掘点考古发掘的同时，对发掘点向南、向北进行考古钻探，目的是了解这段北河堤的遗存情况。

由于 325 省道占压大堤，只摸清了道路占压以北的大堤情况，基本达到预期目的。

2012 年秋，在刘铺进行考古发掘的同时，也在刘铺至济阳镇进行钻探调查，钻探日记小结：

此次钻探从 10 月 8 日开始，到 21 日结束，用时 14 天，用工 50 个。原定钻探点 4 个，后又加 1 个，钻探点共 5 个。

钻探点 1：位于济西发掘点的东侧 300 米处，从 S325 省道的北侧路沟的北侧布探孔 1 排，探孔的间距为 5 米，以南端的第 1 个孔为 1 号探孔，依次向北编号，此次共布探孔 55 个。

钻探目的：在此处寻找运河的北大堤。

钻探结果：此处未发现大堤。推测：大堤可能位于 S325 省道下，钻探处可能到大堤外。

钻探点 2：位于济西发掘点的东侧，和济西发掘点间相隔一条小路。从 S325 省道的北侧路沟的北侧布探孔 1 排，探孔的间距为 2 米，以东南端的第 1 个孔为 1 号探孔，依次向北西编号，此次共布探孔 72 个。布探孔东西 9 个，南北 8 排。

钻探目的：在此处寻找陶窑。

钻探结果：未发现陶窑。推测：陶窑不在此处。

钻探点 3：位于济西发掘点的南侧，和济西发掘点间南北相隔一条路（S325 省道）。从 S325 省道的南侧路沟的南边向南 80 米处布南北向探孔 1 排，探孔的间距为 5 米，以 80 米处的第 1 个孔为 1 号探孔，依次向南编号，此处共布探孔 18 个。

钻探目的：在此处寻找运河的南大堤。

钻探结果：此处钻探收获较丰富，收获有以下几点：

1. 发现运河的南大堤，位于北距 S325 公路的南边 81 米处，大堤的顶部距地表 2.3 米，大堤的宽度在 30～40 米间。

2. 发现与大堤顶部同一层面的地面，均在 2.3～2.4 米处，向南钻探 18 个探孔，约 90 米，未发现地面的南边，需继续做工作。

3. 发现大堤内及大堤外侧均在 4 米处有一层青灰色土，可能为某一时期的地面，需继续做工作。

钻探点 4：位于刘铺发掘点的西侧 50 米处，布南北向探孔 1 排，南端的探孔南距田间小路 25 米，东距 T1 探方 50 米。以南端第 1 个探孔为 1 号，依次向北编号。探孔的间距为 5 米，此处共布探孔 26 个。

钻探目的：了解此处的大堤外侧、大堤情况以及河内情况。

钻探结果：此处钻探收获较丰富，收获有以下几点：

1. 了解了此处的大堤外侧情况，大堤外侧的淤沙为清理河内的淤沙清理出来的。

2. 了解了大堤的宽度为 15～17 米（探孔 3～探孔 6）。

3. 了解了河内的堆积情况：河内南侧淤积的胶泥较厚，最厚处达 4 米，而北侧仅 0.7 米。由此推测，大堤废弃前的河流在紧靠南大堤处，后淤泥淤塞河道，河道废弃。（T1 探方内发掘时淤泥内出土明代瓷片，故推测河道废弃于明代）

钻探点 5：位于济阳卫生院门前路的西侧，布探孔 1 排，最南端的探孔距济阳卫生院大门 25 米，以最南端的探孔为 1 号探孔，依次向北顺编号，探孔的间距为 5 米。

钻探目的：了解此处的大堤外侧、大堤情况以及河内情况。

钻探结果：此处钻探收获较丰富，收获有以下几点：

1. 了解了此处的大堤外侧情况，发现大堤外侧的路土层。

2. 了解了大堤的宽度，为 11～13 米（探孔 6～探孔 8）。

3. 了解了河内的堆积情况，河内淤积的胶泥厚度为 1～2.3 米。

4. 了解了大堤的北坡面较陡峭（探孔 8～探孔 9 间落差为 3 米）。

三、2013 年济阳镇前街、刘铺向西至济阳集之间的考古钻探结果

2013 年的调查，从 3 月 6 日进驻工地，至年底在刘铺进行考古发掘的同时，对济阳镇前街、刘铺向西至济阳集之间进行了钻探调查。主要收获是：确定济阳镇前街就是运河南堤，堤顶部宽 20 米左右，镇中心区运河内口最宽处超过 150 米，在北坡地下 11 米还发现有青砖埋藏，据村民讲，在前街，村民以前在取土时经常挖出大青砖。如前述，20 世纪 90 年代在与之相对的北堤水面处出土过两艘宋代木船，发现有很多瓷器，包括 1 件宋代瓷瓮（二级品）、1 件大铁锚（现藏夏邑县博物馆）。由于济阳镇前街居民集中，民房分布密集，无法开展考古试发掘，但根据上述信息，初步判定济阳镇应是一处大运河疑似码头遗址。

第三章　考古发掘

为配合大运河申报世界文化遗产，按照河南省文物局工作安排，报请国家文物局批准，汴河济阳镇段考古发掘从 2011 年 12 月至 2013 年 11 月共进行了 5 次，地点分别选在济阳镇西 800 米 S325 省道北侧和济阳镇东约 500 米刘铺村西农田。

2011 年 12 月进行第一次发掘时，为了确保考古调查、发掘工作的顺利进行和发掘质量，由河南省文物考古研究院牵头，成立了以夏邑县原县委常委、统战部部长赵建玲为指挥长的夏邑县汴河济阳镇段考古调查发掘工作指挥部，县文化、财政、交通、公安、水利以及济阳镇党委、政府等有关部门为指挥部成员单位。在技术保障方面，邀请中国社会科学院考古研究所提供技术支持，杜金鹏主任、岳洪彬博士为技术指导，从中国社会科学院考古研究所安阳工作站聘请两位技术人员帮助工作。

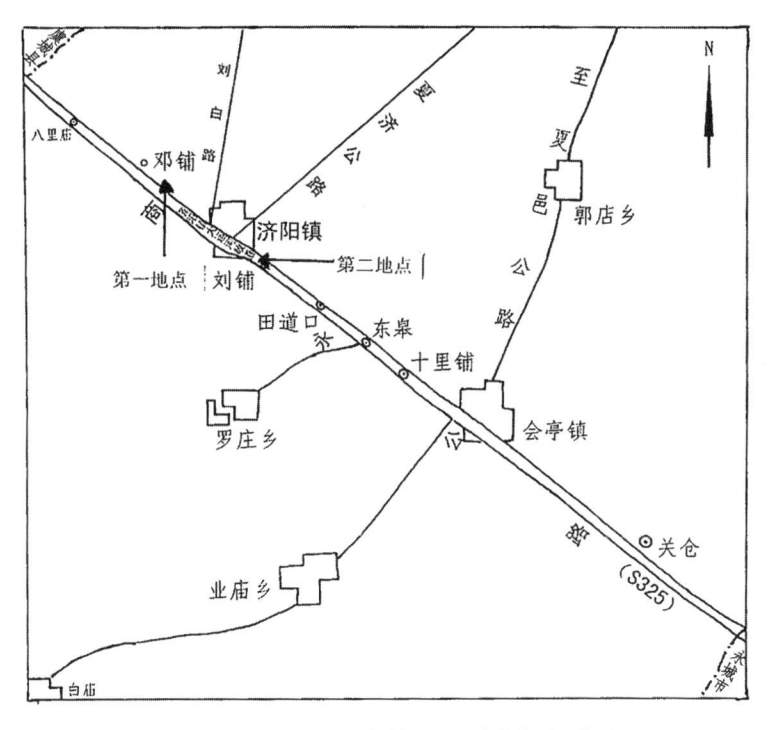

图 3-1　济阳镇考古发掘第一、二地点位置示意图

考古调查发掘工作主要围绕汴河济阳镇段进行，5次发掘的两个地点情况如下。

第一地点1次，时间是2011年12月至2012年1月。地点位于夏邑县济阳镇西约800米，省道325线62千米路标西70米路北处，南邻省道325线，东临从省道325线向北到大刁庄村的生产路，占地顺省道325线路沟长约33米，顺省道325线向北到大刁庄村的生产路一侧长约22米，面积约1260平方米。利用两侧路沟解剖断面两条，长约60米，开5米×15米探方1个，5米×10米探方2个，5米×5米探方1个，4米×22米探沟1条，总发掘面积290平方米。共发现3个时期的大堤遗存，顺省道325线路沟解剖沟深2.15米，地层堆积分为三大层。发现遗迹现象有大堤顶面车辙印痕、行人脚印、动物蹄印、因干旱形成的地裂现象、陶器坑等。

第二地点4次，地点位于济阳镇东刘铺村西农田。时间为2012年春、秋季和2013年春、秋季。

2012年春季在刘铺布方位置位于刘铺村西30米，南临刘铺村通往济阳镇的生产路（省道325线旧道），北距省道325线约200米。截河道横断面开探沟1条，南北长95米，东西宽10米，方向43°，编号2012XJLT1，发掘面积950平方米。春季发掘从3月5日开始，至5月10日结束，历时67天。以探沟北壁为例，地层堆积分为九层，①至③层为晚期地层，④至⑨层为护坡大堤堆积层，⑨层下为运河主大堤。发现遗迹现象有运河南堤、堤上建筑基槽、堤内侧树木桩、堤外古道路等，出土少量宋明时期的瓷片、陶片。

这一发掘区域，发掘前地面为平坦的农田，种植有冬小麦。据村民反映这一带原先地势较高，后来在生产建设中逐渐削平，地面能捡到宋、明、清时期的瓷片。在发掘区东南侧坑塘内，早年村民取土时出土多件宋代瓷器。主大堤位于探沟中部偏南，向南挖至大堤外道路，向北伸入河道内40多米。探沟最深处挖至3米（因地下水停止），最浅处距地表0.3米即发现大堤表面。

2012年秋季的发掘，从10月8日开始，至12月29日结束，历时83天，发掘地点与春季相同。根据春季发掘情况，为进一步搞清楚春季发掘T1探方大堤内侧发现的建筑基槽的规模、形状、结构等问题，秋季在T1探方西侧向西沿大堤方向布置扩方，扩方长50米，宽10米，面积500平方米，编号2012XJLT1扩方。T1扩方南壁距T1南壁41.6米。在T1西50米处布置探沟1条，探沟长160米，宽10米，面积1600平方米，编号2012XJLT2，方向40°。探沟沿横截河道方向布置，目的是了解运河河道结构、文化遗存及河堤结构、文化遗存情况。发现瓮棺葬1座、大堤北坡分布密集的行人脚印、宋代瓷碗片等。至此，刘铺发掘总面积3050平方米。

2013年春季发掘,从3月7日开始,至5月24日结束,历时79天。主要是进一步了解南堤外道路向东延续情况、南堤北坡行人脚印、南堤北坡木桩遗迹情况,是2012年秋季考古工作的延续项目,迎接国家文物局专家组的初验工作。

2013年秋季的发掘主要是春季发掘工作的延续,直到9月份世界遗产组织专家组验收。主要是现场清理,环境整治,准备迎检材料等各项迎检工作,迎接世界遗产组织专家组验收。

第一节 济阳镇济西考古发掘

一、发掘概况

通济渠商丘夏邑济阳镇段位于河南省夏邑县西南15千米处的济阳镇,是商丘市市级文物保护单位,已被联合国列入世界文化遗产名录。2007年之前进行过一些零星调查。为了给大运河申遗提供材料,2007年7—8月,商丘市文物局组织专业技术人员对大运河商丘段进行了第一次全面考古调查,尚未进行过正式考古发掘。

济阳镇段以济阳镇为中心,东起济阳东皋,西至济阳邓铺,全长4.2千米。这一段河道较宽,河道内口最宽处在济阳镇,宽约150米,济阳镇段以外的河道宽50米左右。在济阳镇西街目前还保留有长数百米的故道水面,水面最宽处约50米。1996年前后在此水面出土两艘古代木船,船上发现有瓷器、陶器、铁器等遗物。在济阳镇河段还出土有1件大铁锚、1件完整的大瓷瓮。济阳镇区S325省道以南直到济阳前街,均在故道遗址河道内,镇区内现在还有分散的片状故道水面分布。

从2007年以来,文物工作者为搞清这段河道遗存的基本情况,进行了大量工作,特别是钻探调查工作,掌握了一定的基础资料,在济阳镇西街沿省道325线向西约800米路北路沟断壁发现大量宋代陶片,还发现长约近百米的运河大堤遗存以及大堤表面的行人脚印、动物蹄印等遗迹现象。为了进一步了解这段运河大堤的文化遗存,也为配合申遗工作,报请河南省文物局批准,考古工作者决定在这里进行考古发掘工作。这次考古调查发掘工作主要围绕汴河济阳镇西街进行,发掘地点位于济阳镇西约800米,省道325线62千米路标西70米路北。开5米×15米探方1个,5米×10米探方2个,5米×5米探方1个,4米×22米探沟1条,分别编号为T1、T2、T3、T4、G1,总发掘面积290平方米,利用路沟解剖断面两条,长约60米。发掘工作从2011年12月

图版 3-1 2011 年济西发掘探方、探沟平面分布图

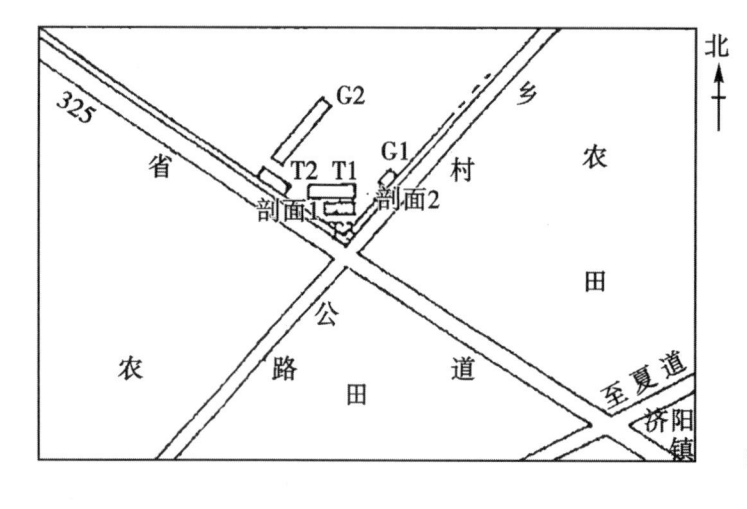

图 3-2 2011 年济西发掘探沟、探方平面位置示意图

16 日开始,至 2012 年 1 月 15 日结束,历时 31 天。

这次考古调查发掘的目的是对既往工作取得资料的深化、细化和补充,力求更完整、更系统地掌握、了解汴河济阳镇段河堤及河道结构情况、遗产埋藏情况、遗产的普遍意义、遗产价值等,为申遗工作提供考古依据、准备材料。

二、地层堆积情况

这次发掘的是汴河北大堤,该地点的地层堆积可分为 3 大层 12 小层,第①层为耕土层,第②层为黄河冲积沙土层,第③层为运河大堤堆积层(综合几个探方、探沟、剖面堆积情况，把全部大堤遗存都合并入第③层）。

以 T1 北壁剖面为例，介绍第①～②D 层的地层堆积情况（图 3-3）：

第①层为耕土层，厚 0.3 米左右，黄褐色，为沙淤两合土，包含有现代砖瓦、陶瓷片、树木、农作物根须等。

第②层为黄沙土层，又可分为四小层，即② A、② B、② C、② D 层。

② A 层为褐黄细沙层，土色褐黄，土质疏松。层表距地表 0.2～0.25 米，本层厚 0.1～0.3 米。均为细沙，包含有水冲击的青灰砖块、木炭碎颗粒、红烧土颗粒。分布全探方，含较多的小薄层，应为水冲刷淤积形成该层。

② B 层为黄白沙土层，土色黄白，土质疏松。层表距地表 0.3～0.45 米，本层厚 0～0.25 米。包含有水冲击的青灰砖块、木炭碎颗粒、红烧土颗粒，均较碎且小。分布探方的东侧大部，西部约 0.2～3.5 米未分布。含较多的小薄层，应为水冲刷淤积形成该层。

② C 层为浅褐沙土层，土色浅褐，土质稍硬。层表距地表 0.4～0.55 米，本层厚 0～0.2 米。无包含物。分布探方的东侧大部，西部约 1～1.5 米未分布，应为水冲刷淤积形成该层。

② D 层为白黄沙土层，土色白黄，土质疏松。层表距地表 0.45～0.65 米，本层厚 0.5～0.9 米，分布全探方。含较多的小薄层，应为水冲刷淤积形成该层。

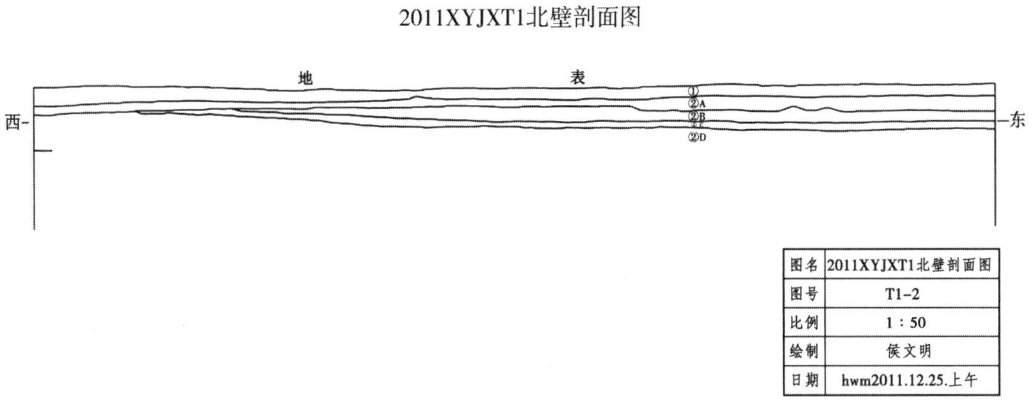

图 3-3　T1 北壁剖面图

第③层是以红黏土和黑褐土为主堆积而成的大堤遗存。普遍黏性大，土质硬，且包含有丰富的陶片，瓷片发现较少。根据土质、土色和包含物的变化，又可细分为 8 小层。

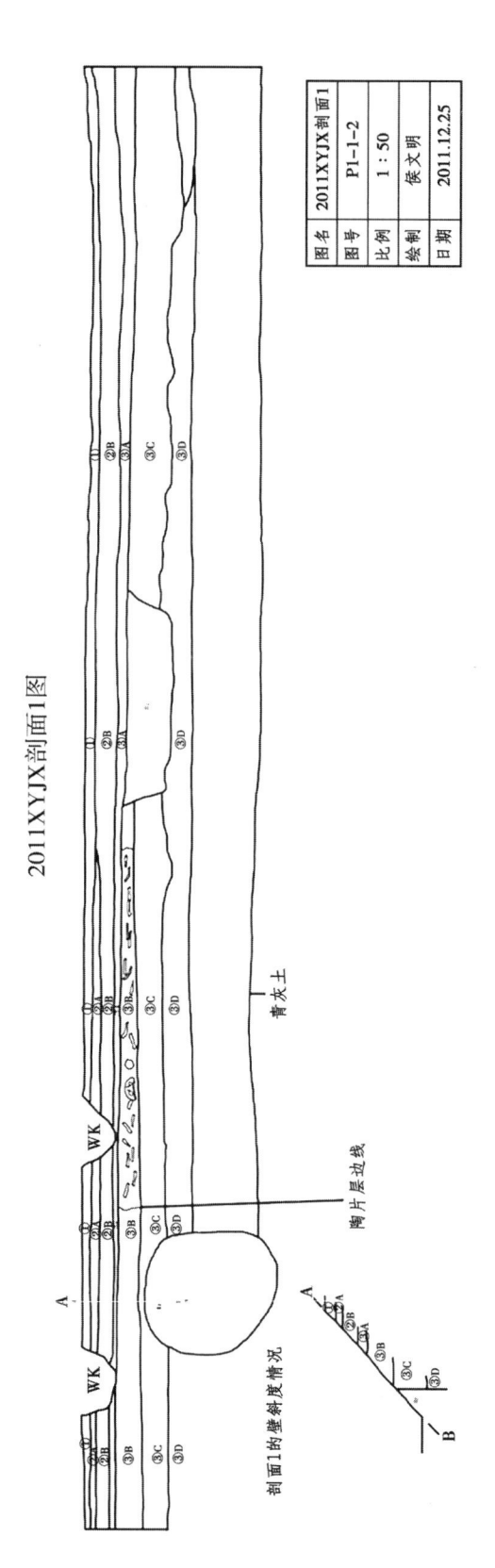

图 3-4 解剖面 1 剖面图

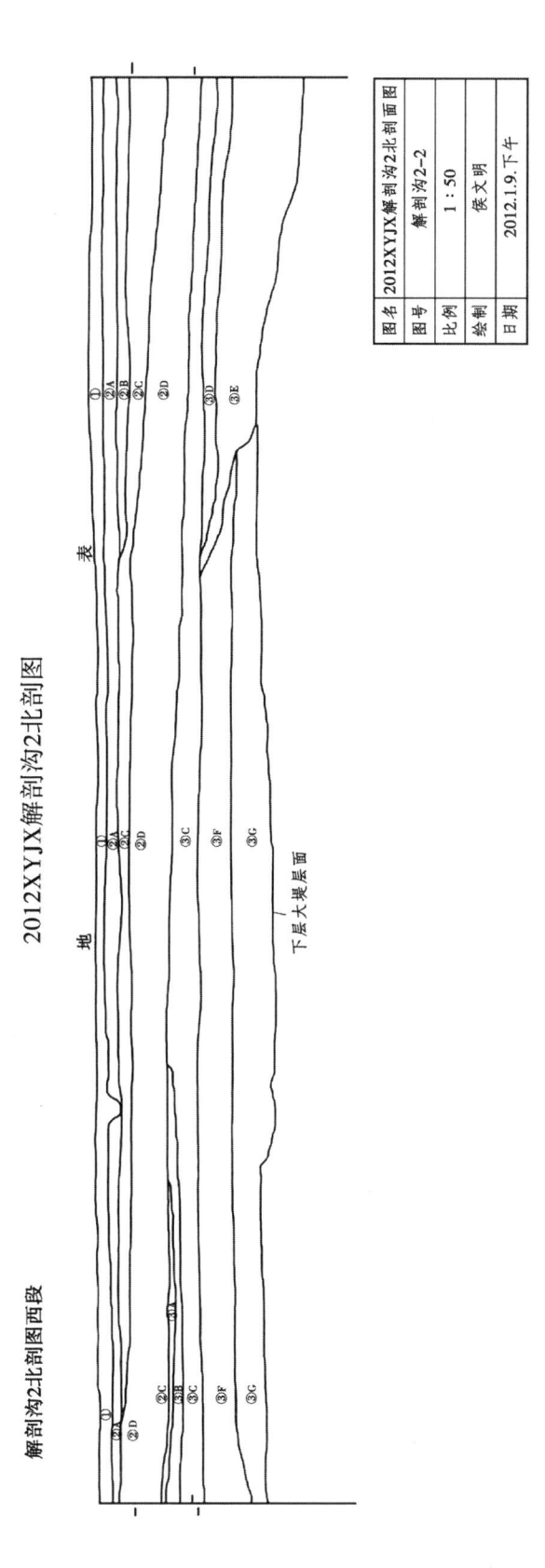

图 3-5 解剖面 2 北壁北剖图

以剖面1（包含③A～③E层）和剖面2（包含③F和③G层）为例，介绍第③层的堆积情况。

③A层为红黏土，土色褐红，土质黏硬。层表距地表深0.8～0.9米，本层厚0.1米左右。分布于剖面的全部，人为堆积。本层为大运河废弃前最后一次使用的路面，内含灰陶片，有少量瓷片。表面密布车轮印痕、行人脚印、动物蹄印等。还发现因天大旱形成的地裂迹象，为研究当时大堤废弃时的气候状况提供了资料，环境考古学专家可根据大旱形成的地裂迹象研究此地区的天气情况。

③B层为黑褐土层，土质疏松。层表距地表1.1～1.2米，本层厚0.2～0.3米。分布于剖面的北部，含有陶片、炉渣残块，人为堆筑，土色很杂，T2本层夹杂大量灰陶片，器形有碗、罐、盆等，以灰陶罐残片最多。

③C层为杂红黏土层，土质黏硬，含沙。层表距地表1.1～1.4米，本层厚0.4～0.6米。分布全剖面，人为堆积。层内出土有一件宋代小瓷碗。

③D层为黄沙层，土质疏松。层表距地表1.5～1.75米，本层厚0.3～0.5米。分布于剖面大部，淤积形成。

③E层为红黏土夹沙层，土质黏硬。层表距地表1.5～2.25米，本层厚0.9～1.2米。分布于剖面大部，人为堆积，较少包含物。其下叠压早期的大堤堆积。

③F层为黄沙土层，土质疏松。层表距地表1.6～1.75米，本层厚0～0.6米。分布于探方西部，淤积形成。无包含物。

③G层为浅红黏土层，土质黏硬。层表距地表2.1～2.2米，本层厚0.5～0.7米。分布于探方东部，人为堆积。

③H层位于③G层下，距地表2.4～2.7米，堤顶距堤脚6米左右，顶部宽15米左右。没有对此堆积层进行解剖发掘，从表面看是青灰色沙黏两合土筑成，土色纯净，包含物不多。从钻探资料看，该大堤筑建于距地面9米的富含料姜石的生土层上。这应是济阳镇段最早的大堤遗存。

第三章 考古发掘

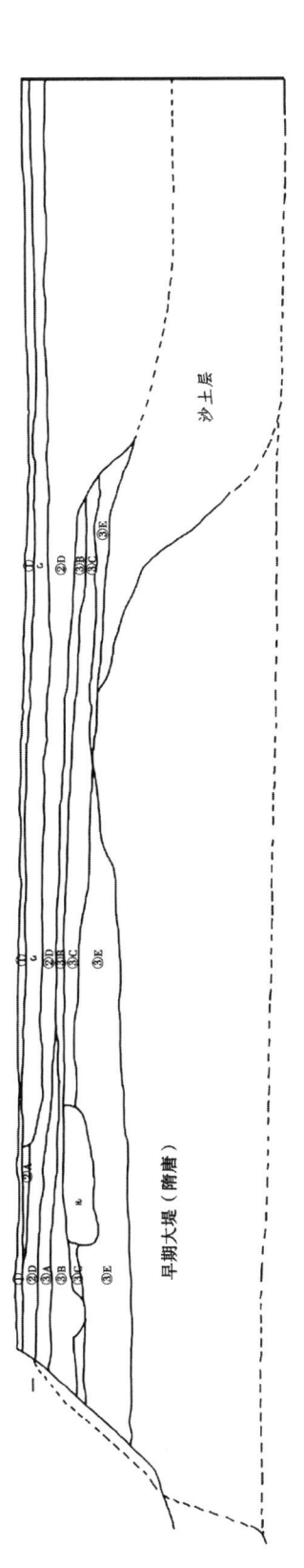

图 3-6 大堤结构剖面图

三、遗迹

这次发掘的遗迹现象十分丰富，共发现从上到下三个时期的大堤堆积遗存，三个灰坑，大堤地面因干旱形成的地裂现象，分布密集的车辙印痕、行人脚印、动物蹄印等。

（一）大堤堆积遗存

根据大堤堆积的层位关系判断，此处应有早、中、晚三个时期的大堤堆积，空间位置格局基本没变，呈上下叠压之势。

1. 晚期大堤堆积

最晚期的大堤堆积由③A层和H1两部分构成。红黏土，土色褐红，土质黏硬，距地表0.8～0.9米，层厚0.1米左右。

该大堤堆积在T1、T2、T3、G1中均有分布。T3③A中大堤堆积层表面分布着密集车辙印痕、行人脚印及动物蹄印，与下层大堤相比，行人脚印及动物蹄印印迹较浅。只做部分解剖发掘，出土陶片较少，只有少量青瓷片。

图版3-2　T3③A层地面车辙痕迹

此外，在本期大堤表面还发现因大旱形成的地裂迹象，地裂缝分布密集，缝隙内填满上层堆积的黄沙土，这一现象说明在大堤废弃的当时正遭遇严重旱情。

2. 中期大堤堆积

最晚期大堤堆积之下，叠压时代较早的大堤，即③B层～③G层。

在③B层表面发现分布密集的行人脚印、动物蹄印。这些印痕分布有规律，如T2中，从清理出的脚印看，为3～4人并排行走，且印痕较深。

从这些深陷的印痕看，大堤废弃时雨水较大，且应是连绵的阴雨，过往繁忙的行

图版 3-3　T2③B 层地面踩踏痕迹

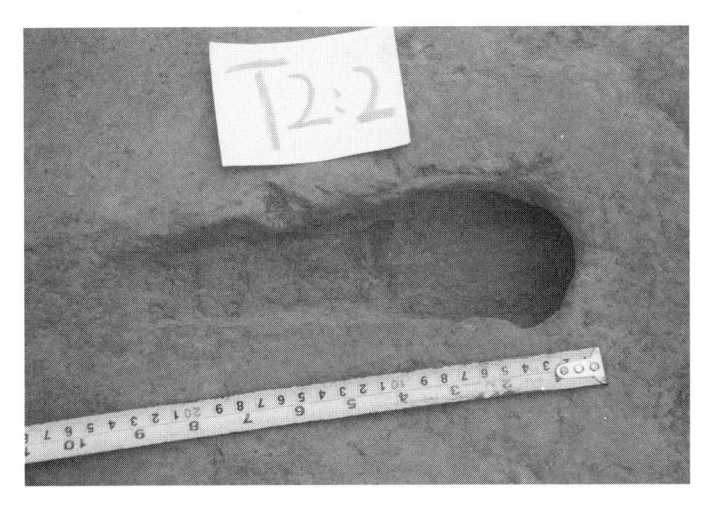

图版 3-4　T2∶2 行人脚印

图版 3-5　T2∶4 行人脚印

人有可能是负重者，很可能有些脚印就是纤夫留下的。

3. 早期大堤堆积

最早期的大堤堆积即③H层。

在剖面1中的③G层下发现该层。大堤顶部宽15米左右，堤顶内外两侧分别向下呈斜坡状。在T4中，距地表2.4米深处发现堤顶，没有解剖发掘。从表面看是青灰色沙黏两合土筑成，土色纯净，包含物较少。

从钻探资料看，该大堤筑建于距地面9米的富含料姜石的生土层上。这应是济阳镇段大运河最早期的大堤遗存。

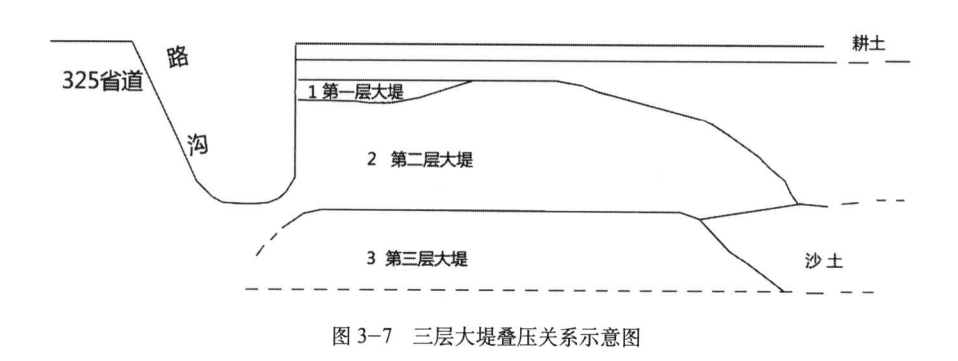

图3-7 三层大堤叠压关系示意图

三期大堤堆积的建筑方式基本相同，均是堆土筑成，没有发现夯打迹象，在大堤内侧夹筑碎砖块、残破陶片、废炉渣等物，大概是为了抵抗河水冲击，加固大堤所用。

（二）灰坑

共发现三个灰坑，分别编号为H1、H2、H3。其中H1、H2发现于1号剖面（即利用325省道北侧路沟所做剖面），H3位于2号剖面（即利用发掘区西侧乡村路沟所做剖面）。

H1 位于剖面1中北部，开口于③A层下，修建325省道挖路沟时破坏掉一部分，剩余部分挂在剖面，内填灰花土，有炭灰、烧土块、灰陶片、烧结炉渣等。

H2 位于H1北约9米，开口层位不详，平面形状不详，受晚期生产建设影响破坏一部分，剩余部分挂于剖面未清理，内部填土与H1基本相同。

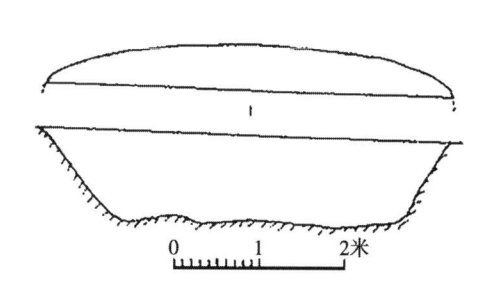

图3-8 H1平、剖面图

H3 位于剖面2西部，开口于③B层下，

打破③C层。平面呈不规则圆形，口径1.6米，平底，底径稍小于口径，深0.5米。灰坑内出土两件制作陶器使用的陶轮托盘，还出土数百件灰陶片，主要器形有盆、缸、罐等，其中以罐为最多，几乎不见碗、盘等小型器。发现一枚宋代青瓷片、多块烧炉渣和砌筑陶窑的砖块。砖块一端烧结度高，色青；一端烧结度差，色黄灰。由这些迹象初步判断，H3是一处位于陶窑附近的废弃坑。当然这一判断还需要更多的考古发掘结果验证。

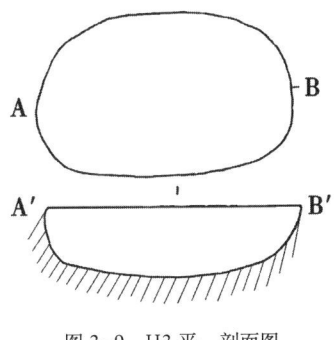

图3-9　H3平、剖面图

（三）车辙印痕、行人脚印、动物蹄印

这次发掘发现，T1、T2、T3、T4四个探方中的③A层表面，均分布有车轮印痕、行人留下的脚印痕、牲畜蹄印痕。其中，T3③A层车轮印痕最为丰富、清晰（见图版3-2）；T1③A层表面虽也密布车轮印痕、行人留下的脚印痕、牲畜蹄印痕，但印痕较浅；T2③A层表面行人脚印痕迹亦较浅，③B层表面行人脚印痕迹较深，但不见车轮印痕（见图版3-3）。在这面上遗存器物很少。T2③B层表面密布行人留下的脚印痕迹，与③A层表面相同，也是大人的、儿童的、穿鞋的、赤脚的应有尽有。这些时代的印痕，反映出当时的运河大堤作为日常道路，交通是比较繁忙的。

（四）大堤地面因干旱形成的地裂现象

在清理T1、T3、T4③A层表面时均发现地面分布密集的因天气干旱形成的地裂迹象，地面裂缝内填满上层堆积的黄沙土，这一现象说明在大堤废弃的当时正遭遇严重旱情（图版3-6）。

图版3-6　地面干裂遗迹

四、遗物

发掘出土遗物有瓷器和陶器两类，分别出土于晚期和中期大堤，没有发现与早期大堤同时期的遗物。

（一）晚期大堤遗物

晚期大堤遗物集中出土于H1，均为陶器，以灰陶为主，有少量红陶，器形有罐和盆。在T1③A层出土一块青花瓷片。

陶器中以陶罐为最多，以口沿的不同，分为四型。

A型　13件。标本H1：1，方唇外折，束颈，鼓腹，有灰陶和红陶两类。口径12.4厘米，残高6厘米。（图3-10，1）

B型　1件。标本H1：14，灰陶。敛口，鼓腹。残高3厘米。（图3-10，3）

C型　1件。标本H1：15，灰陶。敞口，圆唇外折，斜腹。残高6厘米。（图3-10，2）

D型　1件。标本H1：17，灰陶。敛口，鼓腹，宽沿外折。口径12厘米，残高8厘米。（图3-10，4）

盆　1件。标本H1：19，灰陶。敞口，宽沿外折，圆唇。残高4.5厘米。（图3-10，6）

钵　1件。标本H1：20，灰陶。敛口，斜腹，尖唇。残高5厘米。（图3-10，5）

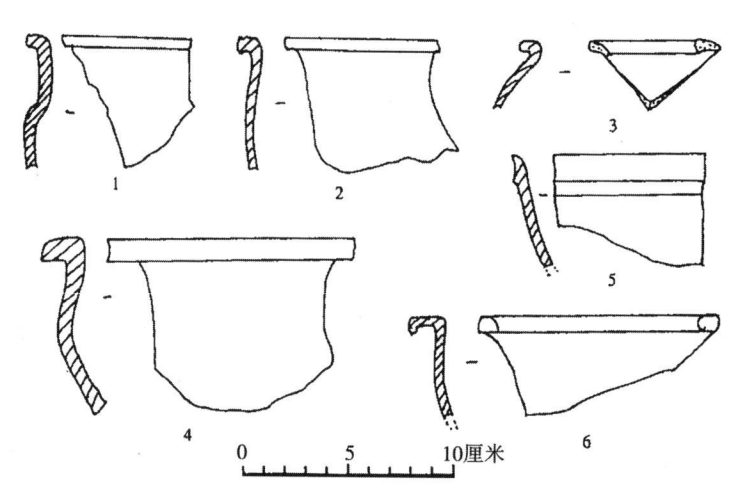

1.A型罐（H1：1）　2.C型罐（H1：15）　3.B型罐（H1：14）　4.D型罐（H1：17）
5.钵（H1：20）　6.盆（H1：19）

图3-10　济西晚期大堤出土陶器

（二）中期大堤遗物

中期大堤出土遗物有瓷器和陶器两类，集中出土于 H3 和 T2③B 层。

出土瓷器有瓷碗 1 件和少量残片。

瓷碗　1 件，编号 G1③C：01。出土于 G1③C 层下，口径 14.8 厘米，高 7.4 厘米，足径 5.2 厘米。敞口，斜腹微外鼓，圆唇，圈足露胎，胎质较粗，黄白色。其余部分满饰青灰釉。（图 3-11，1）

此外，还有部分青花瓷、青瓷等残片，但数量较少。

H3 内出土两件制作陶器使用的陶轮托盘，还出土数百件灰陶片，主要器形有盆、缸、罐等。其中以罐为最多，约占总数的 75%；其次是盆，约占总数的 13%；缸约占总数的 2%。几乎不见碗、盘等小型器。T2③B 层埋藏大量灰陶片，器形与 H3 的大致相同。

陶轮托盘　2 件，编号 H3：1、H3：2。形制、大小相同。泥质灰陶。圆形，盘下有高圈足。H3：1，直径 34 厘米，盘厚 2 厘米，圈足高 2.5 厘米。（图 3-11，3）

陶罐　依据器物口沿形状可分五型。

A 型罐存 51 件。H3：4，牛鼻双耳，口沿外卷，尖唇。残高 8 厘米。（图 3-11，13）

B 型罐存 58 件。H3：3，牛鼻双耳，圆唇。口径 25 厘米，高 21 厘米。（图 3-11，5）

C 型罐存 52 件。H3：5，牛鼻双耳，方唇外翻。残高 8 厘米。（图 3-11，2）

D 型罐存 46 件。H3：6，牛鼻双耳，方唇有凹槽。残高 14 厘米。（图 3-11，7）

E 型罐存 2 件。H3：7，牛鼻双耳，方唇外翻，宽沿上有凹槽，腹部饰凹弦纹。残高 15 厘米。（图 3-11，11）

陶盆　依据器物口沿形状，可分七型。

A 型存 3 件。H3：9，敞口，宽沿，尖唇，宽沿断面呈三角形。口径 35 厘米，高 13 厘米。（图 3-11，9）

B 型存 3 件。H3：10，敞口，窄沿，圆唇外卷。残高 9 厘米。（图 3-11，10）

C 型存 2 件。H3：11，敞口，窄沿，尖唇外卷。残高 7.5 厘米。（图 3-11，8）

D 型存 15 件。H3：12，敞口，窄沿，方唇外卷。残高 10 厘米。（图 3-11，14）

E 型存 6 件。H3：13，敞口，宽沿，方唇外折。残高 7 厘米。（图 3-11，15）

F 型存 4 件。H3：14，敞口，宽沿，方唇外折，唇沿凸起。残高 10 厘米。（图 3-11，12）

G 型存 5 件。H3：15，敞口，宽沿外折，圆唇。残高 6 厘米。（图 3-11，6）

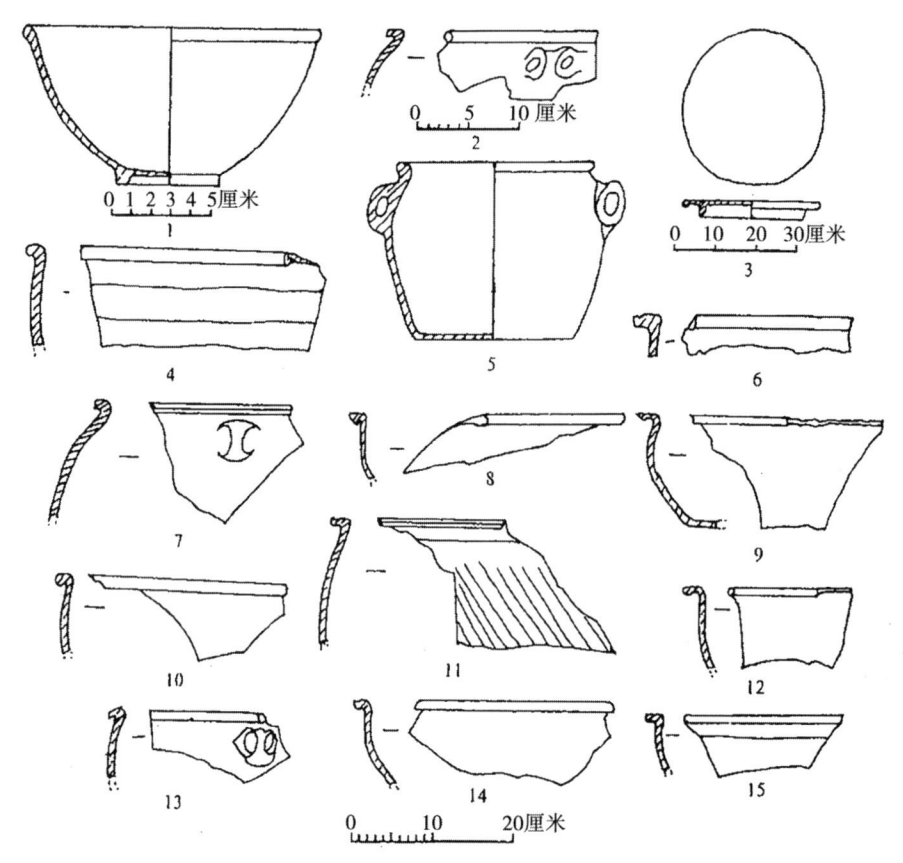

1. 青瓷碗（G1③C∶01） 2. C型陶罐（H3∶5） 3. 陶轮托盘（H3∶1） 4. 陶缸（H3∶8）
5. B型陶罐（H3∶3） 6. G型陶盆（H3∶15） 7. D型陶罐（H3∶6） 8. C型陶罐（H3∶11）
9. A型陶盆（H3∶9） 10. B型陶罐（H3∶10） 11. E型陶罐（H3∶7） 12. F型陶盆（H3∶14）
13. A型陶罐（H3∶4） 14. D型陶盆（H3∶12） 15. E型陶盆（H3∶13）

图3-11 济西中期大堤出土器物

陶缸 1件。编号H3∶8，敞口，窄沿，圆唇，直壁，口沿下腹部有两周凹弦纹。残高11.5厘米。（图3-11，4）

五、小结

隋唐大运河通济渠段从废弃后，由于受黄河泛滥冲积淹没，其文化遗存情况一直不清楚，在安徽柳孜码头发现后，尽管对该码头状况有了一定了解，但对大堤、河床的结构及遗存状况了解甚少，直接影响了对大运河遗产价值的判断，这次考古发掘填补了这一空白。

关于早、中、晚期大堤的年代。第一层大堤地面发现有明青花瓷片，说明它的使用年代应不早于明代。第二层大堤地面发现有北宋青瓷片，而且没有发现年代更晚的遗物，说明它的最后使用时间很可能是北宋时期。第三层大堤叠压在宋代大堤层下，建筑于距地面9米的富含料姜石的生土层上，应是该段运河年代最早的大堤，初步推断其年代为隋唐时期，不排除有更早的可能性。由于目前尚未发掘到可准确判断其年代的证据，确切年代还有待以后的考古发掘资料。

遗址中发现的因大旱形成的地裂迹象、因大雨造成大堤地面的泥泞现象，为研究当时大堤废弃时的气候状况提供了资料。

几个探方发现的行人脚印，有大人的、小孩的，有穿鞋的、赤脚的，有布鞋鞋印，也有草鞋印痕。这些现象表明大运河废弃前，大堤表面就是当时的道路，交通十分繁忙。通过发现的车辙迹象，可以分析出当时的车轮间距、车轮宽度，为研究我国古代车制提供了可资参考的数据。

H3出土陶器虽然数量较多，但只有盆、罐、缸等几种大型器物，器形单一，伴出有烧结炉渣块、制作陶器用的陶轮托盘、一半烧结度高一半烧结度低的大型砖块（疑为建筑陶窑用砖）。这些现象表明这个灰坑可能是一个陶器作坊附近的废弃器物坑，坑的附近很可能有烧陶窑址存在。以前人们对豫东唐宋陶器了解不多，这次出土陶器多而集中，对以后研究豫东唐宋陶器具有一定意义。

汴河济阳镇段河道宽阔，是一般河道宽度的三倍多，现在仍然保留有故道水面，曾出土大量瓷器，出土过两艘宋代木船、铁锚、耥石等文物，据此推测这里很可能是一处码头遗址。

济阳镇大运河故道是隋唐大运河河南境内的通济渠段，也是郑州市以东唯一一处保留有水面的运河故道，可以借以恢复大运河"隋堤烟柳"的历史景观。济阳镇因位于隋唐大运河北岸而得名。河南省道325线从济阳镇中间东西穿过，镇前街称通济路。考古调查时走访村民，据当地村民世代口头相传，济阳镇的产生是因为隋唐大运河通济渠通航之后，常有过往船只靠岸，南北两岸过河摆渡，在北岸逐渐形成了村镇。因此，济阳镇是一座典型的因大运河而产生、发展和繁荣的村镇，是研究大运河沿线村镇的珍贵材料。

第二节　济阳镇刘铺考古发掘

一、发掘概况

这次发掘地点位于济阳镇东约500米的刘铺村西农田。刘铺是济阳镇的一个行政村，村庄布局为东西稍长，南北窄。村庄北靠河南省道325线，村民主要居住在公路南侧，其下占压运河故道。近年在公路北侧也有了村民迁居，民居以平房为主，有部分二层乃至三层楼房。村民的经济来源以农业为主，主要农作物有小麦、玉米、大豆、棉花等，副业主要是木板材粗加工。全村1000余人，以刘姓为主。

这段大运河从刘铺村中间东西横向穿过，北大堤位于公路南侧，南大堤位于刘铺村南通向济阳镇的乡村公路北侧，中间是河道。村西有一片宽约100米的树林，树林西侧才是农田，这次的发掘地点就在树林西侧的农田地。共开探方3个，分别是T1、T1扩方、T2。发掘T1的目的是了解南大堤横剖面的情况，发掘T1扩方的目的是了解T1发现建筑基槽的延续情况，发掘T2的目的是了解这段运河河道整体横断面的情况。

T1面积：95米×10米，950平方米。T1扩方面积：50米×10米，500平方米。T2面积：160米×10米，1600平方米。总发掘面积3050平方米。全部发掘工作从2012年3月5日开始，至2013年9月10日结束，历时一年半时间。

这次考古调查发掘是第一次对大运河济阳镇遗产区进行正式发掘，其间严格按照田野考古发掘工作规程进行操作，力求更完整、更系统地了解并掌握通济渠商丘夏邑济阳镇段遗产埋藏情况、河堤河道结构情况、遗产的普遍意义、遗产价值等，为申遗工作准备材料和提供科学的考古依据。

二、地层堆积情况

刘铺村西的考古发掘的目的是了解大运河文化内涵遗存情况，为了保护河道本体结构的完整性，对大堤基本没有解剖，由于文化遗存位置浅，地层堆积比较简单，下面以探方为单元，介绍堆积层次及包含物。

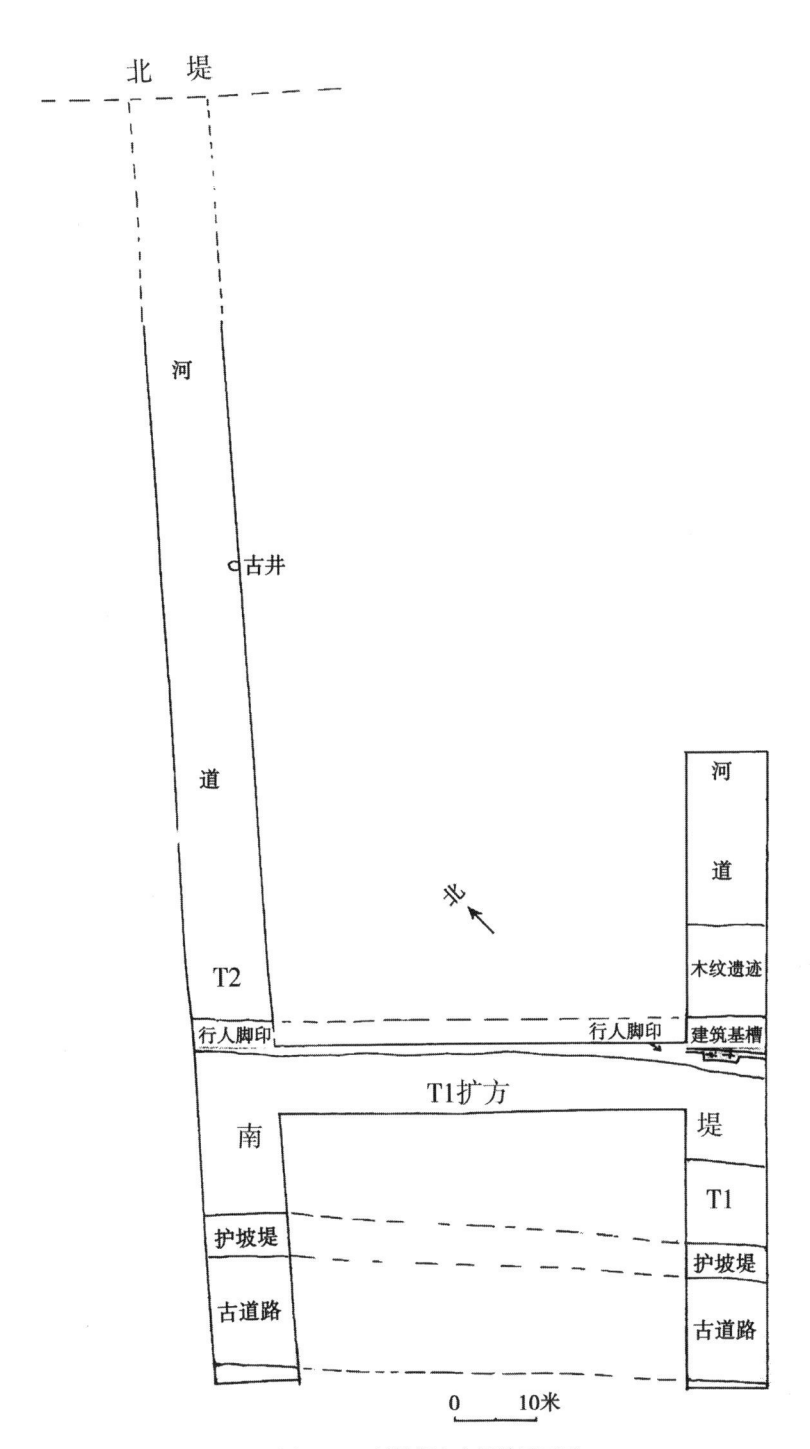

图 3-12 刘铺探方布置总平面图

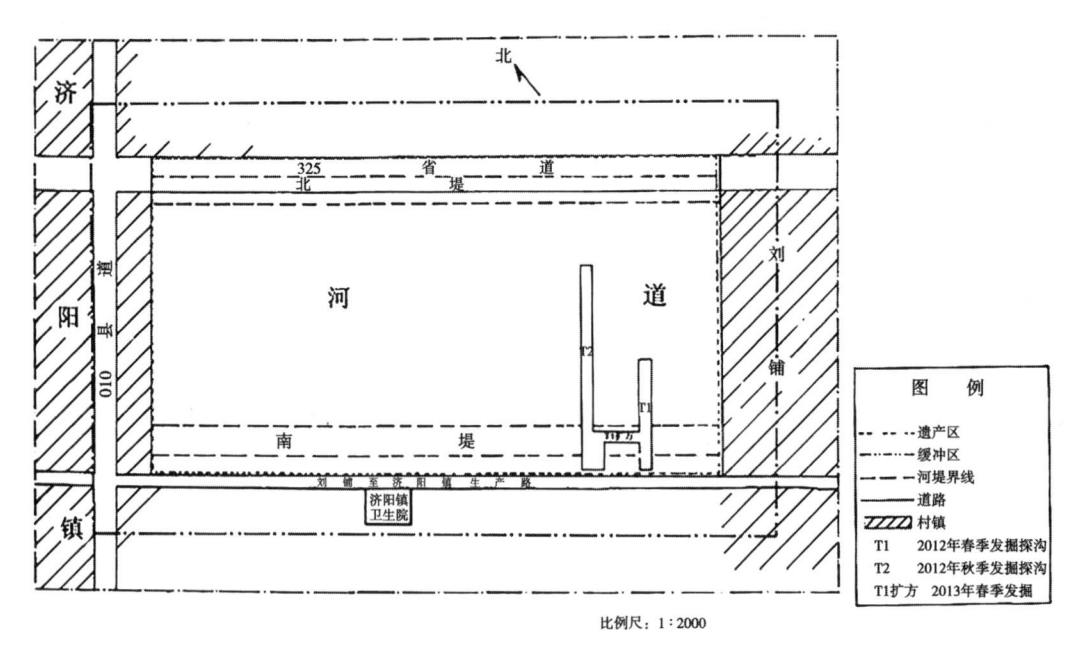

图 3-13　通济渠济阳镇遗产区位置范围平面图

（一）T1 地层堆积

T1 的地层堆积以 T1 的东壁为例：本探方内地层堆积呈缓坡状，北部略高于南部，为了便于记录，将按两部分进行叙述，即大堤南侧和北侧部分。因为大堤顶部即是现代耕土，不宜再分层次。

1. 大堤南侧部分的地层堆积

第①层：农耕层，层厚 0.15～0.32 米，土色呈灰褐色，土质结构疏松，湿润，内含较多的植物根系（茎）、炭屑、煤渣颗粒，包含物有现代的瓦片、碎砖块及瓷片。该层下暴露的遗迹现象为一条沟，编号为 G1。

第②层：层厚 0.1～0.3 米，距地面深度 0.15～0.32 米，分布于大堤南部的北端和最南端，中间地层被晚期现代坑所打破，土色呈浅灰色，土质略硬，较疏松，内含有炭屑、砖渣颗粒，包含物主要有瓷片和瓦片。该层系冲积形成。

第③层：层厚 0.9～1.4 米，距地面深度 0.28～0.5 米不等，中间部分被晚期坑所破坏，该层土质疏松，土色呈黄褐色沙性淤积土，较纯净，无遗物。

通过与其邻方 T2 的地层堆积相比较，由于该层上部被晚期坑多次破坏，因此，该③层应与 T2 的⑤层相同，为同一时期堆积。该层下所暴露的遗迹编号为 L2。

2. 大堤北侧部分的地层堆积

地层堆积即河道内淤积土，可分为 8 小层（未到底）。

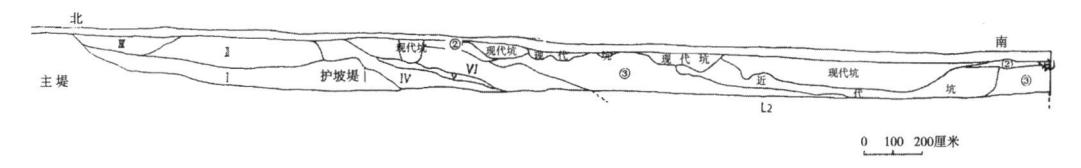

图 3-14　T1 东壁南段（局部）剖面图

第①层：农耕层，层厚 0.12～0.22 米，土色灰褐色，土质疏松、湿润，内含较多的植物根茎、炭屑颗粒，出土有现代的砖瓦残片。该层下暴露的遗迹现象为一条沟，编号为 G2。

第②层：层厚 0.1～0.25 米，距地面深度 0.12～0.22 米，分布于全方。为灰褐色沙性淤积土，土质疏松、湿润，包含物除零星的炭粒外，还有现代瓦片、花瓷片。

第③层：层厚 0.2～0.35 米，距地面深度 0.24～0.44 米，为浅黄色沙性淤积土，土质疏松、湿润，包含物除炭屑小颗粒外无其他，遗物有较少的青花瓷片、残碎砖颗粒。该层下露出遗迹，编号为 G3。

第④层：层厚 0.1～0.25 米，距地面深度 0.65～0.75 米，分布于全方，为黄灰色沙性冲积土，土质疏松、湿润，包含物极少，遗物除零星的小块状青花瓷片外，还有黑釉片。

第⑤层：层厚 0.15～0.35 米，距地面深度 0.85～1 米，分布于整个探方，为黄褐色沙性冲积淤积两合土，土质疏松、湿润，纯净，无遗物。

第⑥层：层厚 0.3～0.55 米，距地面深度 1～1.3 米，分布于全方，为浅黄色沙性冲积淤积两合土，淤积土呈黏土块状分布，土质松软，包含有蚌壳颗粒碎片，无其他遗物。

第⑦层：层厚 0.15～0.3 米，距地面深度 1.25～1.8 米，分布于全方，呈黄褐色沙性冲积淤积两合土，土质松软，较湿润，无包含物及遗物。

第⑧层：层厚 0.2～0.5 米，距地面深度 1.5～2.15 米，分布于全方，淤积不均匀，为浅黄色沙性冲积淤积两合土，土质松软，局地有水浸出，该层内纯净，无遗物。

该层以下河道内淤积层，由于局地有水溢出，不便于发掘，未挖至底部。

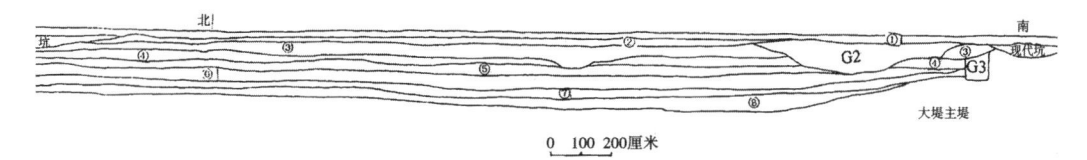

图 3-15　T1 东壁北段（局部）剖面图

3. 地层与地层或地层与遗迹间的叠压打破关系

示意图如下：

```
                    →│G1 →│③→│L2 →│生土
堤南：  ①→│            ↑
              →│②————
                    →│G2
堤北：  ①→│②→→│G3        →│G3
              →│③→│
                    →│④→│⑤→│⑥→│⑦→│⑧（未到底）
```

（二）T1 扩方地层堆积

T1 扩方地层堆积，以探方的北壁为例说明。

第①层：农耕层，厚度 0.15～0.3 米，土色呈灰褐色。土质疏松、湿润，内含较多的植物根系（茎）、炭屑、煤渣、烧土颗粒，包含有现代的瓦片、碎砖块以及瓷片。在该方的南部①层下露出的重要现象有大堤面和一座瓮棺墓葬。

第②层：分布于本方的北侧（大堤的内侧），层厚 0.1～0.65 米。距地面深度为 0.15～0.3 米，堆积层次厚薄不均，为黄褐色沙性土，土质略松，包含有炭屑、植物根系，出土有较少的碎瓦片和瓷片。本层系河内淤积形成。该层下暴露的遗迹，编号为 G2。

第③层：层厚 0.4～0.8 米，距地面深度 0.4～1 米，分布于大堤北侧，系河内淤积两合土，为浅黄色沙性淤积土，土质松散、湿润，包含物除少量的炭屑小颗粒外，遗物较少。

第④层：层厚 0～0.35 米，分布于探方的东半部分，距地面深度约 1.25～1.3 米，为黄灰色沙性淤积两合土，土质松散、湿润，包含物较少，有小块状黑釉残片出土。

由于其他原因，该方内北侧及河道内淤积，暂停发掘，未挖至底，故以下情况不详。

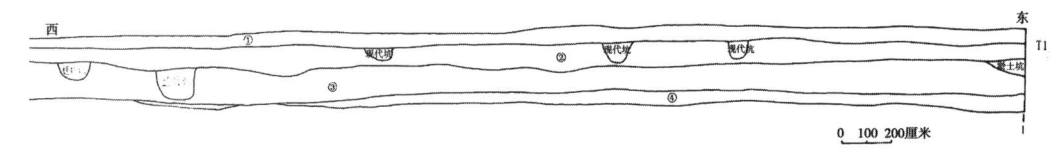

图 3-16 T1 扩方北壁（局部）剖面图

（三）T2 地层堆积

本探方原地势北高南低，呈缓坡状，高差约 1.2 米，地层堆积情况可分为大堤南和大堤北两部分。以探方西壁为例概述如下：

1. 堤南部分：地层堆积由上至下可分为 6 层，其下即为浅黄色淤积砂质土。

第①层：层厚约 0～0.28 米，呈灰褐色，土质松软，含较少煤渣、塑料纸、铁钉等现代杂物及大量植物根系。

第②层：深约 0～0.28 米，厚约 0～0.60 米，呈浅灰色砂质土，土质较松，含微量炭粒、烧粒、姜石颗粒等，遗物有少许陶片、瓦片、青花瓷片等。其中陶片均为泥质灰陶，火候较高，可辨器形有盆、罐等；瓦片均为布纹理板瓦残片；青花瓷片有残碗圈足及腹部残片等。该层在探方内局部存在，由南向北堆积，系当时人们劳作形成。该层下暴露一沟，编号为 G4。

第③层：深约 0.15～0.78 米，厚约 0～0.75 米，呈灰褐色砂质土，土质较硬，含微量炭粒、木炭灰、烧土颗粒等，遗物有少量泥质灰陶片、绿釉陶片及青花瓷片等。器形有盆、碗等物。该层在探方内局部存在，由南向北堆积而成，系当时人们劳作形成。该层下暴露 H1 及 L1。

第④层：深约 0.42～1.25 米，厚约 0～0.5 米，呈浅灰色淤积砂质土，土质较松，含微量炭灰、炭粒灰、烧粒等，遗物有陶片、瓷片等。其中陶片均为泥质灰陶，火候较高，器形有盆、罐等；瓷片有外黑内白釉瓷片及青花瓷片等。有碗、缸等口沿、圈足残片。该层在探方内局部存在，堆积无规律，系当时人们劳作形成。该层下局部暴露 L2。

第⑤层：深约 0.35～1.55 米，厚约 0～0.75 米，呈浅黄色淤积砂质土，土质松软，含微量炭粒、烧粒等，遗物有少量陶片、瓷片。其中陶片均为泥质灰陶，火候较高；瓷片有青釉、白釉及黑釉瓷片等。可辨器形有盆、盘、碗等。该层分布于探方局部，无规律，系当时自然冲积形成。其下暴露 L2、辙痕、堤坡面及脚印痕迹。

第⑥层：深约 1～1.3 米，厚约 0～0.3 米，呈青灰色淤积砂质土，土质较松软，含微量炭灰、蜗牛壳等，遗物有少许青釉瓷片。该层在探方内局部存在，由西南向东北淤积，系当时自然冲积形成。该层下暴露 L2 及 G5。

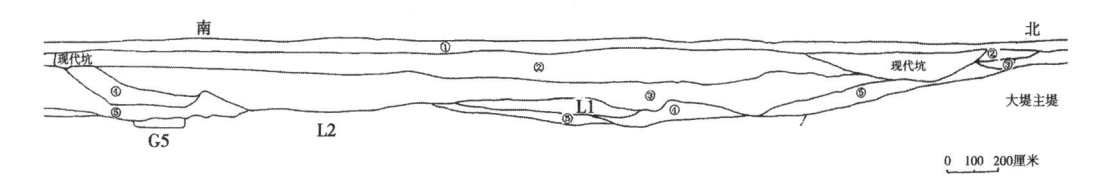

图 3-17　T2 西壁大堤南侧（局部）剖面图

2. 堤北部分：为河道内淤积，由上至下共发掘至第⑧层，未到底。③层以下均为沙淤两合土。

第①层：农耕层，厚约 0.15～0.3 米，呈灰褐色，土质疏松，含较少玻璃片、塑料纸、砖块等现代杂物及大量植物根系。

第②层：深约 0.15～0.3 米，厚约 0～0.5 米，呈黄褐色，土质较松，含较少砖渣、烧土粒等。遗物有少量陶片、瓷片等。其中陶片均为泥质灰陶，火候较高，有陶盆口沿及盆底残片；瓷片有青花瓷、黑釉瓷片等，有残碗圈足、盘等。该层在探方内局部存在，堆积较均匀。系当时人们劳作形成。其下暴露一井，编为J1。

第③层：深约 0.2～0.7 米，厚约 0.15～0.7 米，呈浅黄色淤积砂质土，土质较松，含少许砂石颗粒，遗物有少许泥质灰陶片、青花瓷片、粗瓷片等。该层在探方内普遍存在，由西南向东北淤积。系当时自然冲积形成。

第④层：深 0.45～1.2 米，厚 0.1～0.6 米。呈浅灰色淤积沙性两合土。土质松软，含较少植物根系、炭灰等。遗物有少量瓷瓶残片、青釉碗足等。该层在探方内普遍存在，分布均匀，其下暴露堤北护坡面人行脚印、动物蹄印痕。

第⑤层：深 1.05～1.45 米，厚 0.1～0.4 米。呈黄褐色淤积沙性两合土，土质松软，含少许砂姜颗粒、植物根茎等，无遗物。该层在探方内普遍存在，分布均匀。

第⑥层：深 0.95～1.35 米，厚 0.1～0.4 米。呈浅黄色淤积沙性两合土。土质松软，含少许砂姜颗粒，无遗物。该层在探方内局部存在，由南北两端向中部淤积。

第⑦层：深约 0.9～1.55 米，厚约 0.1～0.85 米，呈黄褐色淤积沙性两合土。土质松软，纯净，无遗物。该层在探方内普遍存在，淤积较均匀。

第⑧层：深约 1.22～2 米，厚约 0～0.5 米，呈浅黄色淤积沙性两合土。土质松软，纯净，无遗物。该层在探方内局部暴露。

以下由于地下水原因，没有继续发掘。

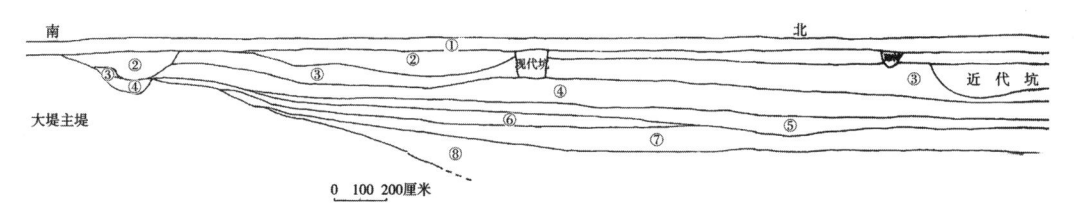

图 3-18　T2 西壁大堤北段（局部）剖面图

三、遗迹与遗物

（一）遗迹

1.T1 遗迹现象

T1 发现的遗迹现象还是较多的，包括大堤主堤、主堤南辅堤、辅堤外侧顺大堤宋代道路、3 条灰沟、1 处建筑基槽。

（1）大堤主堤

分布于本方的中南部，平面似长方形，本方内暴露的顶部南北长 13.8 米，东西宽约 10 米，向西进入该方的西扩方部分。位于①层下，距地面 0.15～0.2 米。从堆积情况看，为黑褐色黏土筑成，为了保持遗址本体的完整性，没有进行解剖发掘。

（2）主堤辅堤

位于主堤南侧，紧靠主堤外坡，平面似长方形，与主堤方向一致，暴露的长度为南北长约 11 米，东西宽 10 米，向东进入 T1 东壁，向西进入该 T1 向西扩方内。从 T1 东壁剖面土质土色观察，辅堤是从主堤向外分 6 次筑成，每次土质土色各不相同，有黄灰土、褐灰土、黄花土、黄沙土等。应是从河道内清淤倒翻出的土，覆筑在大堤外侧，这样既清除了河道淤土，保障河水畅通，又能起到加固堤防的作用，可谓一举两得。

（3）古道路

1 条，编号 L2。紧靠辅堤的南侧，南边沿距 T1 南壁约 2 米，平面暴露的形状为长方形，南北宽约 15.5 米，东西长约 10 米，为东西走向，东、西两侧均进入探方两壁。路面保存完好，路土薄层清晰，呈灰褐色，土质较硬，并且清理后发现路面分布有密集不均的车辙印痕数条，由于车辙印痕较乱，无法测定车轮轴距。

（4）灰沟

3 条，编号为 2012XYJLT1G1、2012XYJLT1G2、2012XYJLT1G3。

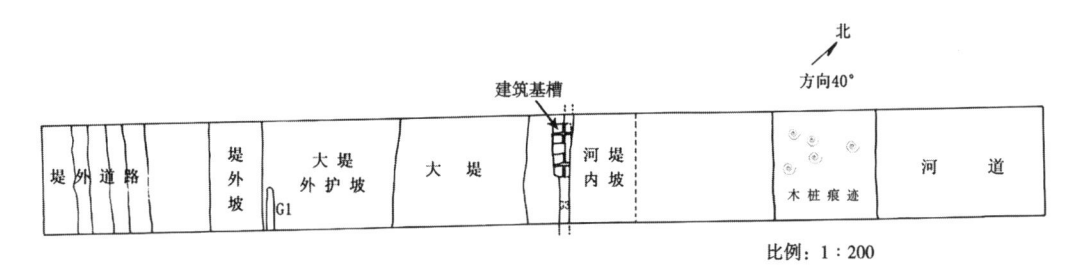

图 3-19　刘铺 T1 遗迹分布平面示意图

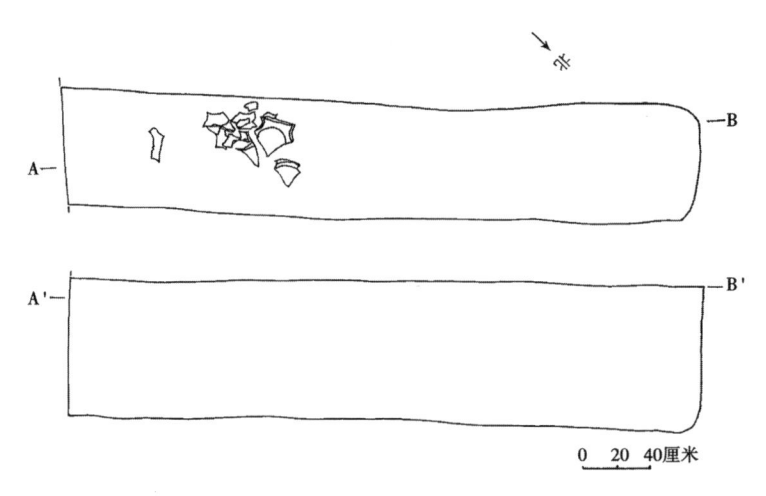

图 3-20　2012XYJLT1G1 平、剖面图

2012XYJLT1G1：位于 T1 的中南部，开口于①层下，打破外层护堤坡，平面呈长条形，东端深入东壁下，在本方内平面暴露的长度为 3.75 米，宽度 0.6～0.65 米，深度 0.75 米，剖面呈 U 形，沟壁未经修整，较直，底略平。沟内土质疏松，内填黑褐色黏土，含大量炭屑粒状及残碎的兽骨，出土有少量瓷片、灰陶片等。

2012XYJLT1G2：位于 T1 的中部，主大堤的北侧，开口于②层下，平面呈长条形，向东伸出本方东壁下，向西延伸至本方的西扩方部分内，东端较宽，向西逐渐变窄，宽度 5.8～7.5 米，深度约 0.85 米，截面似 U 形，沟壁未做修整，呈缓坡状，圜底。内填褐色土，土质疏松，堆积形状不规则，包含物有烧土、炭屑、碎骨颗粒，遗物有青花瓷瓶及陶片。

2012XYJLT1G3：位于 T1 的中部，开口于③层下，平面呈长条形，东端延伸至东壁下，向西延伸至本方的西扩方部分，口距地面 0.7 米，底距地面 1.45～1.5 米，口宽 0.6～0.65 米，深度 0.75～0.8 米，截面似 U 形，壁直，底平。沟内土质松散，呈黄色沙性淤土，它打破主大堤（黑灰色土）及长方形建筑基址。填土内纯净，无遗物。

（5）建筑基槽

T1 建筑基槽位于主大堤近顶部北侧坡面的河道内侧，平面呈长方形，北侧上部被 G3 打破，基槽直壁平底，长 4.28 米，宽 1.16 米，槽底中部有一长 1.8 米、宽 0.6 米、高 0.3 米的土台，土台内两侧各有一个十字形的坑槽，槽底为圜底，口宽约 0.2 米，深 0.1 米。与十字槽对应的基槽壁上也有坑槽，似应是置放木桩类建筑材料，但在坑槽内没有发现木炭类痕迹。

第三章 考古发掘

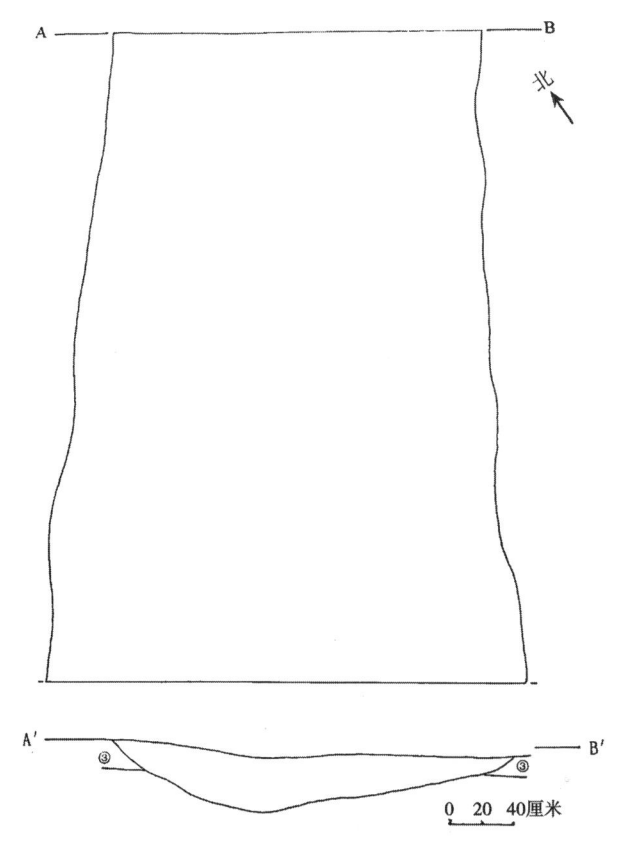

图 3-21 2012XYJLT1G2 平、剖面图

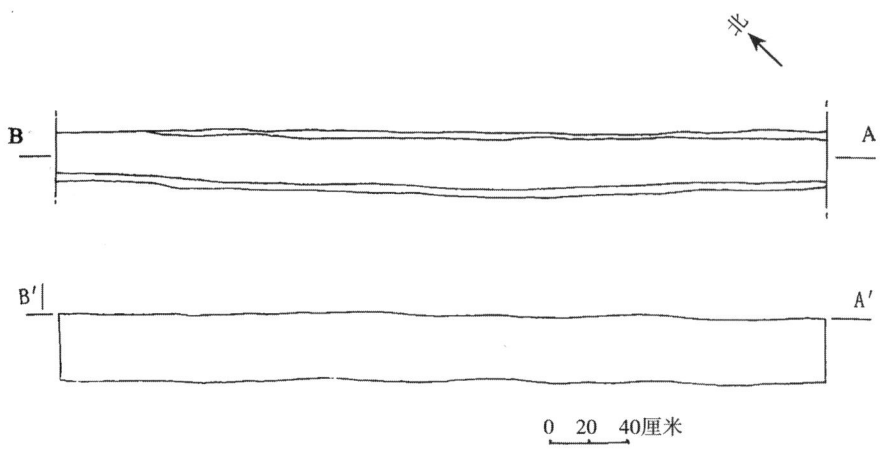

图 3-22 2012XYJLT1G3 平、剖面图

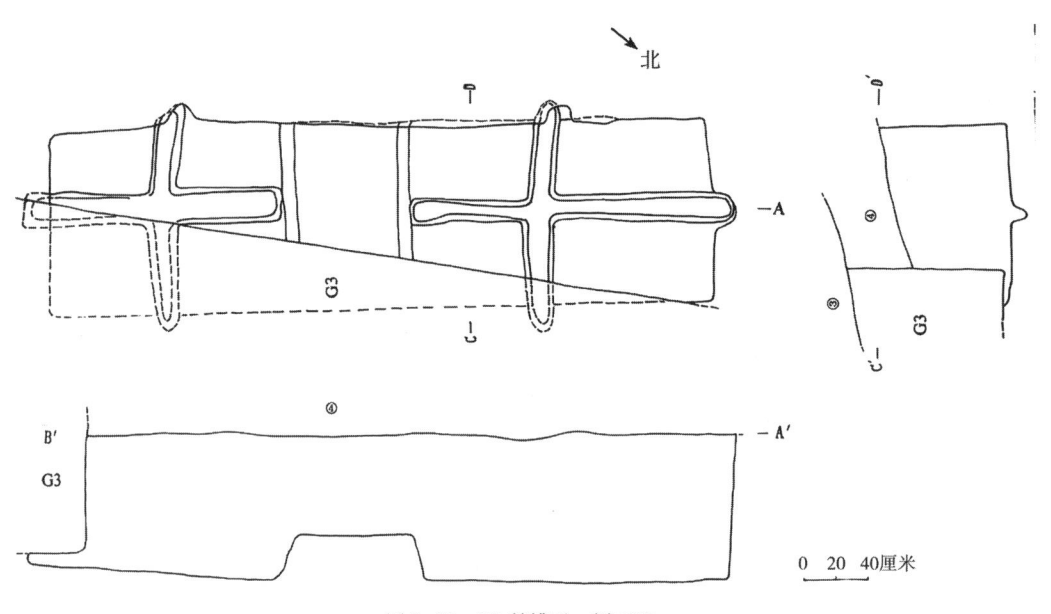

图 3-23　T1 基槽平、剖面图

图版 3-7　T1 建筑基槽（西向东） 　　图版 3-8　T1 南堤及建筑基槽

（6）木桩遗迹

在T1南堤北侧河道内⑧层下与东部建筑基槽相对应处，发现大面积密集分布的疑似木桩遗迹，暴露部分范围宽约10米，长13米。木桩直径大小不等，最大约20厘米，最小有5厘米，疑似为木桩腐朽后留下的痕迹，很可能是当年"木龙杀水"治水法留下的木龙遗迹。

关于该建筑基槽及木桩遗迹的性质和用途，我们咨询有关水利方面的专家，现场查看后专家初步认为该基槽很可能是宋代治河技术之一种木龙杀水的建筑遗迹。"木龙杀水"治水法的基本做法是编制木龙置于河中以减缓水流，沉积泥沙，为了防止木龙被水冲走，在岸上埋置固定木龙的桩基，这个建筑基槽很可能就是这个用途。河道

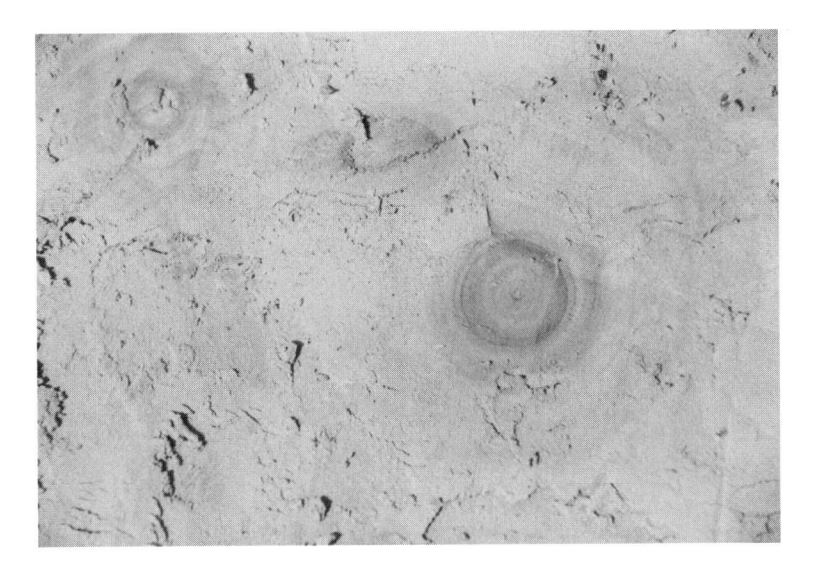

图版3-9　T1堤北河道木桩遗迹之一

图版3-10　T1堤北河道木桩遗迹之二

内发现的木桩遗迹很可能是安装在河道的木龙遗迹。如果这个推测正确，济阳镇的这个考古发现具有填补空白的重要意义，因为宋代陈尧佐发明的"木龙杀水"法的木龙编制技术久已失传，木龙的编制方法已不得而知。

2.T1扩方遗迹现象

T1扩方发现的遗迹现象主要有大堤主堤，2012XYJLT1（西扩方）W1、堤北坡行人脚印、动物蹄印等。

（1）大堤主堤

分布于全扩方部分为东南至西北走向，开口于①层下，平面呈长条形，本方内平面暴露的范围东西长约48米，南北宽8～9.5米，它与西端T2的主大堤相接，经过清理后确认大堤为黑褐色黏土筑成。

（2）2012XYJLT1（西扩方）W1

W1位于发掘区T1扩方部分的西端，距T2约5米，开口于①层下，平面似椭圆形，口距地面0.2～0.28米，底距地面1.03～1.08米，剖面呈U形，壁直，底平。瓮棺内填土疏松，土色呈浅灰色，堆积层次不规则，包含物有骨头，出土物有陶瓮、黑瓷碗。其中，陶瓮为泥质灰陶，敛口，平折沿，方唇，斜腹，平底上凹；青瓷碗为敞口，圆唇，斜腹，圈足，内外施黑釉，粗糙，足底部未施釉。

（3）堤北坡行人脚印、动物蹄印等

在该方东北部近T1主堤的内侧北坡面上，经清理发现有分布不均的行人脚印痕、

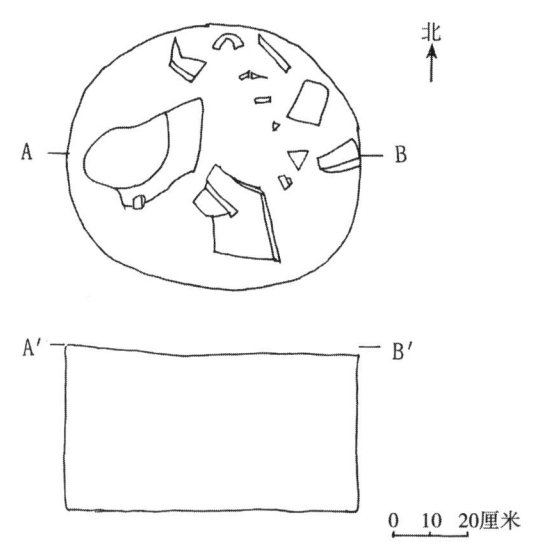

图3-24 瓮棺葬W1平、剖面图

图版3-11 T1扩方瓮棺葬W1

第三章 考古发掘

图版 3-12 T1 扩方南堤北坡行人脚印痕迹

牲畜蹄印，开口于④层下，这些现象充分表明大运河在使用过程中，大堤内侧有人类及动物活动的迹象。

3. T2 遗迹现象

T2 发现的遗迹现象主要有大堤主堤，辅堤，古道路 T2L2，主堤北坡行人脚印痕、牲畜蹄印，古井，T2G4，T2G5，T2H1，古道路 T2L1。

（1）大堤主堤

分布于 T2 南部，平面呈长方形，本方内暴露范围南北宽 14.25～14.4 米，东西长约 10 米，向东延伸进入 T1 的西扩方和 T3，向西延伸进入 T2 西壁。开口于①层下，

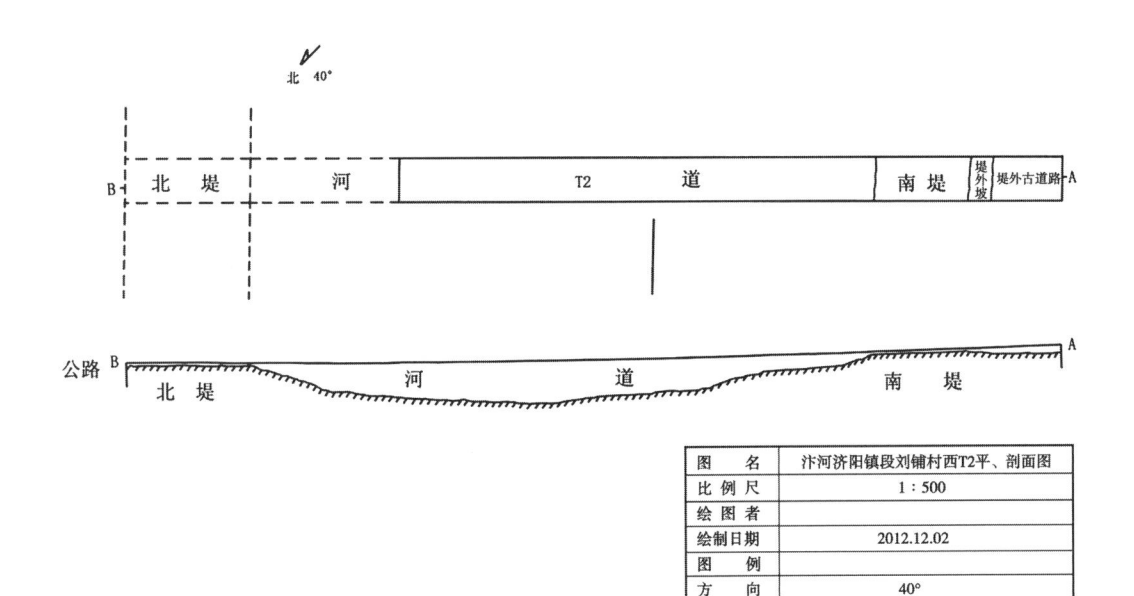

图　名	汴河济阳镇段刘铺村西T2平、剖面图
比例尺	1∶500
绘图者	
绘制日期	2012.12.02
图　例	
方　向	40°

图 3-25　刘铺村西 T2 平、剖面图

距地面 0.2～0.3 米。从堆积的情况看，为黑褐色黏土筑成。

（2）辅堤

位于主堤的南部，平面形状似长方形，本方内暴露的坡长约 10.25～10.9 米，东西宽 10 米，与 T2 主堤一致。

（3）辅堤外古道路

编号 T2L2。位于 T2⑥层下辅堤的外侧（南侧），在本方内平面暴露的形状为长方形，南北（由辅堤的外侧向外）宽约 15.1～15.3 米，东西长约 10 米，顺辅堤方向，东、西两侧均延伸进入探方壁。该路面土质较硬，起薄层，呈灰褐色，清理后发现分布车辙印痕数条，辙宽 0.12～0.15 米，深 0.05～0.08 米。由于车辙交错无规律，初步判断既有独轮车痕迹又有双轮车痕迹，车辙痕路土坚硬，有少量炭灰和碎青、白釉瓷片。路南侧发现一东西向平面呈长条状凹槽，宽 1.05～1.1 米。槽内两侧有同向车辙痕两道，辙间距 0.95 米，据此判断为双轮车。年代约为唐宋时期。

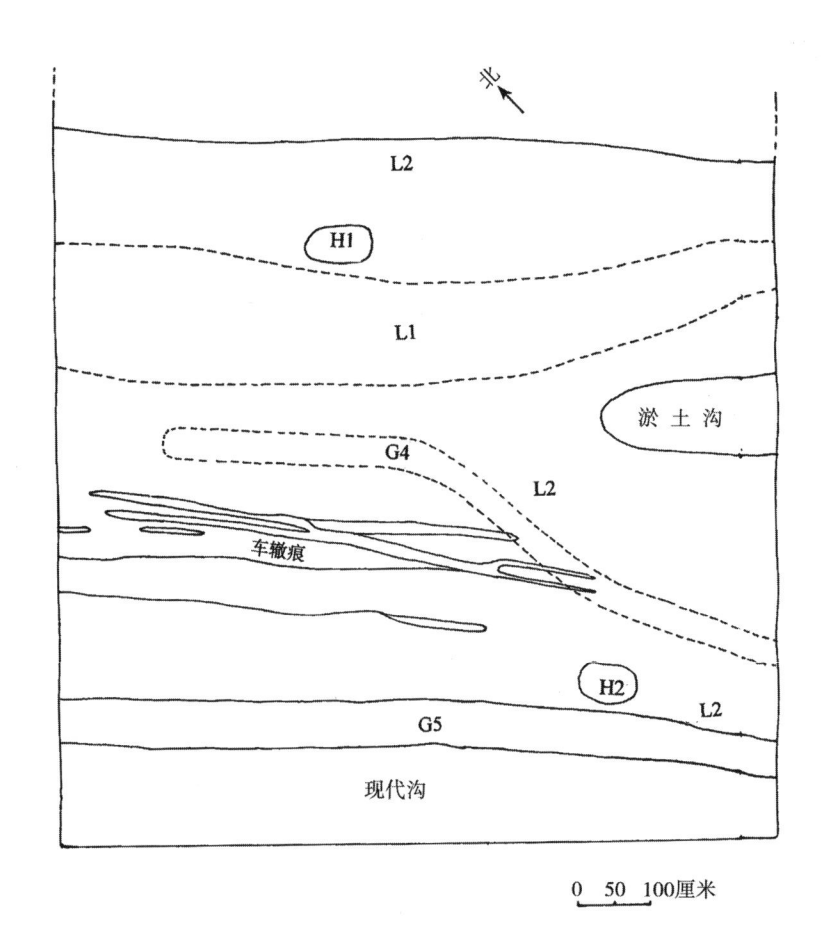

图 3-26　T2L1、L2 平面图

图版 3-13　T2 堤南古道路 L2

（4）主堤北坡行人脚印痕、牲畜蹄印

行人脚印比较密集，方向不一，上下左右都有，有浅有深。动物蹄印较少。

图版 3-14　T2 北坡行人脚印、动物蹄印遗迹

（5）古井

编号 2012XYJLJ1。位于 T2 中部偏北，鉴于该井时代晚，没有扩方发掘。井开口于②层下，井口距地表深 0.42～0.45 米，口部呈不规则形状，部分延伸进入 T2 东壁，在探方内部分长 7.3 米，宽 3.32 米，下部呈圆形。井壁用小青砖垒砌，残砖所占比例较大，圆形部分井内径 0.9 米，清理深度 2.8 米，因地下水停止向下清理。井内淤积土为黄沙土，质地纯净，没有发现遗物。依据井的开口层位及使用青砖分析，初步确定其年代为清代。

(6) T2G4

位于探方东南部，开口于②层下，口部上距地表深 0.65～0.68 米，平面呈长条形，东西长 6.75 米，南北宽 0.9 米，深 0.25～0.4 米。沟内积土为浅灰褐色，质松软，含少量炭灰，无遗物。

(7) T2G5

位于 L2 南侧，属于 L2 的路沟。开口于⑥层下，口部上距地表 1.25～1.3 米，东西端分别延伸进入 T2 东西壁，平面呈长条形，斜壁，圜底。宽 1.25～1.42 米，深 0.25～0.3 米。沟内积土为浅灰褐色，质松软，含少量炭灰、陶渣，遗物有少量白瓷、黑瓷片。年代为唐宋时期。

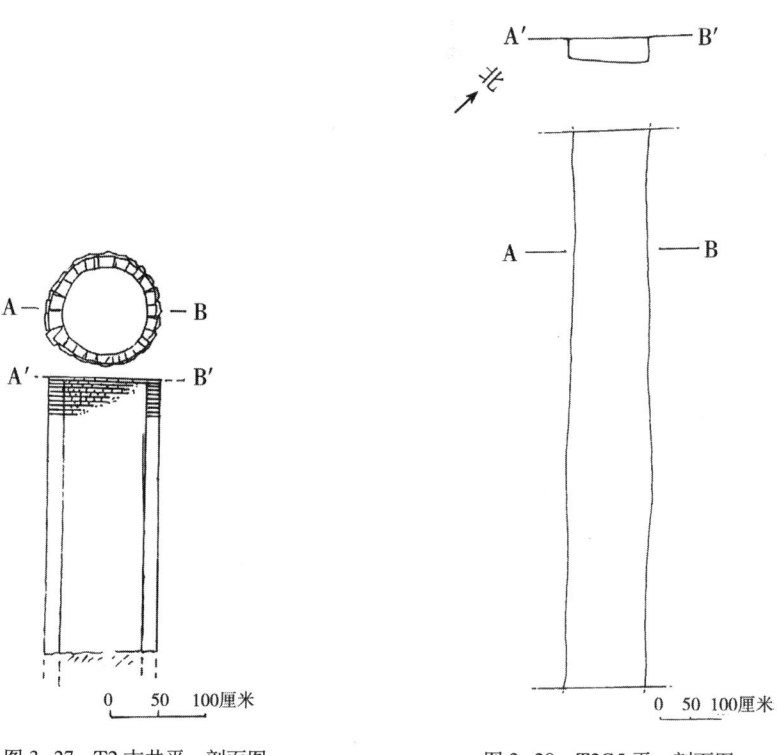

图 3-27　T2 古井平、剖面图

图 3-28　T2G5 平、剖面图

(8) T2H1

位于探方东南部，开口于③层下，口距地表 0.95～1.02 米。口部平面呈椭圆形，东西长 1.96 米，南北宽 1.08 米，深 0.4 米，斜壁下收成圜底，填土为灰褐色，陶质较硬，质密，有少量碳粒。遗物有青花瓷片、碗足残片等。年代约为明清时期。

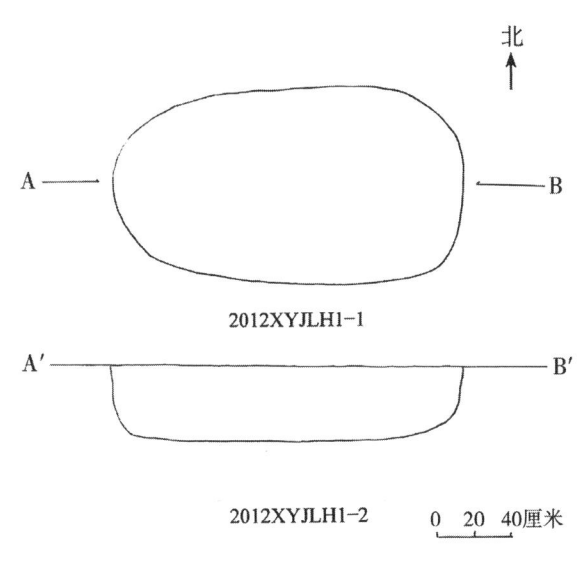

图 3-29 T2H1 平、剖面图

(9) 古道路 T2L1

位于探方南部，开口于③层下，呈西北—东南向，东西两端分别延伸进入 T2 东西坑壁，在探方内长 10 米，宽 2.6～3.8 米，土色呈浅褐色，土质致密坚硬，路土层清晰，路面遗留有少量青花瓷片和黑釉瓷片等。年代约为明清时期。

T2 发掘由于受地下水位限制，河道内最深处至 2.8 米左右停止，由此再向下至河底深 9 米。据钻探资料，全部为黄沙土、红黏土淤积，土质纯净，没有发现文化层堆积。

图版 3-15　T2 堤南古道路 L1

（二）遗物

1. 瓷缸标本16，2012XYJLT2④：2，敛口，厚圆唇，内卷，下饰三道凹弦纹。残高10.4厘米。（图3-30）

2. 白瓷碗标本13，2012XYJLT2⑤：3，口残，弧腹，下部斜收，圈足，灰胎，内底饰弦纹，外侧下腹饰数道弦纹。底径5.6厘米，残高2.8厘米。（图3-31）

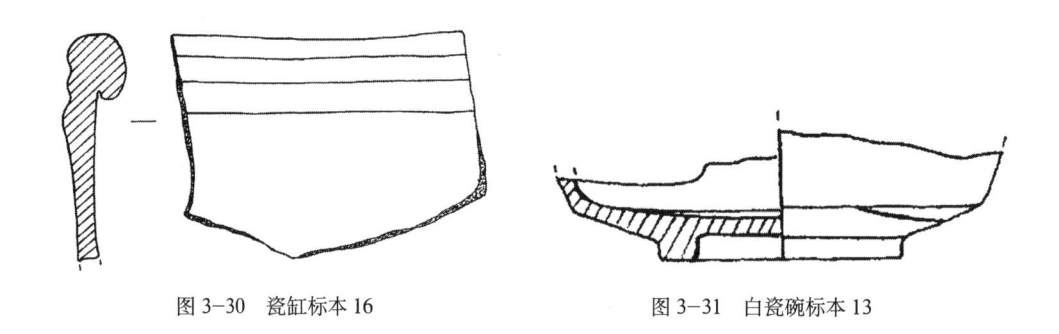

图3-30　瓷缸标本16　　　　　图3-31　白瓷碗标本13

3. 青瓷碗标本21，2012XYJLT2⑤：2，敞口，弧腹，下部斜收，圈足，外侧下腹饰两周细凹弦纹。口径14.8厘米，底径6厘米，高6.8厘米。（图3-32）

4. 白釉瓷碗标本20，2012XYJLT2⑤：1，敞口，圆唇，斜腹，圈足，下腹至圈足不饰釉。口径14.4厘米，底径5.2厘米，高4.8厘米。（图3-33）

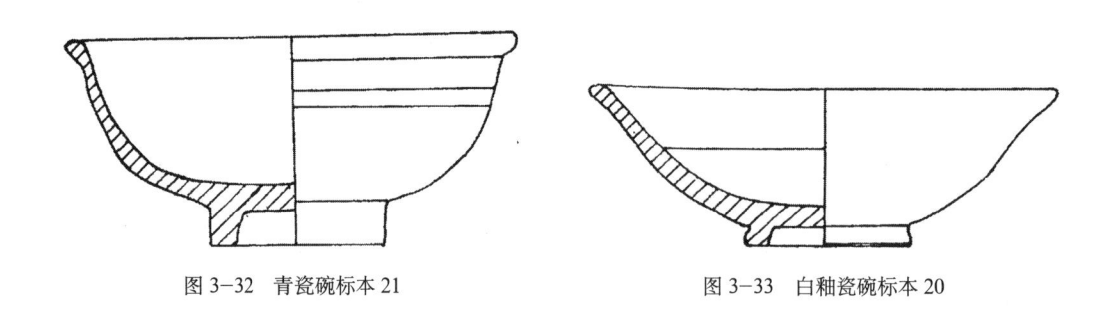

图3-32　青瓷碗标本21　　　　　图3-33　白釉瓷碗标本20

5. 瓷瓶标本18，2012XYJLT2④：4，子母口，尖唇，斜肩，鼓腹，下腹斜收，器身饰数周凹弦纹。口径4厘米，底径4厘米，高16.8厘米，腹径10.4厘米。（图3-34）

6. 陶碗标本12，2012XYJLT2③：2，敞口，尖圆唇，平底，器内壁及外壁局部施绿釉，红胎。口径11.2厘米，底径5.6厘米，高4厘米。（图3-35）

图 3-34　瓷瓶标本 18　　　　　图 3-35　陶碗标本 12

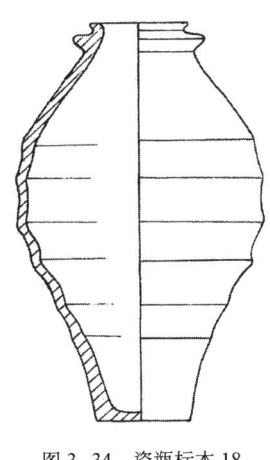

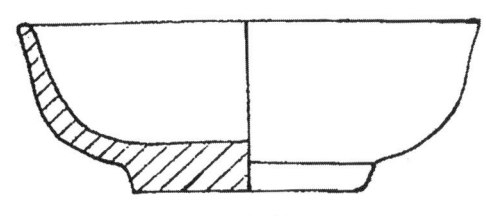

7. 青瓷碗标本 14，2012XYJLT2③：4，口腹残缺，弧腹，圈足，足底无釉。底径 6.4 厘米，残高 3.4 厘米。（图 3-36）

8. 高圈足白瓷碗标本 4，2012XYJLT1G2：3，口腹残缺，高圈足，白釉，圈足内饰白色化妆土。圈足底径 4.5 厘米，残高 4.2 厘米。（图 3-37）

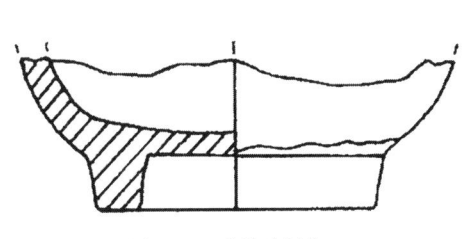

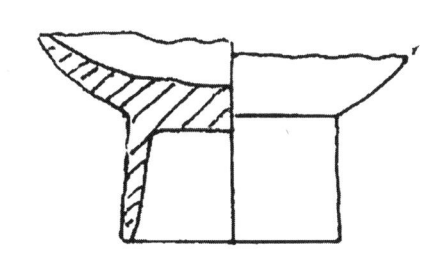

图 3-36　青瓷碗标本 14　　　　　图 3-37　高圈足白瓷碗标本 4

9. 瓷瓶标本 3，2012XYJLT1G2④：2，口及上腹残缺，下腹斜收，器表饰凹弦纹。底径 4.4 厘米，残高 6.2 厘米。（图 3-38）

10. 青瓷碗标本 1，2012XYJLT1G2③：1，敞口，圆唇，弧腹，圈足，青釉，器内底部有涩圈，圈足内壁露胎。口径 14.4 厘米，底径 6.2 厘米，高 7.2 厘米。（图 3-39）

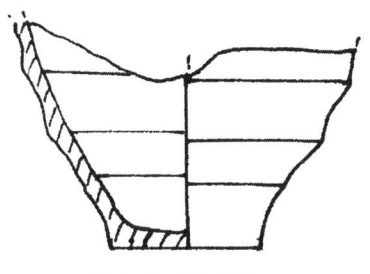

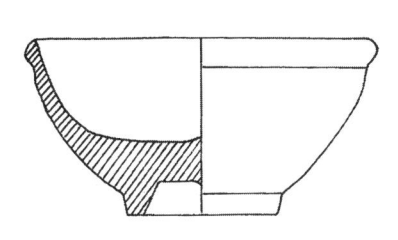

图 3-38　瓷瓶标本 3　　　　　图 3-39　青瓷碗标本 1

11. 陶盂标本 5，2012XYJLT1G2④：4，敞口，圆唇，束径，腹微鼓，平底。口径 10.6 厘米，底径 4.4 厘米，高 5.2 厘米，腹径 3.8 厘米。（图 3-40）

12. 瓷罐标本 2，2012XYJLT1G2④：1，敛口，圆唇鼓腹，肩部有穿鼻。残高 6.6 厘米，长 3.4 厘米，宽 3 厘米。（图 3-41）

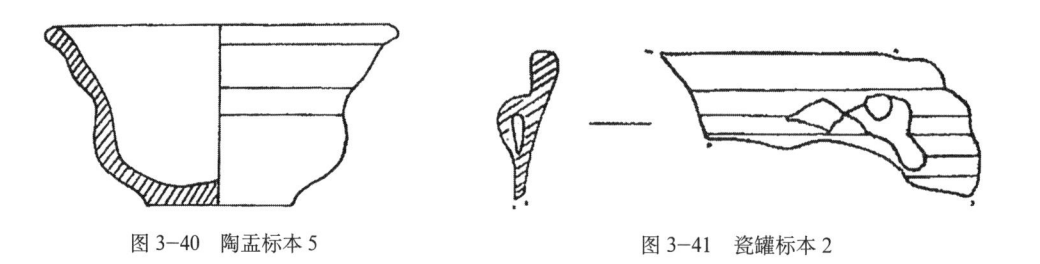

图 3-40　陶盂标本 5　　　　　　图 3-41　瓷罐标本 2

13. 青花瓷碗标本 6，2012XYJLT1G2：1，口残缺，弧腹，圈足，器身施青釉，圈足内壁施白釉，足径 2.3 厘米，残高 2.3 厘米。（图 3-42）

14. 白瓷盏标本 25，2012XYJLT3③：1，敞口，圆唇，斜腹，圈足，白釉。口径 12.2 厘米，底径 5.6 厘米，高 2.8 厘米。（图 3-43）

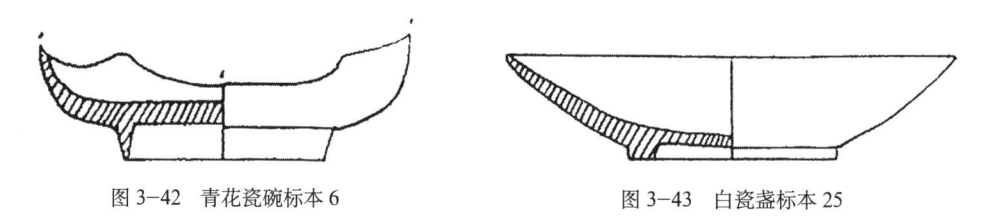

图 3-42　青花瓷碗标本 6　　　　　　图 3-43　白瓷盏标本 25

15. 青花瓷盘标本 26，2012XYJLT3③：2，侈口，弧腹，圈足，青釉，器身饰花草图案。口径 13.4 厘米，足径 7.8 厘米，高 3.8 厘米。（图 3-44）

16. 青花瓷碗标本 9，2012XYJLT1G2：4，侈口，尖唇，弧腹，青釉，圈足内露胎，

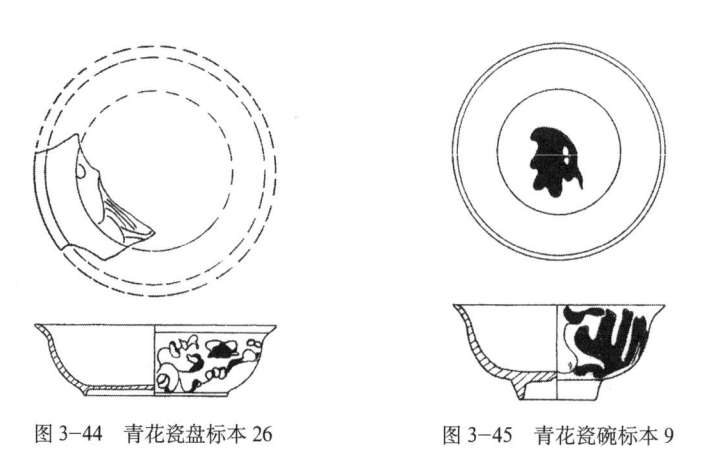

图 3-44　青花瓷盘标本 26　　　　　　图 3-45　青花瓷碗标本 9

器身饰花草图案。口径10.4厘米，足径3.8厘米，高4.6厘米。（图3-45）

17. 釉陶盆标本15，2012XYJLT2④∶1，圆唇，沿外撇，斜腹平底，器内施酱绿釉。口径44厘米，底径30.5厘米，高8厘米。（图3-46）

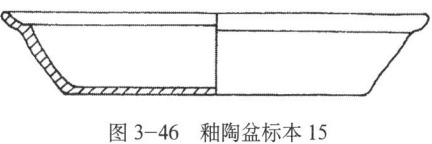

图3-46 釉陶盆标本15

18. 青花瓷碗标本10，2012XYJLT1G2∶5，口沿残缺，弧腹，圈足，器外饰弦纹、青花，圈足饰弦纹。足径5.4厘米，残高4.7厘米。（图3-47）

19. 黑釉瓷碗标本24，2012采集02，敞口，圆唇斜，弧腹，圈足下腹及足不施釉，碗内有一周涩圈，圈足内书一"福"字。口径16.8厘米，足径7.2厘米，高6.4厘米。（图3-48）

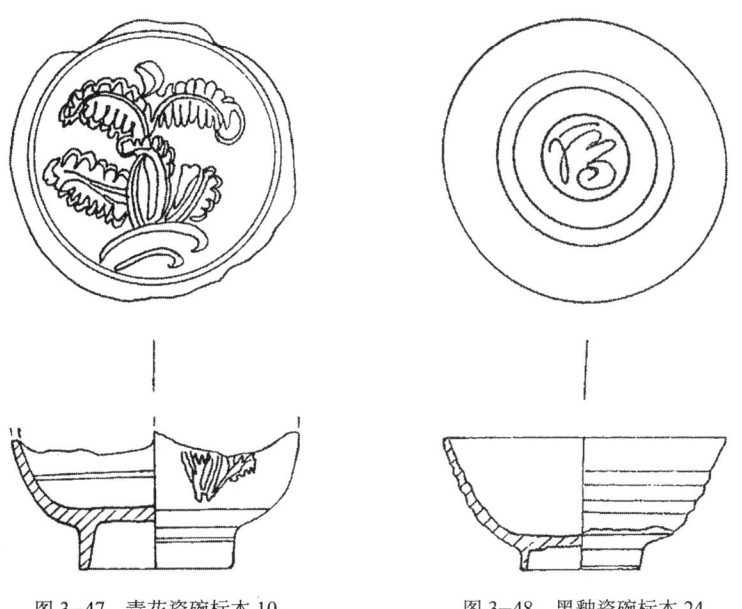

图3-47 青花瓷碗标本10　　　　图3-48 黑釉瓷碗标本24

20. 陶瓮棺标本23，2012XYJLW1∶1，斜腹，平底微向里凹，腹部饰桥形耳，灰胎。底径28.4厘米，残高12厘米。（图3-49）

21. 青瓷碗标本7，2012XYJLT1G2∶2，口部残缺，弧腹，圈足，内外壁施青釉，碗内底部有一周涩圈，足底露胎。足径5.8厘米，残高5.6厘米。（图3-50）

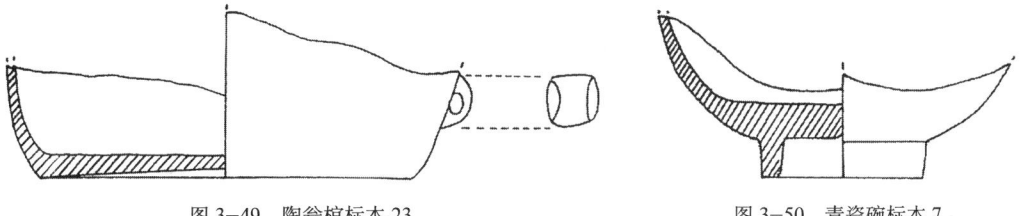

图3-49 陶瓮棺标本23　　　　图3-50 青瓷碗标本7

22. 青瓷碗标本8，2012XYJLT1G2：3，敞口，圆唇，弧腹，圈足，内外壁施青釉，碗内底部有一周涩圈，足底露胎。口径14.6厘米，足径6厘米，高6.8厘米。（图3-51）

23. 瓷瓶标本17，2012XYJLT2④：3，口及上腹残缺，鼓腹，下腹斜收，平底。底径4.8厘米，残高10.8厘米。（图3-52）

图3-51　青瓷碗标本8

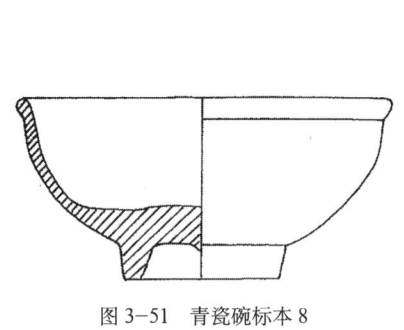

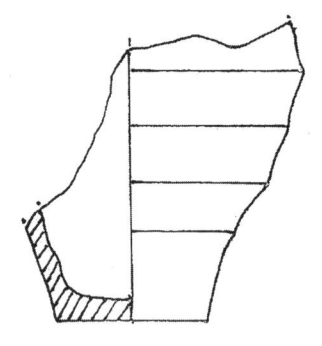

图3-52　瓷瓶标本17

24. 青瓷碗标本19，2012采集01，敞口，方唇，弧腹，圈足，通体施青釉，外腹饰竖线刻画纹数组。口径13.2厘米，足径5.2厘米，高6.6厘米。（图3-53）

25. 黑瓷碗标本22，2012XYJLT2⑤：3，口部残缺，斜弧腹，圈足，黑釉，假圈足露胎。足径7厘米，残高4厘米。（图3-54）

26. 蓝釉瓷碗标本28，T1采集01，敞口，尖唇，斜腹，圈足，器内施青白釉，器外施蓝釉。口径8.9厘米，足径2.8厘米，高4.5厘米。（图3-55）

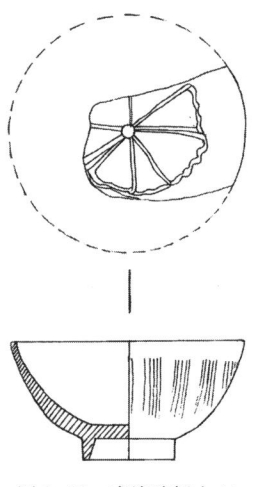

图3-53　青瓷碗标本19

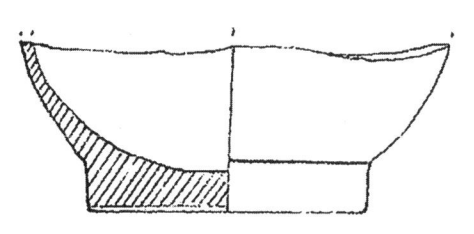

图3-54　黑瓷碗标本22

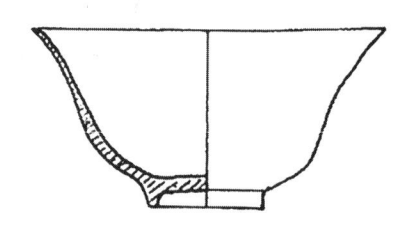

图3-55　蓝釉瓷碗标本28

第三章 考古发掘

图版 3-16　T1 发掘现场一

图版 3-17　T1 发掘现场二

图版 3-18　T2 发掘现场北段

图版 3-19　T2 发掘现场南部清理

四、小结（分期与年代）

根据地层与遗迹、遗迹与遗迹之间的相互关系，初步推断 T1 堆积、T1 扩方、T2 堆积年代各自相对年代如下。

T1 堆积年代推断：

主堤与辅堤：年代为唐宋。

堤南：第①层为现代农耕层，第②层为近代层，第③层为宋代层，堤外道路年代为宋代。

堤北：第①层为现代农耕层，第②层为近代层，第③层为清代层，第④～⑧层为明代层。

T1 扩方年代推断：

主堤与辅堤：年代为唐宋。

第①层为现代农耕层，第②层为近代层，第③层为清代层，第④层为明代层。

T2 堆积年代推断：

主堤与辅堤：年代为唐宋。

堤南：第①层为现代农耕层，第②层为近代层，第③层为宋代层，堤外道路年代为宋代。

堤北：第①层为现代农耕层，第②层为近代层，第③层为清代层，第④～⑧层为明代层。

第四章 结 语

从目前工作情况看，此次发掘两个地点的遗产价值都是比较大的。

一、济西发掘点的价值

济西发掘点位于大运河北堤，发现三个时期大堤，遗迹现象丰富，河堤最晚使用年代为明代，最下层青灰土筑成的大堤可能为隋唐时期，不排除更早的可能性。济西的考古价值主要体现在以下四个方面：

第一，填补空白。隋唐大运河通济渠段自从被废弃后，由于受黄河泛滥冲积淹没，其遗产价值状况一直不清楚，安徽柳孜码头被发现后，对码头状况有了一定了解，但对运河大堤遗存状况仍不甚了解，这次考古发掘正填补了这个空白。

第二，这次发掘为了解通济渠段河堤堆积情况提供了系统翔实的资料，是既往考古工作不能替代的。

第三，大堤表面发现丰富的行人脚印、动物蹄印、来往车辙印痕等遗迹现象，印证了史书关于大运河河堤即当时官道的记载。

第四，在第一层大堤表面发现因干旱形成的地裂迹象，上层淤积沙土填满裂缝，说明在大堤废弃时出现过干旱天气，环境考古学专家可根据大旱形成的地裂迹象对此地区当时的天气情况做出推断，为研究大堤被废弃时的气候状况提供了资料。

二、刘铺发掘点的价值

这次为配合申遗而进行的考古调查和发掘工作，由于时间紧，发掘范围小，所以对遗迹现象、遗物的观察认识还仅仅是初步的。但收获还是很大的，综合现有工作成果，可以把这段运河的文化遗产价值总结为以下几点：

第一，在大堤外侧发现分几次筑建的护坡大堤，印证了大运河在使用过程中经常清淤疏浚的历史事实，也反映了大运河大堤在使用期间存在经常性维修保护、加固清理的情况。

第二，在护坡大堤最外层表面发现有典型的宋代清釉瓷碗片，没有见到更晚的遗物、遗迹，证明最外层护堤的建筑和使用的年代最晚应不晚于宋代。由此推断中期大堤的筑建使用年代是唐宋时期，那么早期大堤的年代很可能早于隋唐时期，最终确定其年代还要等待更多的考古资料来证明。

第三，南堤北坡分布密集的行人脚印遗痕和大堤外古道路的发现，反映了当时运河大堤作为道路交通繁忙，印证了史书中大运河堤外是官道的记载，为我国古代交通史研究提供了考古资料。

第四，大堤建筑基槽以及与之对应的河道内大面积分布密集的树木桩印痕的发现意义重大，据水利专家初步判断是用于固定木龙的木桩基础。史书记载，宋代水利专家陈尧佐发明了一种使用于河道治理的"木龙杀水"技术，在河道编制安装木龙，用来减缓水流，沉积泥沙，清淤治河。为了防止木龙被水冲走，即在河岸建置木桩，固定木龙。建筑基槽就是固定木龙的木桩基础，与之对应的河道内大面积分布密集的树木桩印痕，很可能就是当时置于河道的"木龙"。时代与中期大堤同时，其年代应是唐宋时期。它的发现以实物形式印证了当时"木龙杀水"技术的存在，是我国水利史研究的珍贵材料。

大运河文化是中国历史文化的重要组成部分，中国大运河是世界上唯一一个为确保粮食运输（漕运）安全，以达到稳定政权、维持帝国统一的目的，由国家投资开凿和管理的巨大水利工程体系。它是解决中国南北社会发展和自然资源不平衡的重要措施，以世所罕见的时间与空间尺度，展现了农业文明时期人工运河发展的悠久历史阶段，代表了工业革命前水利水运工程的杰出成就。它实现了在广大国土范围内南北资源和物产的大跨度调配，沟通了国家的政治中心与经济中心，促进了不同地域间的经济文化交流，在国家统一、政权稳定、经济繁荣、文化交流和科技发展等方面发挥了不可替代的作用。中国大运河由于其广阔的时空跨度、巨大的成就、深远的影响而成为文明的摇篮，对中国乃至世界历史都产生了巨大而深远的影响。

第四章 结　语

附记：

参加发掘人员：王良田、张帆、侯文明、王卫杰、常永卿、王云涛、夏云、刘鹏飞、陈陆兵、高艳艳、李红伟

领　队：王良田

执　笔：张帆、周润山、王良田

整　理：张帆、周润山、王良田

摄　影：张帆、王良田

绘　图：张帆、侯文明、高艳艳

承蒙河南省文物局原局长陈爱兰、原副局长孙英民和河南省文物局副局长贾连敏的关心和支持，发掘工作才得以顺利进行。在发掘过程中，承蒙中国社会科学院考古研究所中国文化遗产保护研究中心原主任杜金鹏、考古研究所岳洪彬博士和钟键教授，北京大学教授杭侃、徐天进，河南省文物局司治平、秦文生、王韬处长，河南省文物考古研究院刘海旺院长、孙新民原院长来工地指导，在此一并表示感谢。

附　录

附录一　通济渠夏邑济阳镇段出土文物选介

2002 年河南省道 325 线（通济渠故道遗址）拓宽改造以来，在商丘虞城至永城境内通济渠遗址出土了大量文物，其中主要是瓷器，这里选取一批在济阳镇段出土的文物，简要介绍如下。

一、瓷器

1. 青瓷碗：编号 07XJDP 标本（图注中简称"DP"，下同）98，敞口，圆唇，敛腹，圈足，内外均施青釉，外侧腹部有刮削痕迹。口径 14.4 厘米，底径 4.8 厘米，高 6.2 厘米。（附图 1-1）

2. 青瓷碗：编号 07XJDP 标本 96，敛口，尖圆唇，斜腹微弧，大圈足，内外通身施青釉，碗外侧唇下至圈足处饰葵花纹饰。口径 19.6 厘米，底径 8.4 厘米，高 7.8 厘米。（附图 1-2）

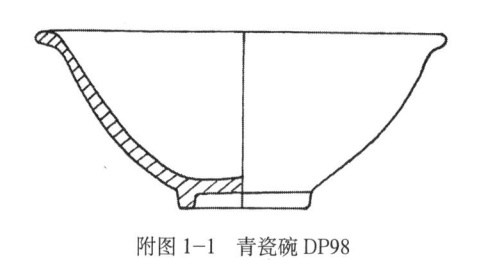

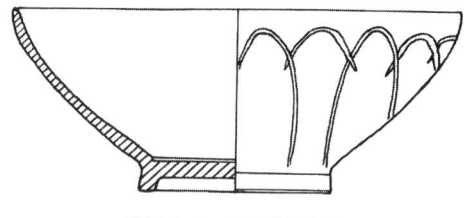

附图 1-1　青瓷碗 DP98

附图 1-2　青瓷碗 DP96

3. 青瓷盏：编号 07XJDP 标本 139，敞口，圆唇，敛腹，圈足，内外通身施青釉。口径 11.8 厘米，底径 3.4 厘米，高 5 厘米。（附图 1-3）

4. 青瓷碗：编号 07XJDP 标本 107，弧腹，高底座，通身施青釉，底上凹，下腹外侧饰划纹。口径（残）12 厘米，底径 4.4 厘米，高（残）4.4 厘米。（附图 1-4）

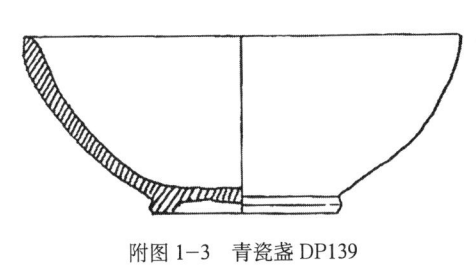

附图1-3　青瓷盏DP139 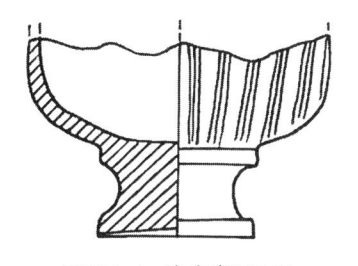　　　　　　　　附图1-4　青瓷碗DP107

5. 青瓷碗：编号07XJDP标本120，敞口，圆唇，弧腹，圈足，内外均施全釉，外唇下有数道刮削轮痕。口径17厘米，底径7.2厘米，高7.4厘米。（附图1-5）

6. 白瓷碗：编号07XJDP标本127，敞口，圆唇，斜腹，圈足，内施全釉，外足以上施釉，外腹有数道刮削轮痕。口径21.2厘米，底径6厘米，高8.2厘米。（附图1-6）

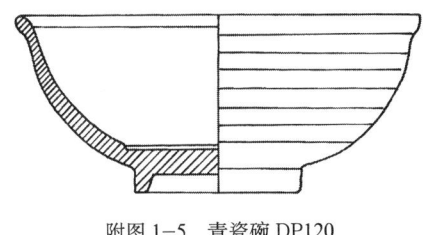

附图1-5　青瓷碗DP120 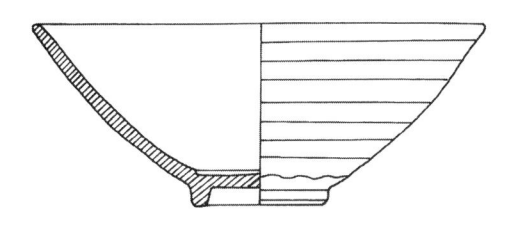　　　　　　　　附图1-6　白瓷碗DP127

7. 青瓷碗：编号07XJDP标本85，侈口，尖圆唇，圈足，下腹以上施釉，内施全釉，下腹处饰一周凹弦纹。（附图1-7）

8. 白瓷碗：编号07XJDP标本148，侈口，尖唇，弧腹，高圈足，内外均施釉。口径13.4厘米，底径5.8厘米，高7.8厘米。（附图1-8）

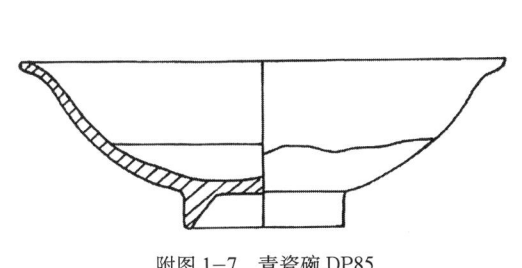

附图1-7　青瓷碗DP85 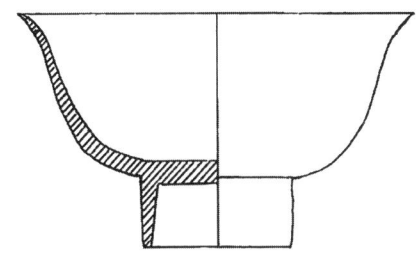　　　　　　　　附图1-8　白瓷碗DP148

9. 青瓷碗：编号07XJDP标本95，敞口，折沿，圆唇，残腹，圈足，内外通身施青釉，内侧腹部饰一周凹弦纹，并饰有划纹数条，外腹有刮削痕。口径14.4厘米，底径6.8厘米，高4.4厘米。（附图1-9）

10. 小青瓷碗：编号07XJDP 标本102，敞口，折沿，小弧腹，圈足，外侧下腹以上施釉，内侧施全青釉。口径10.6厘米，底径2.4厘米，高3.2厘米。（附图1-10）

11. 青瓷碗：编号07XJDP 标本72，葵口，尖唇，斜腹，圈足，内外施青釉，内侧饰花纹。口径19.4厘米，底径5.8厘米，高5.2厘米。（附图1-11）

12. 青瓷碗：编号07XJDP 标本88，敞口微侈，圆唇，唇下饰一周弦纹，斜腹，小圈足，内外均施全釉，内底部饰花纹图案。口径17.6厘米，底径6厘米，高7.2厘米。（附图1-12）

13. 白瓷碗：编号07XJDP 标本75，敞口，尖唇，斜弧腹，高圈足，内外均施全釉，外侧下腹有刮削痕。口径16厘米，底径6.8厘米，高9厘米。（附图1-13）

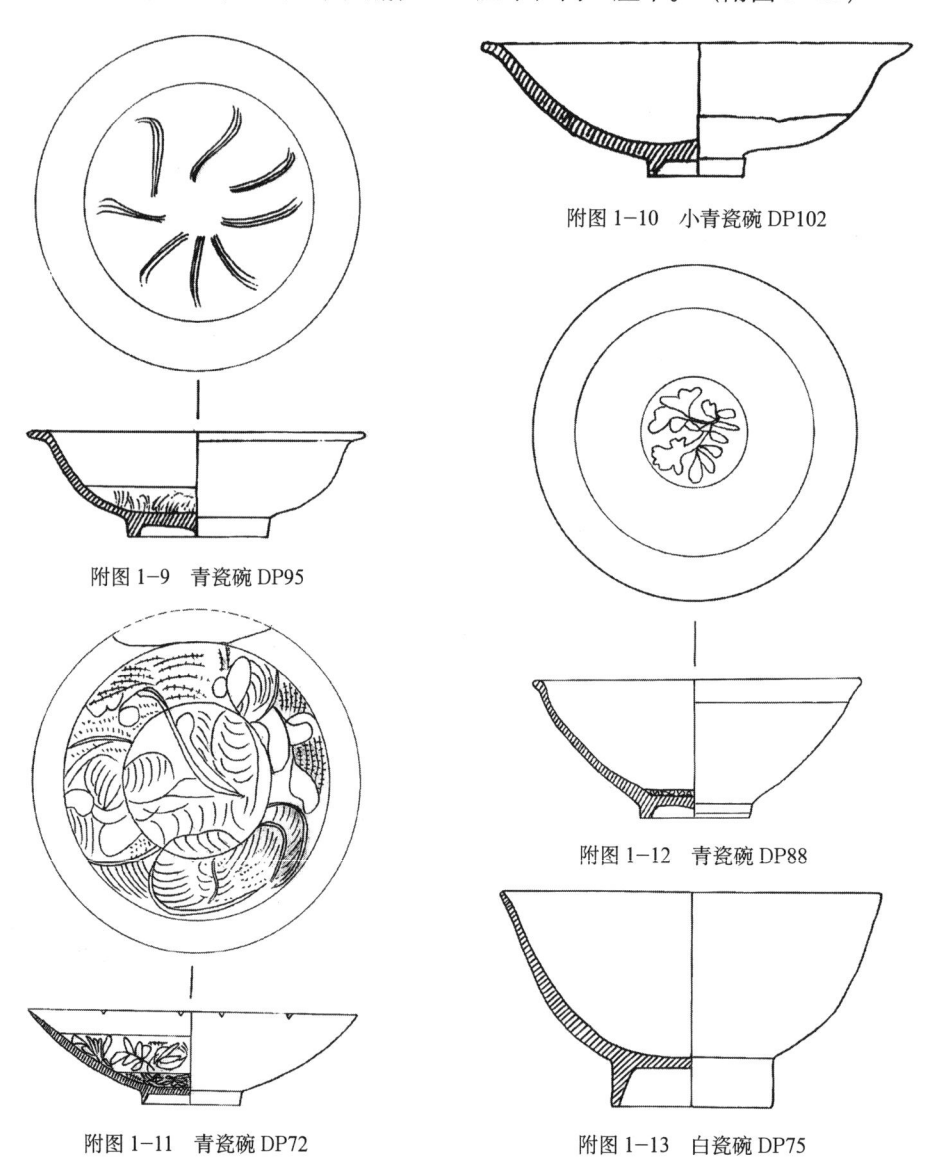

附图1-9　青瓷碗DP95

附图1-10　小青瓷碗DP102

附图1-11　青瓷碗DP72

附图1-12　青瓷碗DP88

附图1-13　白瓷碗DP75

14. 黑瓷盏：编号07XJDP标本76，敞口微侈，圆唇，斜腹，小圈足，内外施全釉，盏内饰划纹。口径6.6厘米，底径4.8厘米，高7.4厘米。（附图1-14）

15. 白瓷轮：编号07XJDP标本138，圆形，帽状，轮制，内有多条轮制弦纹。最小直径4厘米，最大直径7.6厘米，通高2.4厘米。（附图1-15）

16. 白瓷钵：编号07XJDP标本112，敛口，方唇，筒腹，圈足，足以上施釉。口径6.4厘米，底径4.6厘米，高4.4厘米。（附图1-16）

17. 青瓷盘：编号07XJDP标本77，葵口，尖唇，斜腹，圈足，内外通身施釉，内侧下部饰一周弦纹，并饰有花纹图案，内外均有崩裂痕迹。口径16.2厘米，底径5厘米，高4.6厘米。（附图1-17）

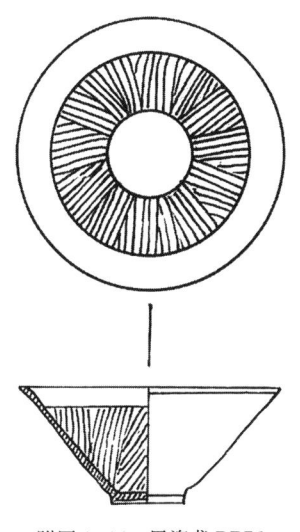

附图1-14 黑瓷盏DP76

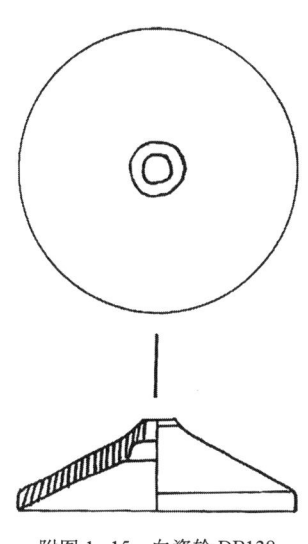

附图1-15 白瓷轮DP138

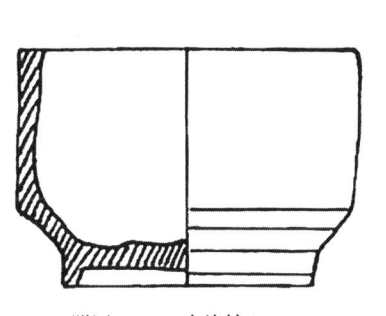

附图1-16 白瓷钵DP112

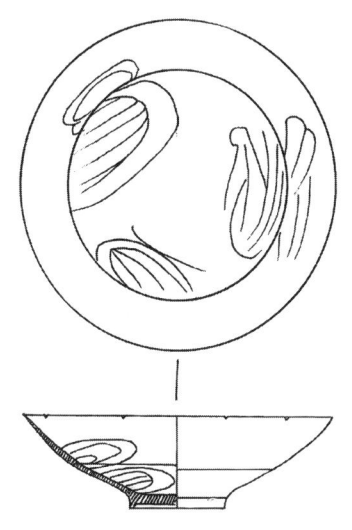

附图1-17 青瓷盘DP77

18. 青瓷碗：编号 07XJDP 标本 92，敞口，圆唇，斜弧腹，圈足，内外施青釉。口径 14.2 厘米，底径 4 厘米，高 6.4 厘米。（附图 1-18）

19. 青瓷钵：编号 07XJDP 标本 100，敞口，尖圆唇，短颈，小圈足，最大腹径居上，内外通身施青釉。外腹上部有崩裂痕。口径 11 厘米，底径 3 厘米，高 8.2 厘米。（附图 1-19）

20. 白瓷碗：编号 07XJDP 标本 132，敞口，圆唇，斜腹，矮圈足，内施全釉，外下腹无釉，内下腹饰一周弦纹，底画小鸟图案。口径 13.8 厘米，底径 6.4 厘米，高 4.6 厘米。（附图 1-20）

21. 白瓷碗：编号 07XJDP 标本 128，圆唇，斜腹，矮圈足，内施全釉，并饰有两周弦纹，外下腹以上无釉。口径 20 厘米，底径 7 厘米，高 6.4 厘米。（附图 1-21）

22. 青瓷碗：编号 07XJDP 标本 94，敞口，圆唇，斜腹，圈足，内外通身施釉，唇下部饰有一周凹弦纹，内侧饰花纹图案。口径 18 厘米，底径 5.6 厘米，高 6.4 厘米。（附图 1-22）

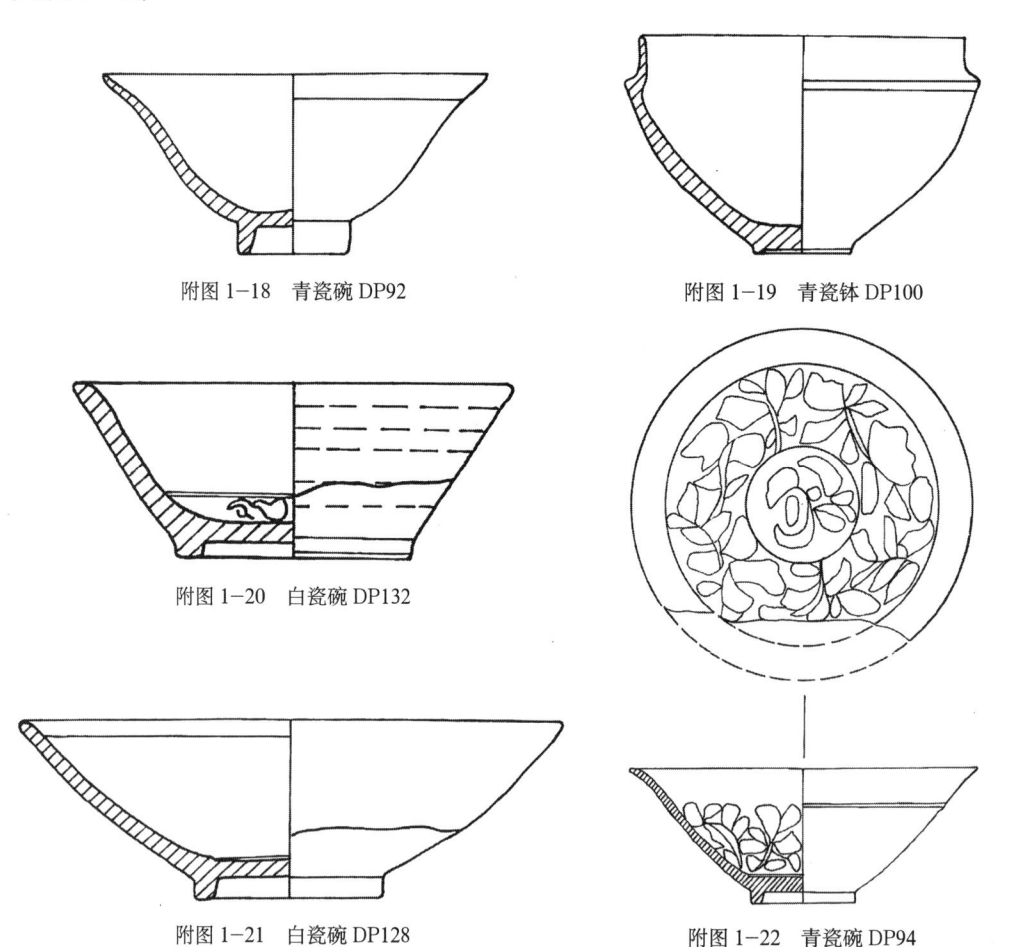

附图 1-18　青瓷碗 DP92

附图 1-19　青瓷钵 DP100

附图 1-20　白瓷碗 DP132

附图 1-21　白瓷碗 DP128

附图 1-22　青瓷碗 DP94

23. 青瓷碗：编号07XJDP 标本117，敞口，尖唇，斜腹，小圈足，内外施全青釉。口径11.2厘米，底径3.2厘米，高4.6厘米。（附图1-23）

24. 葵口碗：编号07XJDP 标本145，葵口微敛，尖唇，直腹微弧，高圈足，圈足以上及内施釉。口径3.7厘米，底径3厘米，高4.3厘米。（附图1-24）

25. 青瓷碗：编号07XJDP 标本143，敞口，圆唇，斜腹，唇下部饰一道弦纹，内外侧施全釉。口径15.8厘米，底径2.9厘米，高4.8厘米。（附图1-25）

26. 青瓷碗：编号07XJDP 标本135，敞口，弧腹，高圈足，外壁饰划纹。口径16.6厘米，底径6.6厘米，高7.6厘米。（附图1-26）

27. 瓷盆：编号07XJDP 标本105，敛口，圆唇，斜腹，平底，器内壁施黄釉。高4.8厘米。（附图1-27）

28. 青瓷钵：编号07XJDP 标本91，敞口，束颈，斜肩，最大腹径近肩部，下腹斜收，平底。口径19厘米，底径5.2厘米，高8厘米。（附图1-28）

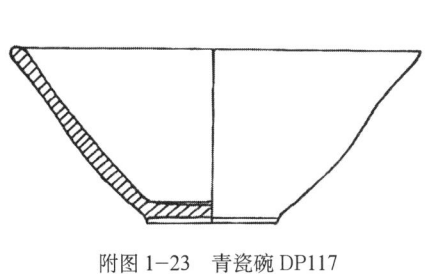

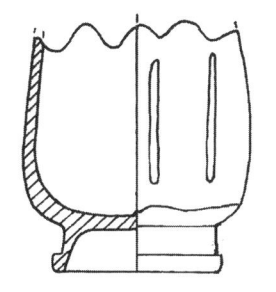

附图1-23　青瓷碗DP117

附图1-24　葵口碗DP145

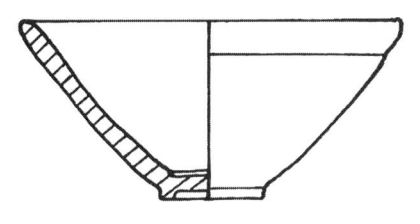

附图1-25　青瓷碗DP143

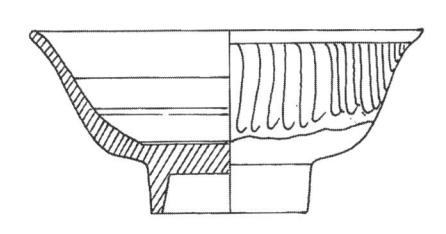

附图1-26　青瓷碗DP135

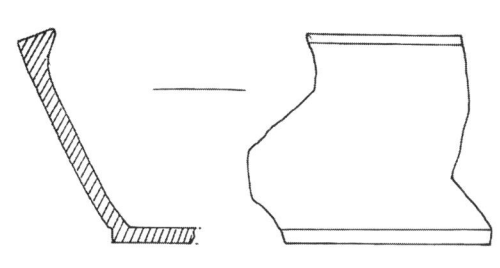

附图1-27　瓷盆DP105

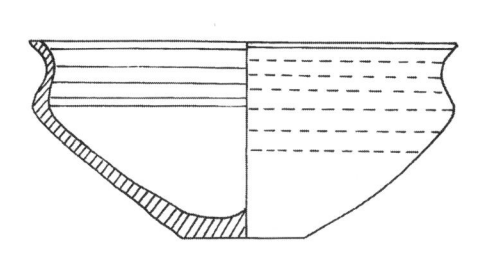

附图1-28　青瓷钵DP91

29. 瓷罐：编号07XJDP 标本155，方唇，溜肩，鼓腹，肩部饰桥形耳。残高14.4厘米。（附图1-29）

30. 青瓷碗：编号07XJDP 标本130，口沿残缺，弧腹，圈足，圈足露胎。底径6.4厘米，残高3.8厘米。（附图1-30）

31. 白瓷碗：编号07XJDP 标本115，敞口，圆唇，斜腹，圈足，圈足露胎。口径18.2厘米，底径7.6厘米，高7厘米。（附图1-31）

32. 白釉葵口碗：编号07XJDP 标本116，葵口残，弧腹，高圈足，白釉。口径10.2厘米，底径5.2厘米，残高7.2厘米。（附图1-32）

33. 青瓷碗：编号07XJDP 标本81，敞口，圆唇，斜弧腹，圈足残，腹外壁饰刻画纹。口径16.4厘米，残高6厘米。（附图1-33）

34. 青瓷碗：编号07XJDP 标本74，敞口，尖唇，斜腹，高圈足，圈足露胎。口径17厘米，底径5.4厘米，高8.2厘米。（附图1-34）

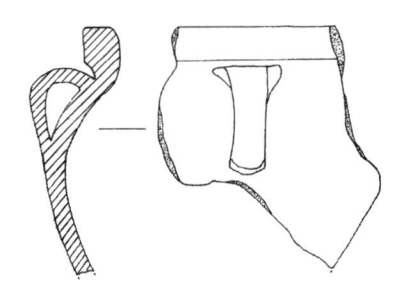

附图1-29　瓷罐DP155

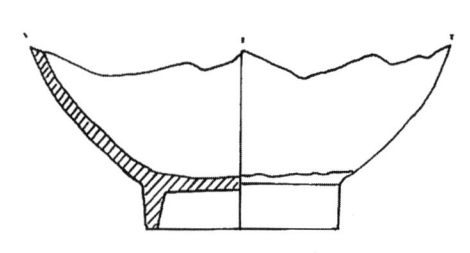

附图1-30　青瓷碗DP130

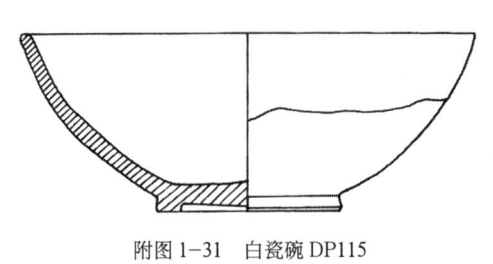

附图1-31　白瓷碗DP115

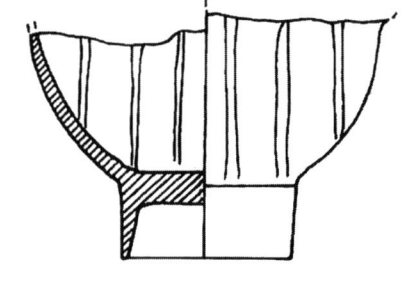

附图1-32　白釉葵口碗DP116

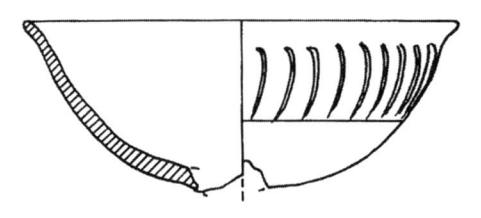

附图1-33　青瓷碗DP81

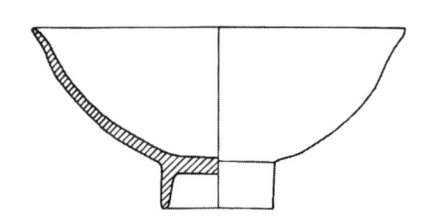

附图1-34　青瓷碗DP74

35. 青瓷盘：编号07XJDP标本123，敞口，尖唇，斜腹，矮圈足，内外饰刻画图案。口径17.2厘米，底径5.2厘米，高4.2厘米。（附图1-35）

36. 白瓷碗：编号07XJDP标本121，敞口，圆唇，斜弧腹，矮圈足，胎体较厚，腹外下部及足露胎。口径14.6厘米，圈足外径6.6厘米，内径4.2厘米，高4.2厘米。（附图1-36）

37. 白瓷碗：编号07XJDP标本126，敞口，圆唇，斜弧腹，矮圈足，胎体较厚，腹外下部及足露胎。口径15.8厘米，圈足外径7.2厘米，内径5.4厘米，高5.2厘米。（附图1-37）

38. 黑釉粉盒：编号07XJDP标本99，字母口，尖唇，两粉盒连体，直腹，斜收平底，腹施黑釉，口、底、下腹施米釉。其一，口径3.0厘米，腹3.4厘米，衣2.2厘米，高2.6厘米。其二，口径2.8厘米，腹3.3厘米，衣2.2厘米，高2.6厘米。（附图1-38）

39. 青瓷碗：编号07XJDP标本53，敞口，尖圆唇，弧腹，圈足，内外通身施青釉并且有划纹。口径18.8厘米，底径5.2厘米，高4.4厘米。（附图1-39）

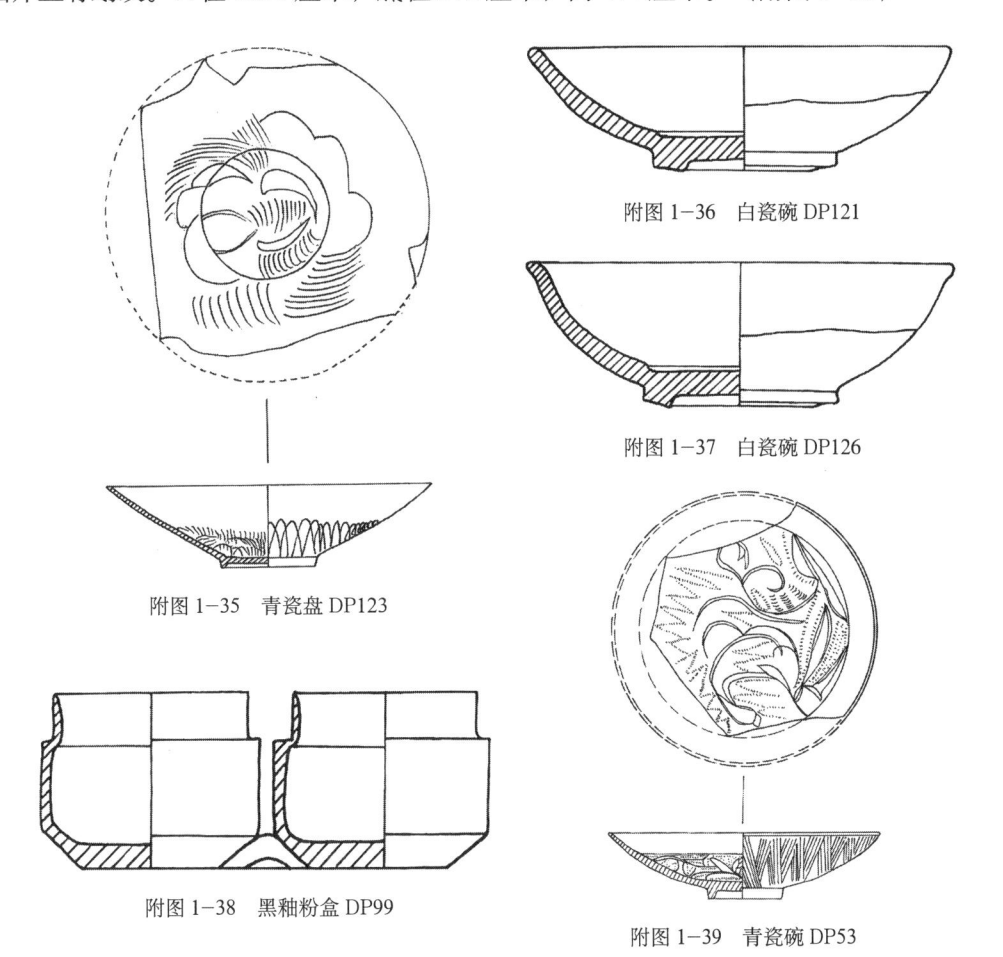

附图1-35　青瓷盘DP123

附图1-36　白瓷碗DP121

附图1-37　白瓷碗DP126

附图1-38　黑釉粉盒DP99

附图1-39　青瓷碗DP53

40. 青瓷碗：编号07XJDP标本46，敞口，圆唇，深弧腹，矮圈足，通身施青釉，内壁饰花纹。口径20.4厘米，底径6.6厘米，高9.4厘米。（附图1-40）

41. 四系子母口釉陶罐：编号07XJDP标本66，敛口，双唇，鼓腹，系施肩部。残高16厘米。（附图1-41）

42. 白瓷碗：编号07XJDP标本36，敞口，尖唇，斜腹，圈足，除圈足外均施釉。口径15.2厘米，底径5.6厘米，高7厘米。（附图1-42）

43. 白瓷碗：编号07XJDP标本34，侈口，尖唇，弧腹，圈足，下腹至圈足无施釉。口径12.2厘米，底径4.8厘米，高4.8厘米。（附图1-43）

44. 白瓷盘：编号07XJDP标本3，敞口微侈，圆唇，弧腹，圈足，内外施全釉。口径14.6厘米，底径7.8厘米，高3厘米。（附图1-44）

45. 青瓷碗：编号07XJDP标本8，敞口微侈，尖唇，弧腹，高圈足，唇下饰一

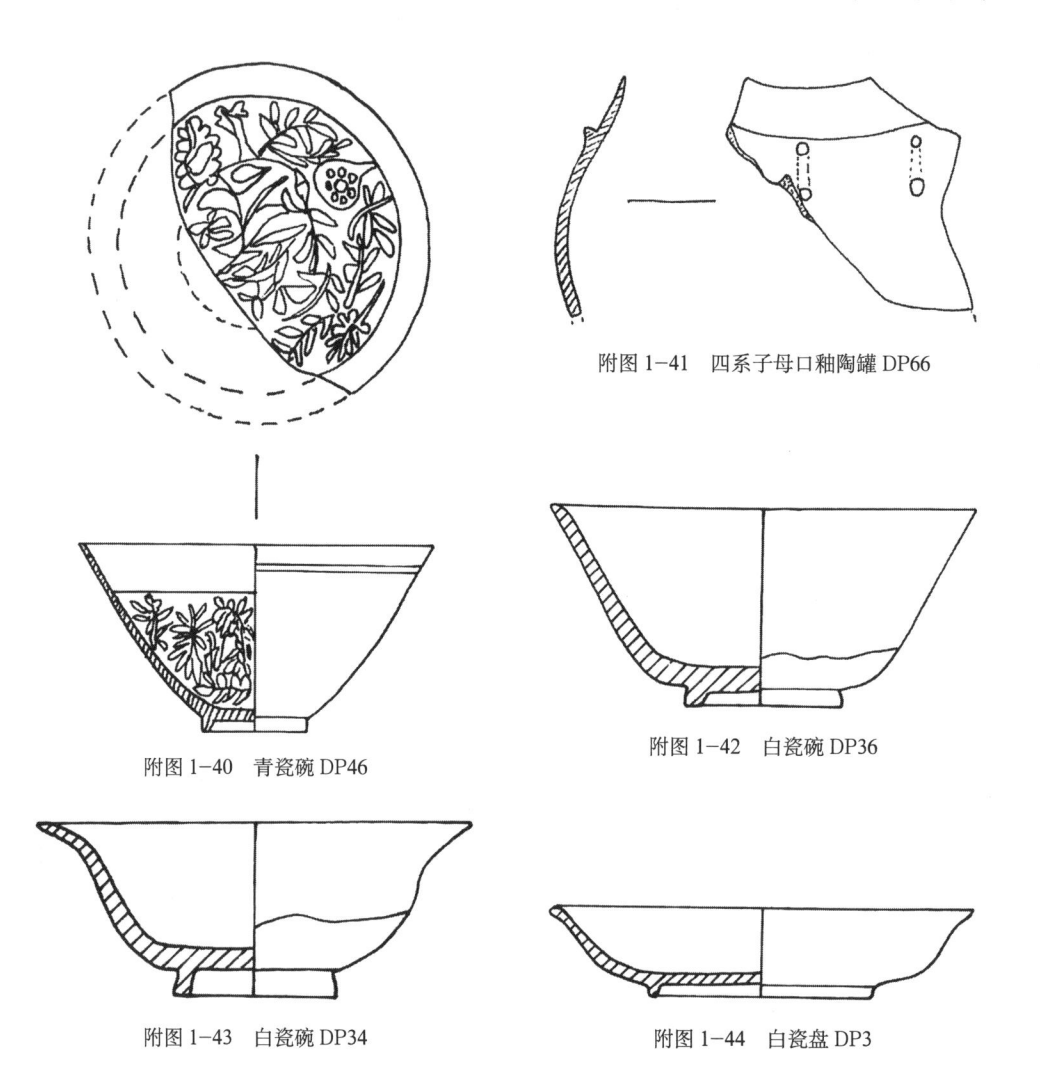

附图1-41 四系子母口釉陶罐DP66

附图1-40 青瓷碗DP46

附图1-42 白瓷碗DP36

附图1-43 白瓷碗DP34

附图1-44 白瓷盘DP3

周弦纹，内侧饰两周凹弦纹，通身内外均施青釉，外侧唇下及腹部饰一周刻画线纹。口径16.8厘米，底径6厘米，高8厘米。（附图1-45）

46. 白瓷碗：编号07XJDP标本31，敞口，圆唇，弧腹，圈足，除圈足底外均施白釉。口径15.8厘米，底径6.7厘米，高7.2厘米。（附图1-46）

47. 白瓷碗：编号07XJDP标本30，敞口，圆唇，弧腹，圈足，除圈足外，内外均施白釉。口径14.2厘米，底径5.8厘米，高4.2厘米。（附图1-47）

48. 青花瓷碗：编号07XJDP标本2，侈口，圆唇，弧腹，圈足，内外通身施釉，内底饰两周弦纹，并饰一"福"字，外饰青花纹。口径10厘米，底径3.6厘米，高5厘米。（附图1-48）

49. 青花瓷碗：编号07XJDP标本47，侈口，圆唇，弧腹，圈足，外饰青花。口径14.6厘米，底径5.4厘米，高8厘米。（附图1-49）

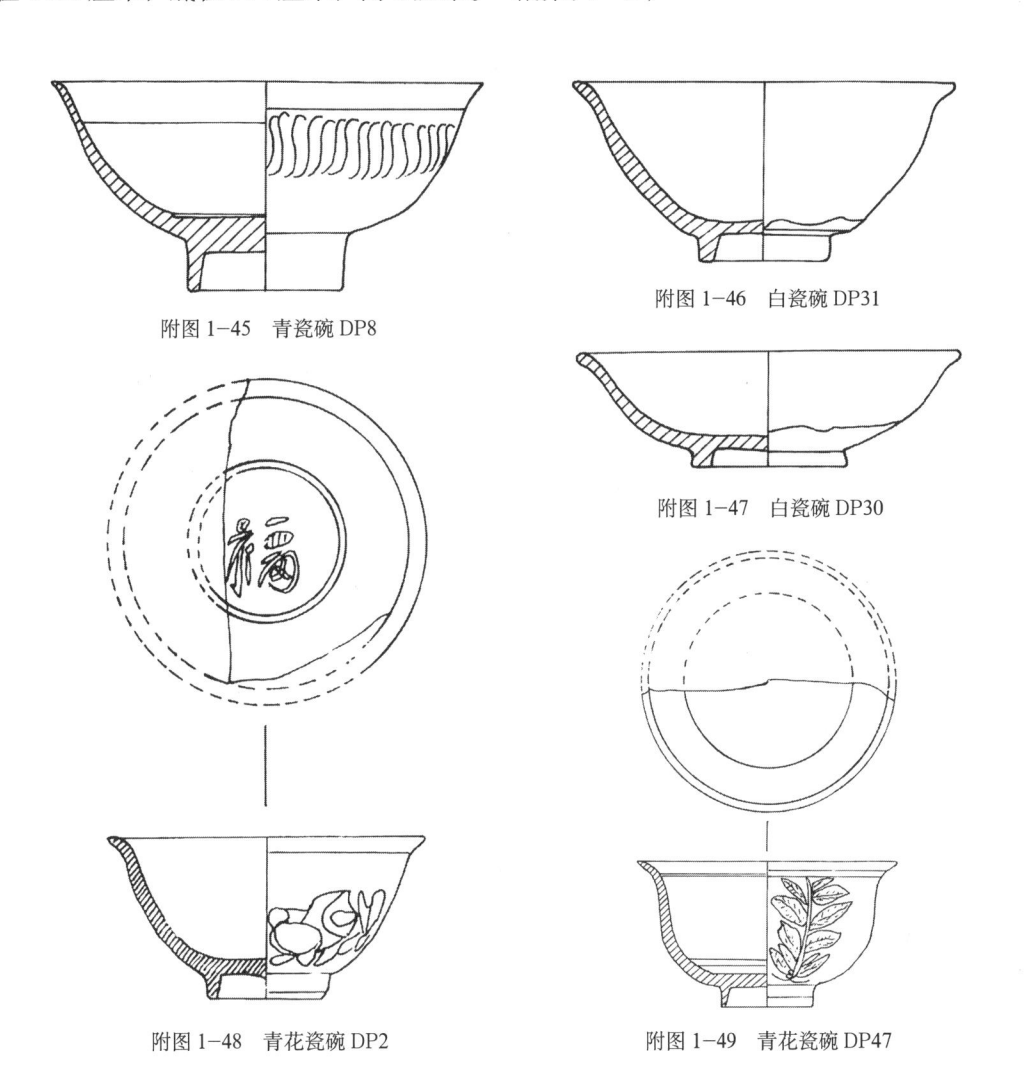

附图1-45　青瓷碗DP8

附图1-46　白瓷碗DP31

附图1-47　白瓷碗DP30

附图1-48　青花瓷碗DP2

附图1-49　青花瓷碗DP47

50. 白瓷盏：编号07XJDP标本44，敛口，圆唇，斜腹，圈足，腹部以上施釉，下部露胎。口径16.6厘米，底径5.8厘米，高4.2厘米。（附图1-50）

51. 白瓷碗：编号07XJDP标本48，敞口微侈，弧腹，高圈足，腹部饰四道凹弦纹，通身施釉，有崩裂痕。口径12.8厘米，底径6厘米，高7.2厘米。（附图1-51）

52. 青瓷碗：编号07XJDP标本45，敞口，圆唇，弧腹，圈足，外圈足及以上部分施釉，并有数道刮削痕。口径14.6厘米，底径6.2厘米，高6.6厘米。（附图1-52）

53. 青瓷碗：编号07XJDP标本63，敞口，圆唇，弧腹，圈足，圈足以上部分施青釉，腹部及以下有两道凸弦纹。口径14厘米，底径5.8厘米，高6.4厘米。（附图1-53）

54. 青瓷碗：编号07XJDP标本18，敞口，尖圆唇，斜腹，小圈足，除圈足外，内外均施青釉。口径11.2厘米，底径3.6厘米，高4.6厘米。（附图1-54）

55. 淡黄碗：编号07XJDP标本4，敞口，圆唇，弧腹，高圈足。口径17.8厘米，底径6.2厘米，高6.8厘米。（附图1-55）

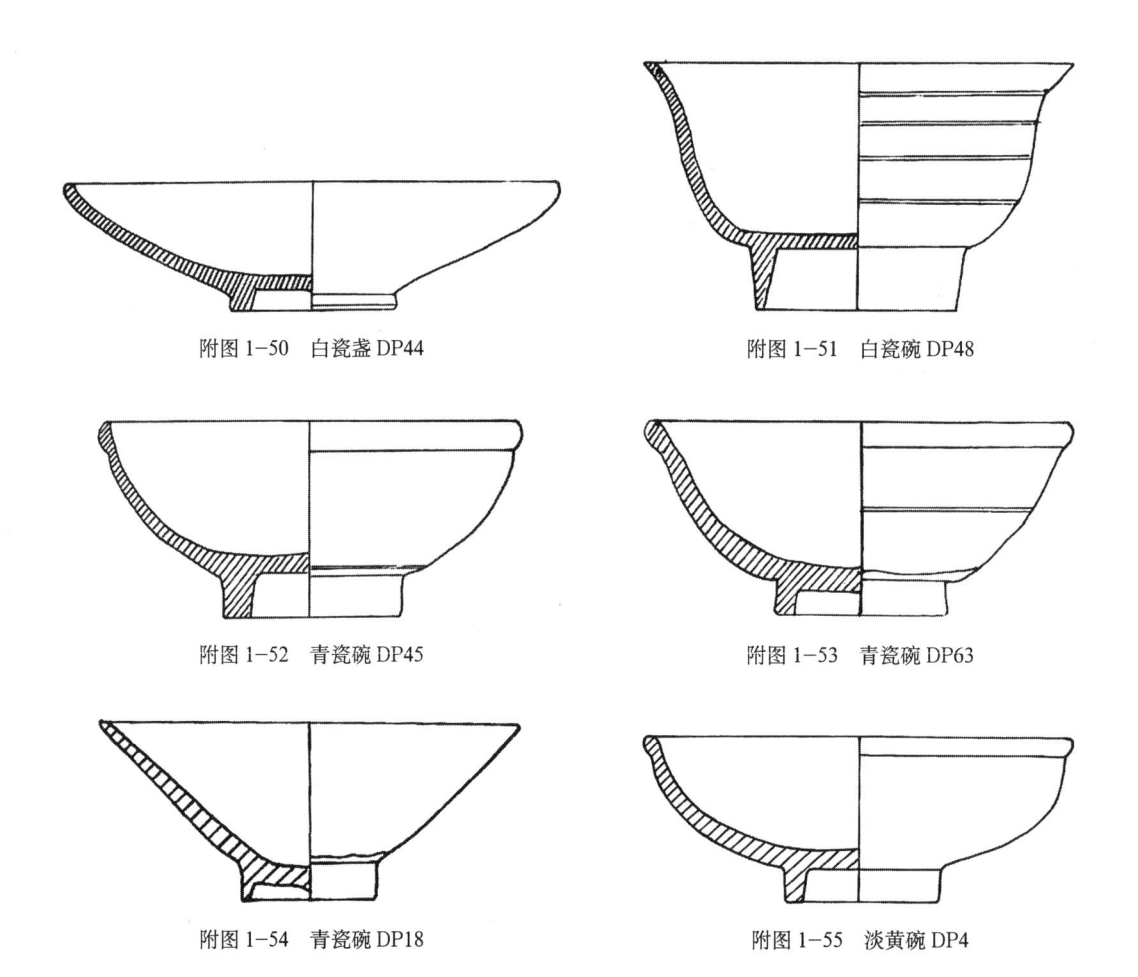

附图1-50　白瓷盏DP44

附图1-51　白瓷碗DP48

附图1-52　青瓷碗DP45

附图1-53　青瓷碗DP63

附图1-54　青瓷碗DP18

附图1-55　淡黄碗DP4

56. 黄釉双系壶：编号07XJDP标本70，子母口，尖圆唇微折，斜肩，肩部饰对称两桥形耳，左右两侧饰一把手和鋬嘴，肩部饰两周凹弦纹，圆肩，鼓腹，最大径居中，腹以下斜收，平底微凹，腹以下部分未施釉。内口径8.2厘米，外口径9.6厘米，底径10.2厘米，腹径22厘米，高24厘米。（附图1-56）

57. 双系褐釉罐：编号07XJDP标本009，敞口，圆唇，长颈，肩部前后饰桥形耳一对，左肩部饰一把手，右肩部饰一鋬嘴，圆腹，腹部饰凹弦纹三周，底部假圈足，微凹，腹下近底部未施釉。口径9厘米，底径7.9厘米，腹径14.4厘米，高21厘米。（附图1-57）

58. 青瓷碗：编号07XJDP标本11，敞口，厚圆唇，弧腹，圈足，内外通身施青釉。口径11厘米，底径4.6厘米，高5.4厘米。（附图1-58）

59. 白瓷碗：编号07XJDP标本25，敞口，圆唇，深弧腹，圈足，除圈足外，内外均施白釉。口径20厘米，底径7.6厘米，高9.6厘米。（附图1-59）

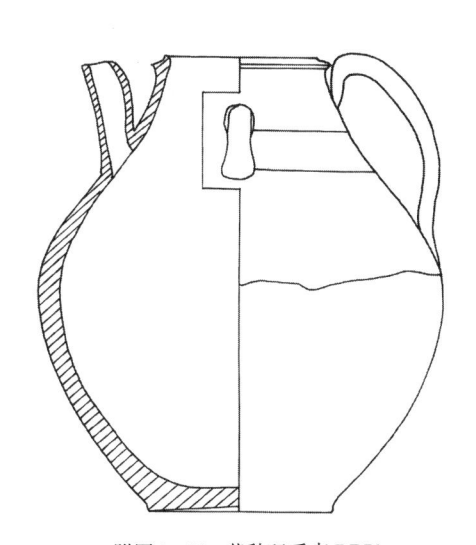

附图1-56　黄釉双系壶DP70

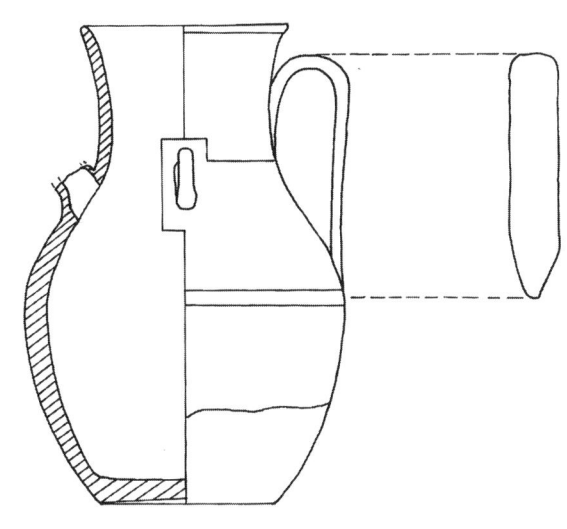

附图1-57　双系褐釉罐DP009

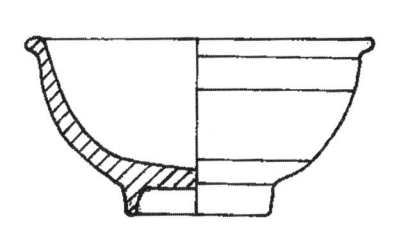

附图1-58　青瓷碗DP11

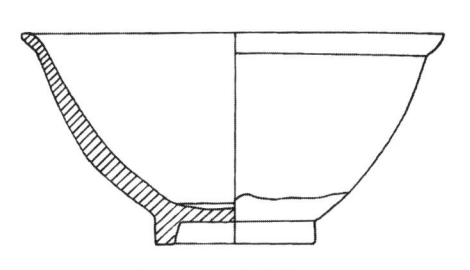

附图1-59　白瓷碗DP25

60. 白瓷碗：编号07XJDP标本29，敞口，圆唇，深弧腹，圈足，腹下部无釉，其他均施白釉。口径21.6厘米，底径7.6厘米，高8.2厘米。（附图1-60）

61. 白瓷碗：编号07XJDP标本13，敞口，圆唇，弧腹，圈足，腹下部及圈足处无施釉。口径16厘米，底径6厘米，高6厘米。（附图1-61）

62. 白瓷盘：编号07XJDP标本35，葵口微侈，尖圆唇，斜腹，平底微凹，内外施白釉。口径12.8厘米，底径5.4厘米，高2.6厘米。（附图1-62）

63. 白瓷碗：编号07XJDP标本17，敞口，圆唇，浅弧腹，圈足，除腹下部及圈足外，其他均施釉。口径17.4厘米，底径6.8厘米，高5.8厘米。（附图1-63）

64. 青瓷碗：编号07XJDP标本14，敞口，尖唇，弧腹，圈足，通身内外施青釉。口径12.2厘米，底径4.4厘米，高5厘米。（附图1-64）

65. 白瓷碗：编号07XJDP标本33，敞口，圆唇，弧腹，矮圈足，内外均施白釉。口径13厘米，底径5厘米，高3.4厘米。（附图1-65）

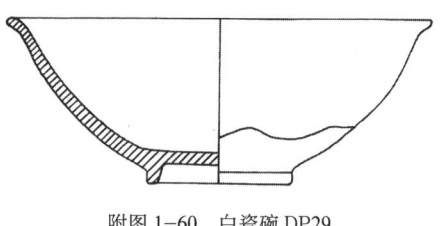

附图1-60 白瓷碗DP29

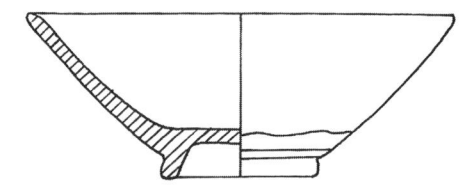

附图1-61 白瓷碗DP13

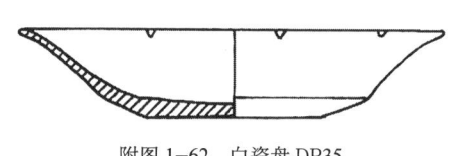

附图1-62 白瓷盘DP35

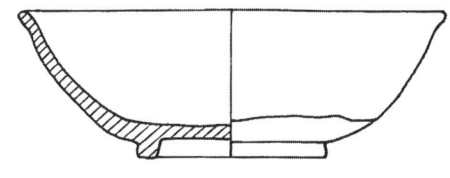

附图1-63 白瓷碗DP17

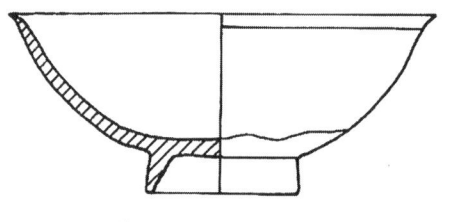

附图1-64 青瓷碗DP14

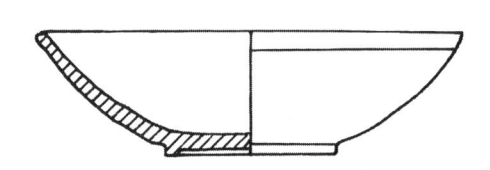

附图1-65 白瓷碗DP33

66. 白瓷碗：编号07XJDP标本37，敞口，圆唇，弧腹，圈足，除圈足外，内外均施釉。口径16.8厘米，底径5.8厘米，高4.6厘米。（附图1-66）

67. 白瓷碗：编号07XJDP标本5，敞口，圆唇，弧腹，圈足，圈足以上施釉。口径14.8厘米，底径6厘米，高4.5厘米。（附图1-67）

68. 青瓷碗：编号07XJDP标本16，敞口，圆唇，弧腹，圈足，除圈足外，内外施青釉。口径20厘米，底径6.4厘米，高7.2厘米。（附图1-68）

69. 青瓷碗：编号07XJDP标本67，敞口，圆唇，斜腹，小圈足，内外通身施釉。口径11.2厘米，底径3.6厘米，高5厘米。（附图1-69）

70. 青瓷碗：编号07XJDP标本9，敞口，圆唇，弧腹，圈足，除圈足外施全釉。口径12.8厘米，底径5.6厘米，高6.2厘米。（附图1-70）

71. 青瓷碗：编号07XJDP标本28，敞口，圆唇，鼓腹，高圈足，内外通身施青釉。口径15.8厘米，底径6.5厘米，高7.2厘米。（附图1-71）

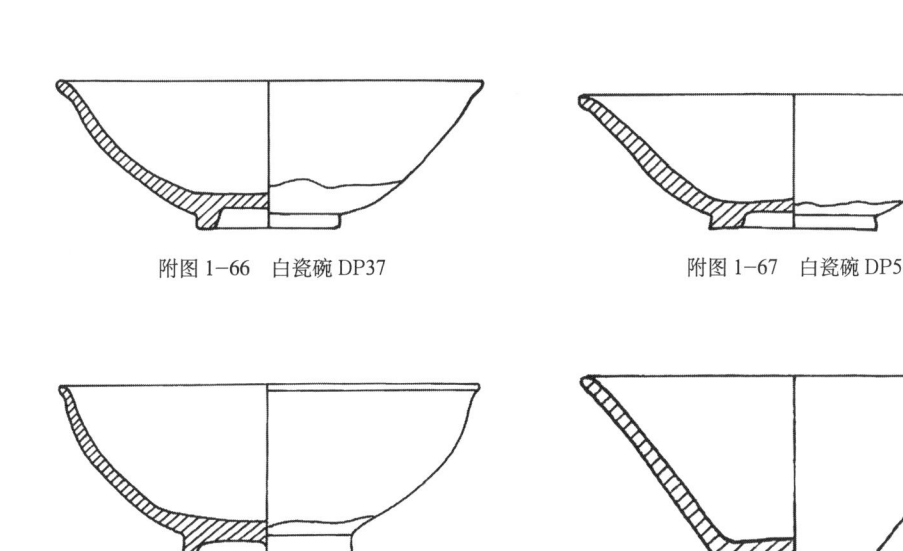

附图1-66　白瓷碗DP37

附图1-67　白瓷碗DP5

附图1-68　青瓷碗DP16

附图1-69　青瓷碗DP67

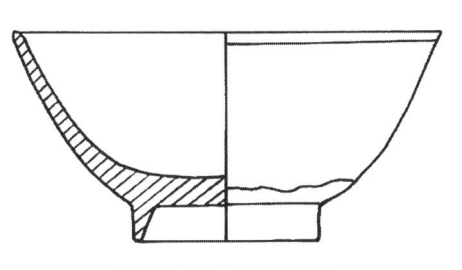

附图1-70　青瓷碗DP9

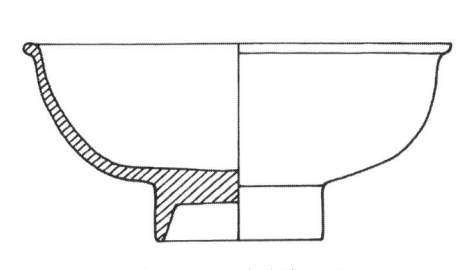

附图1-71　青瓷碗DP28

72. 青瓷碗：编号07XJDP标本7，敞口，圆唇，弧腹，下腹部以上施青釉，圈足，内饰两道凹弦纹，外侧唇下饰一周凹弦纹。口径16厘米，底径4.6厘米，高6.8厘米。（附图1-72）

73. 白瓷盘：编号07XJDP标本32，葵口，圆唇，斜腹，平底微凹，内外施白釉。口径12.8厘米，底径5.6厘米，高2.6厘米。（附图1-73）

74. 白瓷碗：编号07XJDP标本6，敛口，尖圆唇，弧腹，圈足，足以上部分施釉。口径16.4厘米，底径5.8厘米，高7.4厘米。（附图1-74）

75. 白瓷瓶：编号07XJDP标本20，口、颈残，鼓腹，最大腹居上，下腹微收，假圈足，通身施白釉。残高18.5厘米，底径7厘米，腹径11.4厘米。（附图1-75）

76. 青瓷碗：编号07XJDP标本27，敛口，弧腹，圈足，内外施青釉。口径16厘米，底径6.5厘米，通高8.4厘米。（附图1-76）

77. 白瓷碗：编号07XJDP标本23，敞口，斜腹，低圈足，内外施青白釉。口径16厘米，底径6.8厘米，通高5.4厘米。（附图1-77）

78. 青瓷碗：编号07XJDP标本52，敞口，尖圆唇，斜腹微弧，矮圈足，内外

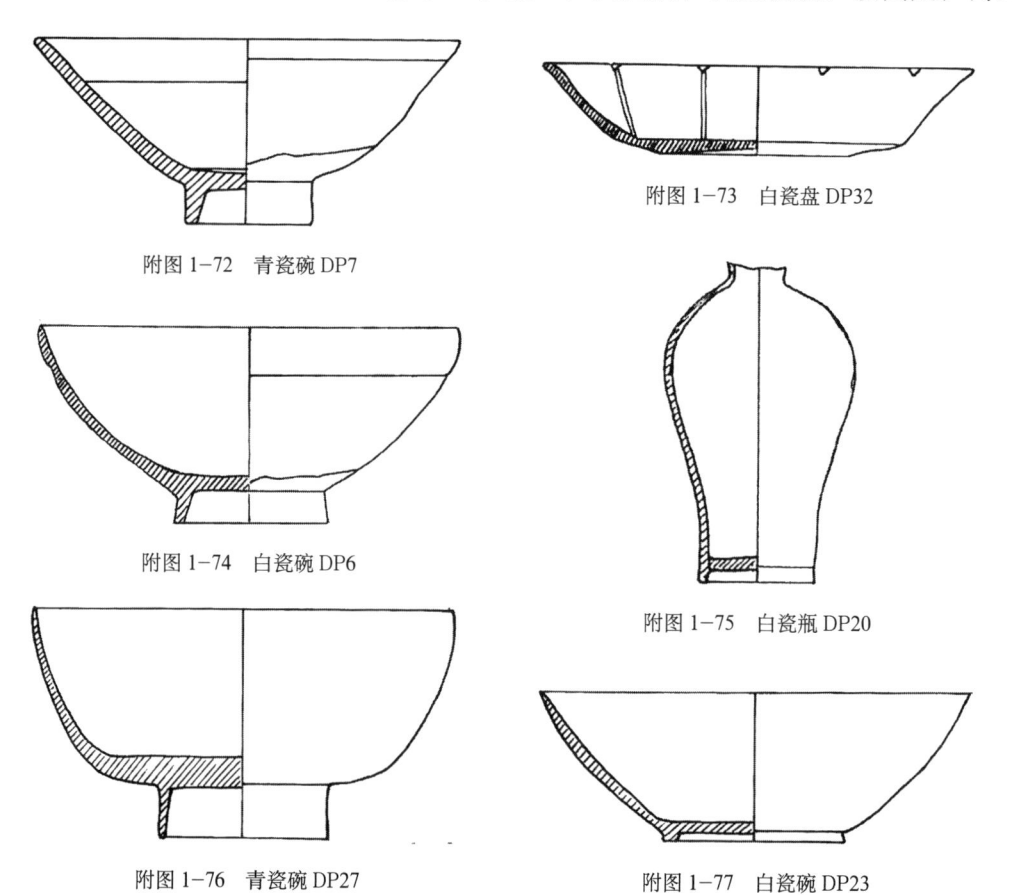

附图1-72　青瓷碗DP7

附图1-73　白瓷盘DP32

附图1-74　白瓷碗DP6

附图1-75　白瓷瓶DP20

附图1-76　青瓷碗DP27

附图1-77　白瓷碗DP23

均施青釉，外饰三道凹弦纹、数组刻画纹，内壁饰两道凹弦纹、四道刻画鸟纹图案。口径16.4厘米，底径5.2厘米，高6.7厘米。（附图1-78）

79. 青瓷灯：编号07XJDP标本60，敞口，上置灯碗，下置喇叭状圈足。口径8.4厘米，底径10厘米，高（残）12厘米。（附图1-79）

80. 青瓷碗：编号07XJDP标本12，敞口，尖圆唇，弧腹，圈足，口部内外无釉。口径11.8厘米，底径3.6厘米，高5厘米。（附图1-80）

81. 黑瓷碗：编号07XJDP标本19，敞口，圆唇，弧腹，圈足，足以上施釉。口径11.4厘米，底径4厘米，高5.2厘米。（附图1-81）

82. 青瓷盏：编号07XJDP标本54，敞口，圆唇，斜腹，小圈足，通身内外施釉。口径12厘米，底径3.7厘米，高5厘米。（附图1-82）

83. 黑瓷碗：编号07XJDP标本58，葵口，尖圆唇，弧腹，高圈足，圈足以上施黑釉。口径12厘米，底径4.4厘米，高6.2厘米。（附图1-83）

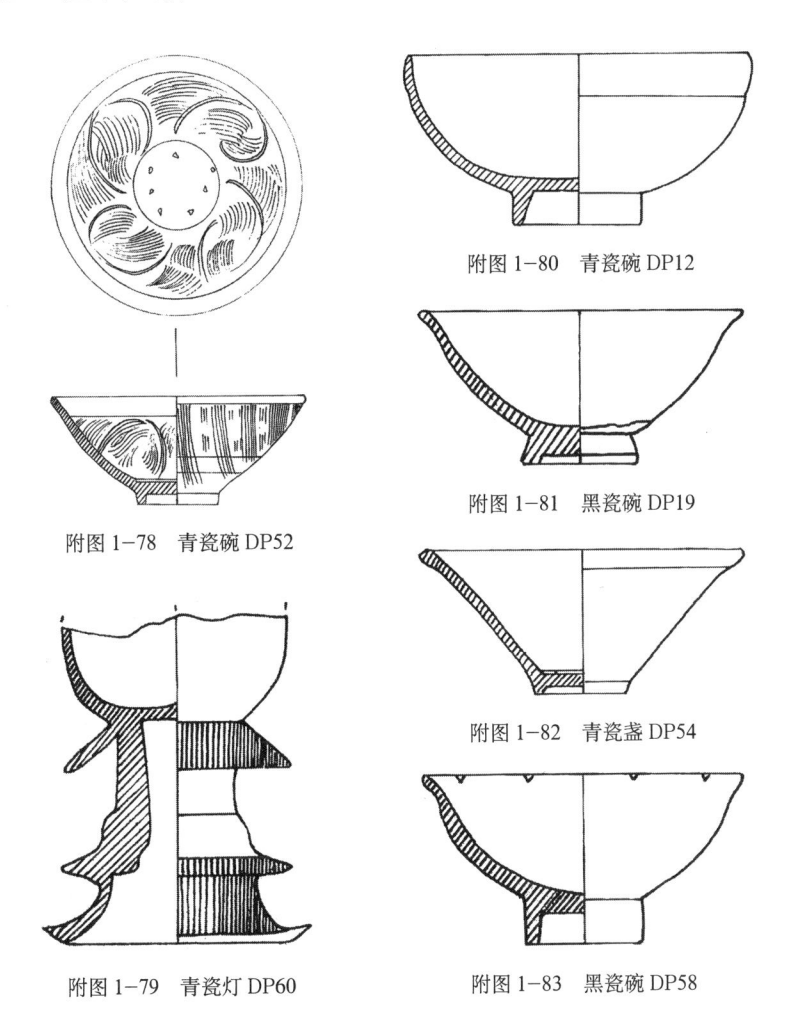

附图1-78　青瓷碗DP52

附图1-79　青瓷灯DP60

附图1-80　青瓷碗DP12

附图1-81　黑瓷碗DP19

附图1-82　青瓷盏DP54

附图1-83　黑瓷碗DP58

84. 青瓷碗：编号07XJDP标本62，敞口，圆唇，弧腹，圈足，外施全釉，内施釉至底部。口径14.4厘米，底径5.8厘米，高7.2厘米。（附图1-84）

85. 青瓷碗：编号07XJDP标本57，敞口，尖圆唇，弧腹，圈足，圈足以上部分施釉，有崩裂痕迹。口径14.4厘米，底径5.6厘米，高7.4厘米。（附图1-85）

86. 白瓷碗：编号07XJDP标本67，敞口，圆唇，斜腹，矮圈足，足以上施白釉。口径17厘米，底径6.6厘米，高6.8厘米。（附图1-86）

87. 青瓷碗：编号07XJDP标本12，敛口，尖圆唇，弧腹，圈足，唇下部有一周凹弦纹，圈足以上部分及内部均施青釉。口径15厘米，底径5.8厘米，高7.4厘米。（附图1-87）

88. 白瓷碗：编号07XJDP标本50，敞口，尖圆唇，弧腹，矮圈足，圈足以上部分施釉，腹部有刮削痕迹。口径16.2厘米，底径6.2厘米，高6.2厘米。（附图1-88）

89. 青瓷碗：编号07XJDP标本64，敞口，尖圆唇，弧腹，圈足，内外通身施釉，腹上部有崩裂痕。口径17厘米，底径7厘米，高8厘米。（附图1-89）

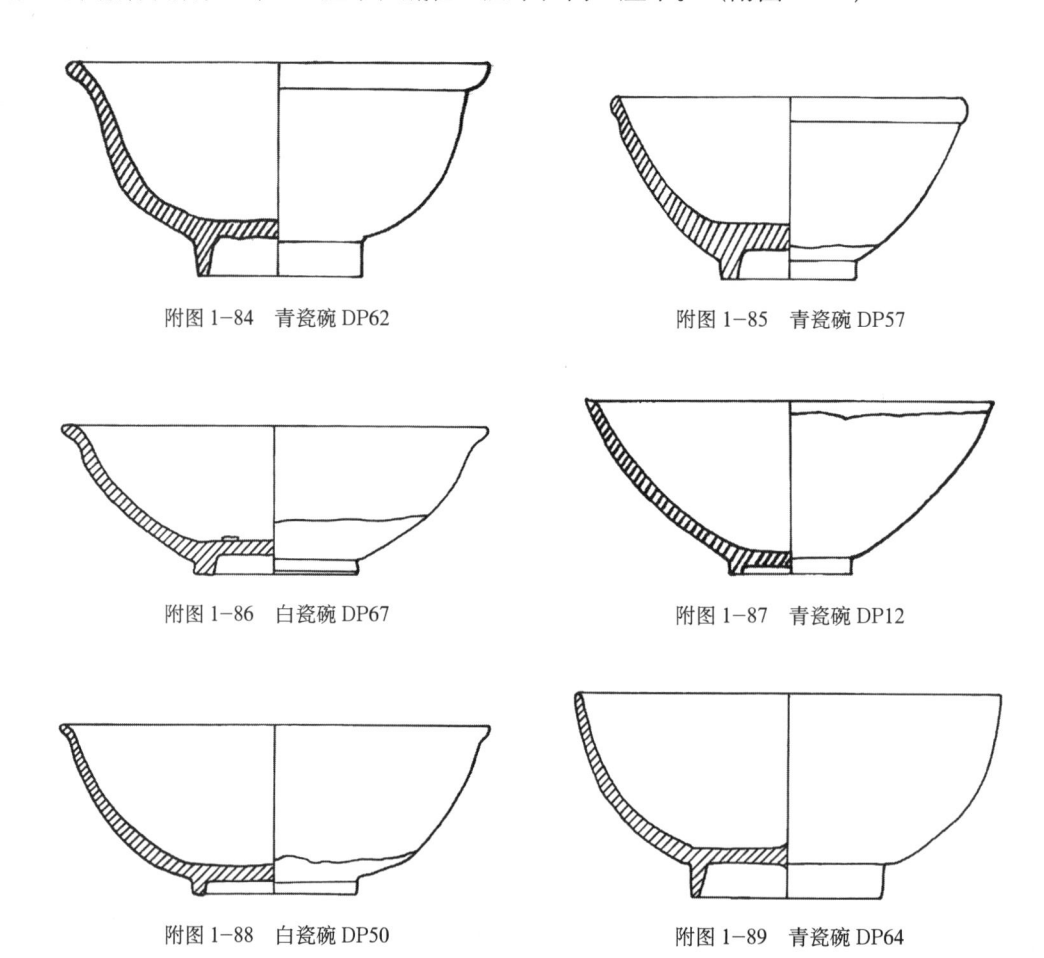

附图1-84　青瓷碗DP62

附图1-85　青瓷碗DP57

附图1-86　白瓷碗DP67

附图1-87　青瓷碗DP12

附图1-88　白瓷碗DP50

附图1-89　青瓷碗DP64

90. 青瓷碗：编号 07XJDP 标本 16，敞口，圆唇，弧腹，圈足，圈足以上施釉。口径 14.8 厘米，底径 6.2 厘米，高 6.6 厘米。（附图 1-90）

91. 黑瓷盏：编号 07XJDP 标本 10，敞口，圆唇，弧腹，假圈足，足以上部分施黑釉。口径 11.2 厘米，底径 3.4 厘米，高 4.8 厘米。（附图 1-91）

92. 青瓷瓶：编号 07XJDP 标本 43，鼓腹，圈足，内外施全釉，有崩裂痕。口径（残）6 厘米，腹径 7 厘米，底径 6 厘米，高 4.1 厘米。（附图 1-92）

93. 黑瓷碗：编号 07XJDP 标本 56，敞口微侈，尖圆唇，斜腹，圈足，足以上施黑釉和酱釉。口径 19.4 厘米，底径 5.4 厘米，高 8.4 厘米。（附图 1-93）

94. 青瓷碗：编号 07XJDP 标本 22，敞口，斜腹，圈足，内满施青釉，外施半青釉。口径 16 厘米，底径 5.8 厘米，通高 6.5 厘米。（附图 1-94）

95. 瓷盘：编号 07XJDP 标本 15，敞口微侈，斜腹，矮圈足，内满施青釉，外施半青釉。口径 9 厘米，底径 4.2 厘米，通高 3.5 厘米。（附图 1-95）

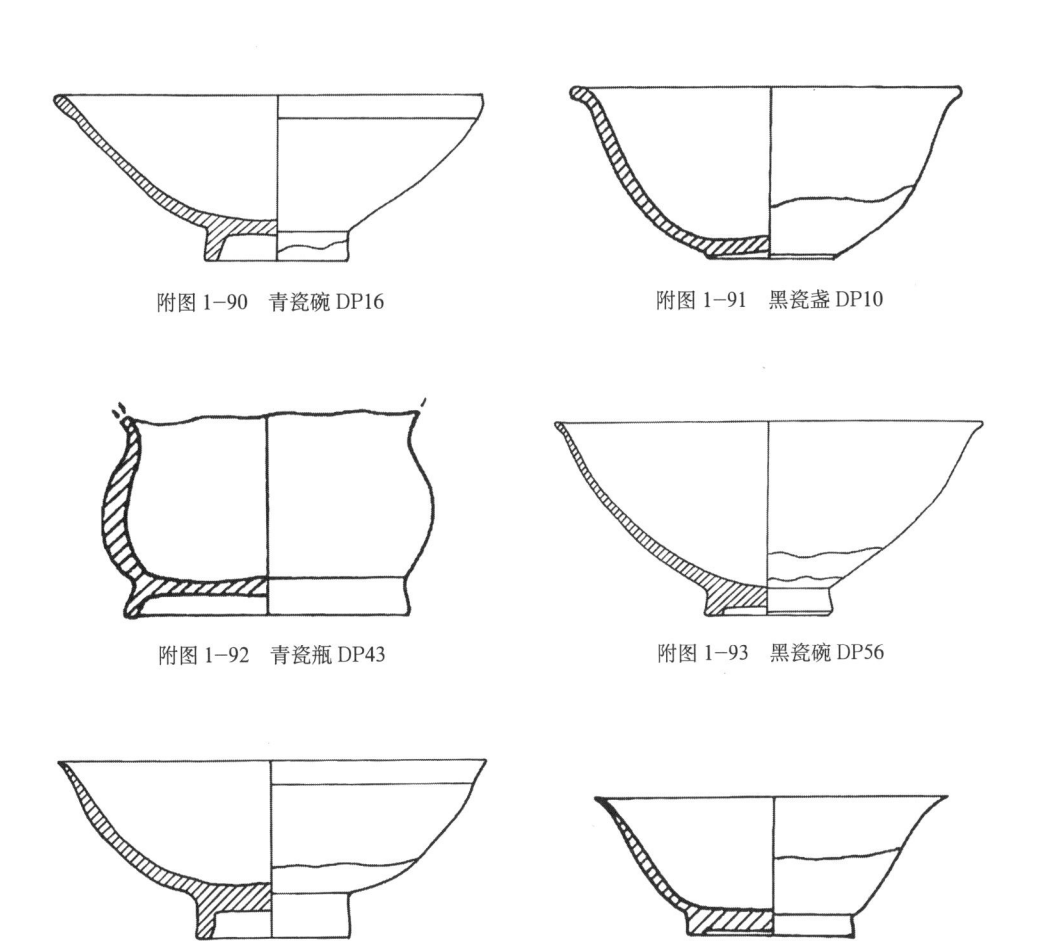

附图 1-90　青瓷碗 DP16

附图 1-91　黑瓷盏 DP10

附图 1-92　青瓷瓶 DP43

附图 1-93　黑瓷碗 DP56

附图 1-94　青瓷碗 DP22

附图 1-95　瓷盘 DP15

96. 青瓷盏：编号 07XJDP 标本 24，敞口，尖唇，斜腹，圈足，内外满施青釉。口径 11 厘米，底径 3.4 厘米，通高 4.5 厘米。（附图 1-96）

97. 瓷盏：编号 07XJDP 标本 21，敞口，圆唇，斜腹微弧，实圈足，褐红粗胎，内部施酱黄釉。口径 11 厘米，底径 5.5 厘米，通高 3 厘米。（附图 1-97）

98. 青瓷盏：编号 07XJDP 标本 41，敞口，圆唇，斜腹，圈足，通身内外均施青釉。口径 12 厘米，底径 3.2 厘米，高 5.2 厘米。（附图 1-98）

99. 青瓷碗：编号 07XJDP 标本 55，敞口，圆唇，弧腹，圈足，内饰两道凹弦纹，施全釉，下腹部以上部分施釉，并且有数道刮削痕。口径 15.4 厘米，底径 5.8 厘米，高 6.6 厘米。（附图 1-99）

100. 青瓷碗：编号 07XJDP 标本 42，敞口，尖圆唇，弧腹，圈足（已残），内外通身施青釉，有崩裂痕迹。口径 17.4 厘米，底径 5.2 厘米，高 7.4 厘米。（附图 1-100）

101. 白瓷碗：编号 07XJDP 标本 51，敞口，圆唇，弧腹，圈足，圈足以上及内部施全釉。口径 11.6 厘米，底径 4 厘米，高 5.2 厘米。（附图 1-101）

102. 青瓷碗：编号 07XJDP 标本 49，敞口，尖圆唇，斜腹，矮圈足，内外通身施青釉，碗内底饰凹弦纹一周。口径 19.2 厘米，底径 6.6 厘米，高 6.4 厘米。（附图 1-102）

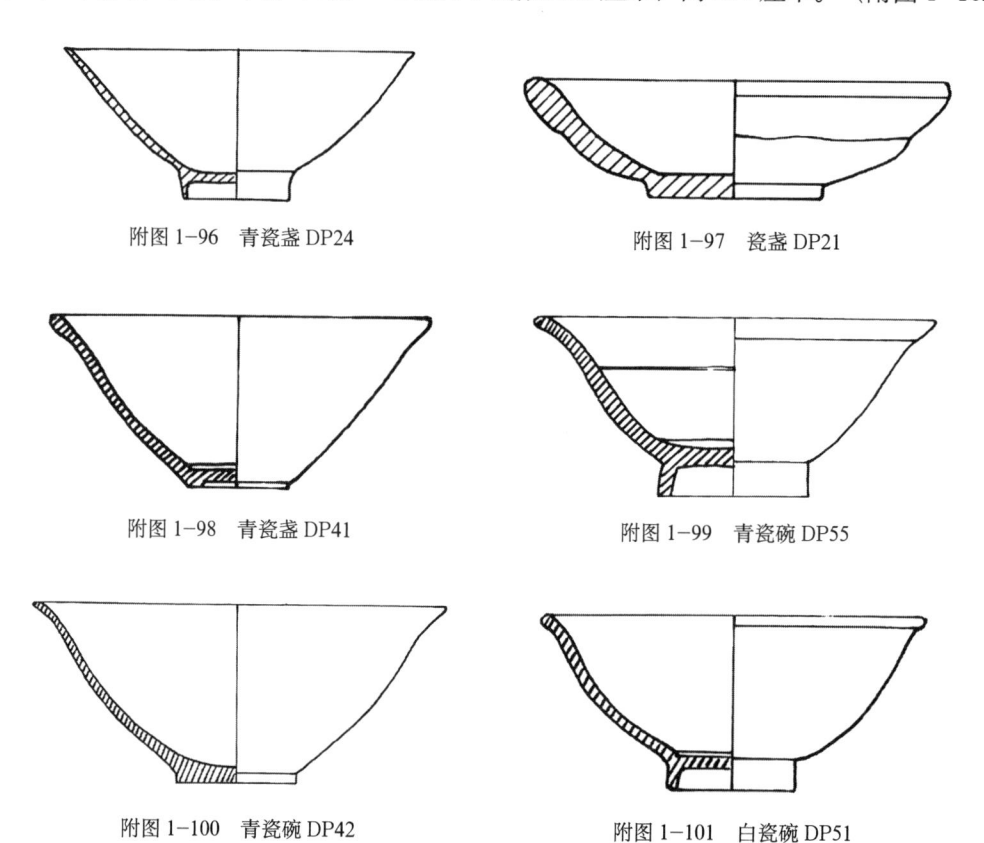

附图 1-96　青瓷盏 DP24

附图 1-97　瓷盏 DP21

附图 1-98　青瓷盏 DP41

附图 1-99　青瓷碗 DP55

附图 1-100　青瓷碗 DP42

附图 1-101　白瓷碗 DP51

103. 青瓷碗：编号 07XJDP 标本 61，葵口，尖圆唇，弧腹，高圈足，通身内外均施青釉。口径 5.4 厘米，底径 4.2 厘米，高 5.6 厘米。（附图 1-103）

104. 酱釉罐：编号 07XJDP 标本 68，敛口，尖唇，上腹部略斜，下腹圆弧至底部，内有数道螺旋纹，平底，底以上部分施酱釉。口径 2.8 厘米，底径 3.4 厘米，高度 4.8 厘米。（附图 1-104）

105. 单扳单鋬青瓷壶：编号 07XJDP 标本 30，侈口，尖圆唇，长颈，颈肩明显，溜肩最大直径居中，下腹饰三周凹弦纹，底部设有假圈足，肩部以下至底部周壁有六道上下刻画纹，壶内外通身施青釉，在壶的左、右两肩部饰有鋬和把柄。口径 6.4 厘米，腹径 14.6 厘米，底径 6.8 厘米，高 22.7 厘米。（附图 1-105）

106. 单扳带鋬双系青釉壶：编号 07XJDP 标本 69，敞口，圆唇微沿，长颈，肩腹明显，肩部饰双桥耳，圆肩，肩部饰有一周凹弦纹，肩部一侧为鋬，另一侧饰把柄（已残），最大径居中，下腹斜收，假圈足略内凹。上身施褐釉，下施青灰釉，施釉粗糙。口径 7.8 厘米，腹径 17.2 厘米，底径 6.6 厘米，高 21.4 厘米。（附图 1-106）

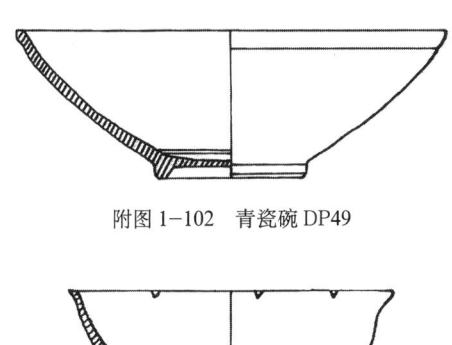

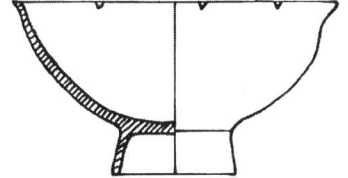

附图 1-102　青瓷碗 DP49

附图 1-103　青瓷碗 DP61

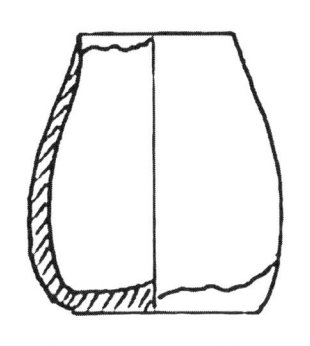

附图 1-104　酱釉罐 DP68

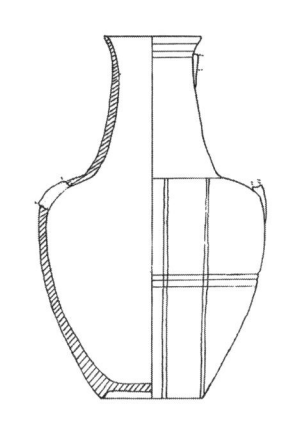

附图 1-105　单扳单鋬青瓷壶 DP30

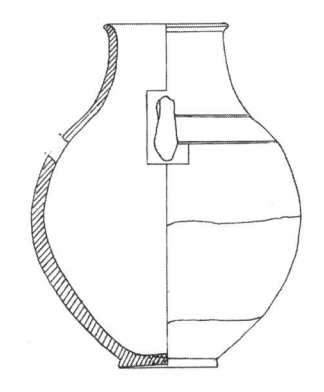

附图 1-106　单扳带鋬双系青釉壶 DP69

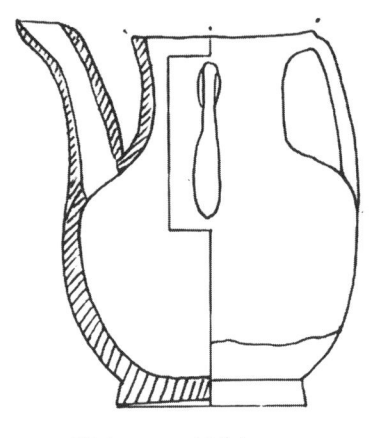

107. 黑釉壶：编号 07XJDP 标本 68，口残，长颈，圆肩，鼓腹，假圈足，足底微凹。下腹以上施黑釉，颈肩处施双耳，并施鋬嘴和手柄。底径 5.6 厘米，腹径 8.2 厘米，残高 10.4 厘米。（附图 1-107）

108. 白地黑花瓷瓮：编号 XJZ01，中口，直领，鼓腹最大径靠肩部，平底。白地黑花，肩部及近底处饰两周水波纹，腹部饰马首凤身和云气图案，两组图案间绘仙山，图案下部为水波纹，上部绘直线纹和三角纹，保存完整。口径 18.2 厘米，腹径 39 厘米，底径 18 厘米，通高 34 厘米。（附图版 1-1）

附图 1-107　黑釉壶 DP68

109. "婴戏"白瓷枕：编号 XJZ02，枕面长圆形，通体施白釉，枕面饰二婴儿相向嬉戏图案，器形完整。枕面长 18.8 厘米，宽 13.2 厘米，高 7.4～8.4 厘米。（附图版 1-2）

附图版 1-1　白地黑花瓷瓮 　　　　　附图版 1-2　"婴戏"白瓷枕

二、其他文物

1. 釉陶缸：标本 65，敛口，尖圆唇，肩部以上饰数道凹弦纹，内外均施黄釉。内口径 39 厘米，内沿宽 3.6 厘米，残高 13 厘米。

2. 釉陶罐：标本 48，圆唇，圈沿，弧肩，鼓腹，腹部以下斜收，平底微凹，唇下饰双孔，肩部饰一道凹弦纹，并饰两耳（已残缺），腹部以下部分未施釉。口径 13.6 厘米，底径 12 厘米，腹径 18.8 厘米，高 23.6 厘米。

3. 铁锚：编号XJZ04，四齿钩，上部吊一铁环，一齿尖残缺。通高137厘米。（附图版1-3）

4. 耖石2件：编号XJZ05、XJZ06，形状、大小相近。平面近扇形，红砂岩质，由于在河内长期受河水冲刷，表面凹凸不平，一端有系绳的穿孔。其中，XJZ05长56厘米，宽48厘米，厚9～16厘米；XJZ06长46厘米，宽42厘米，厚7～9厘米。（附图版1-4）

5. 木船板2件：编号XJZ07、XJZ08，长条形薄板，木质。其中XJZ07长220厘米，宽20厘米，厚3厘米；XJZ08长105厘米，宽16厘米，厚2厘米。（附图版1-5）

6. 唐宋钱币48枚：皇宋通宝7枚，建炎通宝1枚，开元通宝1枚，元祐通宝6枚，熙宁元宝8枚，圣宋元宝1枚，政和通宝3枚，至和通宝1枚，绍圣元宝1枚，元丰通宝3枚，祥符元宝2枚，大观通宝4枚，治平元宝10枚。

附图版1-3 铁锚

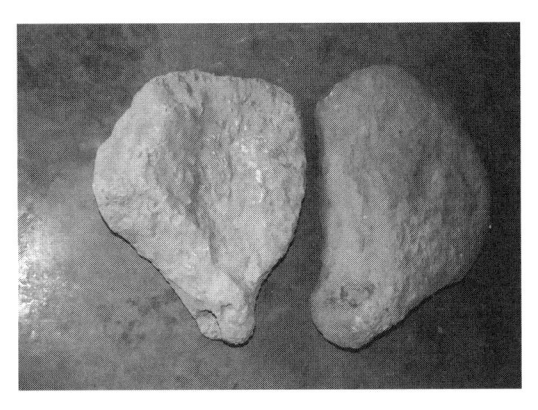

附图版1-4 耖石

附图版1-5 木船板

附录二 大运河文献资料选录

从秦汉鸿沟以来，关于运河的文献记载丰富，有关于挖凿的，有关于航运的，有关于河道疏浚治理的，等等，选录如下。

一、关于运河开凿的文献资料

《汉书·沟洫志》（卷二十九）："自是之后，荥阳下引河东南为鸿沟，以通宋、郑、陈、蔡、曹、卫，与济、汝、淮、泗会。"

《隋书·炀帝纪上》（卷三）：大业元年三月"辛亥，发河南诸郡男女百余万，开通济渠，自西苑引谷、洛水达于河，自板渚引河通于淮"。

《水经注疏》："汳，《后汉书·明帝纪》作汴。盖后人避反字，变从下，而至今相沿不改矣。"

《元和郡县志》："自洛阳西苑引谷洛水达于河，自板渚引河入汴口，又从大梁之东引汴水入于泗，达于淮，自江都宫入于海。亦谓之御河。河畔筑御道，树之以柳。"

《太平寰宇记·开封县》（卷一）："通济渠在县南二里，隋大业元年，以汴水迂曲，回复稍难，自大梁城西凿渠，引汴水入，号通济渠。"

后蜀何光远《鉴戒录·亡国音》："炀帝将幸江都，开汴河，种柳，至今号曰'隋堤'。"

《大清一统志》：（隋堤）"在商邱县旧城外三里，东径夏邑、永城二县，即汴河故道，隋时所筑。"

清人胡渭《禹贡锥指》（卷十五）："汳水，《汉志》作卞水，《说文》作汳，后人恶反字，因改为汴。"

《铜山县志·山川考》（卷十三）："汴河，自萧县入境，至城北合故泗，古名获水。"

《嘉靖夏邑县志·地理志》（卷一）："堤三，曰隋堤县南三十里西连汴道，东接大丘，隋炀帝所筑。"

民国9年《夏邑县志·地理志·古迹》（卷一）："隋堤烟柳，县南三十里。炀帝大业元年所筑。遍树杨柳，俯映碧流，破晓烟凝，苍翠欲滴。"

《夏邑县地名词条选编》："济阳集，北依大金沟，南北朝时建村，因位于通济渠之阳，故名。"

《开封府志·汴河》（卷五）："隋大业元年，开通济渠，自板渚引河，历荥泽入汴，又自大梁之东，引汴水入泗，达于淮。渠广四十步，渠旁皆筑御道，树以柳，名曰隋堤，一曰汴堤。宋定都汴梁，汴水穿都中，有上水门、下水门，岁漕江、淮、浙、湖之粟六百万石达京师。常至决溢，设官司之。元至元二十七年，黄河决，始淤塞。旧府治南有汴梁故迹，即其地也。"

二、关于河道疏浚治理的文献资料

《后汉书·循吏列传·王景》（卷七十六）："平帝时，河、汴决坏，未及得修。……永平十二年，议修汴渠……明年夏，渠成。"

《后汉书·显宗孝明帝纪》（卷二）："自汴渠决败，六十余岁……今既筑堤理渠，绝水立门，河、汴分流，复其旧迹。"

《旧唐书·食货志下》（卷四十九）："（开元）十五年正月，令将作大匠范安及……发河南府、怀、郑、汴、滑三万人疏决开旧河口，旬日而毕。""广德二年正月……（刘）晏以检校户部尚书为河南及江淮已来转运使，及与河南副元帅计会，开决汴河。"

《旧唐书·刘晏列传》（卷一百二十三）："河、汴有初，不修则毁淀，故每年正月发近县丁男，塞长茭，决沮淤，清明桃花已后，远水自然安流。"

《宋史·食货志上三·漕运》（卷一百七十五）："靖康初，汴河决口有至百步者，塞之，工久未讫，干涸月余，网运不通，南京及京师皆乏粮。"

《宋史·五行志一上》（卷六十一）：开宝"四年六月，汴水决宋州谷熟县济阳镇"。

《宋史·河渠志三·汴河上》（卷九十三）："（大中祥符八年）八月，太常少卿马元方请浚汴河中流，阔五丈，深五尺，可省修堤之费。即诏遣使计度修浚。"

《资治通鉴·唐纪三十九》（卷二百二十三）：代宗广德二年（764）"自丧乱以来，汴水埋废……晏乃疏浚汴水"。

《资治通鉴·后周纪五》（卷二百九十四）：世宗显德五年（958）三月，"浚汴口，导河流，达于淮，于是江淮舟楫始通"。

沈括《梦溪笔谈》（卷二十五）："国朝汴渠，发京畿辅郡三十余县夫岁一浚。祥符中，阁门祗候使臣谢德权领治京畿沟洫，权借浚汴夫。自尔后三岁一浚，始令京畿民官皆兼沟洫河道，久为常职。久之治沟洫之工渐弛，邑官徒带空名，而汴渠有二十年不浚，岁岁埋淀。……自汴流埋淀，京城东水门下至雍丘、襄邑，河底皆高出堤外平地一丈二尺余，自汴堤下瞰民居，如在深谷。熙宁中，议改疏洛水入汴。"

清乾隆十九年《归德府志》引《宋史·五行志》：开宝"四年六月，汴水决宋州谷熟县济阳镇"。

《归德府志·河防》（卷十四）："汴河在府城门南五里，或曰即浪荡渠，元至元中淤。嘉靖中曾疏之，今复成平陆矣。"

清代光绪年间何庆钊等修撰的《宿州志·舆地志》（卷三）："泰定帝泰定元年，汴水复于徐州与泗水合流，至清口入淮，原流经宿州城的汴水湮没，埇桥由此废。"

三、关于航运的文献资料

《隋书·食货志》（卷二十四）："往江南诸州采大木，引至东都。所经州县，递送往返，首尾相属，不绝者千里……造龙舟凤舸，黄龙赤舰，楼船篾舫。募诸水工，谓之殿脚，衣锦行縢，执青丝缆挽船，以幸江都。"

《新唐书·食货志三》（卷五十三）："开元初，河南尹李杰为水陆运使，运米岁二百五十万石。"

《旧唐书·食货志下》（卷四十九）："（开元）十八年，宣州刺史裴耀卿上便宜事条曰：……窃见每州所送租及庸调等，本州正二月上道，至扬州入斗门，即逢水浅，已有阻碍，须留一月已上。至四月已后，始渡淮入汴，多属汴河干浅，又般运停留，至六七月始至河口，即逢黄河水涨，不得入河。又须停一两月，待河水小，始得上河。"

《宋史·河渠志三》（卷九十三）："唯汴水横亘中国，首承大河，漕引江、湖，利尽南海，半天下之财赋，并山泽之百货，悉由此路而进。"

《宋史·食货志上三·漕运》（卷一百七十五）："宋都大梁，有四河以通漕运：曰汴河，曰黄河，曰惠民河（即蔡河），曰广济河，而汴河所漕为多。……开宝五年，率汴、蔡两河公私船，运江、淮米数十万石以给兵食。是时京师岁费有限，漕事尚简。至太平兴国初，两浙既献地，岁运米四百万石。……先是，四河所运未有定制，太平兴国六年，汴河岁运江、淮米三百万石，菽一百万石；黄河粟五十万石，菽三十万石；惠民河粟四十万石，菽二十万石；广济河粟十二万石；凡五百五十万石。非水旱蠲放民租，未尝不及其数。至道初，汴河运米五百八十万石。大中祥符初，至七百万石。"又说："江南、淮南、两浙、荆湖路租籴，于真、扬、楚、泗州置仓受纳，分调舟船溯流入汴，以达京师。"

唐李翱《来南录》：元和四年（809），正月"庚子（廿三日），出洛，下河，止汴梁口，遂泛汴流，通河于淮。辛丑（廿四日），及河阴。乙巳（廿八日），次汴州。……二月丁未（初一）朔，宿陈留。戊申（初二）……宿雍丘。己酉（初三），次宋州。……壬子（初六），至永城。……丙辰（初十），次泗州，见刺史，假舟转淮，上河如扬州。庚申（十四日），下汴渠入淮……。壬戌（十六日），至楚州。丁卯（廿一日），至扬州"。

《通典·漕运》（卷十）："天宝中，每岁水陆运米二百五十万石入关。"

宋代周煇《北辕录》：正月"二十九日，盱眙置酒钱使介渡淮。午，至泗州津亭……少顷，联辔入城，夹道甲士执兵，直抵于馆"。"二月一日……（车行）六十里至临淮县，县有徐城……是日行循汴河，河水极浅，洺（疑当作汴）口即塞，理固应然。承平，漕江淮米六百万石，自扬子达京师（开封），不过四十日。五十年后（北宋亡于公元1127年，至此整五十年）乃成污渠，可寓一笑，隋堤之柳，无复仿佛矣。"

欧阳修《答圣俞》："汴渠千艘日上下，来及水门犹未知。五年不见劳梦寐，三日始往何其迟。"

北宋邵伯温《邵氏闻见录》："开宝末，议迁都于洛，晋王言：京师屯兵百万，全借汴渠，漕运东南之物赡养之。若迁都于洛，恐水运艰阻，阙于军储。"

南宋王应麟《玉海·漕运》（卷一百八十二）："景德三年，江淮漕米增至六百万。祥符二年四月壬辰，江淮发运李溥言：江淮廪粟，除留州约支三年外，当上供者，凡一千三百余万石；每岁水运止五百万，今岁及七百万，望少损其数。"

南宋楼钥《北行日录》："自离泗州，循汴而行，至此河益堙塞，几与岸平，车马皆由其中，亦有作屋其上。"

《河南通志·河防一》："汴河源出荥阳大周山，合京、索、须、郑四水东南流，即《禹贡》之灉水，春秋时谓之邲水。宣公十三年，晋楚之战，楚军邲，即是水也。秦汉曰鸿沟，《汉志》谓之蒗荡渠。明帝遣王景、王吴修筑，亦曰荥阳漕渠，又名阴沟。《元和志》：开渠以通淮泗，岁久复湮。晋末刘裕灭秦，发长安，自洛入河，开汴渠而归，后复湮。隋大业初更开之，名通济渠，西通河济，南达江淮，唐天宝后复湮。至广德二年，乃命刘晏开汴水以通运，唐末溃坏。周显德二年谋伐唐，乃因故堤而疏导之，五年浚汴口达淮，江淮舟楫始通。六年又自大梁城东导汴入蔡水，又导汴入五丈渠。宋建隆三年，导索水自旃然与须水合，入于汴，谓之金冰（水）河。嘉祐六年自南京都门三百里修狭河木岸扼束水势，人以为便。熙宁八年，自汜水之任村沙口至河阴之瓦亭子，达汴口接运河，长五十一里。两岸为堤，长一百三里，自是汴洛通流。张方平曰：国初浚河渠三道，以供漕运。定例汴河六百万石，广济六十二万石，惠民六十万石。故汴河于漕至重，非区区水利比也。今考汴河故道，自河阴县东北广武山涧中东南流，过阳武、中牟至开封府城南东流，过陈留、杞县北，又东过睢州北、考城县南、宁陵县北，东经归德府城南。隋以前，自归德府界东北流，达虞城、夏邑，北入江南徐州界……南至徐州北合于泗。隋以后，则由归德府境东南流达夏邑、永城，南而入凤阳府宿州界，东南流经灵璧、虹县，南至泗州两城间，而合于淮。宋时，东南漕运大都由汴以达畿邑，故汴河经理为详。南迁以后，不资于汴，故汴河日就湮废。金虽都汴而周章匆遽，亦欲经理漕渠，自泗通汴，而未遑也。洪武六年议浚汴河而中格，自是陵谷变迁，中牟以东汴河不复续矣。"

附录三　关于运河的古诗词选编

挽舟者歌

〔隋〕无名氏

我儿征辽东，饿死青山下。

今我挽龙舟，又困隋堤道。

方今天下饥，路粮无些小。

前去三十程，此身安可保！

寒骨枕荒沙，幽魂泣烟草。

悲损门内妻，望断吾家老。

安得义勇儿，烂此无主尸。

引其孤魂回，负其白骨归！

泛龙舟

〔隋〕杨广

舳舻千里泛归舟，言旋旧镇下扬州。

借问扬州在何处，淮南江北海西头。

六辔暂停御百丈，暂罢开山歌棹讴。

讵似江东掌间地，独自称言鉴里游。

春池柳

〔唐〕李世民

年柳变池台，隋堤曲直回。

逐浪丝阴去，迎风带影来。

疏黄一鸟弄，半翠几眉开。

萦雪临春岸，参差间早梅。

隋堤柳
〔唐〕白居易

隋堤柳，岁久年深尽衰朽。

风飘飘兮雨萧萧，三株两株汴河口。

老枝病叶愁杀人，曾经大业年中春。

大业年中炀天子，种柳成行夹流水。

西自黄河东至淮，绿阴一千三百里。

大业末年春暮月，柳色如烟絮如雪。

南幸江都恣佚游，应将此柳系龙舟。

紫髯郎将护锦缆，青娥御史直迷楼。

海内财力此时竭，舟中歌笑何日休。

上荒下困势不久，宗社之危如缀旒。

炀天子，自言福祚长无穷，岂知皇子封酆公？

龙舟未过彭城阁，义旗已入长安宫。

萧墙祸生人事变，晏驾不得归秦中。

土坟数尺何处葬？吴公台下多悲风。

二百年来汴河路，沙草和烟朝复暮。

后王何以鉴前王？请看隋堤亡国树。

汴河直进船
〔唐〕李敬方

汴水通淮利最多，生人为害亦相和。

东南四十三州地，取尽脂膏是此河。

汴河怀古
〔唐〕杜牧

锦缆龙舟隋炀帝，平台复道汉梁王。

游人闲起前朝念，折柳孤吟断杀肠。

汴堤柳

〔唐〕王泠然

隋家天子忆扬州,厌坐深宫傍海游。
穿地凿山开御路,鸣笳叠鼓泛清流。
流从巩北分河口,直到淮南种官柳。
功成力尽人旋亡,代谢年移树空有。
当时彩女侍君王,绣帐旌门对柳行。
青叶交垂连幔色,白花飞度染衣香。
今日摧残何用道,数里曾无一枝好。
驿骑征帆损更多,山精野魅藏应老。
凉风八月露为霜,日夜孤舟入帝乡。
河畔时时闻木落,客中无不泪沾裳。

汴河怀古

〔唐〕皮日休

（一）

万艘龙舸绿丝间,载到扬州尽不还。
应是天教开汴水,一千余里地无山。

（二）

尽道隋亡为此河,至今千里赖通波。
若无水殿龙舟事,共禹论功不较多。

汴河曲

〔唐〕李益

汴水东流无限春,隋家宫阙已成尘。
行人莫上长堤望,风起杨花愁杀人。

隋堤

〔唐〕秦韬玉

种柳开河为胜游,堤前常使路人愁。
阴埋野色万条思,翠束寒声千里秋。
西日至今悲兔苑,东坡终不反龙舟。

远山应见繁华事，不语青青对水流。

梁园吟
〔唐〕李白

我浮黄河去京阙，挂席欲进波连山。
天长水阔厌远涉，访古始及平台间。
平台为客忧思多，对酒遂作梁园歌。
却忆蓬池阮公咏，因吟渌水扬洪波。
洪波浩荡迷旧国，路远西归安可得！
人生达命岂暇愁，且饮美酒登高楼。
平头奴子摇大扇，五月不热疑清秋。
玉盘杨梅为君设，吴盐如花皎白雪。
持盐把酒但饮之，莫学夷齐事高洁。
昔人豪贵信陵君，今人耕种信陵坟。
荒城虚照碧山月，古木尽入苍梧云。
梁王宫阙今安在？枚马先归不相待。
舞影歌声散绿池，空余汴水东流海。
沉吟此事泪满衣，黄金买醉未能归。
连呼五白行六博，分曹赌酒酣驰辉。
歌且谣，意方远。
东山高卧时起来，欲济苍生未应晚。

汴水
〔唐〕胡曾

千里长河一旦开，亡隋波浪九天来。
锦帆未落干戈起，惆怅龙舟更不回。

汴河览古
〔唐〕徐凝

炀帝龙舟向此行，三千宫女采桡轻。
渡河不似如今唱，为是杨家怨思声。

汴河
〔唐〕罗邺

炀帝开河鬼亦悲,生民不独力空疲。
至今呜咽东流水,似向清平怨昔时。

汴河
〔唐〕汪遵

隋皇意欲泛龙舟,千里昆仑水别流。
还待春风锦帆暖,柳阴相送到迷楼。

隋堤怀古
〔唐〕张祜

隋季穷兵复浚川,自为猛虎可周旋。
锦帆东去不归日,汴水西来无尽年。
本欲山河传百二,谁知钟鼎已三千。
那堪重问江都事,回望空悲绿树烟。

题永城驿
〔唐〕姚合

秋赋春还计尽违,自知身是拙求知。
惟思旷海无休日,却喜孤舟似去时。
连浦一程兼汴宋,夹堤千柳杂唐隋。
从来此恨皆前达,敢负吾君作楚词。

汴河亭
〔唐〕许浑

广陵花盛帝东游,先劈昆仑一派流。
百二禁兵辞象阙,三千宫女下龙舟。
凝云鼓震星辰动,拂浪旗开日月浮。
四海义师归有道,迷楼还似景阳楼。

江神子·恨别
〔宋〕苏轼

天涯流落思无穷。既相逢,却匆匆。携手佳人,和泪折残红。为问东风余几许?春纵在,与谁同? 隋堤三月水溶溶。背归鸿,去吴中。回首彭城,清泗与淮通。寄我相思千点泪,流不到,楚江东。

汴水
〔宋〕王安石

汴水无情日夜流,不肯为我少淹留。
相逢故人昨夜去,不知今日到何州。
州州人物不相似,处处蝉鸣令客愁。
可怜南北意不就,二十起家今白头。

夜泊宁陵
〔宋〕韩驹

汴水日驰三百里,扁舟东下更开帆。
旦辞杞国风微北,夜泊宁陵月正南。
老树挟霜鸣窣窣,寒花垂露落毵毵。
茫然不悟身何处,水色天光共蔚蓝。

睢州道中
〔元〕王恽

驰传北经梁孝苑,垂鞭东过宋襄城。
征人折尽隋堤柳,风卷枯蓬逐马行。

隋堤烟柳
〔明〕彭端吾

堤南堤北草茫茫,锦缆牙樯怨恨长。
水溢龙舟回日脚,秋清凤管咽雷塘。
芳烟碧树空亡国,绿袖红妆已断肠。
一代繁华悲往事,依依风雨怨垂杨。

过归德

〔明〕蔡汝楠

古树长堤护宋墟，重临故郡驻熊车。
山川宛记封题处，城戍悲闻战伐余。
抚事魴鱼今赤尾，采诗鸿雁未安居。
常怜花竹梁园路，靡暇闲行畏简书。

隋堤烟柳

〔明〕金山

炀帝巡游迹已陈，眼底烟柳几番新。
青迷娇眼犹相顾，绿惨愁眉尚未伸。
叶底鸦栖昏向夜，枝头莺语暗伤春。
繁华回首成惆怅，写作长歌泣鬼神。

文雅台

〔明〕雍焯

百代遗墟未泯茫，万年吾道日重光。
至人神话脱夷险，竖子狂迷肆陆梁。
西向汴堤垂柳翳，东流睢水野鸥翔。
我来吊古怀先哲，何处司城有故乡。

隋堤行

〔清〕张昉

睢阳城外踏花行，春满长堤连锦城。
城中车马香风过，轻荫芳草散歌声。
淑时景物真堪美，绿柳红桃映人面。
太平无处不欢洽，盛事年年长相见。
自从失计妖氛起，烽火连天横千里。
城郭已墟林木空，十室离散九家死。
只今日暮登高望，古冢累累浸野水。

隋堤

〔清〕叶增焕

睢阳城外古隋堤，古柳毵毵野鸟啼。
锦缆已随流水去，荒崖空逐断云低。
曾聆玉树歌声沸，忽见琼花辇路迷。
千古兴亡成一辙，中原极目草凄凄。

隋堤曲

〔清〕蒋孟尾

隋炀帝游扬州时筑。

杨花欲落阳春老，隋家天子太草草。
花爱如碗月如盆，占断风流忘昏晓。
扬州花绽园中烟，琼花不教春色阑。
翠华东指龙舟在，殿脚三千牵管弦。
日落雷塘蜀帐昏，玉钩斜兮罢承恩。
锦山秀水渺何处，一堤杨柳新莺语。

汴河新柳

〔清〕张柽

翠黛凝烟汴水滨，隋堤柳色一时新。
几经郇雨分余润，还比召棠占早春。
广籁低垂行子盖，嫩丝高挂钓矶纶。
喜看屏翰两河者，遍把浓阴覆下民。

隋堤

〔清〕贾开宗

隋家大业正承平，难令龙舟万里行。
撰记初来通异域，开河偶尔到芜城。
绿杨夹道浓荫合，殿脚牵风翠缆轻。
吴语东都欢未了，已传堠火遍西京。

梁园吟送四舍弟子万之商丘兼寄侯仲衡叔岱

〔清〕陈维嵋

别酒临清枫，孤蓬系寒渚。

送行为赋梁园吟，小弟漂流此间寓。

前日梁园来，今日梁园去。

梁园自古号繁华，画栋朱楼十万家。

隋炀堤上垂杨柳，小蒙城外牡丹花。

孝王折节延宾客，枚马当年擅文笔。

汴水东风啼早莺，平台积雪辉月明。

绮食雕盘日夜陈，清歌檀板遏行云。

可怜此事如流水，回首雄豪对夕曛。

弟行访古应嗟叹，况复离情隔乡县。

侯家伯仲盛才名，相逢寄语遥相念。

隋堤烟柳

〔清〕侯方域

隋家天子绿杨堤，万古春风野鸟啼。

几处吹箫云漠漠，经时拾翠草萋萋。

龙舟想象牙樯人，彩袖虚无簇仗齐。

寂寞荒城南向望，老人独自杖青藜。

隋堤

〔清〕陈履中

汴流中断失西东，千载荒堤绿柳中。

到底不知亡国事，至今犹诧锦帆风。

附录四 关于通济渠商丘夏邑段的补充材料

河南省文物局

（2013年9月24日）

通济渠商丘夏邑段所在的河南省商丘市夏邑县济阳镇有着悠久的历史和丰富的文化遗产。夏邑县在商代称栗，是甲骨文记载的最早的地名之一。[1]夏邑是孔子的祖籍、孔子祖先的采邑和孔姓的发源地，孔子的四代祖先均葬于夏邑孔子还乡祠北。夏邑县济阳镇西10千米为商代"亳"都谷熟，北5千米桑堌有商王成汤祷雨之"桑林"。汉代置栗侯国、建平侯国、祁乡侯国。隋唐大运河经县南济阳镇等3个乡镇。黄河故道经夏邑北境，与山东、安徽、江苏毗邻，傍于陇海铁路南侧，面积1481平方千米，现有人口120万，是"中国长寿之乡"。素有"襟带河淮，铃键宋徐，屏蔽中州"之称，是历史上兵家必争之战略要地，地理位置十分重要。近年来的考古发掘工作，进一步揭示了通济渠商丘夏邑段丰富的遗产价值。

一、有关夏邑县和济阳镇的文献

有关夏邑县和济阳镇的文献记载较多，现仅部分摘录。

1.《新唐书·卷三十八》

宋州睢阳郡，望。本梁郡，天宝元年更名。……县十。……下邑[2]，上。谷熟，上。隋末县民刘继叔据之，武德二年置南谷州，授以刺史，四年州废。

2.清《大清一统志》

（隋堤）在商邱县旧城外三里，东径夏邑、永城二县，即汴河故道，隋时所筑。

3.《归德府志》（清乾隆十九年）引《宋史·五行志》

开宝四年[3]六月，汴水决宋州谷熟县济阳镇[4]。

---

[1] 据郭沫若、陈梦家先生的考证。见《卜辞通纂》，甲骨片为612号；《殷虚卜辞综述》，第307页。

[2] 夏邑原称下邑，金章宗明昌二年（1191）改为夏邑。

[3] 即公元971年。

[4] 宋谷熟县治在今河南省虞城县西南部，时辖济阳镇，后几经变更，济阳镇今属夏邑县。

附图版 4-1 《新唐书》相关记载

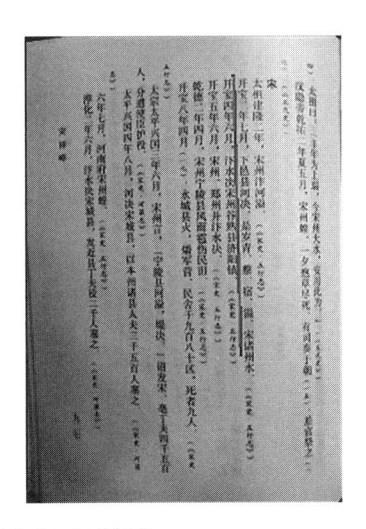

附图版 4-2 《归德府志》相关记载

4.《夏邑县志·大事记》

隋大业元年（605）

在县南 30 公里凿通济渠（北宋名汴河，金、元时期名汴水），积土而成"隋堤"，西连汴道，东接太丘（永城）。堤系隋时所筑，因名"隋堤"。时夹堤杨柳苍翠，昏晓凝烟，诱人向往，故"隋堤烟柳"在历史上被誉为夏邑十景之一。

北宋开宝四年（971）

六月，汴水决宋州谷熟县济阳镇（今夏邑县济阳镇）。

元（1279—1368）

谷熟县（今虞城县西南）废，并入夏邑，属归德府。

5. 明嘉靖《夏邑县志·地理志·卷之一·四》

乡六，曰大同乡、齐邑乡、济阳乡、长仁乡、会亭乡、归化乡。

堤三，曰隋堤县南三十里西连汴道，东接太丘，隋炀帝所筑。

景十，曰……隋堤烟柳县南三十里，炀帝时所筑，夹堤杨柳苍翠，昏晓凝烟尚存。

6. 清康熙《夏邑县志·卷二》

堤三，曰隋堤，县南三十里西连汴道，东接太丘，隋炀帝所筑。

7. 民国九年《夏邑县志·卷一·地理志·古迹》

隋堤烟柳，县南三十里。炀帝大业元年所筑。遍树杨柳，俯映碧流，破晓烟凝，苍翠欲滴。

8.《永城县志》（清光绪二十九年）

古汴河　隋以前，自归德府界东北流，达虞城、夏邑，南入永城通睢水。隋以后，则由归德府境东南直达夏邑、永城南而入会河，即隋堤沟，东南流经灵壁、虹县，南至泗州两城间，而合于淮。

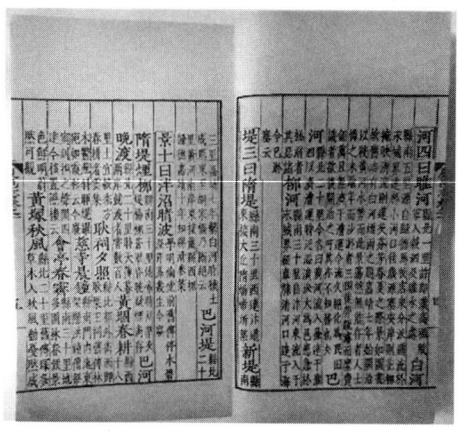

附图版 4-3　《夏邑县志》相关记载

二、有关夏邑县和济阳镇的地图

1. 清《康熙夏邑县志》夏邑县疆域图

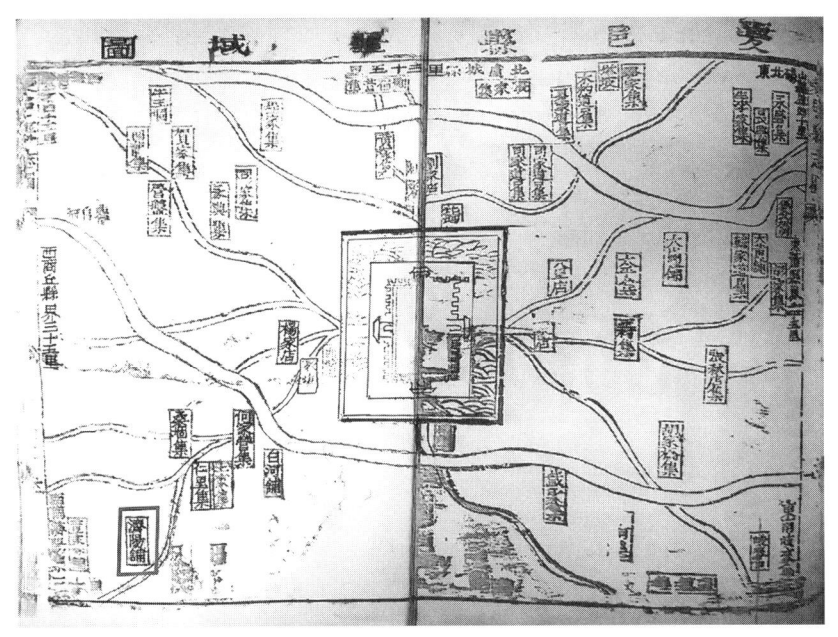

附图版 4-4　清《康熙夏邑县志》所载夏邑县疆域图

2.《归德府志》（清乾隆十九年）商丘县境图

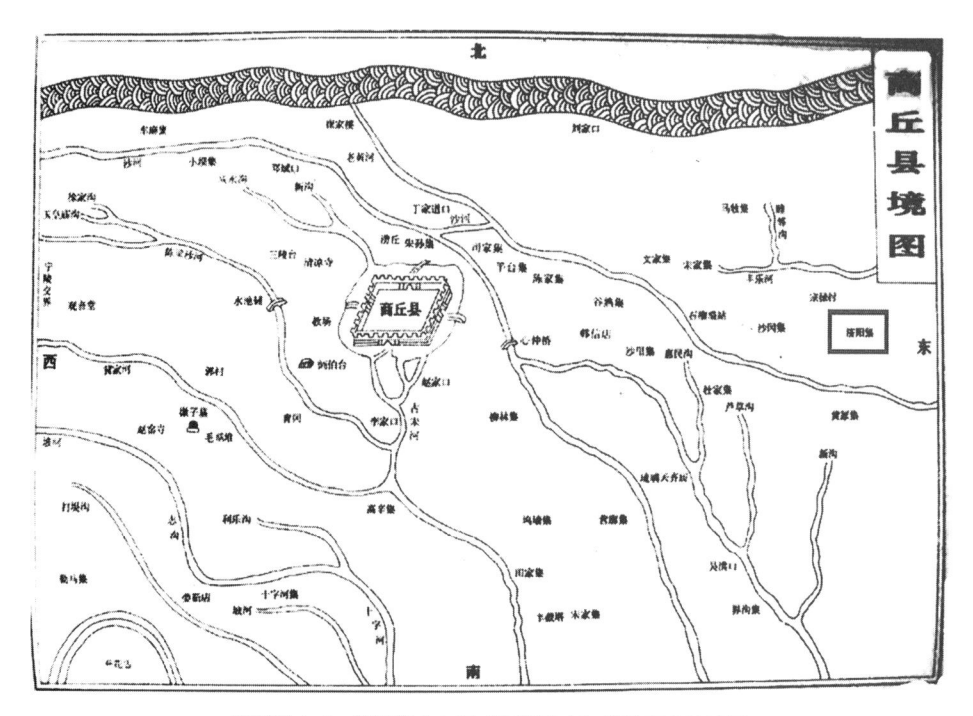

附图版 4-5　清乾隆十九年《归德府志》所载商丘县境图

3. 谭其骧主编《中国历史地图集》（唐·宋·五代十国）

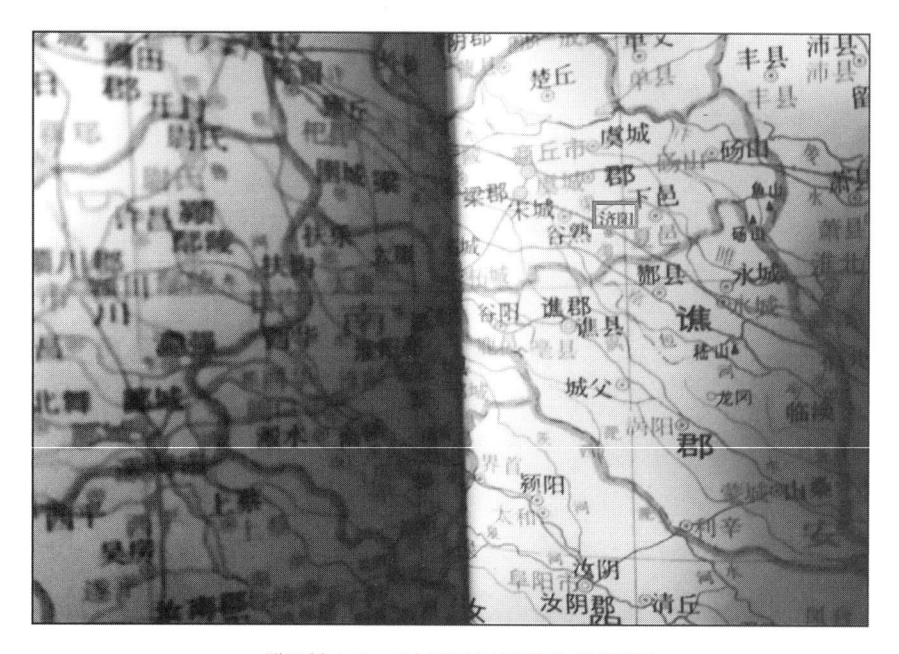

附图版 4-6　《中国历史地图集》相关地图

4. 宋代汴河行经路线试考（载《水利史研究会成立大会论文集》，水利电力出版社 1984 年版）

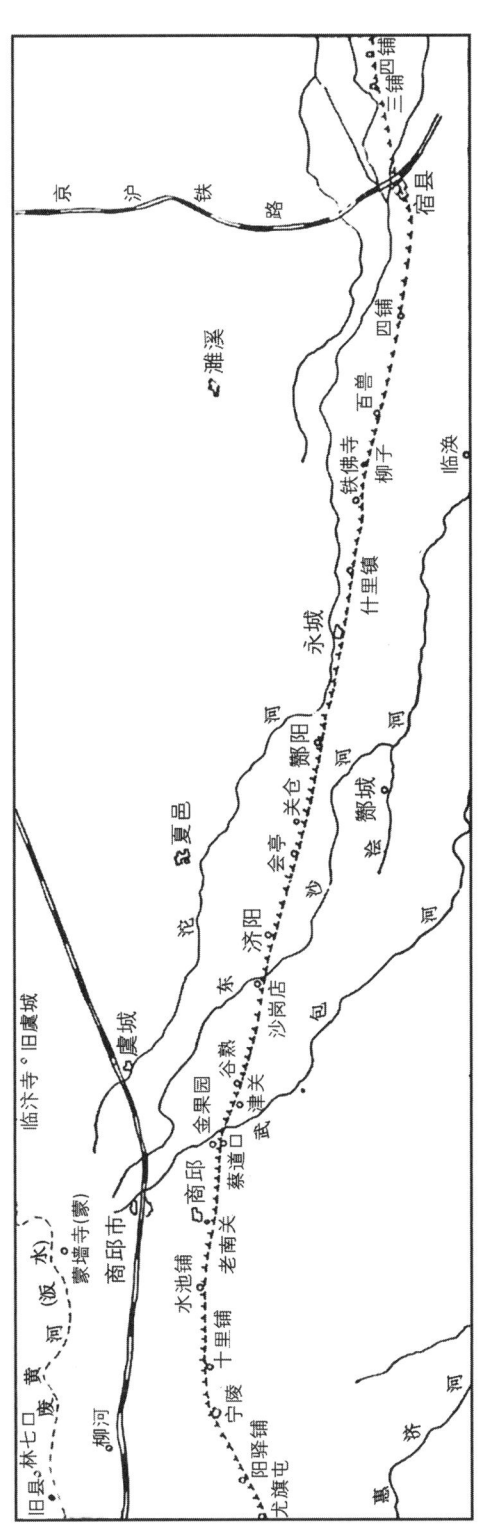

附图 4-1　宋代汴河行经路线

三、通济渠商丘夏邑段对大运河考古研究的重要价值

（一）通济渠商丘夏邑段规模巨大

文献记载，通济渠河道宽约60米。考古勘探也表明，商丘市境内的大运河河道宽度多为50米左右。而通济渠商丘夏邑段济阳镇河道宽达4～150米，北堤顶部宽30米，南堤顶部宽25米，在临近各县、市已知的运河河道和河堤遗址中，为规模最大的一处，充分显示了运河河道巨大的规模尺度。

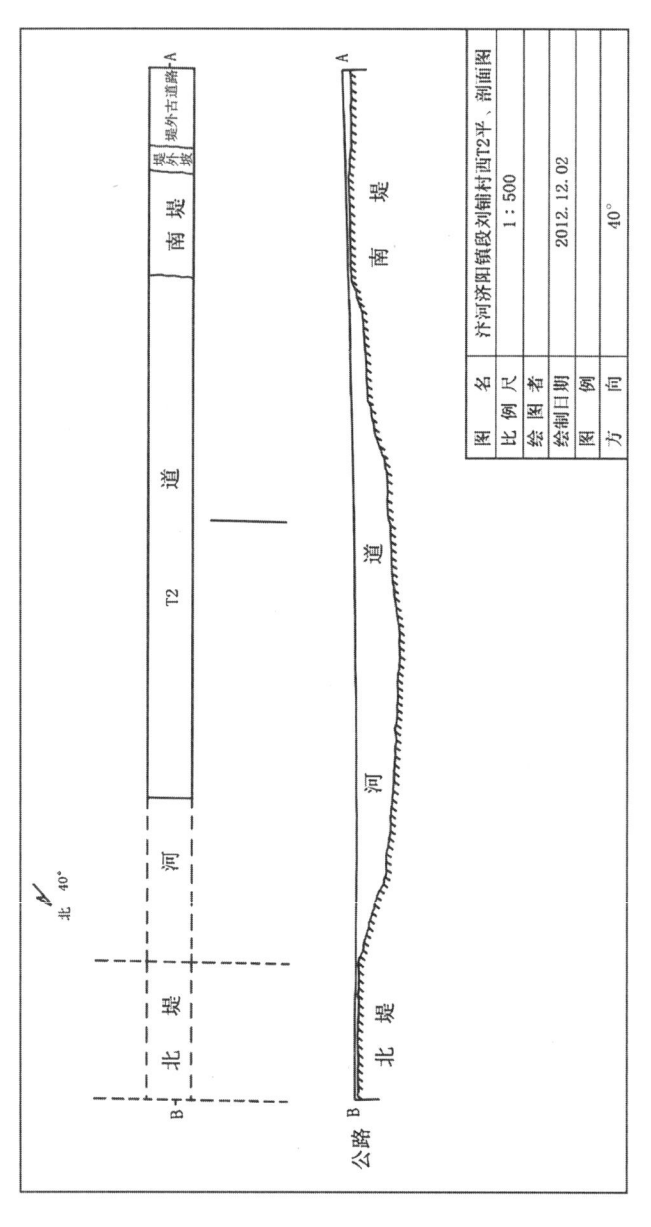

附图4-2 通济渠商丘夏邑段考古探方平、剖面图

（二）通济渠商丘夏邑段出土文物丰富

在对通济渠夏邑段的考古发掘中，出土了一大批陶瓷器。同时，20世纪90年代，在通济渠夏邑段所属的济阳镇运河河道内，当地居民曾发现两艘沉船，夏邑县博物馆从居民手中征集到部分木船板、宋代瓷器、铁锚等文物，现存夏邑县博物馆。在后来的生产建设中，又发现了大量产自唐宋时期多个窑口的瓷器，其数量之多，器型之丰富，窑口之全，堪称一座地下瓷器博物馆。

附图版 4-7　考古人员发掘宋代青瓷碗

附图版 4-8　出土的唐代螭龙滴砚

附图版 4-9　出土的宋代瓷瓮

附图版 4-10　出土的铁锚

附图版 4-11　出土的船板

附图版 4-12　出土的宋代钱币

（三）通济渠商丘夏邑段揭露遗迹众多

对通济渠商丘济阳镇段的考古发掘，首次揭露了运河河道和大堤的完整形态，发现的大堤、堤外护坡、古道路、车辙印痕、建筑基槽、树木桩遗迹、密集的行人脚印、动物蹄印、因干旱形成的地裂痕迹等一系列遗迹现象，深化了对运河形制的研究。[①]

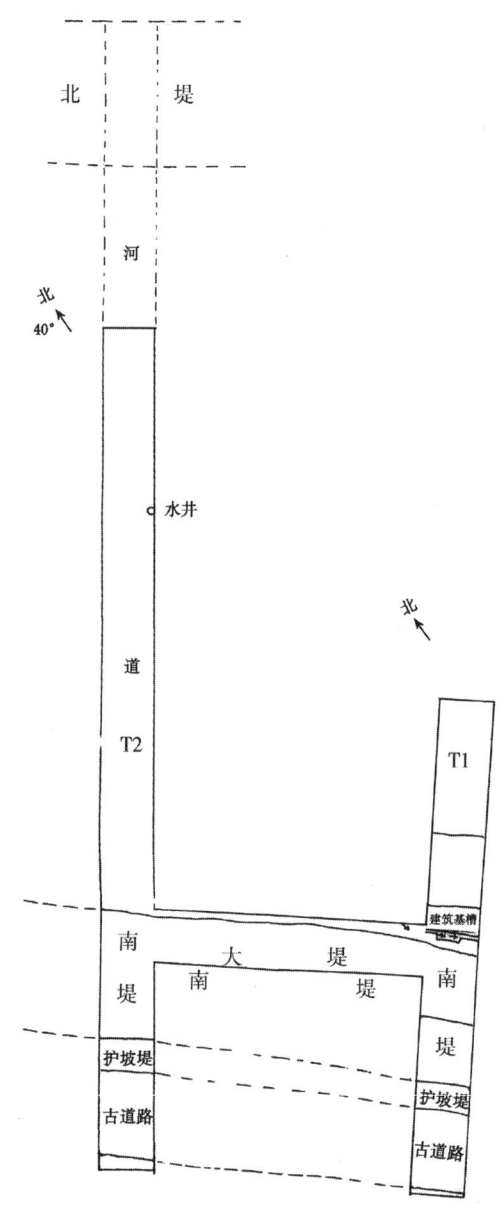

附图 4-3　通济渠商丘夏邑段考古探方平面图

---

①通济渠商丘南关段考古发掘详见《中国大运河申请世界文化遗产文本附件 4：中国大运河考古研究成果摘要》。

附图版 4-13 堤外道路和车辙遗迹

附图版 4-14 堤上建筑基槽

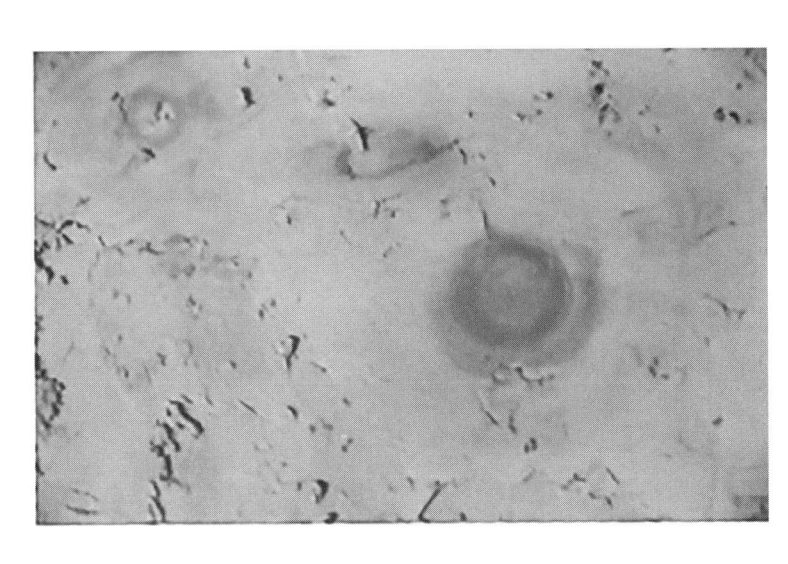

附图版 4-15 堤上密集的树木桩遗迹

（四）通济渠商丘夏邑段有与运河密切相关的非物质文化遗产

根据夏邑县史志部门的调查，当地人普遍相传，隋炀帝下扬州时经过济阳的"隋河"，"隋堤烟柳"为"夏邑十景"之一。至今，济阳镇仍沿用以通济渠命名的"通济路""济隋路"等地名，承载着对大运河的记忆。

附图版 4-6　济阳镇通济路门牌

附图版 4-7　济阳镇济隋路门牌

夏邑县济阳镇是伴随大运河而兴盛发展的历史古镇，这里的大运河遗产记载于文献、见诸于文物，而且其悠久的历史、巨大的规模、丰富的文物遗存，更使人们对今后的考古发掘和研究工作满怀期待。因此，通济渠商丘夏邑段遗址对支撑和阐释中国大运河的突出普遍价值具有独特的贡献。

附录五　通济渠商丘夏邑段申遗迎检讲解词

尊敬的姜教授：大家下午好，欢迎各位领导、专家，在这美好的仲秋时节，来到孔子祖籍、中国长寿之乡——夏邑，检查指导中国大运河通济渠商丘夏邑段的遗产保护和管理工作。

迎接考察组专家下车，首先介绍：

中国大运河通济渠商丘夏邑段遗产区位于夏邑县城西南约15千米的济阳镇东至刘铺村西一带，遗产区范围：东起刘铺村西，西至村级道路（010县道），北起省道S325南缘，南至村级道路。面积12公顷，合180亩，约12万平方米。缓冲区范围：南界、北界为遗产区外扩80米，东界以遗产区外第一排民房东院墙为界，西界以遗产区外第一排民房西院墙为界。

引导专家看板面

为了进一步做好通济渠商丘夏邑段遗产的科学保护工作，也为了更多地了解这段遗产的文化内涵，丰富大运河申遗材料，报请国家文物局批准，2012年至2013年，河南省文物考古研究院在遗产区东部进行考古发掘，揭露面积2000平方米，发现了结构保存完整的河道和丰富的堤上文化遗存。

我们现在所在的位置是遗产区北入口，脚下就是大运河北堤，由此向南进入河道，河道南侧是运河南堤，北堤、南堤顶部宽30米、25米左右，堤顶距地表深0.3米，两堤间河道宽100米至120米不等，河底最深处距地表9米，河道地表以下2米左右是运河废弃后黄河泛滥淤积形成的冲积层，再向下至河道底部是纯净的河沙。

由入口沿遗产小道向南引领客人考察（边走边介绍）：

通济渠商丘夏邑段是隋唐大运河通济渠的一部分，河道走向与河南省道325线走向基本一致，西部从虞城县沙岗店入境，流经夏邑县济阳镇、罗庄镇、会亭镇三个乡镇，从会亭镇东部流入永城市境，全长27千米。2006年公布为商丘市文物保护单位。

唐人杜宝著《大业杂记》载："水面阔四十步，造龙舟，两岸为大道，种榆柳。"（按：唐代一步约合今150厘米计算，四十步折合为60米，可见当时通济渠水面宽度是60米。）

考古调查走访村民时，据村民讲述，济阳人世代口头相传，认为济阳镇的产生是因为隋唐大运河通济渠通航之后，常有过往商旅船只靠岸，南北两岸过河摆渡，在此落脚、经商、运输货物的人慢慢多了起来，逐渐在北岸形成了村镇。山南水北为阳，因此就有了济阳镇这个名字，济阳镇是一座典型的因大运河而产生、发展、繁荣延续的村镇，是大运河沿线村镇地名的典型代表。可见民间世代口头相传，济阳镇是因位于隋唐大运河通济渠北岸而得名。据史料记载，唐初置济阳镇，明代置济阳乡，清复为镇。面积51.5平方千米，辖94个自然村，325省道从济阳镇中心区东西穿过，镇区街道至今保留通济路、济隋路的称谓，是大运河文化遗产传承的生动记忆。

2001年至2013年，文物部门对大运河通济渠夏邑段进行过很多次考古调查。

进入考古工棚之前、之后介绍考古发掘成果：

为了更好地做好这段大运河遗产的保护工作，在河南省文物局的大力支持下，报请国家文物局批准，从2011年冬至2013年冬，考古工作者围绕汴河济阳镇段进行了考古调查发掘工作，分别在夏邑县济阳镇西约800米、河南省道325线路北侧和济阳镇东刘铺村西进行考古发掘。

考古发掘成果主要有4项。一是发现了上下叠压的早、中、晚三个时期的大堤遗存。晚期大堤的废弃年代为明代；中期大堤堆积厚，使用年代长，废弃于宋代，是运河主堤；早期大堤为青灰土筑成，是隋修通济渠之前的旧河堤。在南堤外侧发现有多次堆积的护坡堤。二是在南堤外侧发现了顺大堤方向修建的古道路。三是在大堤表面发现分布密集的行人脚印、动物蹄印、车辙印痕和因天气干旱形成的地裂现象。四是在南堤近河道一侧发现有建筑基槽和大面积分布的断面，年轮纹理清晰，可见木桩遗迹。

济阳镇段的考古发掘成果揭示了这段河道所具有的重大价值和重要意义。第一，这段运河河堤、河道、地上建筑遗迹的完整发现，展现了隋唐宋时期通济渠河道巨大的规模尺度、河堤的形制与工艺，反映了河道历史的线路与走向，是大运河通济渠段作为宏大规模尺度的水利工程的考古证据，是中国古代水利工程高超水平的直接见证。第二，堤外护坡大堤、堤上建筑基槽和大面积分布的木桩遗迹的发现，印证了大运河在使用过程中经常清淤疏浚、维修保护、加固堤防的史实，是研究我国古代运河固堤技术和河道治理养护的珍贵材料，具有重要研究价值。第三，堤面密集行人脚印、动物蹄印、车辙印痕和堤外道路的发现，印证了史书关于大运河河堤即当时官道和堤外有道路的记载，也真实反映了当时运河大堤及堤外道路作为官道交通的繁忙。第四，堤面干裂纹现象的发现，是研究当时气候、环境状况的宝贵材料。

总之，通济渠商丘夏邑段的考古发现，体现了这段文化遗产的重要价值，它不仅丰富了大运河文化遗产的内涵，更重要的是为研究我国古代交通史、航运史、水利史及当时的气候环境等提供了考古学证据。

我的介绍到此结束，谢谢大家！

讲解结束，引领考察组专家原路返回到停车场，现场考察结束。

附录六 隋唐宋史书记载的大运河行经路线

通济渠的行经路线,《隋书》中称:"自板渚(今河南荥阳县氾水镇)引河,达于淮泗。"

唐代李翱在《来南录》中,详细记载了汴河的行经走势。他由黄河泛舟入汴河,很可能是出京城长安沿黄河下洛阳,继之达河阴(今郑州北)、汴州(今开封市)、陈留(今开封县陈留镇)、雍丘(今杞县)、襄邑(今睢县)、宁陵、宋州(今睢阳区)、永城(今永城市)、埇口(今安徽宿州北符离集),到泗州(今江苏盱眙东北)入淮河。

宋代王存的《元丰九域志》系统记载了汴河行经荥阳(今郑州北)、原武、阳武(今原阳县境内)、中牟、开封、陈留(今开封县境)、雍丘(今杞县)、襄邑(今睢县)、宁陵、宋城(今睢阳区)、谷熟(今虞城县境)、下邑(今夏邑)、永城、酂县(今永城境内)、临涣(今安徽濉溪境内)、符离(今宿州市北)、虹县(今江苏泗县)、临淮(今泗洪县境)等县境。

北宋沈括主持对汴河实测,自开封至泗州入淮河口,全长840里。在开封以西至汴河引水口处还有约160里,则宋代汴河共长约1000里。

附录七　通济渠夏邑济阳镇段大事记

隋大业元年（605），开凿通济渠。

唐初置济阳镇，济阳因位于通济渠之北岸而得名，是因运河而产生的村镇。

唐天宝后，汴河复湮。

唐广德二年（764），刘晏开汴水以通运。

唐代末年，大堤溃坏。

后周显德二年至五年（955—958），疏浚汴口达江淮，通航运，是唐末以来首次疏浚汴河。

北宋太祖建隆二年（961），加强运河堤岸、水道治理，济阳镇段汴堤两岸广植榆柳以固堤防。

北宋开宝四年（971）六月，汴水决宋州谷熟县济阳镇。

北宋熙宁四年（1071），沈括受命浚汴河，采取分层筑堰水准测量法，测量汴京到泗州800多里，精确度达到寸分，其中包括汴河济阳镇段。

宋建炎二年（1128），为阻金兵南进，东京（今开封）留守杜充决黄河，自泗夺淮入海，汴河济阳镇段遭受较大的破坏。

明洪武六年（1373），"议浚汴河而中格"，汴河济阳镇段自此部分壅塞。

明嘉靖时期，商丘段大运河仍通航使用。

乾隆二十二年（1757），疏导汴河。

1994年，汴河济阳镇发现两艘古代沉船。

2001—2003年，325省道改扩建工程，大运河夏邑段河道出土大量唐宋时期南北方各个窑口的瓷器等文物。

2006年11月，隋唐大运河商丘段被商丘市人民政府公布为第二批文物保护单位。

2007年7—8月，商丘市文物管理局组织专业技术人员对汴河商丘段进行考古调查、勘探，通过20多天的沿线调查、勘探，基本摸清了汴河济阳镇段河道的走向、大堤的宽度等数据。

2007年，竖立保护标志，划定保护范围。

2008年12月17日，中国大运河联合申遗办主任顾风考察夏邑县济阳镇大运河遗址。

2009年12月，汴河济阳镇段申报第七批全国重点文物保护单位。

2011年1月11日，国家文物局局长单霁翔视察汴河济阳镇段。

2011年4月，夏邑博物馆与中国社会科学院考古研究所联合对汴河济阳镇段进行高密度电法（物探技术）考古勘探工作。

2011年12月，对汴河济阳镇段济西村进行考古发掘。

2012年1月3日，中国社科院考古研究所遗产保护研究中心主任杜金鹏考察夏邑县济阳镇考古工地。

2012年4月，在济阳镇东刘铺村进行考古发掘。

2012年5月，在济阳镇东刘铺村进行考古发掘，发现大运河南堤建筑基址。

2012年6月14日，中国文化遗产研究院文物保护工程与规划所、世界遗产中心赵云主任考察通济渠商丘夏邑段。

2012年6月18日，通济渠商丘夏邑段被国家文物局列入中国大运河申遗第一批次名单。

2012年6月28日，中国大运河联合申遗办副主任姜师立视察通济渠商丘夏邑段。

2012年10月26日，浙江卫视到通济渠商丘夏邑济阳镇段拍摄大运河申遗宣传片。

2013年3月18日，中国文化遗产研究院文物保护工程与规划所所长张瑾到通济渠商丘夏邑段考察。

2013年3月27日，国家文物局副局长童明康视察通济渠商丘夏邑段。

2013年5月24日，国际古迹遗址理事会副主席郭旃视察通济渠商丘夏邑段。

2013年6月7日，《大河报》"行走大运河"栏目组到通济渠商丘夏邑段采访。

2013年7月，国家文物局文物保护与考古司副司长唐炜、专家安家瑶、河南省文物局副局长孙英民等到通济渠商丘夏邑段预验收申报世界文化遗产点。

2013年9月20日，联合国教科文组织世界遗产委员会派出专家姜东辰教授（韩国）到通济渠商丘夏邑段验收世界文化遗产点。

2014年6月22日，在卡塔尔首都多哈举行的第38届世界遗产大会，中国大运河被列入世界文化遗产名录，通济渠商丘夏邑段成为"中国大运河"世界文化遗产点之一。

附录八 有关论文及文章

一、商丘古城与通济渠史地关系研究

（一）绪言

2011年5月18日，河南省文物局陈爱兰局长赴京办公，在与笔者杜金鹏谈起河南文物考古工作时，说国家文物局领导视察商丘古城时看到宽阔的护城河，提出商丘古城是否与古代大运河有关的问题。陈局长委托笔者就此进行研究。于是，确立了这个研究题目，当时叫作"商丘古城与大运河研究"。

这个题目不仅关系到商丘古城的历史地理，还与正在推进中的大运河"申遗"工作密切相关。很显然，如果商丘古城果真与大运河有关，那么，商丘古城就应该进入大运河"申遗"名单，并最终成为世界文化遗产。

为此，我们组织了由中国社会科学院考古研究所杜金鹏、岳洪彬，河南省文物考古研究所孙新民，商丘市文物工作队王良田等科研人员组成的课题组，从查阅文献资料开始，继而进行实地调查，把古代文献资料和考古学资料充分结合起来，尊重历史，实事求是，形成一个初步认识。

（二）商丘古城历史沿革与变迁

1. 商丘故城概况

首先明确两个概念。本文所说的"商丘古城"，指今河南省商丘市睢阳区一带的古代城址，而"商丘故城"则指商丘县城（今睢阳区商丘古城）所在的商丘明清归德府古城址。

商丘故城始建于明代弘治年间，明清两代为归德府、商丘县治所。归德府衙在城内东中部，商丘县衙在城内西南部。

2. 历史文献所见商丘人文历史沿革

商丘古城见于文献记载的人文历史，至少可以上溯到夏商时期，据说先商时期的契（阏伯）和商王相土均居于此。《后汉书·郡国志二》："睢阳，本宋国阏伯墟。"李吉甫《元和郡县图志·河南道》："宋州城……古阏伯之墟，契孙相土亦都于此。春秋为宋国都。"

然就城市历史地理沿革而言，至迟可追溯到西周初年。

《史记·宋微子世家》："周公既承成王命诛武庚，杀管叔，放蔡叔，乃命微子

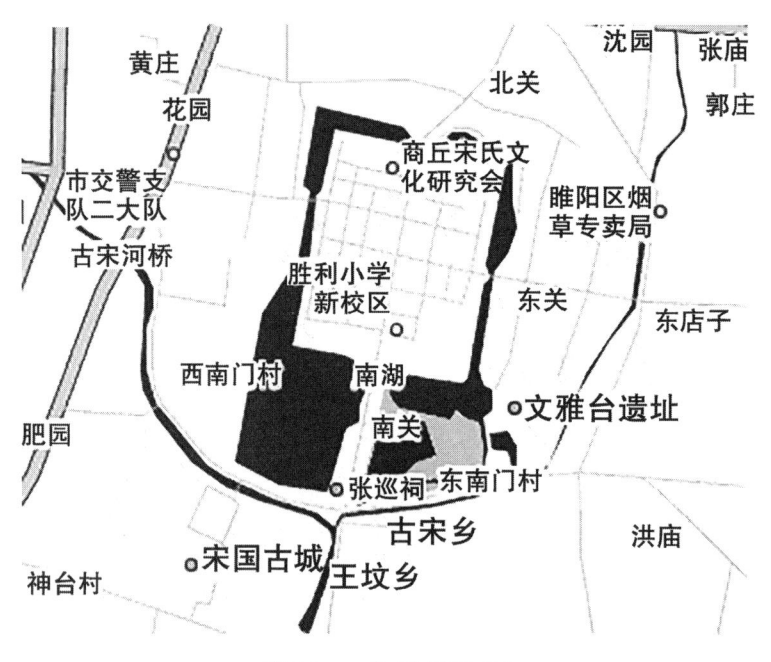

附图 8-1　商丘故城平面图

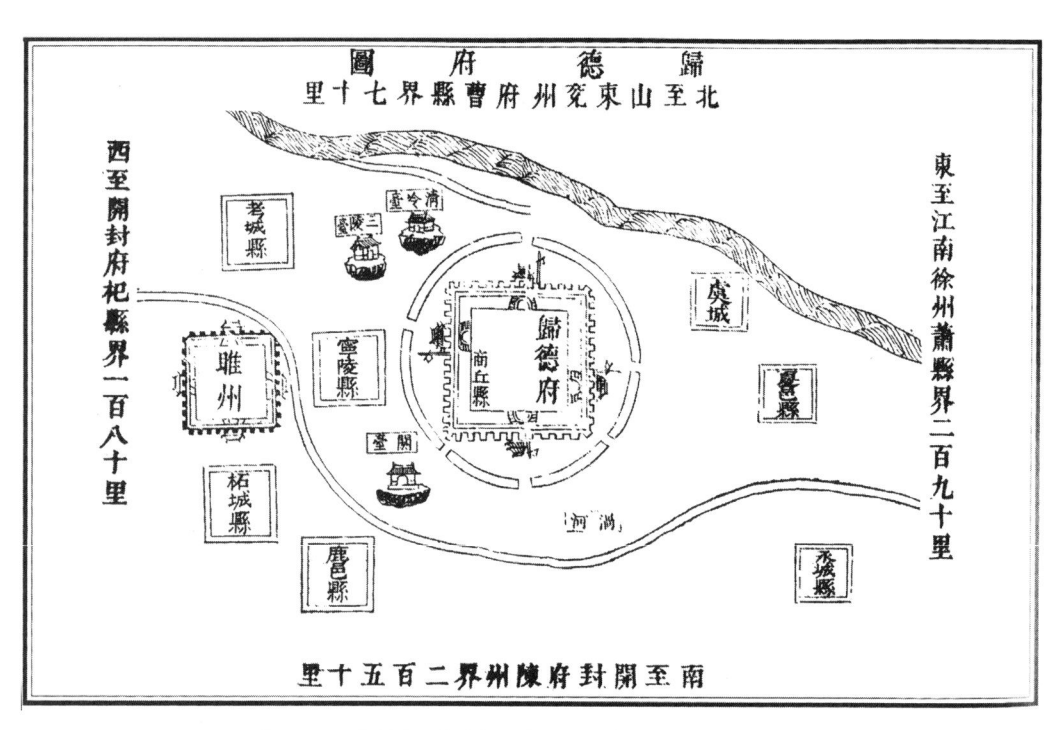

附图 8-2　归德府图 [选自顺治十七年（1660）《河南通志》]

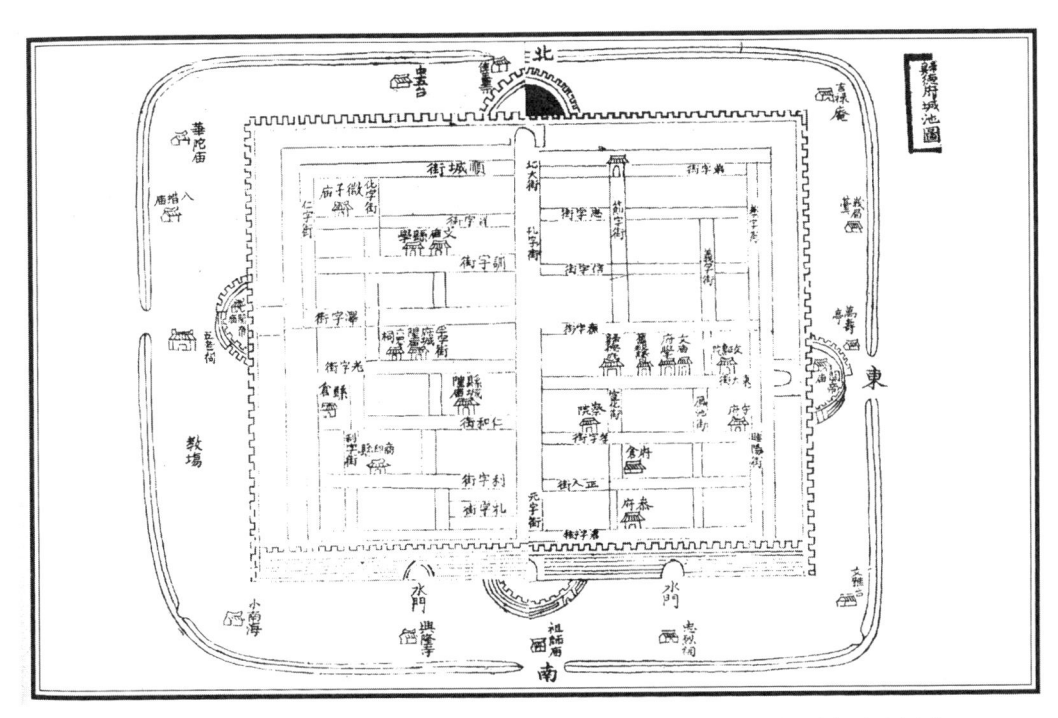

附图 8-3　归德府城池图 [选自乾隆十九年（1754）《归德府志》（光绪十九年重刊本）]

开代殷后，奉其先祀，作《微子之命》以申之，国于宋。"裴骃《史记·集解》："《世本》曰：'宋更曰睢阳。'"

《汉书·地理志》："周封微子于宋，今之睢阳是也。""梁国……睢阳，故宋国，微子所封。"

《史记·货殖列传》："……睢阳，亦一都会也。"唐张守节《正义》曰："今宋州宋地也。"

《后汉书·郡国志二》："梁国，秦砀郡，高帝改。""睢阳，本宋国阏伯墟。"

《晋书·地理志上》："梁国，汉置。""睢阳，春秋时宋都。"

晋杜预对《左传·昭公二十一年》"御诸横"注曰："梁国睢阳县南有横亭。"

郦道元《水经·睢水注》："睢水又东径睢阳县故城南，周成王封微子启于宋，以嗣殷后，为宋都也。"

《隋书·地理志中》："梁郡（开皇十六年置宋州）统县十三。""（宋城）旧曰睢阳，置梁郡，开皇初郡废，十八年县改名焉。大业初又置郡。"

《旧唐书·地理志一》："宋州，望，隋之梁郡。武德四年平王世充，置宋州，领宋城、宁陵、柘城、谷熟、下邑、砀山、虞城七县。……天宝元年，改宋州为睢阳郡，乾元元年复为宋州。""宋城，郭下。治古睢阳城。汉睢阳县隋改为宋城。"

《新唐书·地理志二》："宋州睢阳郡，望，本梁郡，天宝元年更名……县十。宋城（望）"

唐李吉甫《元和郡县志·河南道》："汉文帝以皇子武为梁王，都大梁，以其地卑湿，东徙睢阳，今宋州是也。""宋州……武王封微子于宋，自微子至君偃三十三世，为齐、楚、魏所灭，三分其地，魏得其梁、陈留，齐得济阴、东平，楚得沛。按：梁，即今州地。秦并天下，改为砀郡。后改为梁国，汉文帝封子武为梁王，自汉至晋为梁国，属豫州。宋改为梁郡。隋于睢阳置宋州，大业三年又改为梁郡。隋乱陷贼，武德四年讨平王世充，又为宋州。""宋城县，望，郭下。汉睢阳县，属宋国，后属梁国。后魏属梁郡。隋开皇三年罢梁郡，以县属亳州。十六年，于此置宋州，睢阳属焉。十八年改为宋州城。……州城，古阏伯之墟，契孙相土亦都于此。春秋为宋国都。"

宋李昉等《太平御览》卷一百五十九《十道记》："宋州睢阳郡理宋城县，虞舜十二州为豫州之境，周为青州之域，武王封微子之邑。"

《宋史·地理志一》："南京，大中祥符七年，建应天府为南京。"

宋王应麟《通鉴地理通释》："南京应天府，阏伯所居商丘，周为宋国，汉为梁国，隋唐为宋州。太祖以归德军节度使即位，定有天下之号曰宋，景德四年升应天府，大中祥符七年升南京。高宗即位于此。"

宋罗泌《路史·国名纪丙》："商丘，阏伯封，相土因之，宋是，今南京理宋城，汉之睢阳。"

宋王存等《元丰九域志》："南京应天府，睢阳郡。（唐宋州，梁宣武军节度，后唐改归德军，皇朝景德三年升应天府，大中祥符七年升南京，治宋城县。）"

宋欧阳忞《舆地广记》卷五："南京应天府，高辛氏子阏伯所居商丘也，周武王封微子启，是为宋国。战国时，齐、楚、魏灭之，三分其地。秦置砀郡，汉为梁国，东汉、晋因之。元魏为梁郡，后周置梁州，隋开皇初废，十六年置宋州，大业初州废，又为梁郡。唐复为宋州，天宝元年曰睢阳郡。梁号为宣武节度，后唐改归德军，皇朝景德四年升应天府，大中祥符七年升南京……宋城县，古商丘也。阏伯、微子、汉梁孝王皆都之。汉曰睢阳，后汉、晋、元魏因之，隋开皇十八年改曰宋城，唐属宋州，张巡、许远死节于此。有梁孝王兔园、平台、雁鹜池。"

《金史·地理志中》："归德府……故宋州，宋南京应天府河南郡归德军，国初置宣武军。……睢阳，宋名宋州，承安五年更名。"

《元史·地理志二》："归德府，唐宋州，又为睢阳郡。后唐为归德军，宋升南京。金为归德府，金亡，宋复取之。旧领宋城、宁陵、下邑、虞城、谷熟、砀山六县。""睢阳……唐曰宋城，亦曰睢阳。金曰睢阳，宋曰宋城，元仍曰睢阳。"

《明史·地理志三》："归德府，元直隶河南江北行省。洪武元年五月降为州，属开封府。嘉靖二十四年六月升为府。领州一县八。""（商丘）元曰睢阳，洪武初省。嘉靖二十四年六月复置，更名。旧治在南，弘治十五年圮于河，十六年九月迁于今治，北滨河。"

清《商丘县志》卷一：商丘"旧城……弘治十五年圮于水，正德六年重筑，乃徙而北之，今南门即旧北门故址也"。

3. 考古所见商丘历史沿革

1991—1997年，根据美籍考古学家张光直先生的动议，中美两国考古学家组成联合考古队在河南商丘地区进行考古勘探与发掘，其目的主要是寻找先商文化遗址。经过多年的不懈努力，不仅在商丘地质考古方面获得可喜成绩，更在商丘故城一带发现了深埋地下的东周宋城和汉代梁国睢阳城、宋代以后的睢阳城，为商丘历史研究提供了极其珍贵的科学资料。[①]

东周城址平面略呈菱形，东城墙长2900米，西城墙长3010米，南城墙长3550米，北城墙长3252米，合计城墙周长约12712米，面积约10.2平方公里。城址的东南城角在今周台村，西南城角在今郑庄，西北城角在今董瓦房村东。在保存较好的城址西部城墙上，发现5座城门遗迹，其中西城墙3座，南城墙和北城墙各1座。根据现已发现城门的分布情况判断，该遗址似应有9座城门，即每面城墙各有3门。为了解城墙年代和结构，考古队在南城墙西段、西城墙南段、西城墙中段分别布方发掘，探方编号T1、T2、T3。发掘结果表明，城墙是由早晚有别的三部分夯土（一般均有上层、中层、下层共三大层夯土）构成的，证明城墙经过了始建、补建等多次修筑。根据对城墙的解剖发掘所出土文物的时代特征分析（在西城墙南段探方T2中，最底层城墙夯土中出土的陶片多为绳纹，器形有鬲、罐、盆、圜底器等，时代特征不晚于西周），城墙的建造"年代下限似不应晚于春秋时期，而其上限或有可能推至商末周初"。中美联合考古队认为，这座东周城址的位置恰好与古文献记载的春秋时期宋国古城相吻合，且城址的规模也与列国都城相称，因此推测该城址应是春秋时期的宋城，其年代或可上推至西周初年，即周初封微子于宋之时。

中层城墙夯土被包含战国陶片的地层所打破，夯土内包含陶片年代最晚者为春秋时期，故中层夯土的"年代上限可能为春秋时期，下限至战国"，说明该城在东周时

[①] 中国社会科学院考古研究所、美国哈佛大学皮保德博物馆中美联合考古队：《河南商丘县东周城址勘查简报》，《考古》1998年第12期。本文关于商丘故城考古资料，凡未特别注明者均引据该文。

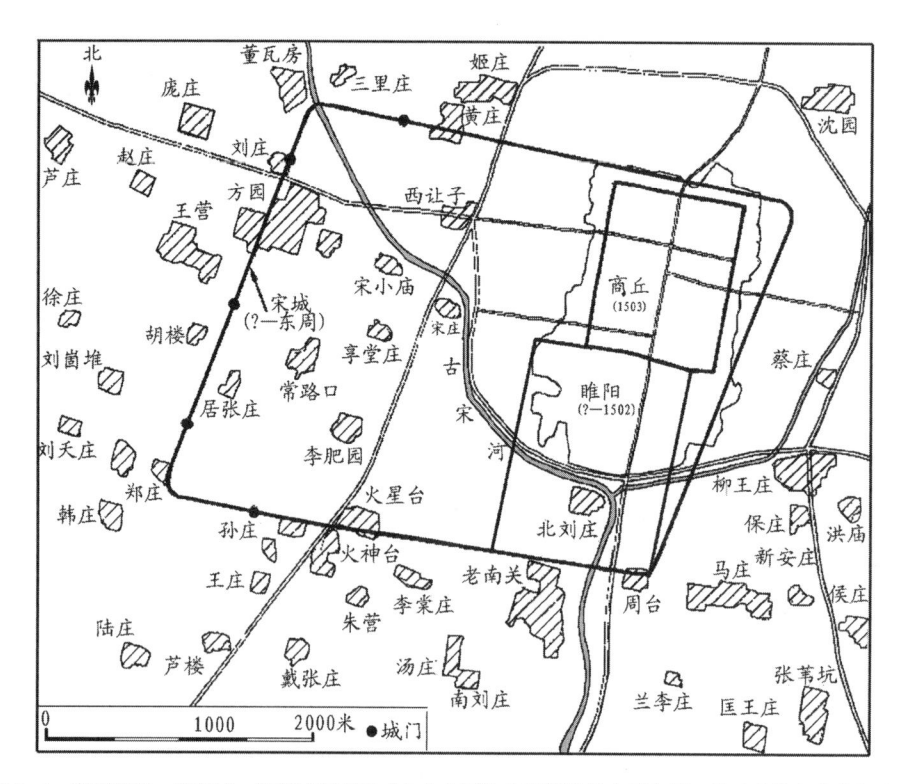

附图 8-4　商丘宋城、睢阳城、归德城平面图（出自中国社会科学院考古研究所、美国哈佛大学皮保德博物馆中美联合考古队《河南商丘县东周城址勘查简报》，《考古》1998 年第 12 期。图中地名似有误）

期曾经补筑过。

上层城墙夯土内包含的最晚文化遗物为汉代板瓦、筒瓦和五铢钱等，叠压该层夯土的文化层中出土有战国陶鬲口沿、隋代青瓷四系罐等，另外于城墙南坡上发现一座唐代砖窑，出土有砖块、白瓷碗和三彩器碎片。发掘者据此推定，上层城墙夯土早于隋唐，其"年代当属汉代"。

结合文献记载可以认为，该城址应是周代宋国都城宋城遗址，汉代时该城经过补筑继续使用。晚至隋唐时期，该城址依然矗立在地面上。

那么，汉代时该城性质是什么？

据前引《史记》《汉书》有关记载，汉梁国睢阳城亦即东周宋国都城。关于梁国都城的建设，文献中有一些记述。

《史记·梁孝王世家》：梁国"孝王，窦太后少子也，爱之，赏赐不可胜道。于是孝王筑东苑，方三百余里。广睢阳城七十里。大治宫室，为复道，自宫连属于平台三十余里"。裴骃《集解》："徐广曰：'睢阳有平台里。'骃案：如淳曰'在梁东北，离宫所在也'。晋灼曰'或说在城中东北角'。"司马贞《索隐》："苏林云：'广其径也。'《太康地理记》云：'城方十三里，梁孝王筑之。'"平台，"如淳云'在梁东北，离宫所在'者，按今城东二十里临新河，有故台址，不甚高，俗云平台，又一名修竹苑。《西京杂记》云'有落猨岩、凫洲、雁渚，连亘七十余里'是也"。

《汉书·文三王传》：梁国"孝王筑东苑，方三百余里，广睢阳城七十里，大治宫室，为复道，自宫连属于平台三十余里"。颜师古注曰："更广大之也。《晋太康地记》云城方十三里，梁孝王筑之。鼓倡节杵而后下和之者称睢阳曲，今踵以为故。今之乐家《睢阳曲》是其遗音。""今其城东二十里所有故台基，其处宽博，土俗云平台也。"

《后汉书·郡国志二》："梁国……睢阳，本宋国阏伯墟。有卢门亭。有鱼门。"刘昭注曰："《北征记》曰：'城周三十七里，南临濊水，凡二十四门。'《地道记》曰：'梁孝王筑城十二里，小鼓唱节杵下而和之，称睢阳曲。'"

可见，汉代梁国睢阳城是在东周宋城基础上扩建而成的。睢阳城东有东苑（又称兔苑、竹苑、修竹园等），东苑内有离宫——平台是其标志性建筑物。据考古勘探，确实在宋城遗址以东（相距约1.5公里）的侯家庄村，发现地下有夯土台基，东西长百余米，南北宽80余米，总面积达8000平方米。从夯土中出土的陶片"时代似不会晚于东周，有少数陶片时代还显更早"，故考古学家推断该夯土建筑应该是与宋城同时的建筑物，汉代时可能经过修补继续使用。

可以认为，汉代梁国睢阳城建立在东周宋国宋城基础上。只是古人所谓梁孝王扩建周宋城的说法，尚未得到考古证实。

在周代宋城遗址内东南部，发现有一座古代城址，平面呈长方形，南、北城墙长约1160米，东、西城墙长约1500米，周长5320米。其中，南城墙是利用周代宋城南城墙修筑而成的，其余三面城墙则是完全新建的。残存城墙的顶部宽约15米，城墙底部夯土内包含物比较单纯，除东周及更早陶片以外，只有汉代前后的砖块和陶片，也有零星瓷片；城墙上部夯土中包含物较杂，包括不同时代的瓷片。夯土土质也较杂，既有早期城墙夯土块，也有晚期黄泛泥沙。根据地层关系和出土文物特征，勘探者推测该城为北宋以后所建。由于商丘县从秦代到明代大部分时间内名为睢阳，因此把这座城址称为"睢阳城址"。现在的"老南关"村名应该是沿用了该城南关（南门）旧名。但是，勘探者也特别说明："由于没有发掘材料，很难作细分和确定具体的年代范围，特别是其始建年代。"笔者认为，从城墙夯土明显分为上层、下层，且下层夯土中主要包含的是汉代及其以前的陶片和砖块，只有零星的瓷片，上层夯土中包含的则主要是不同时代的瓷片等现象分析，该城址的始建年代或应更早——晚期城墙（城墙上层夯土）可能属北宋以后，早期城墙（下层夯土）则可能早至隋唐甚至更早时候。从《史记·正义》引《括地志》"宋州外城本汉睢阳县也"推测，唐代宋州城建在汉代睢阳城内，与上述城址的位置似可吻合。当然，确切的判断必须等到考古发掘之后才能做出。

据实地测量，商丘故城位于上述东周城址内东北角，而与此前的"睢阳城"南北并列，即现存商丘故城的南城墙与更早的"睢阳城"北城墙重合——前者借用了后者。按《明史·地理志三》：商丘县"旧治在南，弘治十五年圮于河，十六年九月迁于今治"。清《商丘县志》卷一则说：商丘"旧城……弘治十五年圮于水，正德六年重筑，乃徙而北之，今南门即旧北门故址也"。

对照考古发现，可以认为坐落在东周以来的宋城（睢阳城）东南部的古城就是明代弘治十五年（1502）毁于洪水的睢阳旧城，坐落在东周以来的宋城（睢阳城）东北部与水毁旧城南北邻接的就是明代弘治十六年（1503）[一说正德六年（1511），推测是弘治十六年迁址，正德六年筑城]新建的商丘城，也就是目前的商丘故城。

4. 商丘城市史

商丘是中国历史上一座十分重要而繁华的都市。尽管限于资料我们不能详述历代商丘城的繁盛景象，但通过一些历史的片段还是可以窥见古代商丘的盛况。

（1）周代宋城

宋城之名最早见于《左传》。据《左传·昭公二十一年》载："庚午，宋城旧郛及桑林之门而守之。"《左传·僖公十六年》载："六鹢退飞，过宋都。"[①] 所谓宋都即宋城。

宋国在春秋时期为重要国家，故《公羊传·僖公二年》云："大国言齐、宋。"《穀梁传》则曰："中国称齐、宋。"

宋国故城的形制和规模与同时期的诸侯国鲁国故城[②]、滕州薛国故城[③]、楚国纪南城[④]大体相仿。文献记载宋城城门有卢门、桑林门、杨门、蒙门、鱼门等。《左传·昭

---

① 《史记·宋微子世家》："宋地霣星如雨，与雨偕下。六鹢退蜚，风疾也。"《集解》："贾逵曰：'风起于远，至宋都高而疾，故鹢逢风却退。'"
② 鲁国故城（西周至春秋）平面为不规则的长方形，东城墙长2531米，西城墙长2430米，南城墙长3250米，北城墙长3560米，城周长11771米。见山东省文物考古研究所等：《曲阜鲁国故城》，齐鲁书社，1982年。
③ 滕州薛国故城早期城址（西周至春秋）东西长约913米、南北宽约700米。建于战国时期的大城平面呈菱形，东城墙长2280米，西城墙长2030米，南城墙长3050米，北城墙长3250米，周长10610米。经钻探，初步确认共有12座城门，即每面城墙有城门3座。见山东省济宁市文物管理局：《薛国故城勘探和墓葬发掘报告》，《考古学报》1991年第4期；山东省文物考古研究所：《薛故城勘探试掘获重大成果》，《中国文物报》1994年6月26日。
④ 楚国纪南城平面呈长方形，东城墙长3706米，西城墙长3751米，南城墙长4502米，北城墙长3547米，周长15506米。发现城门8座，每面城墙有城门2座。见湖北省博物馆：《楚都纪南城的勘查与发掘》，《考古学报》1982年第3、4期。

公二十一年》："华氏居卢门，以南里叛。六月，庚午，宋城旧鄘及桑林之门而守之。"杜预注："卢门，宋东城南门。""桑林，城门名。"《水经·睢水注》："宋都……南门曰卢门也。《春秋》华氏居卢门里，叛。杜预曰：'卢门，宋城南门也。'"《左传·昭公二十一年》："公自杨门见之。"杜预注："见国人皆杨徽，睢阳正东门名杨门。"《水经·睢水注》："余按《汉书·梁孝王传》称王以功亲为大国，筑东苑，方三百里，广睢阳城七十里，大治宫室，为复道，自宫连属于平台三十余里。复道自宫东出杨之门左杨门，即睢阳东门也。"《左传·襄公二十七年》："辛巳，将盟于宋西门之外。""乙酉，宋公及诸侯之大夫盟于蒙门之外。"杜预注："蒙门，宋城门。"可知蒙门为西门。《水经·睢水注》："宋都也……城西门即寇先鼓琴处也。先好钓，居睢水旁，宋景公问道，不告，杀之。"不知此西门是否亦即蒙门。《后汉书·郡国志二》："睢阳，本宋国阏伯墟。有卢门亭。有鱼门。"城外东南方有离宫曰"平台"。《元和郡县志》卷七"河南道三"："平台，（虞城）县西四十里。《左传》宋皇国父为宋平公所筑。汉梁孝王大治宫室，为复道，自宫连属于平台，三十余里，与邹、枚、相如之徒，并游其上，即此也。"

（2）汉代睢阳城

《史记·货殖列传》："睢阳，亦一都会也。"

《史记·梁孝王世家》：梁国"为大国，居天下膏腴地。地北界泰山，西至高阳，四十余城，皆多大县"。"孝王，窦太后少子也，爱之，赏赐不可胜道。于是孝王筑东苑，方三百余里。广睢阳城七十里。大治宫室，为复道，自宫连属于平台三十余里。得赐天子旌旗，出从千乘万骑。东西驰猎，拟于天子。出言跸，入言警。招延四方豪杰，自山以东游说之士，莫不毕至。"

《汉书·文三王传》：梁国"为大国，居天下膏腴之地，北界泰山，西至高阳，四十余城，多大县"。"孝王筑东苑，方三百余里，广睢阳城七十里。大治宫室，为复道，自宫连属于平台三十余里。得赐天子旌旗，从千乘万骑。""府库金钱且百巨万，珠玉宝器多于京师。""梁孝王有罍尊，值千金。""孝王未死时，财以巨万计，不可胜数。及死，藏府余黄金尚四十余万斤，他财物称是。"

《后汉书·郡国志二》："睢阳，本宋国阏伯墟。有卢门亭。有鱼门。"刘昭注："《北征记》曰：'城周三十七里，南临濊水，凡二十四门。'《地道记》曰：'梁孝王筑城十二里，小鼓唱节，杵下而和之，称《睢阳曲》。'"

《史记·梁孝王世家·索隐》引《太康地理记》云："城方十三里，梁孝王筑之。鼓倡节杵而后下和之者，称《睢阳曲》。今踵以为故，所以乐家有《睢阳曲》，盖采其遗音也。"颜师古注《汉书·文三王传》引《晋太康地记》亦云：睢阳"城方十三里，梁孝王筑之"。依此计之，睢阳城城周约五十二里。

郦道元《水经·睢水注》："汉高祖尝以沛公为砀郡长，天下既定，五年为梁国，文帝十二年封少子武为梁王，太后之爱子，景帝宠弟也，是以为警卫貂侍饰同天子，藏珍积宝多拟京师，招延豪杰，士咸归之，长卿之徒免官来游。广睢阳城七十里，大治宫观台苑屏榭，势并皇居，其所经构也，役夫流唱必曰'睢阳曲'，创传由此始也。……司马彪《郡国志》曰：睢阳县有卢门亭，城内有高台甚秀广，巍然介立，超然独上，谓之蠡台，亦曰升台焉。……余按《汉书·梁孝王传》称王以功亲为大国，筑东苑，方三百里，广睢阳城七十里，大治宫室，为复道，自宫连属于平台三十余里。复道自宫东出杨之门左杨门，即睢阳东门也。""睢水又东南流，历于竹圃。水次绿竹阴渚，菁菁实望，世人言梁王竹园也。"

《史记·梁孝王世家·正义》引李泰《括地志》云："兔园在宋州宋城县东南十里。葛洪《西京杂记》云：'梁孝王苑中有落猿岩、栖龙岫、雁池、鹤州、凫岛。诸宫观相连，奇果佳树，瑰禽异兽，靡不毕备。'俗人言梁孝王竹园也。"

李吉甫《元和郡县志》卷七："汉梁孝王广睢阳城七十里，开汴河，后汴水经州城南。兔园，县东南十里。汉梁孝王园。"

李昉等《太平御览》卷一百五十九："《图经》曰：'梁王有修竹园，园中竹木天下之选集，诸方游士各为赋，故馆有邹、枚之号，又有雁鹜池，周回四里，亦梁王所凿。又有清泠池，有钓台，谓之清泠台。'"

对于梁孝王园囿最早也是最直接的记述，来自追随梁孝王长期游览梁园的枚乘、司马相如等人。当初，司马相如事汉孝景帝，官武骑常侍。会梁孝王携邹阳、枚乘等游士入朝，与司马相如投缘，司马相如因此托病辞职追随梁孝王归。《史记·司马相如列传》"客游梁。梁孝王令与诸生同舍，相如得与诸生游士居数岁，乃著《子虚之赋》"，详细描绘了梁王园囿之壮丽美景。而枚乘所撰《梁王菟园赋》对梁园的山水植物禽兽描述甚详，对苑中歌舞游乐、美食酒宴，也述说形象。赋开头云："修竹檀栾，夹池水，旋菟园，并驰道，临广衍，长冗故。""晚春早夏，邯郸襄国易阳之容丽人及其燕饰子相与杂遝而往款焉。车马接轸相属，方轮错毂。接望何骖，披衔迹蹶。"梁王"羽盖繇起，被以红沫。濛濛若雨委雪，高冠扁焉，长剑闲焉，左挟弹焉，右执鞭焉。日移乐衰，游观西园。之芝芝成宫阙，枝叶荣茂，选择纯熟，挈取含苴。复取其次，顾赐从者，于是从容安步，斗鸡走兔，俯仰钓射，烹熬炮炙，极欢到暮"[①]。枚乘又有《忘忧馆柳赋》，除了咏吟苑中柳景，也对梁王园囿中的欢宴做了描述："于是樽盈缥玉之酒，爵献金浆之醪，庶羞千族，盈满六庖。弱丝清管，与风霜而共雕，枪锽啾唧，萧条寂寥。"

虽然睢阳城城周长度有十三里、三十七里、七十里不等的说法，但从文献记载睢阳城系"广"宋城而来，又考古资料显示汉代睢阳城建筑在东周宋城基础上，则睢阳城显然不会小于东周宋城周长 12985 米（约合西汉 30 里左右）之规模。陈梦家《亩制与里制》中考订西汉 1 里约合 417.53 米。

西汉时，吴、楚、齐、赵等七国反，攻击梁国棘壁，杀人数万。"梁孝王城守睢阳，而使韩安国、张羽等为大将军，以距吴、楚。吴、楚以梁为限，不敢过而西，与太尉亚夫等相距三月。吴、楚破，而梁所破杀虏略与汉中分。"据说，"梁多作兵器弩弓矛数十万，而府库金钱且百巨万，珠玉宝器多于京师"。可见梁国的军事与经济实力十分雄厚。

梁国王陵也已在商丘永城被发现。梁王陵墓可分为三个陵区，计有 8 处共 14 座大墓。[②] 其中梁孝王和王后墓位于保安山陵区内，"斩山作郭，穿石为藏"（《水经·获水注》）。王墓由墓道、车马坑、甬道、主室、回廊、排水设施等构成。面积 700 平方米，容积达 2800 立方米。该墓已被盗掘一空。据史籍记载：曹操"盗掘梁孝王墓，破棺得金宝万斤"。梁孝王和王后墓规模宏大，结构复杂，由 2 条墓道、3 个甬道、前庭、前室、后室、34 个侧室、回廊等构成，面积 1600 多平方米。陪葬坑出土有"梁后园"铜印章。保安山梁孝王墓南发现的柿园 1 号墓，随葬品十分丰厚，仅墓门西侧钱窖中出土铜钱就达 225 万枚，重万余斤。[③] 在僖山陵区发掘的 1 号墓，出土有金缕玉衣等珍贵文物，专家考证是"西汉末期梁国一位国君之墓"[④]。

由此可见，汉代梁国睢阳城之城池宏伟、宫室壮丽、园囿广大、陵墓壮伟、经济繁盛、钱财充裕。

（3）唐代宋州城

《史记·梁孝王世家·正义》引唐李泰《括地志》："宋州宋城县在州南二里外城中，本汉之睢阳县也。汉文帝封子武于大梁，以其地卑湿徙睢阳，故改曰梁也。"《史记·项

---

① 《汴京遗迹志》卷十九引。按该书所引错误较多，今据费振刚等辑校《全汉赋》（北京大学出版社 1993 年）校改。
② 河南省文物考古研究所：《永城西汉梁国王陵与寝园》，中州古籍出版社，1996 年；杨育彬、袁广阔主编：《20 世纪河南考古发现与研究》，中州古籍出版社，1997 年，第 524~540 页。
③ 阎道衡：《永城芒山柿园发现梁国国王壁画墓》，《中原文物》1990 年第 1 期。
④ 商博：《永城芒山发现汉代梁国王室墓葬》，《中国文物报》1986 年 10 月 31 日。

羽本纪·正义》引《括地志》云："宋州外城本汉睢阳县也。"可知唐代宋州城有内城、外城，外城即汉代睢阳城，宋城县在宋州城南城墙外二里处。推测唐代宋州城内城是新建的，规模小于汉睢阳城。

据清乾隆十九年（1754）《归德府志·城池》载："唐建中时，亦为宣武军城。城有三。"即宣武军城平面呈"品"字形，南一城，北二城。目前，唐宋州城、宣武军城均未在考古工作中被发现、证实。

汉代睢阳城遗迹在唐代依然可见，故唐司马贞云：宋州城"今城东二十里临新河，有故台址，不甚高，俗云平台"（《史记·梁孝王世家·索隐》）。唐颜师古云：宋州城"今其城东二十里所有故台基，其处宽博，土俗云平台也"（《汉书·文三王传·注》）。

唐人李吉甫在《元和郡县志》中言："自扬、益、湘南至交、广、闽中等州，公家运漕，私行商旅，舳舻相继，隋氏作之虽苦，后代实受其利焉。"

通济渠开通航运后，宋州城市规模迅速扩大，城市人口显著增加，至唐代时已成为全国的大都市之一。文人墨客纷纷仿效司马相如客游睢阳（宋州），诗人李白、杜甫、高适等也慕名前往游览。《新唐书·杜甫传》记载：杜甫曾与李白、高适过汴州，"酒酣登吹台，慷慨怀古，人莫测也"，并把宋城的都市繁华和文物古迹写进了诗词中。杜甫在《遣怀》诗中写道："昔我游宋中，惟梁孝王都。名今陈留亚，剧则贝魏俱。邑中九万家，高栋照通衢。舟车半天下，主客多欢娱。……忆与高李辈，论交入酒垆。两公壮藻思，得我色敷腴。气酣登吹台，怀古视平芜。"李白在《梁园吟》中写道："天长水阔厌远涉，访古始及平台间。平台为客忧思多，对酒遂作梁园歌。……玉盘杨梅为君设，吴盐如花皎白雪。持盐把酒但饮之，莫学夷齐事高洁。……梁王宫阙今安在？枚马先归不相待。舞影歌声散绿池，空余汴水东流海。沉吟此事泪满衣，黄金买醉未能归。连呼五白行六博，分曹赌酒酣驰晖。" 唐人高适《宋中四首》对汉梁国遗迹感叹良多："梁王昔全盛，宾客复多才。悠悠一千年，陈迹惟高台。寂寞向秋草，悲风千里来。"唐岑参《梁园歌送河南王说判官》："君不见梁孝王修竹园，颓墙隐辚势仍存。娇娥曼脸成草蔓，罗帷珠帘空竹根。……梁园二月梨花飞，却似梁王雪下时。当时置酒延枚叟，肯料平台狐兔走？"透过这些千古传诵的佳作，仿佛可以看到一座繁华大都市的景象：汴河（通济渠）掠城而过直达东海，舟车来往，络绎不绝。城内街衢宽阔，楼宇林立，居民九万户，热闹非凡。每当夜幕降临，酒馆茶楼高朋满座，灯火通明，歌舞曼妙，觥筹交错！宋州的文物古迹也招来众多游客，是人们怀古抒情的绝好地方。

《元和郡县志》载，安史之乱时，"禄山乱两河郡县，多所陷没，唯张巡、许远、姚訚三人坚守睢阳，贼将尹子奇拼力攻围，逾年不克。……使贼锋挫衄，不至江淮，巡、远之力也。"由此可见宋州城城池之坚固。

（4）宋代陪都南京

《宋史·地理志一》载，真宗大中祥符七年，建应天府为南京，宫城周二里三百一十六步，殿曰归德，宫门曰重熙、颁庆。京城周回一十五里四十步。东、西各二门，南北各一门。《汴京遗迹志》卷十三"宋四京"引《宋史》："以太祖旧藩归德军在宋州，改宋州为应天府，至是建为南京，作鸿庆宫以奉太祖、太宗御容。"

宋叶梦得《石林燕语》："应天府艺祖肇兴之地。祥符七年始建为南京，诏即衙城为大内，正殿以归德为名。"《玉海》："宋州，景德三年二月甲申升应天府，祥符七年正月丙辰升南京。诏曰：'洪惟艺祖，历试是邦，同豳土之始基，应春陵之王气，稽唐氏晋阳之制，肇建新都。'"（顾炎武：《历代宅京记》卷十七"宋州"，中华书局，1984年）

作为宋高宗发祥之地，南京在宋代受到特别关照，自在情理中。

（5）明清归德府

据清乾隆十九年（1754）《归德府志·城池》记载：金代归德府"城周十二里三百六十步，明初少裁四分之一，弘治十五年圮于水"。

明代于谦《梁园》诗曰："自古梁园佳丽地，于今寂寞减繁华。日长野店闻啼鸟，春暮山城见落花。绿柳两行侵洛远，黄河一带入淮赊。欲将尊酒舒高兴，锦帐风流愧党家。"（明李濂《汴京遗迹志》卷二十三）显然此时归德府已无往昔为都邑时的繁盛了，但仍不失为历史古城，甚至汴河两岸的"绿柳"也还依然茂盛！

商丘归德府城呈长方形，坐北朝南，周长 4.35 千米。城墙初筑为夯土墙，明嘉靖三十七年（1558）始外包青砖。清乾隆十九年《归德府志》记载："正德六年，知州杨泰修围七里二分五厘，共一千三百四丈二尺五寸，高二丈五尺，广一丈三尺。池深二丈，阔五丈二尺。嘉靖三十四年，知府王有为重修。又建西、北门楼各一，东南楼二，俱加修葺。又建角楼四，敌楼一十三，警铺三十二。三十七年，巡抚章焕檄知府陈学夔，包以砖。"砖城四面城墙各有一门，东曰宾阳门，西曰垤泽门，南曰拱阳门，北曰拱辰门。

城外围绕有护城河（湖）。据康熙四十四年（1705）《商丘县志》记载："池距城丈余，阔五丈二尺，深二丈。"后来城湖水面逐渐变大。现在城湖水面四面都很宽广，南面最大，最宽处约 500 米，水深 5 米左右，北面最窄处也有近百米。四面湖中都有一个小岛。

城湖外又有护城堤，平面近圆形，始建于明嘉靖年间。清康熙四十四年《商丘县志》记载："城堤距城一里许，围十六里，阔二丈，址阔六丈一尺。明嘉靖间，巡抚都御使魏有本檄知州李应奎筑。"清乾隆十九年《归德府志·城池》引明《李嵩护城堤记》记载："城故有护堤，然庳薄，环隍而近，久之坏为田。嘉靖丙申年（1536），河决大溃，荡我郭庐，几壑我城……庚子春（1540），都御使余姚浅斋魏公，有本自大理被命抚河南，时嵩待罪禁垣，与魏公言堤障水事，公怃然是之，慨然趣所司以从事。堤四面环郭门，周十有六里，高视城之半，厚倍之，上树之柳，不数月而工竣，遂成巨障云。呜呼！堤之功用大矣哉……乃今未申，岁复大水，舟楫由于树杪，平野悉为津汇，然竟赖是堤以忘患。"明清两代对护城堤都进行过修葺。近代以来逐渐废弃，现存护城堤仅为高出附近地表的土岗，城门已不复存在。

商丘归德府城内街道为棋盘式布局，以大隅首为中心，93条街道布局规整，至今基本保留了明清时期的原有风貌。

(6) 小结

根据古代文献的记载，商丘故城的城市历史最早可上溯至西周至春秋时期的宋国都城，此后，秦代为砀郡郡治，汉晋为梁国都城睢阳，隋代为梁郡［开皇十六年（596）废梁郡置宋州］宋城县［开皇十八年（598）改睢阳为宋城］，唐代为宋州［天宝元年（742）改宋州为睢阳郡，乾元元年（758）复为宋州］宋城县，后唐为归德军，北宋初年为宋州，旋改应天府，大中祥符七年（1014）升为陪都南京，金、元二代为归德府、睢阳县，明清时期属归德府、商丘县。

考古发现则证明，周代宋城、汉代以来睢阳城是一脉相承的。大约是北宋末年黄河泛滥河道南迁入淮，冲毁了这座具有2000年历史的古城，城市原地重建时规模大为缩小。至明代弘治年间黄河再次冲毁了睢阳城，新建城市位置稍微北移，规模亦稍缩减。

总之，宋城—睢阳—商丘是历经3000多年其地理位置不曾变更的历史名城。

（三）商丘古城自然地理及其变迁

1. 文献所见商丘古代水系

历史上，商丘一带有三条重要河道：一是流经商丘古城北的汳水（汴水）；二是流经商丘古城南的睢水（通济渠、汴河），均是源自蒗荡渠（茛宕渠、狼汤渠），从西北向东南流汇注泗水、淮河，东流入海；三是先后从商丘北面和南面流过的黄河。

(1) 汳水（汴水）

汳水是一条自然河流，但后来的人工河渠借用了其某些河段。《说文》《水经》作"汳水"，《元和郡县志》作"汴水"（因古人避讳"反"字，故改"汳"为"汴"）。《宋史·河渠志三》："汉明帝时，乐浪人王景、谒者王吴始作浚仪渠，盖循河沟故渎也。渠成流注浚仪，故以浚仪县为名。灵帝建宁四年，于敖城西北垒石为门，以遏渠口，故世谓之石门。渠外东合济水，济与河、渠浑涛东注，至敖山北，渠水至此又兼邲之水，即《春秋》晋、楚战于邲。邲又音汳，即'汴'字，古人避'反'字，改从'汴'字。"《宋史》作"汴河"。

《说文》："汳水受陈留浚仪阴沟，至蒙为雍水，东入于泗。"

《水经》："汳水出阴沟于浚仪县北。又东至梁郡蒙县为获水，余波南入睢阳城中。获水出汳水于梁郡蒙县北，又东过萧县南，睢水北流注之。又东至彭城县北东入于泗。"郦道元《水经注》："阴沟即蒗荡渠也，亦言汳受旃然水，又云丹沁乱流于武德，绝河南入荥阳合汳，故汳兼丹水之称。河济水断，汳承旃然而东，自王贲灌大梁，水出县南而不径其北。夏水洪泛则是渎津通，故渠即阴沟也。于大梁北又曰浚水矣。故圈称著《陈留风俗传》曰浚水径其北者也。又东汳水出焉。故《经》云汳水出阴沟于浚仪县北也。汳水东径仓垣城南……汳水又东径陈留县之瓶乡亭北……汳水又径小黄县故城南……汳水又东径鸣雁亭南……汳水又东径宁陵县之沙阳亭北……汳水又东径葛城北……又东径夏侯长坞……汳水又东径梁国睢阳县故城北，而东历襄乡坞南……汳水又东径贯城南……汳水又东径蒙县故城北……汳水自县南出，今无复有水，惟睢阳城南侧有小水，南流入于睢……汳水又东径大蒙城北。"

《元和郡县志》卷八"河南道阳武县"："汴渠，一名莨菪渠，今名通济渠。"

《金史·地理志中》："睢阳，宋名宋城，承安五年更名。有鹰鹭池、汴水、睢水、涣水。"

可见，汳水是上承阴沟水，流经睢阳城北，汇入泗水的河流。其上游河段后来被运河通济渠所利用，故通济渠也有汴渠、汴河之称。

(2) 睢水（通济渠、汴河）

睢水（或写作濉水），《汉书》说源出陈留浚仪，《水经》则说源出梁郡鄢县。东南流过睢阳城南，又东南汇泗入淮。后来，通济渠借用其河道。

《后汉书·郡国志二》："睢阳，本宋国阏伯墟。"刘昭注："《北征记》曰：'城周三十七里，南临濉水，凡二十四门。'"

《水经》："睢水出梁郡鄢县，东过睢阳县南，又东过相县南屈从城北东流，当萧县南入于陂。"郦道元《水经注》："睢水出陈留县西蒗荡渠，东北流。《地理志》曰：'睢水首受陈留浚仪狼汤水也。'《经》言出鄢，非矣。又东径高阳故亭北……睢水又东，水积成湖，俗谓之白羊陂，陂方四十里，右则奸梁陂水注之，其水上承陂水东北径雍丘城北，又东分为两渎，谓之双沟，俱入白羊陂。陂水东合洛架口，水上承汳水，谓之洛架水，东南流入睢水。睢水又东径襄邑县故城北，又东径雍丘城北。睢水又东径宁陵县故城南……历鄢县北……故《经》又出鄢之文……睢水又东径横城北。《春秋左传》昭公二十一年乐大心御华向于横，杜预曰：梁国睢阳县南有横亭，今在睢阳县西南，世谓之光城，盖光、横声相近，习传之，非也。睢水又径新城北，即宋之新城亭也……睢水又东径高乡亭北，又东径亳城北……睢水又东径睢阳县故城南……睢水于城之阳积而为逢洪陂，陂之西南有陂，又东合明水，水上承城南大池，池周千步，南流会睢，谓之明水，绝睢注浍。睢水又东南流，历于竹圃。水次绿竹阴渚，菁菁实望，世人言梁王竹园也。"

唐李吉甫《元和郡县志》："宋城县……睢水，西南至宁陵县界流入……古阏伯之墟，契孙相土亦都于此。春秋为宋国都。汉梁孝王广睢阳城七十里，开汴河，后汴水经州城南。"

《金史·地理志中》："睢阳，宋名宋城，承安五年更名。有鹰鹭池、汴水、睢水、浍水。"

中美联合考古队发现，在商丘县南今朱营与老关庄之间，曾经存在过一条古河道，现已淤为平地。河道分为早晚有别的三条，位置上下叠压而逐步北移。专家根据地层关系和沉积物岩相特征判断，年代偏早的两条河道，"可能是黄河南泛第一阶段（北宋末年至明嘉靖后期）黄河分流的重要水道"，根据地貌继承性，专家推断最早的河道"应该于黄河南泛前便已存在，而且黄河南泛前商丘一带的地貌条件一直比较稳定，所以该古河道的历史可能比较早"[①]。这条湮没于地下的古河道应该就是古代睢水。

睢水本是自然河流，后来被利用为运河通济渠（汴河），它就在商丘古城南面。周汉乃至唐宋的宋城、睢阳城，几乎紧挨睢水岸旁，后来商丘城虽然北移，但又有河道往南直通睢水（汴河）。

（3）黄河

北宋末年，黄河改道南流汇淮入海，流经睢阳城北。后来黄河也曾一度改道走睢阳城南（夺睢入淮）。今商丘城北尚有黄河故道。

---

① 荆志淳、George（Rip）Rapp, Jr、高天麟：《河南商丘全新世地貌演变及其对史前和早期历史考古遗址的影响》，《考古》1997年第5期。请注意：该简报之插图存有错误和缺陷，不可完全依据。

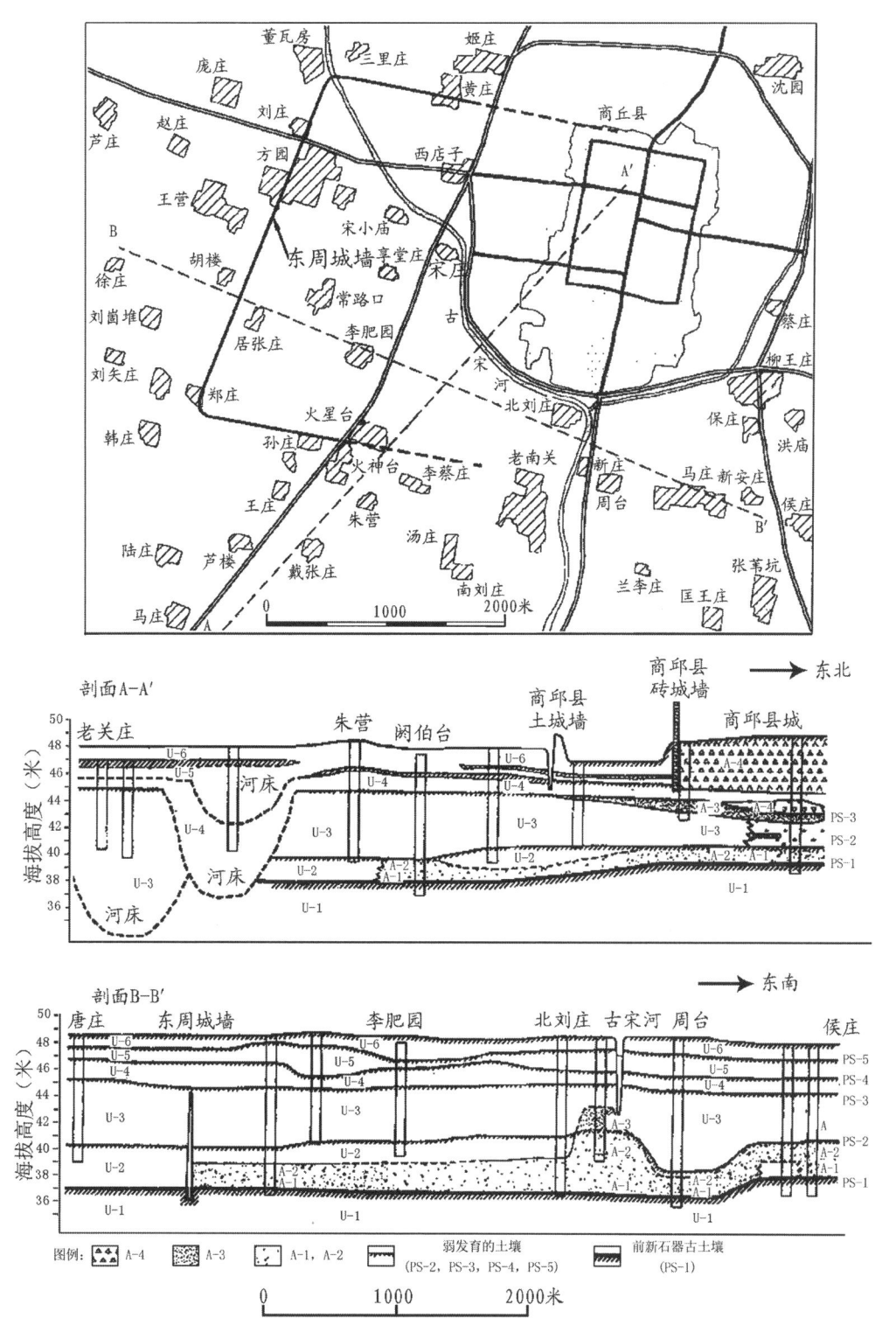

附图 8-5 商丘古城地层钻探示意图 [上：探孔布列位置图；下：地层关系图。出自荆志淳、George (Rip) Rapp, Jr.、高天麟《河南商丘全新世地貌演变及其对史前和早期历史考古遗址的影响》，《考古》1997 年第 5 期。图中地名似有误。]

《元史·地理志二》："归德府……壤地平坦，数有河患。"

《明史·地理志三》："商丘，倚，元曰睢阳，洪武初省。嘉靖二十四年六月复置，更名。旧治在南，弘治十五年圮于河，十六年九月迁于今治，北滨河。正统后，河决而南，城尝在河北。正德后仍在河南。"

2. 考古所见商丘自然地理变迁

1991年至1996年，中国社会科学院考古研究所与美国哈佛大学合作在商丘地区（主要是当时商丘县城西、南、东南一带大约6公里×6公里范围内）开展地质考古，基本廓清了商丘地区自新石器时代以来的地貌变迁。[①]

文献和考古证明，对商丘地貌产生影响的因素主要是黄河改道南泛入淮。

历史上黄河下游河道变迁，主要分为三个阶段：北宋末年以前（1128年前）流向东北入渤海；北宋末年至清咸丰五年（1855）南流由淮入海；咸丰五年以后又改道北流由山东利津入海。[②]

考古证明，自新石器时代至汉代，黄河远离商丘，商丘地区罕见洪水泛滥，地貌稳定性较好。直到北宋末年，商丘地区都属淮海水系影响范围，平原上土层沉积速度相当缓慢，大约平均每年只有2~2.5毫米，1200年间堆积不到2.5米。专家推测，宋代以前，商丘地面上应能看到早期历史时代甚至史前时期的大型建筑物遗存，如城墙、宫殿基址等。

北宋末年，黄河开始改道南流，通过多条河道入淮，河水泛滥频繁且规模较大，对商丘地貌产生巨大影响。自明代嘉靖后期，黄河以单河道（商丘北面的明清黄河故道）形式入淮，黄河泛滥规模减小、频率减少，对商丘地貌影响减弱。北宋以来700年间，黄河的改道、决溢、泛滥，彻底改变商丘地区的自然地貌和文化景观，商丘地区南部形成了4~6米（局部达8~11米）厚的黄泛沉积层。清咸丰五年始，黄河北流，结束了对商丘的影响。[③]

正是因为黄河泛滥之故，到明代时汉唐遗迹已不可见。故明人李梦阳《梁园歌》曰："荒烟白草古城没，登台望之令心哀！"王廷相《梁苑歌三首（其一）》曰："黄

---

① 荆志淳、George（Rip）Rapp，Jr、高天麟：《河南商丘全新世地貌演变及其对史前和早期历史考古遗址的影响》，《考古》1997年第5期。
② 关于黄河下游河道变迁历史与黄河泛滥的文献记载较多，可参见岑仲勉：《黄河变迁史》，人民出版社，1957年；邹逸麟：《黄河下游河道变迁及其影响》，《黄河史研究》，复旦大学出版社，1982年；清康熙四十四年版《商丘县志》；清乾隆十九年版《归德府志》。
③ 荆志淳、George（Rip）Rapp，Jr、高天麟：《河南商丘全新世地貌演变及其对史前和早期历史考古遗址的影响》，《考古》1997年第5期。

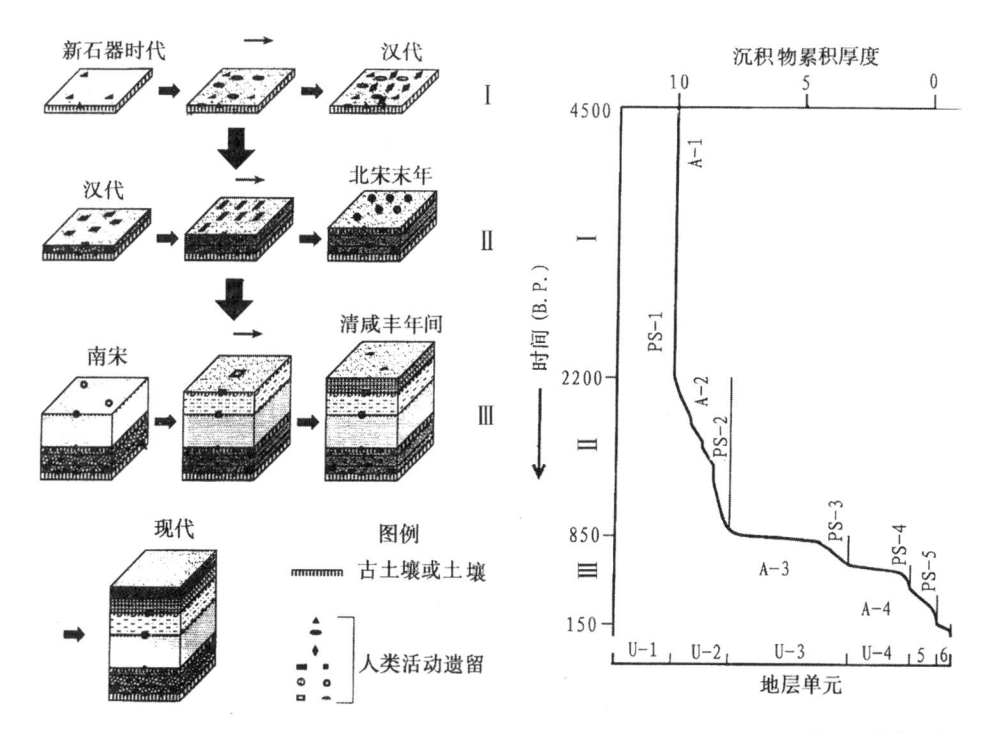

附图8-6　商丘地区古代地貌变迁图［出自荆志淳、George（Rip）Rapp，Jr、高天麟《河南商丘全新世地貌演变及其对史前和早期历史考古遗址的影响》，《考古》1997年第5期］

河东来沙填海，陈留十山几山在？梁王古苑九地深，岁岁龙蛇窟穴改。"

3．小结

商丘地区自新石器时代至北宋时期，地形地貌相对比较稳定，这里地势平坦，土地肥沃，河流纵横，植被茂盛，是一个非常适合人类生活的地方，也是适合产生大型都邑的地方。因此，周代的诸侯国宋国、汉代诸侯国梁国都建都于此，至唐宋时期依然是重要都会。

北宋以降，因黄河泛滥，商丘地区的地貌发生急剧变化，水灾频频以致民不聊生，城市规模急剧缩小，但依然不失为重要的区域性中心城市。

（四）商丘古城是运河之城

1．商丘作为运河城市的自然条件

（1）商丘古城南北的河道网络

前文已述，商丘古城南面有一条著名的河流叫作睢水。在古文献中，我们发现了几个在商丘与睢水之间发生的故事。

据《左传》载：鲁成公十五年，宋国内乱，左师鱼石、大司寇向为人、少司寇鳞朱、大宰向带、少宰鱼府等五大夫，与右师华元不合，双方争斗，五大夫从国都出走，居睢水岸旁。后来，五大夫与华元开战，引睢水灌城。"登丘而望之，则驰骋而从之，则决睢澨。"杜预注："睢，水名。五大夫畏同族罪及将出奔。""澨，水涯决坏也。"由此可知，宋国都城紧邻睢水。

《水经》："睢水出梁郡鄢县。东过睢阳县南。"郦道元注曰："睢水又东径睢阳县故城南，周成王封微子启于宋，以嗣殷后，为宋都也。""城西门即寇先鼓琴处也。先好钓，居睢水旁，宋景公问道，不告，杀之。后十年，止此门，鼓琴而去。宋人家家奉事之。"寇先家居睢水旁而鼓琴宋城西门，可见宋城去睢水不远。

《史记·宋微子世家》："齐桓公即位九年，宋水，鲁使臧文仲往吊水。湣公自罪曰：'寡人以不能事鬼神，政不修，故水。'"宋国水患应来自近旁的睢水。《水经》："获水出汳水于梁郡蒙县北。"郦道元注曰："《汉书·地理志》曰：'获水首受甾获渠，亦兼丹水之称也。'《竹书纪年》曰'宋杀其大夫皇瑗于丹水之上'，又曰'宋大水，丹水壅不流'，盖汳水之变名也。"按《水经注》，丹水东过虞城、下邑（今夏邑）、砀县（今永城）北，可知丹水是汳水向东南的支流，流经宋城北。据此，宋国曾有汳水之灾。

也有将睢阳城与睢水连通起来的水道。

据《水经·睢水注》："睢水又东径睢阳县故城南……又东合明水，水上承城南大池，池周千步，南流会睢，谓之明水。"睢阳城南侧的"小水"应即"明水"。可见，睢阳城南有一条小河把睢阳城与睢水连通起来。

乾隆年间《归德府志》中"商丘县境图"表明，商丘城南有河曰古宋河（更早时候显然叫宋河），河之北段河道分岔为三，皆与护城河连通。河之南段往南在高辛集与贯通东西之河流沟通。

据考古勘探，商丘城南今北刘庄东面、周台村一带确实有一条南北向古河道，大体上与今古宋河相对应（河道有摆动，参见附图8-5）。[①] 有理由相信，古宋河与明水应该有历史渊源。通过明水（宋河），睢水中的舟船可直接驶抵睢阳城下，甚至进入睢阳城内，考古发现的古宋河已在周宋城、汉睢阳城南部。

商丘古城北面的汳水，虽然没有像睢水那样与商丘古城关系紧密，但二者亦有联系。据《水经·汳水》："汳水出阴沟于浚仪县北。又东至梁郡蒙县为获水，余波南入睢阳城中。"郦道元注："汳水又东径蒙县故城北……汳水自县南出，今无复有水，惟睢阳城南侧有小水，南流入于睢。"可知，汳水有支流（丹水，或曰获

[①] 荆志淳、George（Rip）Rapp, Jr、高天麟：《河南商丘全新世地貌演变及其对史前和早期历史考古遗址的影响》，《考古》1997年第5期，第72页图3。

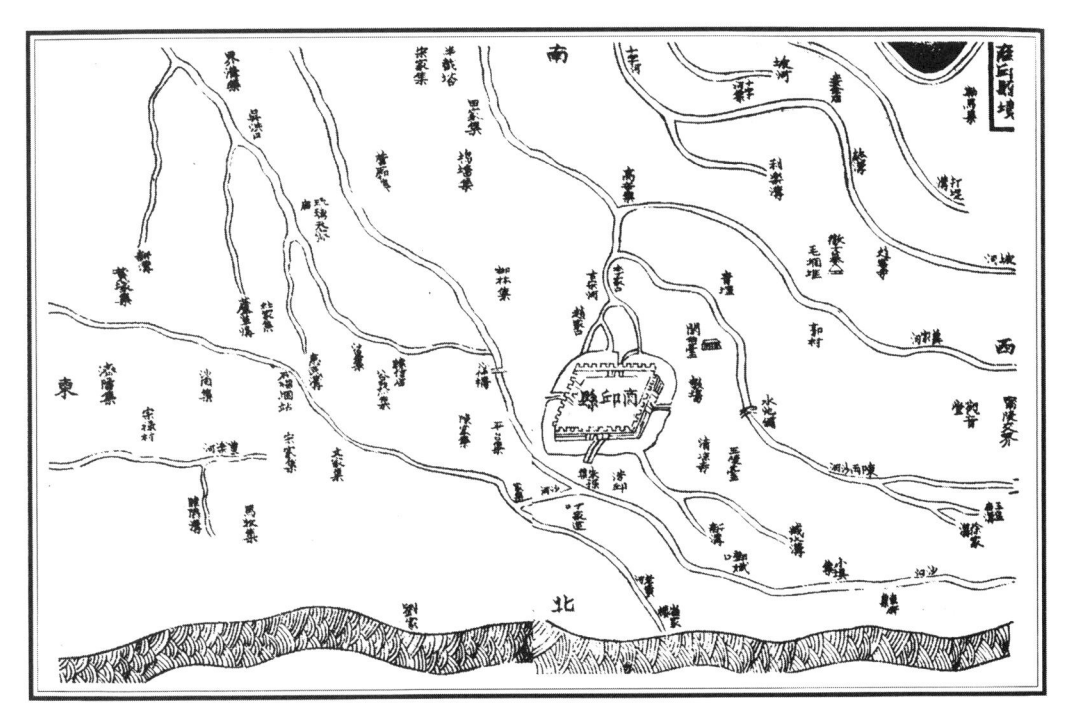

附图8-7 "商丘县境"图［辑自乾隆十九年（1754）《归德府志》（光绪十九年重刊本）］

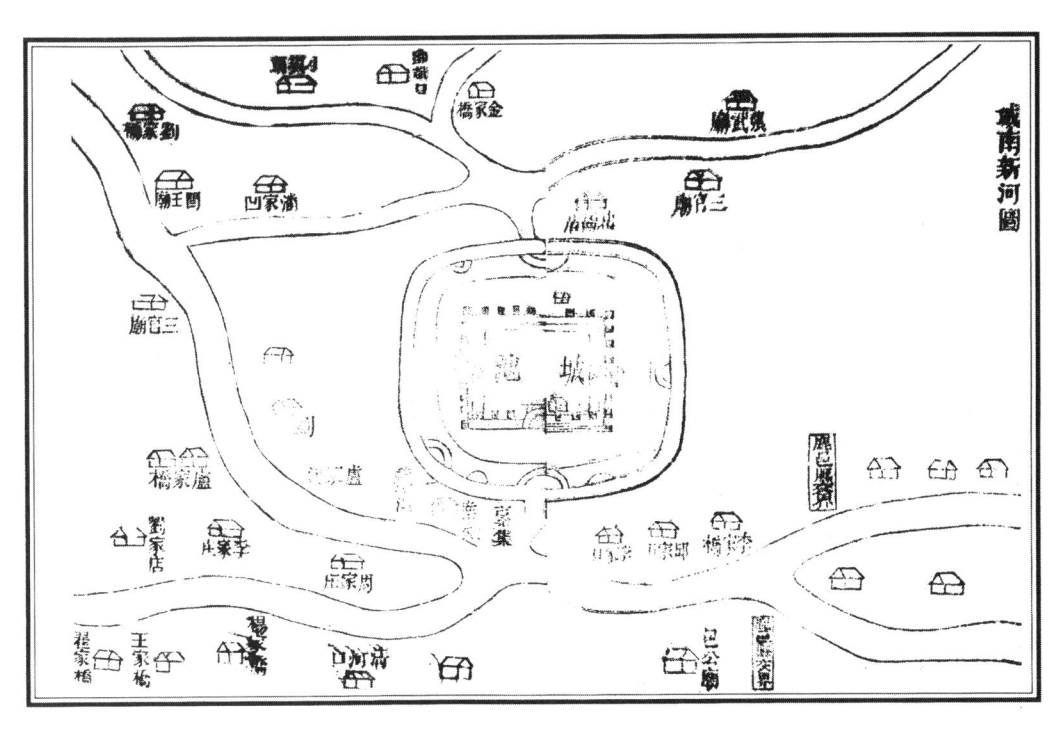

附图8-8 （商丘）城南新河图［辑自康熙四十四年（1705）《商丘县志》（光绪十一年重刊本）］

水，详见《水经·获水注》），南入睢阳城，其河道也许就是今古宋河故道。另外从乾隆年间《归德府志》"商丘县境"图、康熙年间《商丘县志》"城南新河图"看，城北确实有河通往商丘城护城河，商丘城西有沟通南北两大河流的小河，与今古宋河位置大体相符。

（2）商丘城外湖陂为天然港湾

在商丘古城附近，存在大型湖陂。

《水经·睢水注》："睢水又东径睢阳县故城南……睢水于城之阳积而为逢洪陂。"

《尚书·禹贡》："道菏泽，被孟猪。"《左传·庄公十二年》："宋万弑闵公于蒙泽。"杜预注："蒙泽，宋地。梁国有蒙县。"《史记·宋微子世家》：宋湣公与卿大夫南宫万狩猎，发生争执，南宫万"以局杀湣公于蒙泽"。《集解》："贾逵曰：'蒙泽，宋泽名也。'"《汉书·地理志》：梁国睢阳，"《禹贡》盟诸泽在东北"。《水经》："汳水出阴沟于浚仪县北。又东至梁郡蒙县为获水，余波南入睢阳城中。"郦道元注："阴沟即蒗荡渠也……汳水又东径梁国睢阳县故城北，而东历襄乡坞南……汳水又东径贯城南……汳水又东径蒙县故城北。"《水经·济水注》："孟猪在睢阳县之东北。"孟猪、盟诸泽、蒙泽，实一泽而异名（"孟""盟""蒙"，同音通假；"猪""诸"皆即"渚"，亦同音通假），在睢阳城东北。清代学者孙星衍说："睢阳，今河南商邱县。自河决徙流，孟诸故迹不可考矣。"[①]

商丘故城南睢水汇积而成的湖面逢洪陂，恰好是天然港湾，适合于停泊大量舟船。而城东北的盟诸泽，应是连通汳水的湖面，也是天然港湾。总之，商丘故城外的湖陂，支持该城市作为大型港口。

2. 商丘与通济渠

《隋书·炀帝纪》：大业元年三月，"发河南诸郡男女百余万，开通济渠，自西苑引谷、洛水达于河，自板渚引河通于淮"。

《隋书·食货志》：隋炀帝"开渠，引谷、洛水，自苑西入，而东注于洛（河）。又自板渚引河，达于淮海，谓之御河。河畔筑御道，树以柳"。

李吉甫《元和郡县志》卷第五："汴渠，在（河阴）县南二百五十步，亦名蒗荡渠。禹塞荥泽，开渠以通淮、泗。后汉初，汴河决坏，明帝永平中命王景修渠筑堤，十里立一水门，令更相注洄，无复溃漏之患。自宋武北征之后，复皆堰塞。隋炀帝大业元年更令开导，名通济渠，自洛阳西苑引谷、洛水达于河，自板渚引河入汴口，又从大

[①] 孙星衍：《尚书今古文注疏》，中华书局，1986年，第170～171页。

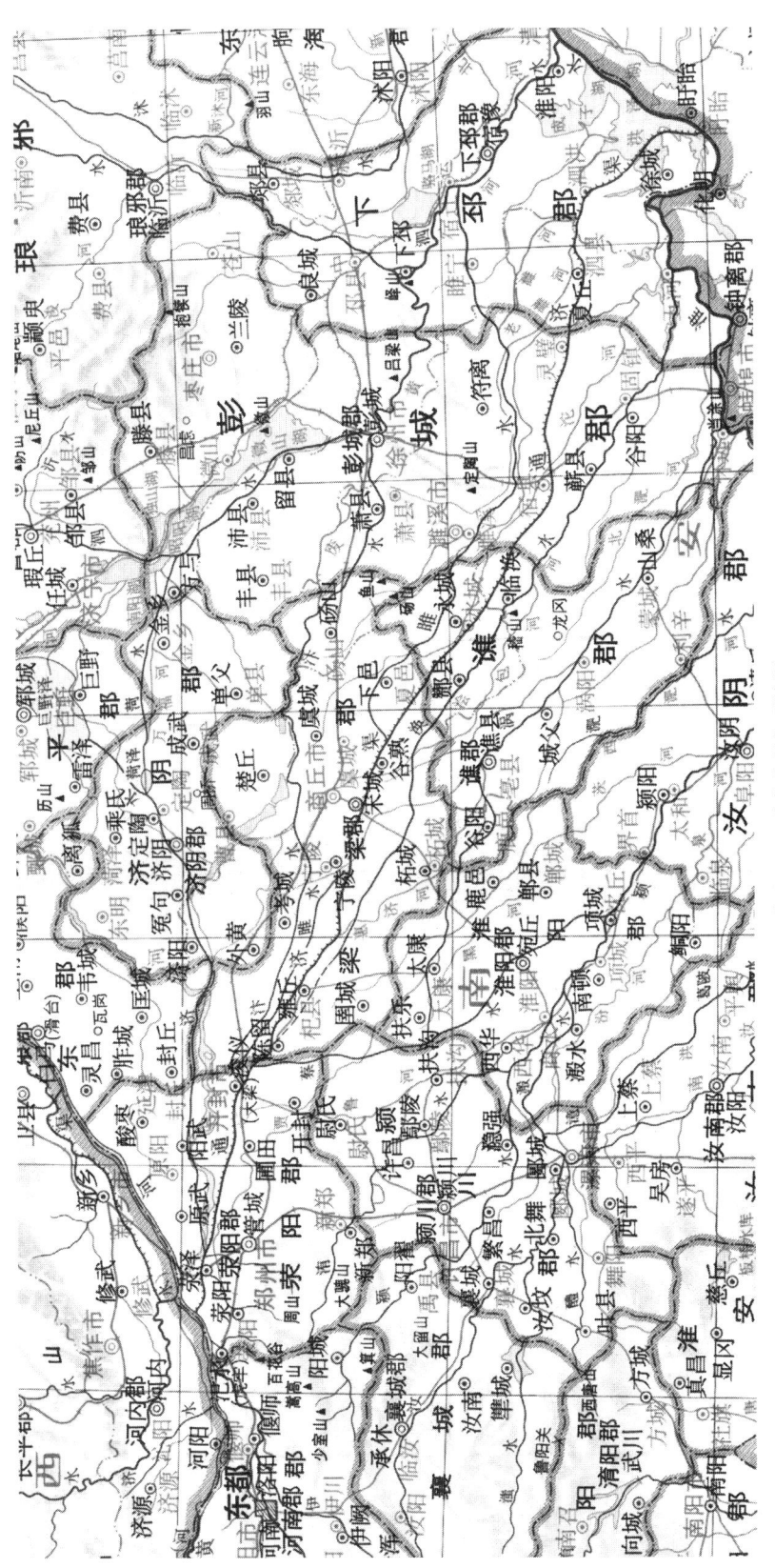

附图 8-9　隋代末城与通济渠

梁之东引汴水入于泗,达于淮,自江都宫入于海,亦谓之御河,河畔筑御道,树之以柳,炀帝巡幸,乘龙舟而往江都。"卷第八则云:"隋炀帝欲幸江都,自大梁城西南凿渠,引汴水,即蒗荡渠也。"卷第九曰:"汴渠,一名蒗宕渠,今名通济渠。"

据康熙四十四年《商丘县志》记载,通济渠商丘段在明朝嘉靖年间(1522—1566)还在通航。清乾隆十九年《归德府志·水利略》记载:"汴河在府城南五里,或曰即蒗荡渠。元至元中淤,嘉靖中曾疏之,今复成平陆矣。"

通济渠是隋代对当时运河的总称。它可分为东、西两段。西段从洛阳城西引谷水、洛水通达于洛阳城东的黄河,东段自板渚(在荥阳西。《水经·河水注》:"河水又东径板城北,有津,谓之板城渚口。")引黄河水通于淮河,中间则贯之以黄河。通济渠东段借用了睢水河道。

通济渠的全线开通,使商丘故城成为通济渠上的重要城市。

3. 商丘与早期人工河

一般认为,通济渠(蒗荡渠、汴渠、汴河)是隋炀帝开凿的人工运河,商丘为运河古城始于隋代。其实,商丘在建城之初就是水岸都邑,很早时候已是运河城市。

明代李濂曰:"汴河在今县治南三十五步,即浚仪渠也。源出荥阳县大周山,合京、索、须、郑四水,东经京城内,合蔡河,名蒗荡渠,又名通济渠。自隋大业初,疏通济渠,引黄河通淮,至唐改名广济渠。"又说:"隋炀帝大业元年,命尚书左丞皇甫谊复西通济渠,作石陡门,引河水入汴,汴水入泗,以通于淮。筑堤树柳,御龙舟行幸,以达于江都,人称其堤曰隋堤。"[①]可见,李濂认为隋炀帝之于通济渠,主要是"疏"(复)而非"凿"。

清代学者赵一清指出:"《禹贡锥指》曰'浮于淮泗达于河',苏氏《传》曰:'自淮泗入河必道于汴,世谓隋炀帝始通汴入泗,禹时无此水道,以疑《禹贡》之言。'按《汉书》项羽与汉约中分天下,割鸿沟以西为汉,以东为楚。文颖注云:'于荥阳下引河东南为鸿沟,以通宋、郑、陈、蔡、曹、卫,与济、汝、淮、泗会,即今官渡是也。'魏武与袁绍相持于官渡,乃楚汉分裂之处,盖自秦汉以来有之,安知非禹迹耶!""鸿沟、官渡、汴水之类,自禹以来有之明矣。"(《水经·汳水注》:"故《经》云汳出阴沟于浚仪县北也。"赵一清注)对"隋炀帝始通汴入泗"之说提出强烈质疑。

确实,更早的文献记载说明黄河分流入淮、泗,远在隋炀帝之前。

---

① 李濂:《汴京遗迹志》,中华书局,1999年,第82、104页。

《史记·河渠书》："（大禹）功施于三代。自是之后，荥阳下引河东南为鸿沟，以通宋、郑、陈、蔡、曹、卫，与济、汝、淮、泗会。于楚，西方则通渠汉水、云梦之野，东方则通（鸿）沟江淮之间。"《史记·索隐》："楚汉中分之界，文颖云即今官渡水也。盖为二渠：一南经阳武，为官渡水；一东经大梁城，即鸿沟，今之汴河是也。"这是鸿沟分流黄河，黄河与淮河沟通的明确记载。

《史记·项羽本纪》："汉王复使侯公往说项王，项王乃与汉约，中分天下，割鸿沟以西者为汉，鸿沟而东者为楚。"《史记·集解》："文颖曰：'于荥阳下引河东南为鸿沟，以通宋、郑、陈、蔡、曹、卫，与济、汝、淮、泗会于楚，即今官渡水也。'"《史记·正义》："应劭云：'在荥阳东二十里。'张华云：'大梁城在浚仪县北，县西北渠水东经此城南，又北屈分为二渠。其一东南流，始皇凿引河水以灌大梁，谓之鸿沟，楚汉会此处也。其一渠东经阳武县南，为官渡水。'按：张华此说是。"

《水经·河水》：河水"又东过荥阳县北，蒗荡渠出焉"。郦道元注曰："大禹塞荥泽，开之以通淮泗，即《经》所谓蒗荡渠也。汉平帝之世，河汴决坏，未及得修，汴渠东侵，日月弥广，门闾故处皆在水中。汉明帝永平十二年，议治汳渠，上乃引乐浪人王景问水形便。景陈利害应对敏捷，帝甚善之。乃赐《山海经》《河渠书》《禹贡图》及以钱帛。后作堤，发卒数十万，诏景与将作谒者王吴治渠，筑堤防修堨，起自荥阳东至千乘海口，千有余里。景乃商度地势，凿山开涧，防遏冲要，疏决壅积。十里一水门，更相回注，无复渗漏之患。……顺帝阳嘉中，又自汴口以东缘河积石为堰通渠，咸曰金堤。"汉代即已大规模整治过汴渠。《水经·济水注》："昔大禹塞其淫水，而于荥阳下引河东南以通淮、泗。"显然，郦氏认为大禹从荥阳挖渠沟通了黄河与淮、泗。

宋罗泌《路史·后纪》云：夏禹"引南河以通淮泗，排淮泗而注之海"。罗苹注："南河，汴也。道元云：'大禹塞荥泽，开汴以通淮泗。'"

据《宋史·河渠志三》："汴河，自隋大业初，疏通济渠，引黄河通淮，至唐改名广济。"请注意这里用"疏"而不用"凿"。"至道元年九月，帝以汴河岁运江、淮米五七百万斛，以济京师，问侍臣汴水疏凿之由，令参知政事张洎讲求其事以闻。其言曰：……禹又于荥泽下分大河为阴沟，引注东南，以通淮、泗。至大梁浚仪县西北，复分为二渠：一渠元经阳武县中牟台下为官渡水；一渠始皇疏凿以灌魏都，谓之鸿沟，莨菪渠自荥阳五出池口来注之。其鸿沟即出河之沟，亦曰莨菪渠。"李濂《汴京遗迹志》卷七引张洎《论汴水疏凿之由》："汉明帝时，乐浪人王景、谒者王吴始作浚仪渠，盖循河沟故渎也。……惟汴渠首受旃然水，谓之鸿渠。东晋太和中，桓温北伐前燕，将通之，不果。义熙十三年，刘裕西征姚秦，复浚此渠，始有湍流奔注，而岸善溃塞，裕更疏凿而漕运焉。隋炀帝大业三年，诏尚书左丞皇甫谊发河南男女百万开汴水，起荥泽入淮千余里，乃为通济渠。又发淮南兵夫十余万开邗沟，自山阳县至于扬子江三百余里，水面阔四十步，而后行幸焉。……唐初，改通济渠为广济渠。"并说："洎言汴河疏凿之由，最为明悉。"[1] 李濂《汴京遗迹志》卷十五引陈师道《汳水新渠记》："自汉末河入于汳，灌注兖豫。永平中，导汳自荥阳，别而东北至千乘，入于海。而河复于是。故渎在新渠之南。《注》所谓'绝河而受索'，自此始。隋开皇中，因汉之旧，导河入汳。大业初，合河、索为通济渠，别而东南，入于淮，而故道竭。"[2]

无疑，古人相信大禹时候已经导通黄河与泗、淮。秦始皇凿鸿沟引河水灌注大梁，再创黄河与淮、泗沟通的早期人类杰作。至少，汉代时候分流黄河的鸿沟确实存在。鸿沟后来成为通济渠的一段，流经睢阳城南的睢水，便是通济渠更东面的河段。隋代以前，经鸿沟导河入泗的睢水，从商丘古城南侧流过；经鸿沟导河入泗的汳水，流经商丘古城的北面。

另据唐代李吉甫云："汉梁孝王广睢阳城七十里，开汴河，后汴水经州城南。"李吉甫认为早在西汉时期梁孝王扩建睢阳城时便已"开汴河"，使睢阳城成为运河城市。

因此，商丘古城（宋城、睢阳城）早在隋炀帝开凿通济渠之前，已被连接在黄河分流人工河道系统上。而据汉代学者见解，开凿河渠的主要目的包括漕运。如《汉书·沟洫志》载，汉哀帝时，待诏贾让奏书云："通渠有三利……转漕舟船之便。"

根据前引文献并结合现代历史地理学者的研究成果[3]，我们可以勾画出商丘古城与古代水道的关系。

春秋战国时期，睢水过睢阳南，丹水经睢阳北，二水均上承济水、东入泗水，沟通黄河、淮河，如附图8-10所示。两汉时期，汳水（又有甾获渠、获水、谷水之名）过睢阳北，睢水经睢阳南，东入泗水，形成沟通黄河、淮河的两个河道，如附图8-11所示。三国、西晋、北朝时期，汳水（汴水）、睢水同源，分别流过睢阳北、南，沟通黄河、淮河，睢阳紧邻睢水。隋代，汴水、睢水同源，分别流经宋城北、南，而睢水在宁陵、宋城、谷熟段，与通济渠合流。唐代通济渠又叫汴水，原汴水改称古汴河，睢水在宁陵、宋城、谷熟段与汴水合流。北宋时期，汴河东南流，经陈留、雍丘、襄邑、

---

[1] 李濂：《汴京遗迹志》，中华书局，1999年，第84、86页。
[2] 李濂：《汴京遗迹志》，中华书局，1999年，第265页。
[3] 中国历史地图集编辑组：《中国历史地图集》，地图出版社，1974年。

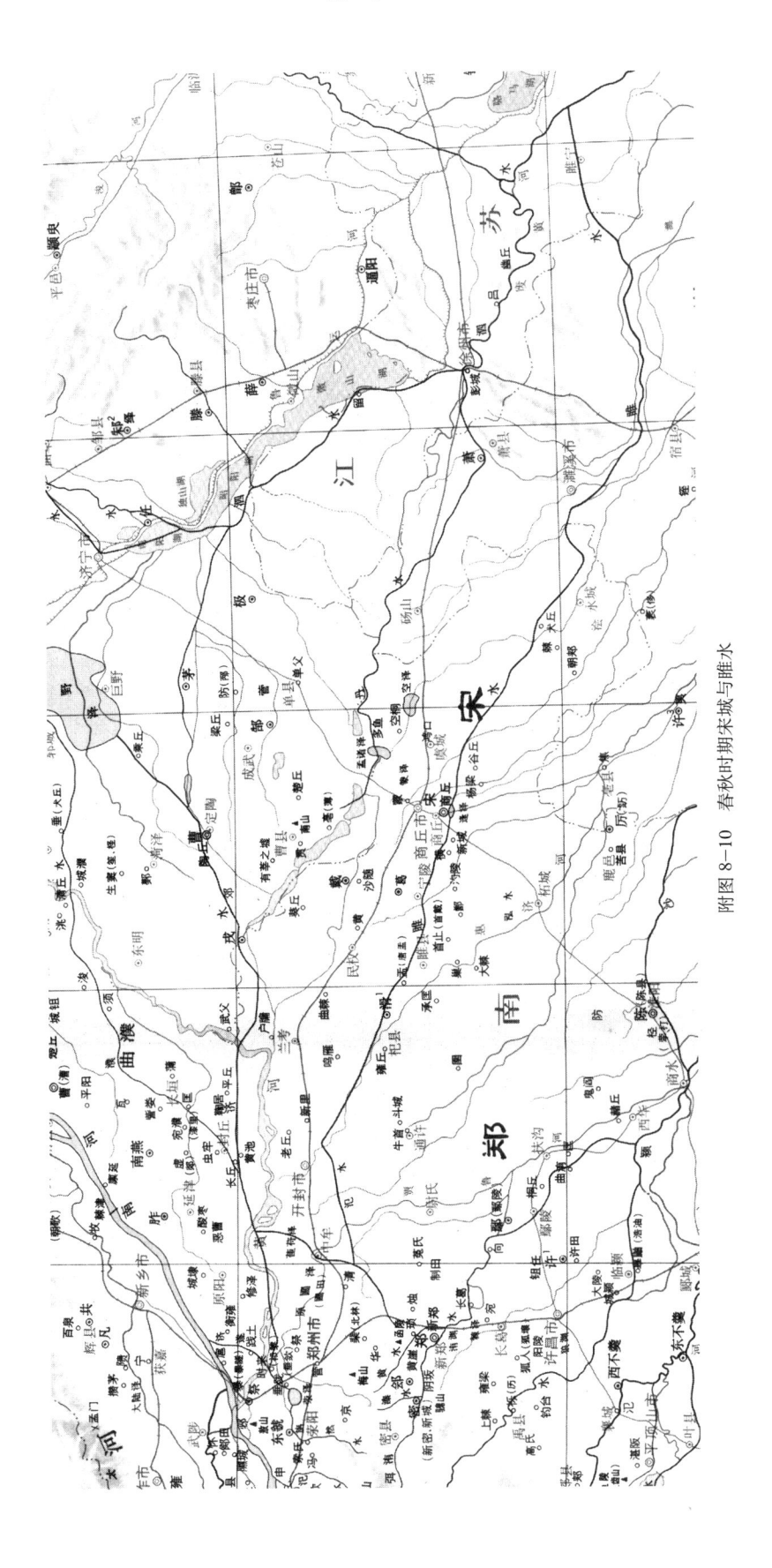

附录

附图 8–10　春秋时期宋城与睢水

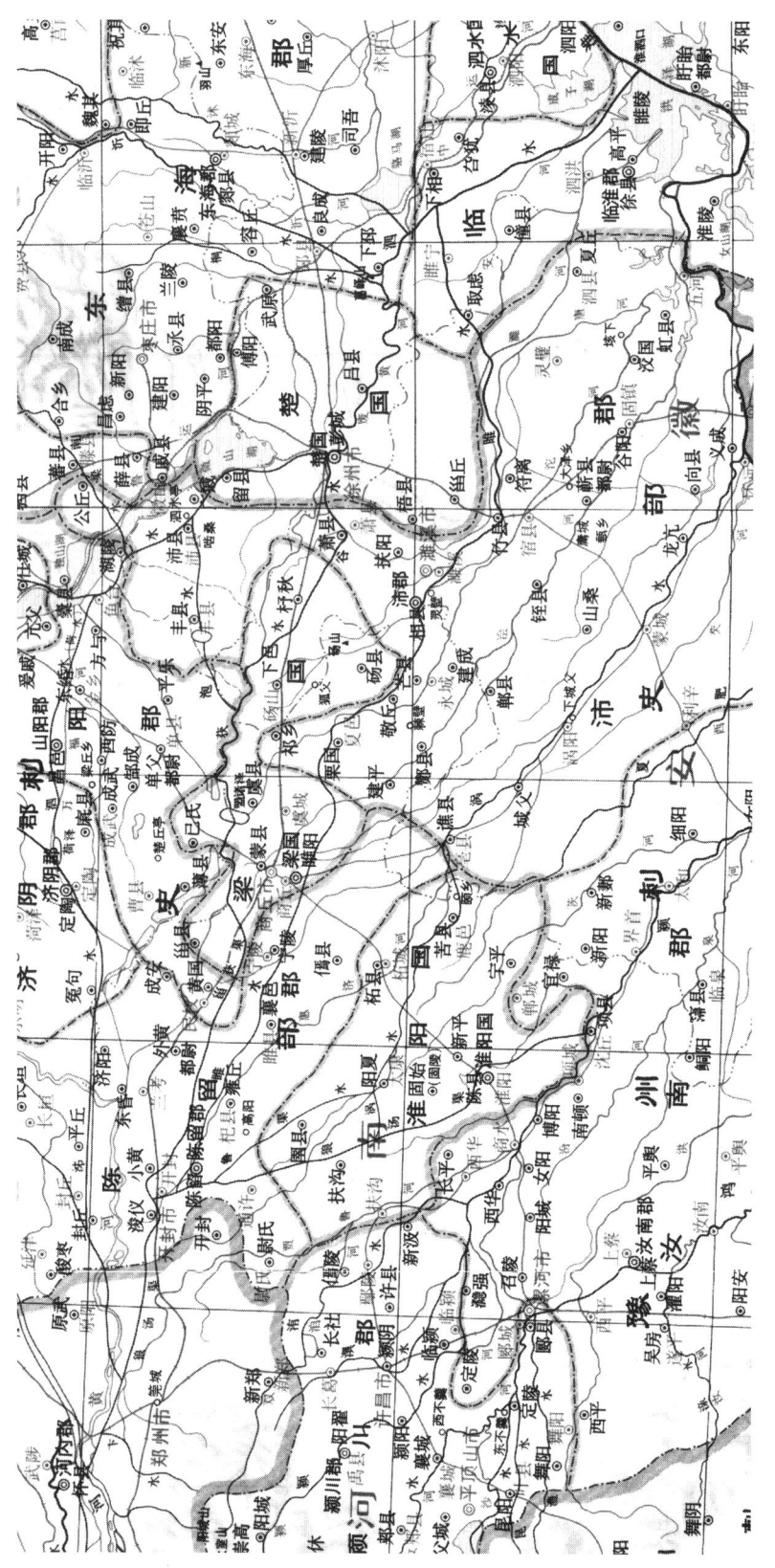

附图 8-11 西汉睢阳城与睢水

宁陵,过宋城(南京应天府)南;古汴河在宋城以北,东入泗水;陈留北又有濉水(古睢水)从汴河支出东南流,在宁陵西复入汴河,至宋城东又分支汴河而出,东南入泗水。金代黄河岔流东南过归德府宋城南,北折入黄河。在开封以东汴水曾与黄河岔流合流,过宋城、谷熟后,分支为睢水在北,东入黄河,进入大运河水系;汴水在南,流入淮河。明代时,睢水从陈留东流,过归德府南,东流入黄河,与大运河连通。黄河从归德府北面东流。睢水在归德府南分支南流,名马尚河,入涡水南注淮河。

总之,自东周至明代,商丘古城一直处在沟通黄河与淮河的河道旁。尽管历史上发生过河流改道、河名变迁,但是,商丘古城的运河(沟通黄河与淮河)城市之地位从未丧失。

4. 商丘古城城湖、水门包含的历史信息

作为运河城市的必要设施,商丘古城南有大型城湖,此一传统被代代沿袭。

据考古勘探,周代宋城城墙外侧"确证有城壕或城湖的存在"。根据在南城墙西段的勘探,城壕宽度约120米。

《水经·睢水注》:"睢水又东径睢阳县故城南……睢水于城之阳积而为逢洪陂,陂之西南有陂,又东合明水,水上承城南大池,池周千步,南流会睢,谓之明水,绝睢注涣。"这是睢阳城南有大水池的最早记载。

北宋时具有传奇色彩的高龄得道之士刘山老曾在其《满庭芳》中写道:"睢阳门外,

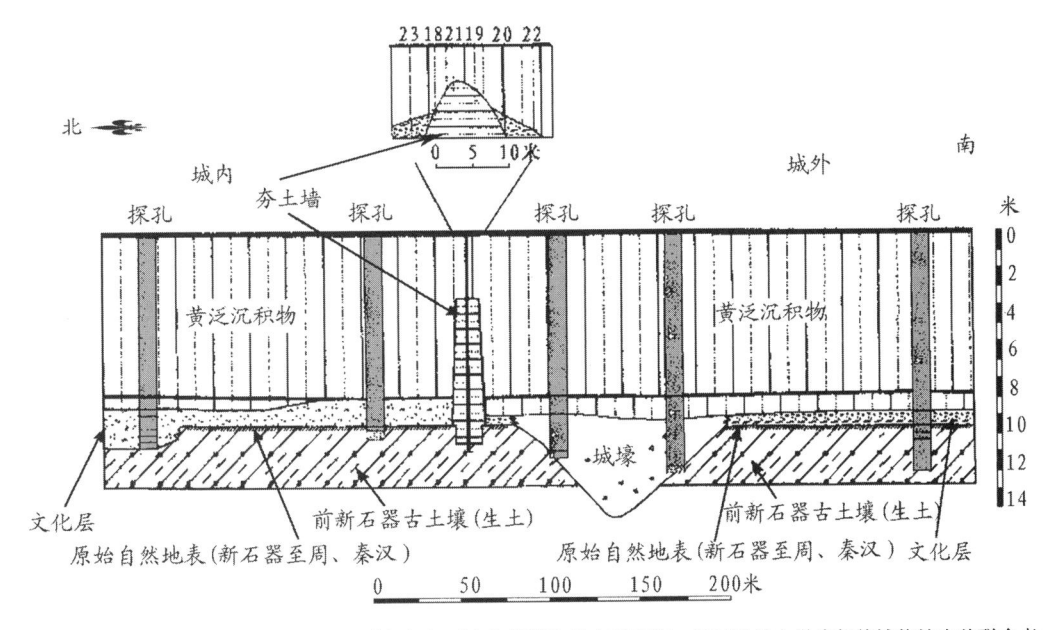

附图8-12 宋城城墙与护城河剖面图(出自中国社会科学院考古研究所、美国哈佛大学皮保德博物馆中美联合考古队《河南商丘县东周城址勘查简报》,《考古》1988年第12期)

有个大南湖。"① 这是睢阳城外有一较大南湖的明确记载。

乾隆年间《归德府志》"归德府城池图"中府城西南有地名曰"小南海"（参见附图8-3），南城墙有两座水门。顺治年间《归德府志》"归德府城池图"、康熙年间《商丘县志》"商丘城图"上南城墙亦有两座水门。从图上分析，东水门可通归德府府仓，西水门可通商丘县县仓。而其余三面城墙均无水门。可见城南面必有城湖或河渠通大河。今天的商丘城南依然存留有人工湖曰"南湖"，应即古代"城南大池""小南海"之孑遗。商丘古城虽然城市规模逐步缩小甚至稍微移位，但是城南设湖泊之传统一直未变。这与商丘古城与南面运河之密切联系有关。

5. 考古发现的商丘古城南面的运河及其码头

《水经·汳水注》："汳水又东径葛城北……又东径神坑坞，又东径夏侯长坞……汳水又东径梁国睢阳县故城北，而东历襄乡坞南。"汳水在这一带屡屡经过的所谓"坞"，怀疑都与码头有关。

北宋熙宁五年（1072）十月五日晚，日本僧人成寻从台州府开始北行，经扬州溯汴河前往五台山参佛，行至南京应天府，其在日记中记道："……至南京大桥南，停船宿。……大桥上并店家灯火，大千万也。伎乐之声，遥闻之。……六日天晴。辰时，曳船，从桥下过。店家卖买，不可记尽。经二里，至次大桥外，停船。梢工宿积干姜取上市头了，五十石许上了。于宿州卅石许上市了。"② 从这段记述可以想见，当时南京应天府城南大运河南北两岸的繁荣程度及夜生活的丰富多彩：在二里之内，有两座大桥，大桥两端区域均可以泊船；大桥上下，店铺林立，夜晚灯火通明，伎乐声声；码头市场等级较其他一般州城为高，繁荣程度超过其他一般州县。

2007年夏，商丘市文物管理局组织全市文物工作者30余人，展开了对通济渠商丘段的考古调查，基本搞清了通济渠商丘段的走向、尺度等，探明商丘境内的大运河全长199.7千米，河床一般宽度为50米左右，夏邑县济阳镇河段河床最宽处达150米，商丘古城老南关外运河河床最宽处达300米，河床深6~10米。根据调查资料初步推测永城市老城、鄪阳镇，夏邑县会亭镇、济阳镇，虞城县谷熟镇，商丘古城南关外，睢县城北关等处为通济渠疑似码头。

据考古钻探资料，商丘故城南通济渠南北两岸均有码头遗存，北岸码头遗址位于

---

① 唐圭璋编：《全宋词》，中华书局，1965年，第635页。
② 〔日〕成寻著，王丽萍校点：《新校参天台五台山记》，上海古籍出版社，2009年，第263~264页。
参见：〔日〕释成寻原著，白化文、李鼎霞校点：《参天台五台山记》，花山文艺出版社，2008年，第101~102页。

古宋乡武庄村，发现有砖石结构和夯土结构两类遗存，砖石结构部分顶部距地表5~5.5米，底部距地表8米，东西长（沿河岸）约150米，河口向外（北）宽52米。北岸码头及附属建筑遗存面积24.5万平方米，东西长700米，南北宽（从河口向外）300余米，文化遗存距地表5~11米不等。南岸码头位于大郭庄村，东西长700米，南北宽200余米，面积16.8万平方米。

2009年1月在古宋乡武庄村试发掘码头遗址，发掘面积120平方米，发现倒塌房屋两处、烧火灶一处、木船板一块（长5米余，宽0.4米，厚0.045米）。出土北宋"熙宁元宝"铜钱一枚，两枚骨制骰子，一件造型精美的宋代红陶狗。此外，还出土大量北宋时期的砖瓦残块及陶瓷片、部分唐代瓷片。这一段码头面是用黑灰色黏土、白灰等混杂夯筑而成的。从目前出土文物判断，这一段码头的废弃年代属于北宋时期。

考古工作者根据探查时获取的文化遗物判断，该码头遗址下面也许叠压有更早时期的码头遗址。

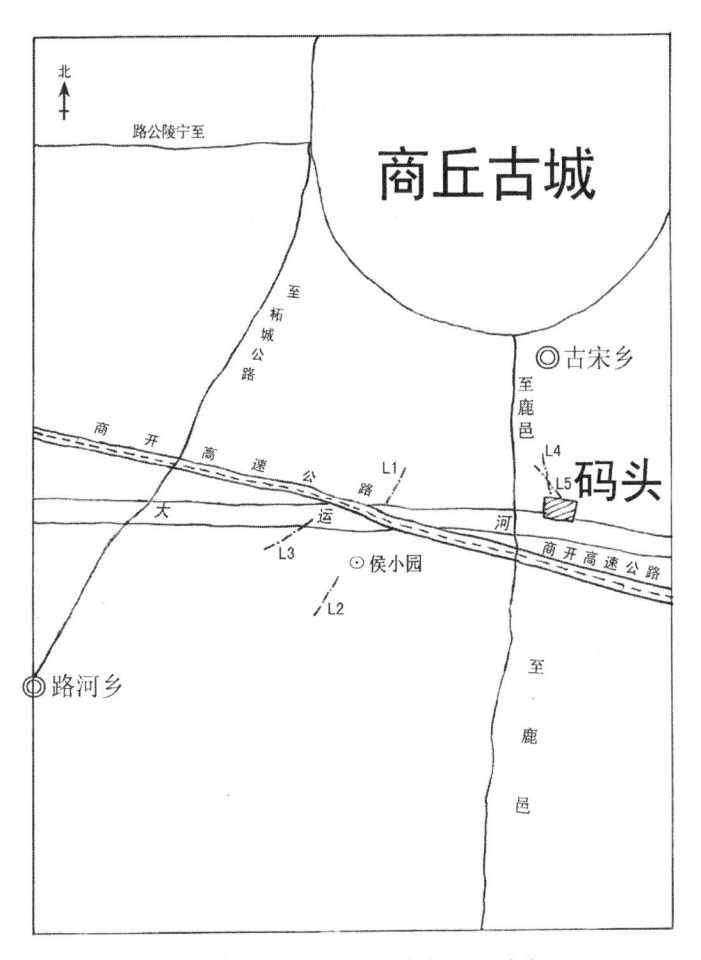

附图8-13 商丘古城南运河线路及其码头位置

附图 8-14　商丘通济渠码头遗址考古发掘现场

据调查，在 20 世纪 90 年代，商丘地区通济渠故道的一些河段（自虞城县以东）还保留着高出地面 3～5 米的河床。新中国成立以来，在这一段河床上经常有隋、唐、宋等时期的文物出土。如 1996 年春，在永城侯岭运河故道发现一艘唐代木货船，船长 25 米、宽 5 米，出土文物 67 件；1997 年前后，在夏邑县济阳镇西街大运河故道内出土两艘长约 20 米的古代木船，两船间距不足 100 米；2003 年、2004 年商（丘）永（城）公路南路拓宽改造工程中，通济渠故道内出土一大批隋、唐、宋等时期的陶瓷器。

从夏邑县博物馆、永城市博物馆和商丘市个人收藏的情况看，这批陶瓷器主要有四个方面的特点：一是数量巨大，多达数万件（片）。二是窑口众多，目前能够鉴定出的窑口已有数十个。其中，唐代窑口主要有湖南长沙窑、浙江越窑、河南巩县窑、安徽寿州窑等；宋代窑口主要有江西景德镇窑、吉州窑，浙江龙泉窑，福建建窑，河北定窑、磁州窑，河南临汝窑、鹤壁窑和禹州钧窑等。三是品种丰富，应有尽有。陶器有灰陶、釉陶和三彩；瓷器有黄釉、酱釉、青釉、白釉、黑釉和青白釉；装饰有刻、划、剔、印、绘花等，如白釉珍珠地划花，青白釉划花，青釉瓷的刻、印花和白底黑花等；器类更是多样，基本涵盖了陶瓷器的所有品类。四是质量上乘，有不少是完整器。尽管这批陶瓷器不一定是中国南北各窑口最精产品，但应是当时各窑口生产的大众化畅销产品，是用于市场竞争和销售的陶瓷商品。其中不少产品制作质量较高，基本反映了唐宋时期陶瓷的制作水平，对研究陶瓷手工业的市场销售和南北流通具有重大意义。

2011 年夏秋之间，为配合连霍高速公路商丘段拓宽工程建设，文物工作者使用地质探机在商鹿公路至大吴庄东北的高速公路两侧进行了考古勘探，东西向勘探范围约

2000米，钻探47个探孔。后又沿商鹿公路两侧南北向钻探，从连霍高速公路探至华商大道，钻探范围约2000米，钻探40个探孔。勘探时，从地表以下6米开始用岩芯管钻探提取柱状土样，土样直径10厘米，探孔深度一般为15米。钻探表明，在距地表深约12米处，普遍存在一层厚约1米的包含有较多料姜石的黄灰色地层（碳酸钙盐积聚层），应为古土壤层；在距地表10米深上下，同样普遍存在一层厚度在2米左右的文化层；几乎每个探孔的该文化层中均出土有砖块、瓦片、陶器残片、瓷器残片、动物骨骼残块等遗物。各处文化层厚度不等，包含物多少亦不同，以通济渠南岸码头遗址文化层最厚，遗物最多。

另外，在今华商大道南，距地表深约10米处，钻探发现有属于唐宋及以前时期的宽度约300米的河湖类水面遗迹。这是不是当时的南大湖的一部分，尚需要更多的考古发现予以证实。

6. 小结

上面的文献记载勾画出的历史景象是：睢水从睢阳城（宋城）南面穿行而过，睢水在睢阳城西南形成一陂名曰逢洪陂，恰是天然港湾。睢阳城南侧有大水池，周长千步，池南有河名明水，沟通城池与睢水。由睢水经明水可直通睢阳城下。

睢阳城北的汳水（丹水），亦有支流南通睢阳城，通过护城河往南与睢水沟通。

考古发现则证明，商丘古城早在周代就是临河（睢水）城市，唐宋时期，成为通济渠上的中枢城市，其运河及码头遗址已被发掘出来。从睢水到睢阳城，又有河道连通。

（五）结语

古代文献和考古发现证明，商丘古城自西周宋国立国建都之日起，就是睢水岸旁的一大都邑。睢水至迟在东周时期已被连接到黄河分流的人工渠道上。至隋炀帝开凿通济渠，睢水变为大运河的主要河道，商丘古城成为著名的运河城市，直至明代。

如今，睢水已无踪迹，通济渠业已湮没，沿岸的城市一个个先后消沉以至消失。但商丘是少数至今矗立在神州大地上的运河古城之一。可以说，商丘古城是大运河通济渠古藤上的一枚尚未坠落的果实。

商丘古城与大运河，共同构成一项灿烂的文化遗产。商丘古城应与大运河一道，申请加入《世界遗产名录》。

（作者：杜金鹏、孙新民、岳洪彬、刘海旺、王良田、张帆）

二、大运河夏邑段沿途地名考

隋唐大运河通济渠夏邑段是隋代开凿的通济渠的一段，是利用汴河（古名汳水，又称鸿沟或蒗荡渠）的一部分进行疏浚改造而成的，是连接南北方重要交通运输干线的人工运河，在隋、唐、宋三代盛极一时，成为三个王朝的生命线。

隋大业元年（605），隋炀帝征发河南、淮北民工 100 多万人开凿通济渠，于三月二十一日开工，当年的八月十五日全线开通，时间之短，用工之多，工程之浩大，堪称世界奇迹。大运河的开凿，对加强我国南北方的统一，促进南北经济、文化的交流和中央对地方的军事控制，曾发挥过十分重要的作用。

随着岁月的流逝，隋唐大运河通济渠早已退出历史的舞台，静静地沉睡于漫漫黄沙之下，成为一条凝固的地下河。但是，由大运河而产生的一些历史文化现象，至今仍反映在运河沿线区域人们的经济、文化、生活习俗等各个方面，特别是由运河而产生的村镇地名，至今沿用不衰，成为标识大运河的一道风景线，同时也成为我们研究大运河文化遗产的重要文化资源。

隋唐大运河的贯通，极大地促进了大运河沿途工商经济的快速发展，使沿线村镇百业俱兴，商业气息日渐浓厚，商品经济一度相当发达，沿着运河从城镇到农村，各类商业店铺、手工业作坊等蓬勃兴起，商业人口也大大增多，而从事其他行业的人也在运河沿线从业而聚、从业而居，大运河沿线经济的繁荣，也直接导致了一大批沿线村镇的兴起，这些村镇沿运河两岸分布，犹如一串镶嵌在运河带上的明珠，形成了一条独特的大运河经济带，同时也形成了许多与大运河相关的村镇地名。

在隋唐大运河豫东夏邑段这不到 30 公里的范围内，因大运河而产生的村镇名多达 10 余处，研究大运河文化，增强对这些地名的认识和了解，是十分必要的。因此，在 2007 年的隋唐大运河考古调查中，笔者走访了运河沿线的群众，对相关的村镇名的由来作了详细的询问和了解，通过 20 余天的调查，逐渐摸清了一些地名产生的缘由。现将在夏邑段所调查的从东至西沿大运河有关的地名分述如下，希望以此为大运河文化的研究提供一些参考。

从永城市的马庄沿大运河遗址向西，夏邑会亭镇关仓村，因在此置运河漕运的转运仓而得名。据当地百姓传说，关仓原为"官仓"，后由于年深日久，官仓久废，被称为关仓。1985 年的第二次全国文物普查，文物工作者就在关仓发现了一个窖藏谷物的遗迹，发现炭化的谷子、大豆等粮食，由于当地群众取土破坏，遗迹的具体情况不是十分详细。2008年，在第三次全国文物普查中，又对该遗址进行了勘探调查，在关仓村西同样发现了炭化的谷物，其所处的位置距大运河的北岸200余米，恰与史志和传说的"官仓"的位置十分吻合。

有个与关仓相邻的村庄名叫六里饭棚，位于大运河遗址上。据传说，六里饭棚是隋炀帝修大运河时，修河劳工聚集在此吃饭休息的场所，因从会亭驿至设饭棚处约6里，故俗称"六里饭棚"。也有传说此处为隋炀帝下扬州时，沿途官吏"献食"之处。据史载，献食从役者每天都在十数万众，所献美味珍馐极为丰盛，以至于"后宫厌饫，将发之际，多弃埋之"。六里饭棚就是地方官吏献食之处，由于献食者从会亭驿站排成6里的长队，故有"六里饭棚"之称。

六里饭棚西，今会亭镇，古代为会亭驿。隋炀帝时曾在大运河沿途设置很多驿站，据《大业杂记》记载："（大运河）水面阔四十步，造龙舟，两岸为大道，种榆柳，自东都至江都，二千余里，树荫相交，每两驿置一宫，为停顿之所，自京师至江都，离宫四十余所。"会亭驿应为此时所设。在今济阳镇有万和宫村，地处会亭与虞城境内的石榴驿站（即今虞城县站集乡，为史书记载的大运河上的驿站之一）之间，恰巧印证了古史的记载。

在会亭西约8里有杨堤湾村，则因运河开通后有杨姓傍河湾而居，亦因隋堤上杨柳成行得名。

在大运河夏邑段沿线，仅以"铺"命名的就不少。在会亭以西10里有十里铺；济阳东1里的刘铺村，传为刘姓在此开设店铺，故名刘铺；济阳镇西的邓铺。传说隋唐大运河通航之后，沿途的铺是供过往商旅、船只临时休息、补充给养的处所。这三处地名与大运河沿线传说的十里置一铺，无论是距离还是名称都是吻合的。

在夏邑济阳镇东约5里，有田道口村，又名田家道口。传说是大运河通济渠上的一处渡口，因有田姓人家在此摆渡而得村名，这与夏邑北部老黄河故道的司家道口、夏家道口的由来相同，皆因摆渡者姓氏而得其地名。从田道口到济阳镇3公里的距离，有朱菜园、张菜园、戚菜园等村，是当时运河边的几个菜园，并以种菜农姓为村名。

济阳镇因其方位而得名，该段运河名为通济渠的一部分，唐初曾改称广济河，水以北为阳，以南为阴，隋原无济阳之地名，也没有居民，隋唐大运河开通之后，不断有人家从别处迁来，在此摆摊设点，后来在运河北岸修建房屋，开设店铺，长期居住下来，逐渐形成集镇。唐初置济阳镇，因位于通济渠北岸而称为济阳。据民国九年《夏邑县志》记载，济阳又称济阳铺，当与济阳西的邓铺、东之刘铺和十里铺的村名由来相同，三个村镇间距约10里，这与隋唐大运河上十里置一铺的传说十分吻合，由此可知这些传说是比较可信的。

在济阳铺之西邓铺以东大运河沿岸有一个专门从事绣品的村庄叫插花刘楼，白腊园村则是一个专门种植白蜡条的村庄。正是这些手工业、种植业、商铺等构成了大运河的经济线。

大运河通济渠虽然完成了它的历史使命，退出了历史的舞台，逐渐消失在人们的视野中，但在1300多年后的今天，与大运河有关的地名，犹如一道有形的线，勾画出大运河流经的线路，与大运河相关的地名以及遗留下来的大量的政治、经济、文化、风俗等方方面面的信息，播洒在大运河沿线地区，在我国运河文化史上产生巨大而深远的影响。

（作者：张帆，夏邑县博物馆原馆长）

三、永远的大运河

隋唐大运河商丘段是隋炀帝大业元年（605）开凿的通济渠的一段，在商丘境内全长199.7公里，东西横穿商丘睢县等七个县（市、区），是利用汴河河道加宽取直疏浚改造而成的一条人工运河。通济渠于605年三月二十一日开凿，当年的八月十五日全线贯通，征发河南、淮北民工100多万人，时间之短、用工之多、工程之浩大，堪称世界奇迹。从隋唐至元明时期，大运河一直承载着中国南北交通运输的重任，是连接我国南北的交通大动脉。今天的隋唐大运河虽然静静地躺卧在漫漫黄沙之下，但它所留下的丰厚的文化遗产，在中国文化史上打下了深深的历史烙印。"大运河的文化资源太丰富了，除了两岸的历史遗迹，还有它的堤坝、码头、船闸、桥梁……这些都还是物质遗产，还要注意非物质文化遗产的保护，比如昆曲、民间手艺……"著名建筑学家罗哲文教授谈起大运河的价值时如数家珍。

自2008年3月24日"大运河申报世界遗产工作会议暨大运河保护规划编制要求研讨会"在大运河申遗牵头城市扬州召开后，运河沿线的33个城市申报大运河世界文化遗产的工作也全面启动，河南商丘大运河段申遗前的文物考古调查、勘探工作在2007年7月已拉开序幕，同时对大运河的文化资源调查研究工作也进入了一个新的阶段。本文拟对隋唐大运河商丘段相关问题，谈一点个人的见解，希望以此为大运河文化的研究提供一些参考。

1. 隋堤烟柳与大运河的兴衰

历史上，大运河是贯通南北的经济大动脉，是南粮北运、盐运、商旅交通、军资调配、水利灌溉的重要通道，因此，自开通之日起，大运河的河道疏浚、堤防养护就成为历朝历代的一项浩大的工程，大运河之通济渠（宋称汴河）由于是引黄河水为补给水源，黄河水含沙量大，极易造成泥沙沉积，抬高河床，影响航运。故而从唐代起，为了保证航运畅通，每年都要对大运河河道进行清淤疏浚。隋炀帝开凿大运河后，为了加固堤防也为了避暑，曾在大运河堤岸广植榆柳，从而在运河沿线形成了一道美丽而独特的"隋堤烟柳"景观。据史书记载，隋炀帝曾在大运河两岸种植杨柳，杨柳叠翠成行，每到春天，风吹柳絮，腾起似烟，清晨登堤遥望，但见晓雾蒙蒙，翠柳被笼罩在淡淡的薄雾之中，苍翠欲滴，仿佛半含烟雾半含愁，景致格外妩媚，是一幅绝妙的柳色迷离的风景画。故许多运河沿线城市都以"隋堤烟柳"作为地方景观。唐代诗人白居易在《隋堤柳》诗中对"隋堤烟柳"胜景是这样描述的："西自黄河东至淮，绿影一千三百里。大业末年春暮月，柳色如烟絮如雪。"

20世纪90年代，河南夏邑县济阳镇西街大运河故道内发现两艘长约20米的古代木船。在出土木船的地方现在仍保留有长2000余米、宽30～50米的故道水面，池水碧波荡漾，往昔那两岸杨柳依依的胜景虽已随着岁月的流逝而湮没在历史长河之中，但作为夏邑十景之一的"隋堤烟柳"，那"柳色如烟絮如雪"的美丽画卷却永远烙在运河两岸人们的记忆中。

自唐五代十国以后，伴随着中国政治中心的东渐与经济重心的逐步南移，巩固大运河这一重要交通运输干线，已成为历代封建统治者重要的举措。通济渠开凿于隋，历经隋、唐、宋三朝，航运十分发达，特别是为唐、宋两个王朝的强盛和繁荣发挥过重大作用。李焘《续资治通鉴长编》记载："唯汴之水横亘中国，首承大河，漕引江、湖，利尽南海，半天下之财赋，并山泽之百货，悉由此路而进。"这说明了大运河是维护王朝统治的漕运生命线。唐末时，大运河通济渠的淤塞十分严重。

北宋太祖建隆二年（961），为加强对大运河（汴水）的水源、水道、堤岸的治理，在汴堤两岸广植榆柳以巩固堤防。到北宋熙宁六年（1073），由于北宋政府疏于对大运河的治理，开封以东"自汴堤下瞰民居，如在深谷"，有些地方"汴身填淤，高水面四尺"，长年的泥沙淤积，大运河已形成河床高出地面数米的地上河。北宋末年，大运河的管理更为松弛，以致"汴水浅涩，阻隔公私舟船"。宋室南迁之后，为阻止金兵南下，破坏沿途码头、桥梁等运河设施，运河失去了全线通航的功能。商丘段在明代中后期完全淤塞，成为陆路，这段古老的大运河从此退出历史的舞台。

2. 大运河文化的廊道——因运河而生的地名

隋唐大运河的开凿，对加强我国南北方的统一，增进南北经济文化的交流，曾发挥着十分重要的作用。随着岁月的流逝，隋唐大运河早已退出历史的舞台，但因大运河而产生的一些历史文化现象，至今仍反映在大运河沿线区域人们的经济、文化、生活习俗等各个方面。特别是因大运河而产生的村镇地名，至今沿用不衰，成为大运河沿线的一道风景线，同时也是我们研究大运河文化的重要文化资源。

隋唐大运河的贯通，极大地促进了大运河沿途社会经济文化的发展，使沿线村镇百业俱兴，商业气息日渐浓厚，商品经济比较发达，沿大运河从城镇到农村，各类商业店铺、手工业作坊等蓬勃兴起，商业人口也大大增多，而从事其他行业的人也在运河沿线从业而聚、从业而居，大运河沿线经济的繁荣，也直接导致了一大批沿线村镇的兴起，这些村镇沿运河两岸分布，犹如一串镶嵌在运河带上的明珠，形成了一条独特的大运河经济带，同时也产生了许多与大运河有关的村镇名。

在隋唐大运河豫东夏邑段这短短 27 公里的河段，因运河而产生的村镇名多达 10 余处，仅以"铺"命名的就有多个，这与大运河沿线传说的十里置一铺，无论是距离还是名称都相吻合。研究大运河文化，增强对这些地名的认识和了解，是十分必要的。因此，在 2007 年的隋唐大运河考古调查中，笔者走访了夏邑段运河沿线的群众，对相关村镇名称的由来作了详细的询问和了解，通过 20 余天的调查，逐渐摸清了一些地名产生的情况。隋唐大运河夏邑段从东至西一线与大运河有关的地名依次如下。

夏邑会亭镇关仓村，因在此置运河漕运的转运仓而得名，据当地百姓传说，关仓原为"官仓"，后由于年深日久，官仓久废，被称为关仓。有个与关仓相邻的村庄名叫"六里饭棚"，关于六里饭棚有两种传说：一说六里饭棚是隋炀帝修大运河时，修河劳工聚集在此吃饭休息之处；还有一说是隋炀帝下江南下令"所过州县，五百里内皆令献食"，沿途五百里范围内所有的州县都必须给隋炀帝的船队贡献食物。官员率领百姓在沿河两岸人挑肩扛车载运送各种吃食，队伍长达六里之远，"多者一州至百舆，极水陆珍奇"，以至于食物丰盛，"后宫厌饫，将发之际，多弃埋之"，百姓十分愤慨。因从会亭驿至设饭棚处约 6 里，故俗称"六里饭棚"。会亭，又名会亭驿，隋炀帝时，曾在大运河沿途设置很多驿站，据《大业杂记》记载："（大运河）水面阔四十步，造龙舟，两岸为大道，种榆柳，自东都至江都，二千余里，树荫相交，每两驿置一宫，为停顿之所，自京师至江都，离宫四十余所。"会亭驿应为此时所设。在会亭西约 8 里的杨堤湾村，则因运河开通后有杨姓居民傍河而居而得名。在会亭驿以西 10 里有十里铺村，传说隋唐大运河通航之后，沿途十里置一铺，是供过往商旅、船只临时休息、补充给养的处所。在夏邑济阳以东约5里有田道口村,又名田家道口,传说是大运河上的一处渡口,因有田姓人家在此摆渡而得村名,这与夏邑北部老黄河故道的司家道口、夏家道口的由来相同,皆因摆渡者姓氏而得其地名。济阳东1里的刘铺村,其名由来与十里铺相同,传为刘姓在此开设店铺,故名刘铺。从田道口到济阳几公里的距离,有朱菜园、张菜园、戚菜园等村,是当时运河边的几个菜园子,并以种菜之菜农姓氏为村名。济阳因其方位而得名,该段运河名为通济渠的一部分,唐初曾改称广济河,该集镇因位于通济渠北岸而称济阳。在走访中,听村民讲,现在的济阳原没有居民,隋唐大运河开通之后,不断有人家从别处迁来,在此摆摊设点,后来在运河北岸修建房屋,开设店铺,长期居住下来,逐渐形成集镇。据民国九年《夏邑县志》记载,济阳又称济阳铺,当与济阳西的邓铺、东之刘铺和十里铺的村名由来相同,三个村镇间距约10里,这与隋唐大运河上十里置一铺的传说十分吻合,由此可知这些传说是比较可信的。在济阳铺之西邓铺以东有一个专门从事绣品的村庄叫插花刘楼和一个专门从事种植白蜡条的白腊园村。也正是这些手工业、种植业、商业店铺等构成了大运河的经济线。

大运河虽然已完成了它的使命,退出了历史的舞台,但在1300多年后的今天,大运河沿线许多村民将其称为"隋河",至今仍能准确地指出它流经的地方,讲述与它有关的民间故事,足见隋唐大运河在历史上产生的巨大而深远的影响。

3. 大运河商丘段考古调查与大运河出土文物

隋唐大运河通济渠商丘段全长199.7公里,从西向东经过睢县、宁陵、梁园区、睢阳区、虞城、夏邑、永城七个县(市、区)。2007年7至8月,商丘市文物管理局成立了隋唐大运河商丘段考古调查、勘探办公室,组建6个文物调查组,分段调查勘探,基本摸清了大运河商丘段的方位、走向、河堤、河床的宽度及一些疑似码头的地方,特别是在夏邑县的会亭镇关仓一带,我们清理了一段运河大堤的平、剖面,使我们对运河大堤的地层情况有了直观的了解。这段河堤与河床迹象较为明显,河堤土质为质地较硬的黑灰色花土,夹杂灰色硬胶泥土、砂姜石颗粒、螺蛳壳等,河床内基本为纯净的细黄沙,沙土细而均匀。我们采集了不同地段的河堤土及河内细沙等土样,这些将成为我们识别大运河商丘以东百余里大运河河堤、河床土质的标本。

为配合大运河的申遗工作,从2008年4月以来,大运河商丘段的文物调查与勘探工作,由全线普探进入了有重点、有目的、有规模、有科技含量、实质性的大运河考古工作阶段,还有更多大运河的遗迹等待文物考古工作者去发现、去研究、去探索,让我们拭目以待。

隋唐大运河通济渠在商丘古城南门外从西向东蜿蜒流过，经商丘睢县、宁陵、梁园区、睢阳区、虞城、夏邑、永城七个县（市、区）。新中国成立以来，这一段运河故道上经常出土隋、唐、宋时期的各类文物。20世纪八九十年代，永城、夏邑境内个别河段还保留高出地面3～5米的河床，后因生产和建设的破坏，运河故道现已夷为平地。1993年永城市新城芒山路建设中，文物工作者对芒山路经过大运河故道部分进行了抢救性发掘，第一次获得了大运河商丘段的科学考古资料。1996年春，在拓宽永（城）宿（县）公路时，在永城市侯岭大运河故道内发掘出一艘长25米的唐代木货船，出土隋唐时期的各类文物近70件。2004年在商永公路的拓宽改造中，大运河商丘以东的夏邑县会亭镇、济阳镇等大运河故道遗址出土了大量的隋、唐、宋时期的瓷器，涉及定窑、钧窑、临汝窑、邢窑、越窑、龙泉窑、磁州窑、耀州窑、吉州窑、建窑、哥窑、长沙窑等20多个窑口，几乎涵盖唐、宋时期南北方不同的窑系，且出土器物种类繁多，隋、唐、宋时的各类瓷器基本都有出土，其数量之多、器形之丰富、窑口之齐全，是任何一处遗址都无法比拟的，堪称我国古代瓷器的地下宝库。

4. 大运河的申遗与保护

隋唐大运河作为历史上的一项宏伟工程，曾为巩固国家的统一和稳定发挥过巨大作用，在我国历史上产生了重大而深远的影响，是我国历史上最早最长的一条人工运河，它与长城是中原文化在中国大地上所刻画的两条有形的线，长城是一撇，运河是一捺，在中华大地上写下一个顶天立地的"人"字，它们同是中华民族文化身份的象征。鉴于大运河的价值，国家将大运河申遗提到了议事日程，2008年3月24日，来自大运河沿线的8省（直辖市）、33个城市的申遗工作的主要领导、专家学者200多人聚集扬州共商申遗大计，大运河申报世界文化遗产工作正式启动。商丘市政府、市文物局也参加了这次会议，成为8省（直辖市）、33个申遗城市队伍中的一员。

为配合大运河申遗，进一步准确掌握大运河商丘段的基本情况，商丘市文物主管部门按照时任国家文物局局长单霁翔在北京"大运河保护与申遗工作协调会"上的讲话精神，重新调整思路，在分析大运河保护、保存现状的基础上，在大运河的文化内涵及其外延尚待揭示的现状下，组织编写了《大运河商丘段考古调查与勘探工作方案》，进一步深入开展大运河考古勘探及大运河文化资源的调查，成立大运河申遗组织并召开大运河申遗工作动员会，为大运河申遗的顺利进行做了大量的前期工作。

从2008年4月开始对暂拟定的两处申遗点商丘南关码头、汴河济阳镇段进行了多次考察，对申遗点之一的宋州城码头遗址进行了大规模的文物勘探工作，寻找早已覆盖在黄土之下的码头遗址。通过文物工作者数月的艰苦工作，现已初步探明了南关码头的确切地理方位和码头面积。为进一步揭开它的历史面貌，目前正在对其进行考古发掘，为大运河申遗及研究提供宝贵的考古资料。对大运河商丘段的两处申遗点，市文物主管部门邀请了数十位省内外专家对商丘古城进行考察论证并制定了《大运河商丘段保护管理办法》等，为大运河申遗工作制定了总体规划。夏邑县济阳镇西遗留下来东西长2000余米、水面宽30~50米、水深3米的大运河故道，是隋唐大运河河南段唯一的一处保留有水面的、活着的古运河，是汴河济阳镇段申遗点的一道独特的风景带——"隋堤烟柳"，对于它的保护与申遗，省、市文物局提出了更为具体的申遗要求，列出了具体的申遗工作实施意见，夏邑县人民政府已于2008年5月下发通知，由所在的济阳镇政府具体实施运河两岸环境的治理、运河水面的保洁及建设控制地带的划定等工作。为保证申遗工作顺利进行，2011年冬对汴河济阳镇段济西村大运河北岸进行考古发掘，发现了唐、宋、明时期的运河大堤、密集的脚印、车辙印迹、动物蹄印以及宋代陶窑废弃坑等遗迹，出土文物数十件，陶片3000余片，取得了济阳镇段大运河考古可喜的阶段性成果。2012年春，对济阳镇东刘铺村西运河南堤进行考古发掘，揭露出一段唐宋时期的大堤，发现了与大堤同时期的漕运建筑基址以及堤外顺河堤方向的宋代道路。为尽早使大运河"隋堤烟柳"重现昔日胜景，为凝固于黄沙之下那寂寞的长河增加一丝灵动和柔美，我们会加倍努力做好大运河申遗工作，让子孙后代能够目睹大运河迷人的风貌，让大运河永远流淌在每一个中国人的心中。

汴河济阳镇段已被正式列入第一批次申遗段点，申遗工作虽然任重道远，需要我们付出艰苦的努力，但是对大运河的保护、利用，更是我们以后工作的重点。对于大运河的保护与申遗，时任国家文物局局长单霁翔指出："大运河及其沿岸的文化遗产极为丰富，包括运河河道、码头、船闸、桥梁、堤坝等水工设施，运河沿岸的衙署、钞关、官仓、会馆、庙宇和驿站等相关设施，运河沿岸依托运河发展起来的城镇乡村以及与运河有关的非物质文化遗产成为中国的'古文化长廊'。""大运河申遗只是目标，不是目的，真正的目的应该是把这样一个古老的运河所承载的中华文明传向未来，使它再拥有2500年的历史，甚至直到永远。"因此，对于这条中华民族的生命之河，我们有责任去保护它、研究它、利用它，使祖先留下的这一宝贵而独特的历史文化遗产，抖落历史的尘埃，推进运河两岸经济发展、文化繁荣，重现其绚丽而夺目的光彩。

（作者：张帆，夏邑县博物馆原馆长）

四、汴河历史与申遗

汴河的前身乃战国时的鸿沟。鸿沟是战国时期陆续开凿成功的，是当时中原大规模的水利工程。公元前364年，梁惠王欲称霸诸侯，从山西安邑（今山西夏县西北）迁都大梁（今开封市）。迁都后两次兴工开凿运河：公元前360年，魏国曾在黄河圃田（今中牟县西）间开凿一条大沟，引黄河水入圃田，又从圃田开凿运河用于农田灌溉；公元前339年，魏国又从大梁城的北部开凿大沟引圃田水灌溉农田，这就是鸿沟最早开凿的一段。鸿沟的主干，以魏都大梁为中心，在今荥阳市以北，和济水一起分黄河水东流，经过魏都大梁，折向东南再经过陈的旧都（今淮阳），在今商丘附近注入颍水，而颍水下流注入淮河。另有丹水成为鸿沟的分支，从大梁东流到彭城（今江苏徐州市）注入泗水；睢水从大梁以南自鸿沟分出东流，经过宋都睢阳（今商丘市东），经安徽宿县、江苏睢宁县以北，注入泗水；濊水也在大梁以南从鸿沟分出向东南流，经过蕲（今安徽宿州市南）而流入淮水。这样以大梁为中心，就构成了济、汝、淮、泗之间的水运交通网。大梁凭借优越的水利交通条件，初步显露出它在历史上的重要地位，成为"诸侯辐辏"的魏国国都。魏国灭亡后，鸿沟不断遭到毁弃，秦汉南北朝之际，这里先后出现过沙水、蔡水、汴水、官渡水、蒗荡渠等名称的河流，尽管这些河流并不是一个河床，可走向都是自开封附近或南或东，大体上都是东南走向，流入淮河。开封可以说是黄河、淮河两大水系的一个连接点。

1. 汴河的沿革及历史地位

《禹贡》半月刊载《隋运河考》指出："《史记·秦本纪》中记载，始皇二十二年（前225）王贲攻魏，引河沟灌大梁。大梁城坏，其王请降，尽取其地。"《河南通志·河防考二》："河沟者，鸿沟也。《水经注》：阴沟本蒗荡渠，在浚仪县（开封市）北，自王贲断故渠引水东南出以灌大梁，谓之梁沟，于是水出县南，而不径其北，遂目梁沟为蒗荡渠，亦曰鸿沟。"汉名之曰汴渠、莨荡渠。至东汉明帝永平十二年（69）四月，诏修汴渠。嗣后晋室南渡，此渠渐淤塞。至东晋义熙十三年（417），刘裕伐后秦，始开汴渠。《宋书·武帝纪》："闰月，公自洛入河，开汴渠以归。"此即后来隋之通济渠也。

通济渠在唐朝以后称汴河。

隋炀帝开凿的大运河从大业元年（605）开始挖掘，不到6年便完成了。它以洛阳为中心，西通关中盆地，北抵华北平原，南达太湖流域，东至淮海。海河、黄河、淮河、长江、钱塘江五大河流得以沟通,全长2000多公里,对隋朝以后南北物资的交流、经济的发展,起过极为重要的作用。

大运河共分四段。第一段是广通渠,引渭水从大兴城(长安)到潼关,长100多公里。第二段是大业元年开凿的通济渠,从洛阳西苑引谷水、洛水到黄河,再从板渚(今荥阳市东北)引黄河水东南流,经成皋、中牟、开封、陈留、杞县、宁陵、商丘、夏邑、永城、宿县、灵璧,到盱眙北,达于淮河。同年,隋炀帝又征发淮南民夫10多万人开通山阳渎,引长江水经扬子(今江苏仪征市)到山阳(今江苏淮安市)与淮水通,通济渠连同山阳渎,全长1000多公里,成为沟通黄河、淮河、长江的重要通道。第三段是大业六年(610)开的江南运河,从京口(今江苏镇江市)南至余杭流入钱塘江,全长400公里。第四段是大业四年(608)开的永济渠,引沁水东北通涿郡(今北京)。可见,无论是从规模、长度还是从地理位置上讲,通济渠在整个大运河系统中都占有重要地位。

2. 汴河——北宋王朝的生命线

通济渠(汴河)是605年三月二十一日动工开凿的,同年八月十五日,隋炀帝就从洛阳动身乘龙舟去江都巡游,其间仅有约170天的施工时间。征召了数百万民夫,民夫不分昼夜在水中劳动,疫役交加,死亡人数竟达三分之二。通济渠开凿以后,它的作用还没有得到充分发挥,隋朝便灭亡了。唐人皮日休在《汴河怀古》一诗中写道:"尽道隋亡为此河,至今千里赖通波。若无水殿龙舟事,共禹论功不较多。"

汴河的重要作用,是在唐王朝统治的近300年间发挥出来的。唐王朝建都长安,但大批军需物资仍由江淮地区供给,这些物资都要由汴河运送至黄河,再转入永济渠。天宝以后,河北藩镇割据,唐王朝"赋取所资,漕运所出,军国大计,仰于江淮"。此时的汴河关系着江淮租赋能否送达中央,亦关系到唐王朝的经济来源是否有保障。唐人李敬方在《汴河直进船》一诗中对汴河作了这样的评价:"汴水通淮利最多,生人为害亦相和。东南四十三州地,取尽脂膏是此河。"

唐末自德宗以后,东南江淮一带藩镇割据,四分五裂,一直到动荡不安的五代,汴河多次遭到战争的破坏,加上长年失修,只有在雨水充足的年景,才勉强可以通航。五代后期,分裂的局面又趋向统一,从梁开始,以开封作都城,对汴河的修治自然也就提上了日程,后周显德三年(956)、四年(957)、五年(958)、六年(959),连年征发民夫,对汴河进行大规模疏浚,以通漕运。

宋王朝的建立,结束了中唐以后延续200年之久的藩镇割据和五代十国的分裂局面。北宋立国的政策,与前代有所不同,实行中央集权政策,集重兵于中央以造成强干弱枝之势。中央既然集中了重兵，对粮食的需求便剧增。这样，宋太祖不得不选择便于漕运江淮米粮而又能照顾北方和西北边防的地方来建都，而当时最适合这个条件的地方，便是大运河北段的东京开封了。所以北宋王朝建都于开封，汴河及大运河的漕运交通之利起了决定性的作用。

北宋王朝时，通漕主要依靠汴河。《宋史·食货上三》载："宋都大梁，有四河以通漕运：曰汴河，曰黄河，曰惠民河，曰广济河，而汴河所漕为多。"天禧三年（1019）汴河漕运粮食竟达八百万石，为北宋时期漕运的最高纪录。北宋时期的汴河已成了把经济重心的南方与政治、军事中心的东京开封联结起来的重要纽带。淳化二年（991）六月，汴河水势暴涨，太宗车驾出乾元门，亲临河堤督促防汛抢险，宰相、枢密等大臣劝他回宫休息，他却说："东京养甲兵数十万，居人百万家，天下转漕，仰给在此一渠水，朕安得不顾。"汴河在北宋最高统治者心目中的地位，由此可见一斑。

北宋时期，由于国家实现了统一，社会经济得到恢复和发展，汴河呈现了空前繁荣的状况。《清明上河图》就生动地描绘了汴河上舟楫连樯的繁忙运输景象，据专家考证："《清明上河图》中所绘的城楼，就是屹立于汴河南岸的'上善东水门'。"[①]

3. 汴河的衰落

北宋末年，由于发运司使运粮的漕船更改了从唐代以来行之有效的转般法（根据运河不同季节的流量、水势及漕船特点，加以分段运输），改为直达运输，增加了漕运船只的损失，加大了运输成本，使汴河的运输量大大减少。宋徽宗政和年间，汴河河床逐年增高，航行大段搁浅，漕运颇受阻碍。靖康以后，汴河有时干涸月余，漕运不通。这时，每岁只能通航半年，虽然如此，昏庸奢侈的赵佶君臣，在江南各地大肆搜刮"花石纲"，进一步抢夺漕运的船只，阻塞漕运航道。1125 年，金兵大举南侵，不久开封被围，汴河上游已是"堤岸关防，汴渠久绝"了。

北宋灭亡，宋室南渡，金人曾利用汴河水道以舟师尾追。宋高宗为了阻止金兵进逼，下诏破坏汴河水道，南北水运于是遂告断绝。

随着汴京的沦陷，汴河再也不复往日的繁盛了。

4. 汴河济阳镇段基本概况

汴河济阳镇段位于河南省夏邑县西南 15 公里济阳镇，是隋唐大运河通济渠的一段，通济渠贯穿夏邑三个乡镇，西起虞城县站集乡沙岗村，东经夏邑县罗庄乡、会亭镇，东入永城市马牧乡马庄村，全长 27 公里。

---

① 河浚：《北宋东京上善门考——关于〈清明上河图〉中的城楼》，《史学月刊》1991 年第 2 期。

济阳镇区总面积4.6平方公里，总人口5400人，1962户。汴河济阳镇段计划下一步恢复河道面积103万平方米，河道本体内居住人口4913人、1302户，分属于三个村。

商永公路南线（省道325线）从汴河济阳镇段河道北部穿过。目前河道部分地段保存较好，济阳镇至今仍保留有故道水面，东西长约2000米，宽30～50米不等，像这样的水面在济阳镇以西断断续续长10余里。这样的状况皆因325省道修建在大运河河床上，是填河造路形成的，原长达数公里的大运河故道被填平，造成现在的大运河故道被分割成数段。20世纪90年代，325省道改道工程取土时，在325省道济阳镇西街北侧河道内，不到100米范围发现两艘沉船，木船已被破坏，我们征集到部分木船板、宋代瓷器、铁锚等文物，现存夏邑县博物馆。

2001年至2004年325省道拓宽，在公路两侧取土时，又发现了大量唐宋时期的文物，主要是瓷器，这些器物几乎涵盖了唐宋时期各个窑口的瓷器，数量之多，器形之丰富，窑口之全，堪称是一座地下瓷器博物馆。

为配合大运河申报世界文化遗产工作，2007年7、8月，河南省文物考古研究所、商丘市文物管理局组织专业技术人员对大运河商丘段进行了全面考古调查，通过对汴河济阳镇段进行调查、考古钻探，基本查清了汴河济阳镇段的保存情况、运河济阳段的宽度及河床基本结构，发现河道内口宽152米，北堤顶部残宽15米，南堤顶部残宽33米，面积39.6万平方米，河道堆积的主要是黄沙土。这次调查为研究、保护大运河济阳段遗址提供了第一手材料。

2006年11月，商丘市人民政府将该河段公布为商丘市文物保护单位。

5. 汴河济阳镇段申遗

汴河济阳镇段位于夏邑县西南15公里济阳镇，是隋唐大运河通济渠的一段。隋大业元年（605）利用原来的古汴水河道取直、加宽开凿大运河，历经千年风雨，黄河泛滥，运河故道早已沉睡于黄沙之下。

济阳镇是典型的因大运河而产生的村镇，大运河通航后，过往的商旅停留，沿河两岸逐步形成集镇，因位于运河北岸故名"济阳"。唐初置济阳镇，据康熙四十四年（1705）《商丘县志》记载：明代嘉靖年间大运河商丘段还在通航使用，明代以后才逐步废弃，济阳镇段河道保留至今。

近二十年来，运河故道出土大量瓷器，几乎涵盖了我国隋、唐、宋时期南北方20多个窑口的产品。在济阳镇区还保留长约2000米、宽约50米的故道水面，20世纪90年代在此水面中部发现2艘木船、1件完整的宋代瓷瓮、1件高约2米的大型铁锚等。

近年，生产建设填土致使河道水面越来越小。2003年325省道公路改造拓宽致使运河故道又遭破坏。为了加强对大运河商丘段的保护，2006年，商丘市人民政府将其公布为文物保护单位。2007年竖立保护标识，同年进行考古调查工作。据明嘉靖、清康熙年间《夏邑县志·地理》记载："隋堤烟柳，县南三十里，炀帝时所筑，夹堤杨柳……凝烟尚存。"20世纪七八十年代，这里的大运河遗址保留得十分完好。运河堤岸的土岭、河床基本保留原始状态。在调查大运河故道遗迹现象的同时，我们对因运河产生的文化现象，例如因运河而产生的村镇名称及相关非物质文化遗产等资料进行收集，这些将为运河的申遗提供参考资料。

2011年11月至2012年1月，考古工作者对济阳镇西大运河北堤进行考古发掘，发现了上下叠压的隋、唐、宋时期的大堤遗存。在晚期大堤面上，发现分布密集的车轮印痕、行人脚印、动物蹄印以及因天气干旱形成的地裂痕等遗迹现象。2012年3月至12月，在济阳镇东刘铺村西大运河南堤进行考古发掘，揭露出了唐宋时期的大堤、堤上建筑基槽、堤外宋代道路等遗迹现象，印证了史书关于大运河堤外官道的记载，也充分显示了隋、唐、宋时期大运河航运交通的繁荣，为研究通济渠汴河段文化遗产提供了较为重要的考古资料。

2012年6月18日，国家文物局组织专家论证，汴河济阳镇段被正式列入"中国大运河"申遗第一批次名单。2014年6月，汴河济阳镇段作为中国大运河的一部分正式列入《世界遗产名录》。

（作者：张帆，夏邑县博物馆原馆长）

五、商丘市大运河的保护与申遗

商丘市位于河南省东部，东、北分别与安徽、山东毗邻，辖永城市、夏邑县、虞城县、梁园区、睢阳区、柘城县、宁陵县、睢县、民权县六县一市二区和一个省级经济技术开发区，面积1.07万平方公里，总人口920万。现有各级文物保护单位近200处，其中全国重点文物保护单位15处，河南省级重点文物保护单位50余处。

商丘市大运河保护与申遗工作在中共商丘市委、市政府的重视和支持下，在上级文物行政主管部门的关心指导下，在商丘市文化局、文物局的正确领导下，各项工作进展顺利，2014年6月，大运河商丘夏邑段、大运河商丘南关段顺利列入《世界遗产名录》，从此商丘也有了世界文化遗产。

(一)大运河商丘段的基本情况

大运河商丘段是隋唐大运河通济渠的重要一段,从西向东流过商丘古城南关外,西部从开封杞县与商丘睢县交界处入商丘境,经睢县、宁陵县、梁园区、睢阳区、虞城县、夏邑县、永城市,由永城市与安徽淮北濉溪县交界处出商丘境进入淮北境,全长199.7公里。1993年以前,虞城县中部以东直至永城全境,地表还能看到河床,有些河段地面上还保留3～5米高的河床土岭。近二十年来地上部分几乎被破坏殆尽。虞城县中部以西河段因为历史上受黄河泛滥淤积,河床全部深埋于地下。

1996年春,永城市政府在拓宽永(城)宿(县)公路时,在永城侯岭隋唐大运河故道内发现一艘唐代木船,报请河南省人民政府批准,商丘市文物工作队与永城市文物管理单位联合对该木船进行抢救性发掘,发现一艘木船和一批唐代遗物。木船为唐代货船,保存基本完好,长约25米,宽5米余,深约1.5米,可分为33个船舱。出土遗物共67件,其中瓷盆12件、瓷碗30件、三彩注子3件、三彩盆1件、三彩方壶1件、瓷罐2件、瓷碟1件、釉陶碗2件、陶盆3件、陶器盖2件、陶丸1件、开元通宝铜钱2枚、柳条筐1件、竹席1片和桃核5粒。

1999年前后,在夏邑县济阳镇西街运河故道内不到100米距离范围内,出土两艘古代木船。由于是村民在生产中发现的,木船具体情况不详。济阳镇西街这段河床保存很好。故道现保存水面长约2000米,水面宽30～50米,水深3米左右,故道两边现仍植有杨柳,每年柳絮飘飞的时节,在薄雾的清晨中行走在这段河岸上,仍能真切地感受到当年白居易在《隋堤柳》诗中描述的"西自黄河东至淮,绿影一千三百里。大业末年春暮月,柳色如烟絮如雪"的"隋堤烟柳"的美好景致。当年隋堤之上盛植杨柳,叠翠成行,风吹柳絮,腾起似烟。每当清晨,登堤遥望,但见晓雾蒙蒙,翠柳被笼罩在淡淡薄雾之中,苍翠欲滴,仿佛半含烟雾半含愁,景致格外妖媚,是一幅绝妙的柳色迷离的风景画,故而被誉为"隋堤烟柳"。

附图版 8-1 青釉瓷碗　　附图版 8-2 唐代螭龙砚滴　　附图版 8-3 宋代瓷碗

2003年、2004年商（丘）永（城）公路南路（原路基正修在大运河河床上）拓宽改造过程中，大运河河床出土隋唐等时期的文物达数万件，其中90%为瓷器，几乎包括了唐宋时期我国南北方各个窑口的瓷器，价值很大。

（二）大运河商丘段的保护工作情况

大运河商丘段由于废弃时间长，对它的保护工作一直没能引起有关部门的重视。20世纪90年代以来，文物部门有意识地做了一些调查了解工作，呼吁有关部门重视对大运河商丘段的保护。1993年10月，商丘市文物工作队和永城市文物管理委员会在进行永城新城芒山路文物钻探的同时，在永城市侯岭乡谢酒店村对隋唐大运河故道进行试掘，发现运河底为相对较硬的黑褐色土，河床内淤满泥沙，河床底部被河水冲刷得较为光滑，河床下部泥沙中出土有隋唐时期的瓷器、陶器、铜钱、铜镜等遗物，河床上部泥沙中出土有宋代瓷器、陶器、铜钱等遗物。经测量，永城市侯岭乡谢酒店村运河河床宽约30米，深约5米，河床横截面为底部窄上部宽的倒梯形。

2003年、2004年商（丘）永（城）公路拓宽改造中，由于不当施工造成大运河故道被破坏。事发后，商丘市人民政府高度重视，立即向有关县（市）区印发了《关于做好大运河文物保护工作的通知》，及时有效地保护了大运河文物免遭建设性进一步破坏。

为了更好地做好大运河商丘段的保护工作，2006年商丘市人民政府公布大运河商丘段为商丘市第二批重点文物保护单位。

（三）大运河商丘段考古调查发掘工作情况

1．2007年的全线考古调查情况

为了进一步加强对大运河商丘段的保护工作，也是为了配合大运河申遗工作，按照国家文物局和河南省文物局的指示安排，商丘市文物局于2007年7、8月，抽调全市文物业务骨干开展了一次大运河商丘段的全线考古调查和勘探工作，以便了解掌握运河故道商丘段的一些基本情况，这次调查取得了十分可喜的成果。

（1）基本掌握运河商丘段的位置走向和长度

隋唐大运河自睢县入商丘境，至永城市侯岭乡东进入安徽濉溪境，沿途经过商丘市境内的七个县（市、区），呈自西北向东南流向，全长199.7公里，现将大运河商丘段各县（市、区）的位置走向和长度分别进行介绍。

隋唐大运河自开封杞县裴村店乡赵楼村东入睢县榆厢乡，沿惠济河至榆厢乡前越村与惠济河分道，折向东南经城郊乡黄堤口、码头村和魏堤口，自魏堤口偏折东北经

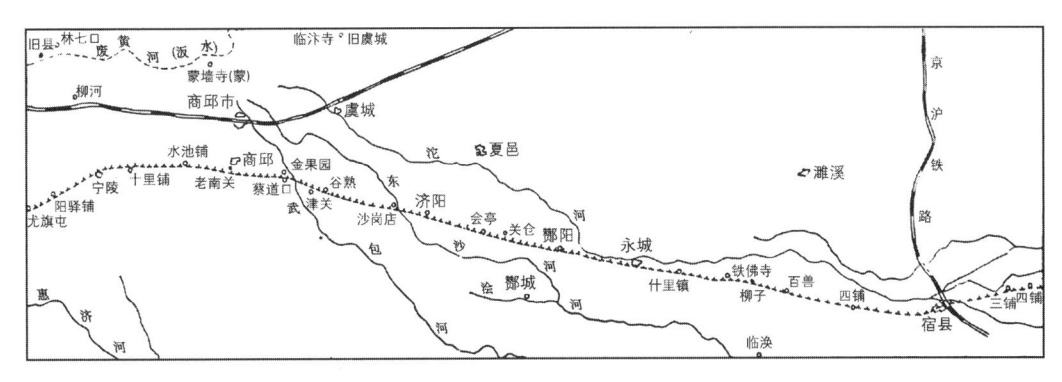

附图8-15 隋唐大运河商丘段位置走向图

董店乡南部和帝丘乡西南部，自帝丘乡西南部折向东南进入尤吉屯乡，经尤吉屯乡的陈岗村和黑张村，自黑张村入宁陵县阳驿镇，全长33公里。

隋唐大运河宁陵段是利用古睢水的旧河道开凿的，西起阳驿乡小王庄村，途经阳驿、城郊、乔楼等乡的潘集、前陈、訾庄、刘油坊、洼儿庄、小段庄、黄坟、秦祖师庙、尤庄等自然村，基本呈西北—东南走向流入梁园区观堂乡，全长约30公里。

隋唐大运河梁园区和睢阳区段西北接宁陵境，东连虞城，自虞城蔡道口进入睢阳区，沿西北方向经西沈营许庄、关庄、大史楼、小史楼等进入梁园区，又经梁园区龚庄、水池铺、高店、吴庄、徐楼等地，至徐楼汇入西沙子沟，入宁陵境，全长30公里。

隋唐大运河虞城段西接睢阳区，东连夏邑县，沿325省道商永南线公路呈西北—东南走向，途经蔡道口、芒种桥、谷熟镇、麦仁店、站集、沙岗店等地，全长26.7公里。运河位于325省道北侧，并与325省道平行。在谷熟镇，运河位于325省道南侧。谷熟镇至芒种桥乡李庄村段，运河位于325省道北侧，并在芒种桥乡李庄村穿过京九铁路和325省道。自李庄至蔡道口，运河位于325省道南侧，并与325省道平行，北距325省道60～100米。

隋唐大运河夏邑县段北自虞城站集乡沙岗店村进入夏邑境，东南至会亭镇关仓流入永城马牧乡马村，沿途经过济阳镇的八里庙、邓铺、济阳集、刘铺、田道口，罗庄乡的熊楼、东皋，会亭镇的十里铺、杨堤湾、会亭集、关仓、六里饭棚等地，与325省道商永南线公路走向基本一致，325省道压在运河河床近南堤处和部分南堤。隋唐大运河夏邑段全长27公里。

隋唐大运河永城段西北接夏邑会亭镇关仓，起自永城马牧乡马庄村西，向东南经过郑店、马牧集、口阳集、西十八里、永城老城、谢酒店、东十八里、呼庄等地，止于永（城）宿（州）公路永城收费站东300米处，全长53公里，再从东南进入安徽省濉溪县境。永城老城以西运河基本与325省道商永南线公路走向一致，公路路基大多压住运河的南坡和部分南堤，河床中心偏在公路北。

在七里店、马牧街、李店、酂阳街、西十八里老街等地，其下压着河道，公路从这些村、街北侧绕过。永城老城中山街下是运河的北堤。永城老城以东运河与永宿公路走向基本一致，公路路基多数压住运河的南堤河坡，运河中心大多位于公路北侧。永城侯岭乡大呼庄下压着运河，公路从呼庄北侧绕过。

（2）探明运河故道局部河堤和河床情况

隋唐大运河永城段、夏邑段和虞城段河堤与河床情况较为清晰，河堤土质为质地较硬的黑灰色花土，夹杂灰色硬胶泥土、砂姜石颗粒、螺蛳壳等，河床内基本为纯净的细黄沙土，沙土细而均匀。梁园区和睢阳区段未发现结构坚硬致密的黑灰色花土河堤，但了解了河床的一些情况。宁陵段和睢县段也发现了河道的一些情况。下面选点介绍运河河堤和河床的一些情况。

①运河永城、夏邑交界处

公路下深2米见到河床内的黄细沙土。运河北堤宽约15米，河床宽约50米，南堤修路时被挖掉，其宽度不详。

②永城酂阳棉厂西70米处

地表以下2米为黄河冲积层，2米以下见到河床内的堆积，地表至河底深7米。此处运河河堤宽约12米，河床宽约40米，河深约5米。

③永城侯岭乡谢酒店村西

运河上部遭破坏，残存的河床剖面呈锅底状，河底宽15.6米，上口已残，残深3.1米。河床坡度较大，显得较为平缓，有利于人工上下负土，以便加快工程进度。

④夏邑会亭镇东1.5公里处

北堤顶部深15.5米，河床上口宽53米，河底距地表4.2米，南堤顶部遭破坏，残宽7米，上距商永公路路面3米。

⑤夏邑会亭镇十里铺村西50米处

北堤顶部宽13米，河床宽48米，南堤顶部遭破坏，残宽约7米。

⑥夏邑县罗庄乡熊楼村西

南堤宽22米，北堤残宽16米，河床宽约150米。

⑦夏邑县济阳镇西街

南堤宽33米，北堤残宽6.5米，河床宽约152米。

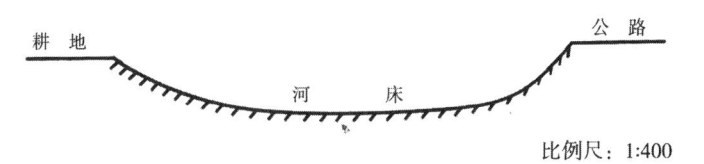

附图 8-16　大运河永城侯岭乡谢酒店村西河道横剖面图

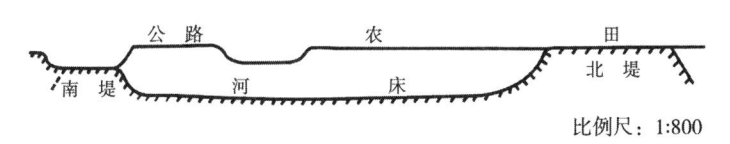

附图 8-17　大运河夏邑会亭镇东 1.5 公里窑厂取土区西侧 1 米处河道横剖面图

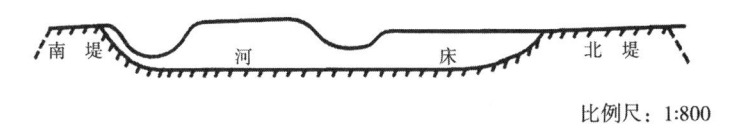

附图 8-18　大运河夏邑会亭镇十里铺村西 50 米处河道横剖面图

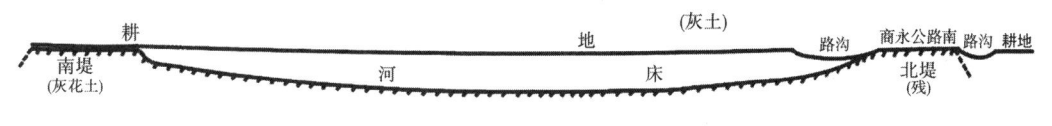

附图 8-19　夏邑县罗庄乡熊楼村西（325 省道 56.9 公里处）大运河道横剖面图

比例尺：1:800

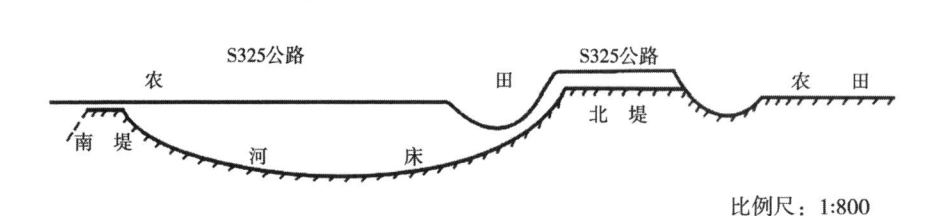

附图 8-20　大运河夏邑县济阳镇西街 325 省道 64.5 公里处河道横断面图

⑧虞城站集—麦仁段

河床上口宽约 52 米，河底距地表 5 米，河床坡度为 30°，北堤残宽 15.5 米，南堤残宽 13 米。

⑨虞城麦仁—谷熟段

河床上口宽 52 米，河底距地表 6 米，河床坡度为 31°，北堤残宽 15.5 米，南堤残宽 15 米。

⑩虞城芒种桥—蔡道口段

河床上口宽约 50 米，河底距地表 4.5 米，河床坡度为 33°，北堤残宽 16 米，南堤残宽 14 米。

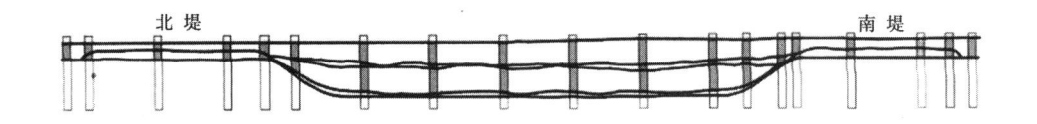

抗土	沙土
淤土	胶泥
生土	黑灰色沙土

比例	1:400
绘者	
日期	2007年8月6号

附图 8-21　虞城站集—麦仁段运河横截面钻探图

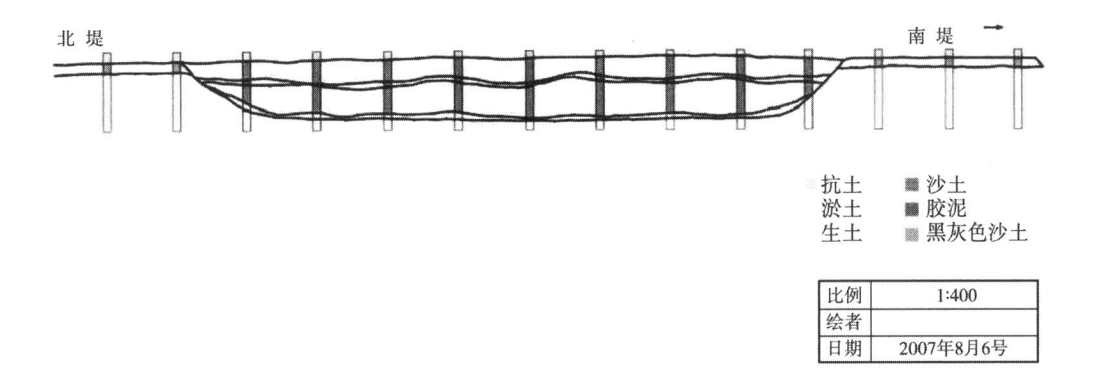

附图 8-22　虞城麦仁—谷熟段运河横截面钻探图

附图 8-23　虞城芒种桥—蔡道口段运河横截面钻探图

⑪ 睢阳区和梁园区段

运河睢阳区和梁园区段利用古睢水河道开凿而成,河道宽窄不一。根据实地钻探情况,西沈营村运河河床宽104米,许庄村运河河床宽110米,关庄村运河河床宽130米,大史楼村运河河床残宽50米,小史楼村运河河床宽125米,龚庄村运河河床宽80米,高店村运河河床宽约100米。河床内为黄褐色细沙土堆积,至深4.5米以下见灰色沙土堆积。在商柘公路东侧路沟内钻探时,在4.9米深灰沙土层中发现若干木条,最大的一块长约0.15米。

⑫ 睢县黄堤口运河河床宽约71米,北堤宽17米,南堤宽16米,因水位高,深

附图版 8-4　夏邑会亭镇东侧大运河北堤面

度未能探出。

(3) 码头、桥梁等情况

由于时间紧，经费有限，再加上运河沿线有可能存在码头、桥梁等遗迹的地方均被现代村庄、集镇占压，无法实施调查，所以此次考古调查未发现码头、桥梁等遗迹。根据河南省科学院地理研究所进行的航拍、遥感等高科技分析，在宁陵县阳驿乡訾庄、虞城谷熟镇、梁园区清凉寺、睢阳古城南关、夏邑会亭、夏邑济阳、永城市老城、永城市酂阳镇等地疑有码头遗迹，有待将来勘探调查探明。

(4) 其他遗迹、遗物的发现情况

①永城调查组经走访调查，在永城酂阳镇田纪丰家的房屋下发现压埋有一艘木船，当地群众挖土时发现船的一小角，大部分压在房屋下。

②夏邑调查组征集大运河出土的唐宋时期文物标本 16 件，均残，其中唐代三系执壶（残）1 件，宋代瓷碗（残）13 件，宋代三系执壶（残）1 件，宋代木船板（残）1 块。另外采集到大运河河堤内树根 1 块，可以印证隋唐大运河河堤广植榆柳的史籍记载。

③宁陵调查组在宁陵县陈克常村发现 1 座民国时期的碉楼式建筑，另发现 5 块清末至民国时期的石碑、2 块墓志铭和一些石构件。

(5) 各调查组在调查运河的同时，还搜集了一些因运河而产生的村镇地名

①睢县蓼堤镇

蓼堤镇位于睢县西北部，清光绪《续修睢州志》载："（堤）梁孝王徙睢时筑，隋炀帝访其遗址增而广之。两岸植柳，行者忘倦，即此是也。"堤生蓼草，远望若岭，

故名蓼堤岭，今名蓼堤镇。

②宁陵县阳驿

阳驿位于宁陵县西端，其历史十分悠久。清《宁陵县志》记载："秦末在此设立驿站，地处睢水之北，故名。"由此可知，秦代时曾在此建立驿站，因其位于古睢水之北，得名"阳驿"。

③梁园区高店、水池铺

高店位于梁园区水池铺乡西北。传说隋炀帝杨广在游江南时，途经归德府想品尝当地的农家小吃，把游船停在高家客栈前，杨广对高家客栈的小吃大加赞赏，自此，客栈生意越发兴隆，店铺也越做越大，久而久之，在当地形成了集镇，于是集镇取名高店。

水池铺位于商丘梁园区西段。传说，隋炀帝开凿隋唐大运河，运河流经此地，带动了商业发展，运河两侧店铺林立，热闹非凡，当时运河两边纵横交错着许多支流，把这些店铺包围其中，远望这些店铺就像坐落在一望无际的大水池中，故名水池铺。

④睢阳区路河

因距运河、归德府较近，水运交通发达，久之成为繁荣的贸易中心集散地，故名路河。

⑤虞城县芒种桥、谷熟集、麦仁店、站集

传说隋炀帝杨广到扬州观琼花，船经一地被一条河流拦住，杨广命人停船造桥，此时正值麦收大忙季节，百姓慑于淫威，不得不放下镰刀，前来架桥，芒种桥由此得名。从芒种桥继续东行，在谷子成熟季节他们来到一地，稍作休息后又向东走，后来人们把此地叫谷熟。杨广的龙舟到第二年麦子黄梢时，又来到一个村庄，杨广见这里的农民都喝麦仁汤，他品尝后赞不绝口，从此这个小村庄定名为麦仁店。离开麦仁店来到一集镇上，探马来报扬州琼花已经凋谢，又有军卒急报杨玄感起兵作乱，攻陷京城洛阳，杨广火速回朝平乱，因为这里是杨广观琼花的最后一站，所以后人称此地为站集。

⑥夏邑县关仓、六里饭棚、会亭、十里铺、田道口、刘铺、济阳

关仓，因在此建设运河转运仓而得名。六里饭棚，传说西距会亭镇6里，修建大运河时，修河民工曾在这里聚集吃饭休息，六里饭棚村名因此而来。会亭，因在此设立大运河会亭驿站而名。十里铺，东距会亭10里，传说大运河沿线十里置一铺，是供过往商旅、船只临时休息、补充给养的处所。田道口，又名田家道口，传说为大运河上的一处渡口，因田姓人家在此摆渡而得村名。刘铺，传说刘姓人家在此开铺，故名刘铺。济阳，因位于运河北岸而得名。

2. 2008年商丘南关码头钻探试发掘情况

在2007年工作的基础上，2008年年初商丘市文物局报请河南省文物局并报国家

文物局批准，组建了"商丘市大运河考古调查与勘测办公室"，编制了《大运河商丘段考古调查与勘测工作方案》，2008年3月5日河南省文物局在郑州组织专家对方案进行了论证，并予以批准。从2008年3月下旬，商丘市大运河考古调查与勘测办公室按照方案的要求，邀请河南省文物考古研究所、洛阳市文物工作队二队参加，并与中国人民解放军信息工程学院合作，开始了大运河商丘段的考古调查与勘测工作。河南省文物管理局对这项工作非常支持，陈爱兰局长、孙英民副局长、文物处司治平处长都到钻探工地慰问指导。目前主要在商丘古城老南关外寻大运河码头，已钻探面积约20平方公里，在沿大运河故道西起商柘公路西约1公里、东到商开高速东出口、北起商丘古城老南关、南到睢阳区路河乡南1公里这一范围内对运河故道、故道两侧发现的5条古道路进行了卡边重点钻探，还有一大部分调查钻探。

附图版 8-5　大运河商丘段考古调查与勘测方案论证会现场

附图版 8-6　河南省文物管理局陈爱兰局长到钻探工地视察

钻探方面，采取了因地因时制宜、一般性调查钻探与重点钻探相结合的方法。例如，针对商丘古城老南关外大运河历史上因补给水源为黄河水，河水泥沙沉积，在唐宋时期河床已抬高为地上河，明代废弃后又遭遇多次黄河泛滥淤积的实际情况，在辨认河床时我们采取了分析排除法，沿横截河道方向长距离钻探调查，对所有探孔的土质、土色、包含物等进行认真的分析比较，经过大量艰苦细致的工作，最终确定了河床的确切位置。针对商丘古城老南关外大运河故道遗存的地形、地貌现状我们采取了灵活的钻探方法。这一段大运河故道存在的现状是深埋于地下，地表为农田，部分河段被商开高速公路、村庄叠压。工作时间大部分是农作物生长的季节，时间紧，任务重，单靠农作物收获后的时间段工作是远远不够的，我们采取了灵活而又有针对性的工作方法，利用田间地头，利用农作物稀疏的地段、村庄道路、房前屋后空地，布孔钻探，稳扎稳打，一步一个脚印，最终取得了十分满意的效果。已经取得的阶段成果主要有以下三项：

（1）已探明商丘古城老南关外大运河河床的确切位置、走向、宽度、深度等

钻探资料显示，这次为寻找商丘古城老南关外码头而进行的文物钻探，已搞清楚的河道故道部分长10余公里。河道为东偏南110°，距地表1.7～2.0米不等，古城老南关外大运河故道上口（废弃时）宽310米左右，河道内堆积为纯净而稍粗的沙粒，偶见水锈斑痕，因河道内4米左右有一层流沙层，一般探铲无法实施深度钻探，河道深度暂不详。河堤堆积与河堤外其他地层堆积基本上没有很大区别。因为本次工作截止到目前主要目标是为了寻找商丘古城南关外大运河码头，对河道内堆积没有做更多

附图版8-7 大运河商丘段文物钻探现场

的工作,待将来进一步调查钻探。河北岸距老南关外2.5公里,与清康熙四十四年(1705)《商丘县志》记载的大运河北距商丘古城5里是一致的。

(2) 发现古道路5条

截止到目前共探出古道路5条,根据所勘探的早晚顺序依次编为L1、L2、L3、L4、L5。

L1位于古宋乡南刘庄与李楼村之间,在南北向田间生产路南端钻探时发现,地表层下,深0.3～0.4米,方向40°,钻探发现长约320米,宽3.5～7米,最宽处约25米,南端至晚期大运河北岸80米处消失,厚0.3米。

L2位于路河乡侯小园村西南端,在侯小园村西侧南北向田间生产路段钻探时发现。深1.1～1.95米,宽4.2～5.1米,钻探长度354米,厚约0.05～0.15米,方向50°。

L3位于老南关庄村东端,南、北两养鸡场之间,可分早、晚两期,晚期路土深0.3～0.4米,宽5.6～7.5米,厚约0.2米,早期路宽4.2～4.5米,厚约0.1～0.2

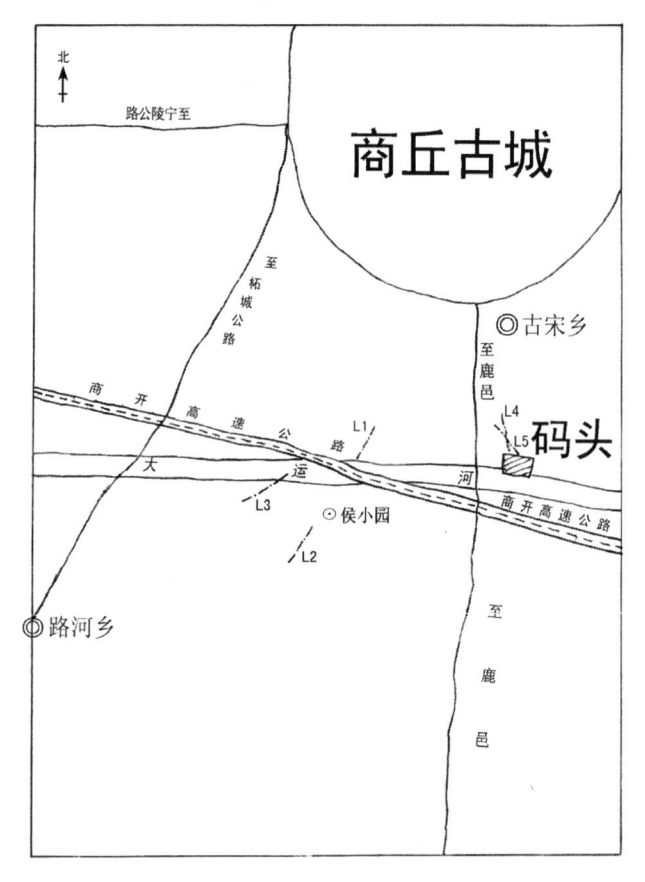

附图8-24 商丘古城老南关外大运河码头、古道路位置示意图

米，方向大致为75°，勘探长度388米。

L4位于古宋乡武庄村西北端，向北探至武庄村北侧东西向生产路北约30米，向南被压于武庄村现代民居之下，勘探长度约125米，宽3.8～4.5米，厚0.15～0.25米，深1～1.15米，方向5°。

L5位于古宋乡武庄村西北端，局部被L4所叠压，深1.7～2.1米，方向355°，勘探长度132米，宽3.8～7.2米，厚0.05～0.2米。南端被武庄村现代民居所压。

(3) 发现商丘古城南关外大运河码头遗址1处

商丘古城南关外大运河码头位于商丘古城南2.5公里睢阳区古宋乡叶园、大郭庄、武庄村隋唐大运河通济渠南北两岸，其位置与清康熙四十四年（1705）《商丘县志》记载的隋唐大运河在商丘古城南的位置完全相同。已探明北岸码头东西长700米，南北宽350米，面积24.5万平方米，码头表面距地表5～11米，河道中心底部距地表20.2米；南岸码头东西长近700米，南北宽240米，面积近16.8万平方米。总计41.3万平方米。深度与北岸基本相同。

钻探发现大量唐宋时期的砖瓦、陶瓷残片，初步判定其年代为唐宋时期。

商丘古城南关外大运河码头的发现是隋唐大运河通济渠考古的重大收获，文化层堆积之厚、范围之大是隋唐大运河永济渠、通济渠考古史上的第一次，码头面积之大，反映了唐宋时期大运河航运的发达和商丘古城的繁荣。

商丘古城在反映商丘运河城市历史文化保护与传承方面具有典型性，商丘是一座典型的因运河而生、因运河而繁荣、因运河而发展延续的城市，运河对于商丘城市的产生、发展发挥过极为重要的作用，正像文化部原部长孙家正先生在首届2007扬州运河名城博览会暨市长论坛致辞中所说，对运河沿岸的城市而言，大运河不是生母就是乳娘，运河之水融入了他们的生活，也荡漾在他们的梦中。睢阳城南临睢水，从城市初建时即得益于睢水便利的漕运。西汉梁国都睢阳近200年时间，东汉梁国都睢阳约150年时间，一定程度上也是因为有睢水便利的交通。隋代开凿的大运河，商丘段利用了睢水河道，大运河的开通更带动、促进了商丘城市的大发展，唐朝时期商丘古城称"宋城"，宋城是当时全国著名城市，商业繁盛，手工业发达。宋城"城市手工业中，缫丝、织棉、纺纱、刺绣是其主要的生产部门。宋州成了我国东方地区丝织业交易中心。特别是民间织的绢，质量居全国第一位，绢也是宋州向朝廷贡献的土产……宋州的地理位置决定了它在唐代国内商业贸易上的重要地位。如《通典》载，当时国内的交通路线以长安为中心，东经汴州、宋州，至山东半岛，西到岐州。水路方面，运河开通后，成为南北商业交通的大动脉"[1]。隋代大运河的开通，为隋唐商丘城市的发展带来了空前的机遇，唐代宋城（商丘）城市规模很大，清乾隆十九年（1754）《归德府志》记载："唐建中（780—783）时，亦为宣武军城，城有三。"宋城平面呈品字形，南一城，北二城，唐代著名诗人杜甫在《遣怀》一诗中描述了当时宋城的繁华："昔我游宋中，惟梁孝王都。名今陈留亚，剧则贝魏俱。邑中九万家，高栋照通衢。舟车半天下，主客多欢娱。""邑中九万家"，按照户五口人计算，宋城城市人口达45万，这在全国是很大的。北宋时期商丘称"应天府""南京"，居陪都地位。南京城"城周十五里四十步"，外有关城，关城"周二十五里八十三步"。金至清代，商丘一直为归德府府治所在地。据康熙四十四年《商丘县志》记载，大运河商丘段在明朝嘉靖年间（1522—1566）还在通航。商丘运河城市历史文化一直都处在连绵不断的传承发展中。

为进一步加强对商丘古城的保护，商丘市人民政府2006年颁布了《商丘古城保护管理办法》，今年上半年又重新编制了商丘古城保护规划，睢阳区人民政府正在有计划地逐步推进古城保护工作走向正常化、科学化轨道。

3. 大运河商丘夏邑段、商丘南关段考古发掘情况

为了进一步揭示大运河商丘段的文化内涵，报经上级文物主管部门批准，商丘市相关文物部门分别对大运河商丘夏邑段、商丘南关段进行考古发掘。

（1）大运河商丘夏邑段考古发掘

对大运河商丘夏邑段的发掘分两个地点进行，2011年冬季，选择在济阳镇西约300米，豫省道325线北侧运河北堤进行考古试掘，揭露面积200余平方米。主要成果是了解到这段河堤是多个时期筑成的，上下叠压关系清楚，废弃于明代。明代废弃时表面残存的车辙印痕和宋代大堤面分布密集的行人脚印、动物蹄印，反映了当时运河交通的繁忙，在明代大堤面发现的地裂现象证明当时遭遇过干旱天气。

2012至2013年选择在济阳镇东约400米的刘铺村西农田地进行考古发掘，理由是这一段河道南北堤之间没有建筑物障碍，可以完整了解河道结构情况。发掘面积2000余平方米，主要成果是：在一号探沟南堤北侧发现长方形建筑基槽，经水利专家初步鉴定，是当时一种治河技术——木龙狭河遗址；在南堤外侧发现顺河堤方向修建的宋代古道路；在南堤北侧半坡发现分布密集的行人脚印、动物蹄印等遗迹；了解了河道结构及堆积情况。

---

[1] 李可亭等：《商丘通史》，河南大学出版社，2000年，第111~112页。

（2）大运河商丘南关段考古发掘

商丘南关段考古发掘也分两个时期进行。2009年1月，为了解大运河商丘南关码头遗址的遗存情况，在叶园村委武庄村西南50米运河北堤进行试发掘，揭露面积450平方米，探沟一部分深入河道，发掘倒塌的房屋基址，出土一块木船板和大量唐宋时期砖瓦、陶瓷残片。

2012至2013年考古工作分三处进行：第一，在位于叶园村委大郭庄村东约100米，发掘探沟一条，长约50米，了解了运河南堤的废弃时代和遗存情况。第二，在叶园村委武庄村前运河凸堤处进行发掘，两次总发掘面积4900平方米，暴露面积约3000平方米，了解了这段凸堤建筑堆积和结构情况，在堤面出土大量唐宋时期的砖瓦、陶瓷残片。第三，在叶园村委大郭庄村后，沿运河横断面开一条探沟，了解了这段河道的结构遗存和堆积情况。

通过对大运河商丘夏邑段、商丘南关段的考古发掘，弄清了这两处河道文化遗存情况，大大丰富了这两处河道的考古资料，为大运河商丘段申遗提供了坚实的材料基础，为大运河商丘夏邑段、商丘南关段的成功申遗做出了重要贡献。

（四）大运河商丘段成功申遗

中共商丘市委、商丘市人民政府对大运河申遗工作十分重视，2007年以来，商丘市文物局不定期出版了10多期内部交流刊物《隋唐大运河文化研究》，很好地宣传了商丘市大运河文化遗产。2008年扬州会议以来，商丘市文物局积极筹备商丘市大运河申遗领导组，组建了商丘市大运河申遗办公室，并积极配合中国文化遗产研究院准备拟申遗景点文物保护规划的编制材料，编制了相关保护规划。

商丘市选定大运河商丘南关段、大运河商丘夏邑段作为大运河申遗对象，商丘市在这两处大运河申遗对象正式列入申遗预备名单前后组织专业技术人员进行了大量的资料搜集、整理和田野考古调查发掘工作，再加上迎检阶段的认真准备和科学全面的介绍，最终赢得了联合国教科文组织专家的认可，2014年世界遗产大会上，大运河商丘南关段、大运河商丘夏邑段得以顺利进入《世界遗产名录》。

（作者：王良田，商丘市文物考古研究院研究员）

六、棹影浩荡通东西　北国江南一脉连
——通济渠商丘南关段、商丘夏邑段

中国大运河通济渠在商丘市境内全长近 200 公里，西部从开封杞县入商丘睢县境，蜿蜒向东流经睢县、宁陵县、梁园区、睢阳区、虞城县、夏邑县、永城市七个县（市、区），由永城进入安徽淮北境。2014 年 6 月 20 日，第 38 届世界遗产大会在卡塔尔的首都多哈召开，中国大运河被正式列入《世界遗产名录》，成为中国第 46 个世界遗产项目，其中，河南有 7 处遗产点被列入，通济渠商丘南关段、商丘夏邑段榜上有名。

唐代诗人白居易在《隋堤柳》中描绘了当时隋唐大运河通济渠段"隋堤烟柳"的美好景致："西自黄河东至淮，绿影一千三百里。大业末年春暮月，柳色如烟絮如雪。"当年在隋堤之上盛植杨柳，叠翠成行，风吹柳絮，腾起似烟。每当清晨，登堤遥望，但见晓雾蒙蒙，翠柳被笼罩在淡淡薄雾之中，苍翠欲滴，仿佛半含烟雾半含愁，景致格外妖媚，是一幅绝妙的柳色迷离的风景画，故而被誉为"隋堤烟柳"。

1993 年以前，河南省道 325 线（商丘至永城公路，修在运河故道上）虞城县芒种桥以东直至永城全境，地表还能看到古运河河床，有些河段地面上还保留 3～5 米高的河床土岭。1996 年春，永城市政府在拓宽永（城）宿（县）公路时，在永城侯岭隋唐大运河故道内发现 1 艘唐代木船，发掘出土 60 余件文物。1997 年前后，在夏邑县济阳镇西街运河故道内不到 100 米距离范围内，出土 2 艘古代木船。2001 至 2003 年在商永南路（省道 325 线）拓宽改造过程中虞城至永城段沿途发现大量文物，引起了文物部门的高度重视。2006 年商丘市人民政府公布大运河商丘段为商丘市文物保护单位。商丘市文物局于 2007 年 7、8 月，抽调全市文物业务骨干开展一次大运河商丘段的全线考古调查和勘探工作，这次工作初步掌握了大运河故道商丘段的位置走向，河道长度、宽度、深度，河道淤土堆积情况，发现两处疑似运河码头遗址——商丘古城南关外、夏邑县济阳镇，还找到一批因运河而产生的村镇地名。

1. 通济渠商丘南关段

通济渠商丘南关段位于商丘古城南约 1.5 公里，2008 年考古调查时被发现。史书记载，隋唐大运河通济渠在商丘古城南关自西向东蜿蜒流过，清康熙四十四年（1705）《商丘县志·古迹》记载："隋堤，在旧城外三里，即汴渠故堤也，筑于隋，故名。"《商丘县志·山川》记载："（汴河）在城南五里，或云即浪荡渠，源出荥阳县大石山，

元至元中淤，嘉靖中曾疏之，今复成平陆矣。"遗产点位于古宋街道办事处叶园行政村武庄和大郭庄一带。遗产区面积92公顷、缓冲区面积140公顷，合计232公顷。

考古工作者从2008年3月起，经过7个月的艰苦工作，完成钻探面积20平方公里，在商丘古城南，沿运河故道东、西长约1000米的河道两侧，找到不同时期的古道路5条，在商丘古城南约2公里的古宋办事处叶园行政村武庄、大郭庄大运河两岸发现总面积达41.3万平方米的码头遗址。河道为西北—东南走向，方向95°。武庄村南河道底部最深处距地表21米。

北岸码头遗址位于武庄村，遗址为砖石和夯土结构混筑，顶部基本平坦，距地表深4.5～5米，东西长（沿河岸）约150米，从河口向外（北）宽52米。遗址中部发现1处由码头延伸进入河道内的凸堤（疑供船舶停靠），凸堤长40余米。截止到2008年11月底，发现北岸码头遗址及附属建筑遗存面积24.5万平方米，东西长700余米，南北宽（从河口向外）300余米。南岸码头遗址位于大郭庄村，东西长700米，南北宽200余米，总面积16.8万平方米。

2008年12月初至2009年1月初的第一次发掘暴露码头面积约120平方米，探沟底部南端2米伸入到河床内。探沟内发现倒塌房屋2处，烧火灶1处，木船板1块（长5米余，宽0.4米，厚0.045米），出土1枚"熙宁元宝"铜钱（北宋铜钱）、1件造型精美的宋代红陶狗、2枚骨制骰子，骰子上的红色还很鲜艳。此外，还出土大量北宋时期的砖瓦残块及陶瓷片、部分唐代瓷片。这一段码头遗址是用黑灰色黏土、白灰等混杂夯筑而成。从出土文物判断，遗址的使用年代属于隋唐宋时期。

2011年至2013年5月，河南省文物考古研究院在遗址区进行5次考古发掘，揭露面积8000余平方米，其中在武庄村南揭露码头北岸深入河道的凸堤面积4000余平方米，堤岸面距地表深4.5～5米。清理出的河岸高度最高处约8米，凸堤为夯土筑建，夯土内包含砖、瓦、陶器、瓷器残片等，发现多处砖砌排水道、"熙宁重宝"铜钱（1枚）等遗物。堤岸表面发现大量唐宋时期的陶瓷、砖瓦残片，主要是北宋时期的遗存，基本搞清了码头遗址区的河道宽度、深度、堤岸等遗存情况，为这一段遗产的成功申遗提供了科学资料。

通济渠商丘南关段是通济渠沿线重要的河道与水工遗存，它的发现与发掘，以实物形式真实地展示了我国隋唐宋时期大运河码头遗址的形状、结构、建筑技术和工艺、大规模的空间结构，展现了唐宋时期通济渠夯土驳岸的形制与工艺，以及通济渠巨大的河道规模，反映了河道历史的线路与走向。这次发现是大运河通济渠段极重要的发现，具有填补空白的重要意义。

2. 通济渠商丘夏邑段

通济渠商丘夏邑段位于夏邑县西南15公里，全长27公里，河道走向与河南省道325线基本一致，西部从虞城县沙岗店入境，流经夏邑县济阳镇、罗庄镇、会亭镇三个乡镇，从会亭镇东部流入永城市境。通济渠商丘夏邑段于2006年被商丘市人民政府公布为市级文物保护单位。遗产点位于济阳镇东街与刘铺之间，遗产区面积12公顷，缓冲区面积13公顷，合计25公顷。

附图版8-8 2013年9月联合国教科文组织专家考察验收遗产点

在2007年考古调查的基础上，2011年年底至2013年，考古工作者在济阳镇西街约200米大运河北堤和济阳镇东刘铺村西大运河段进行了3次考古发掘，发掘面积2000余平方米，取得的发掘成果主要有五项：一、发现了保存完整、规模尺度巨大的河道遗存，在南堤外侧发现了多次疏浚清淤堆积形成的护坡堤；二、在南堤外侧发现了顺大堤方向修建的古道路及车辙印痕；三、在南堤北坡和北堤表面发现有分布密集的行人脚印、动物蹄印、车辙印痕，在北堤堤面还发现有因天气干旱形成的地裂现象；四、在南堤近河道一侧发现有建筑基槽和大面积分布的断面年轮纹理清晰可见的木桩遗迹；五、出土有宋代木船和大量唐宋时期的瓷器，反映了济阳镇段是一段重要的大运河文化遗存。

济阳镇段的考古发掘成果揭示了这段河道所具有的重大价值和特别意义。第一，这段运河河堤、河道、地上建筑遗迹的完整发现，展现了隋唐宋时期通济渠河道巨大的规模尺度、河堤的形制与工艺，反映了河道历史的线路与走向，是大运河通济渠段

附图版 8-9　北堤堤面宋代行人脚印遗迹

附图版 8-10　北堤堤面车辙痕迹

附图版 8-11　南堤外宋代道路

附图版 8-12　南堤北坡建筑基槽

作为宏大规模尺度的水利工程的考古证据，是中国古代水利工程高超水平的直接见证。第二，堤外护坡大堤、堤上建筑基槽和大面积分布的木桩遗迹的发现，印证了大运河在使用过程中经常清淤疏浚、维修保护、加固堤防的历史事实，是研究我国古代运河固堤技术和河道治理养护的珍贵材料，具有重要研究价值。第三，堤面密集行人脚印、动物蹄印、车辙印痕和堤外道路的发现，印证了史书关于大运河河堤即当时官道和堤外有道路的记载，也真实反映了当时运河大堤及堤外道路作为官道交通的繁忙。第四，堤面干裂纹现象的发现，是研究当时气候、环境状况的宝贵材料。

  在这段运河沿线还了解到一些因运河而产生的村镇地名，如济阳镇、田道口、刘铺、六里饭棚等。《夏邑县地名词条选编》记载："济阳集，北依大金沟，南北朝时建村，因位于通济渠之阳，故名。唐称济阳镇，清咸丰年间筑寨得今名。"隋唐大运河的贯通，极大地促进了大运河沿途工商经济的快速发展。沿线村镇百业俱兴，商业气息日渐浓厚，商品经济一度相当发达。沿着运河从城镇到农村，各类商业店铺、手工业作坊等蓬勃兴起，商业人口也大大增多，而从事其他行业的人，也在运河沿线从业而聚、从业而居。大运河沿线经济的繁荣，也直接导致了一大批沿线村镇的兴起，这些村镇沿运河两岸分布，犹如一串镶嵌在大运河带上的明珠，形成了一条独特的大运河经济带，同时也形成了许多与大运河相关的村镇地名。

（作者：王良田，商丘市文物考古研究院研究员）

七、大运河相关非物质文化遗产

历经千年风雨，古汴河早已失去它原来的面目，湮没在漫漫黄沙之下，逐渐消失在人们的视野中，但其产生的一些历史文化现象及非物质文化遗产，仍反映在运河沿线人们的社会经济、文化生活的方方面面，成为运河文化中不可或缺的一部分，有些传说至今还在民间流传，被记载于地方志中，同时也为我们研究大运河文化遗产提供了重要的文化资源。

（一）通济渠与留赵村

史籍记载了隋炀帝开凿通济渠时的一段民间传说，隋炀帝时"睢阳有王气，占天，耿纯臣奏，五百年当有天子兴。炀帝时已昏淫，不以为信，及遣麻叔谋开汴河，自睢阳西穿渠南……""民献三千金，乞护此城，叔谋受之……过留赵村，连延而去，其后五百年，宋太祖以归德节度使起为天子，果与留赵村之谶相符"。

隋炀帝杨广开通济渠，按照当时规划的线路，可能破坏了当地的风水，于是有人贿赂了麻叔谋，将修河的线路绕过留赵村。留赵，隐喻睢阳有王气现，应在五百年后宋太祖赵匡胤身上。谶语即是预言，这一传说来源于古代风水学，即堪舆术。《淮南子》等古文献中对此多有记载，认为堪为天，舆为地，堪舆学就是天地之玄学，即后世的风水学，风水学带有神秘的色彩，不仅为高素质的文人所知，在民间亦有着极其深厚的生长土壤，在商丘一带十分盛行。如刘伯温的《推背图》《烧饼歌》，民间百姓深信不疑，故将其作为逸闻郑重地记录在史志中。

（二）杨广驱民拉旱船

在汴河岸边的芒种桥、谷熟集、麦仁店、站集等地，广为流传着杨广驱民拉旱船的故事。据说，隋末昏君杨广杀父害兄，极尽穷奢极欲之能事。修大运河的当年春天，杨广带着文武百官、后妃宫嫔上千人乘龙舟浩浩荡荡地从洛阳出发到扬州看琼花，这时候通济渠有些河段尚未真正开通，须走旱路。杨广来到宋城后，嫌坐车辇不开心，要换乘龙舟，可旱路怎能行舟？于是杨广让沿途州县供香油、黍稷，铺在平地上，将船置于其上，挑选美女500名，分成5班，每班100人，轮流拉纤。纤弱的少女拖拽着沉重的龙舟，一步一滑地在用香油拌黍稷铺成的路面上，受尽凌辱与艰辛，而杨广在龙舟上看着不断跌倒后又狼狈爬起来的拉纤少女，得意地哈哈大笑。龙舟在少女们艰难的拖拽下缓慢地行走，春天过去，转眼到了芒种，前面出现了一条大河拦住了去路，杨广急命停舟修桥。此时正值麦收农忙时节，百姓慑于杨广的淫威，放下镰刀，前来修桥，芒种桥以此得名。

从芒种桥继续东行，在谷子成熟的季节，杨广在此休整，停留后继续东行，后来，因杨广在此停留而名谷熟。龙舟走走停停，直到次年麦子黄梢的时候，来到一个村庄，杨广见村民都在喝麦仁汤，觉得十分稀奇，命人前去打听是何佳肴，知道是新鲜麦仁熬成的汤，连命御厨按照村民熬汤的方法给他做汤尝鲜，平时山珍海味吃腻了的杨广觉得十分对胃口，对此汤十分赞赏。从此，这个名不见经传的小村庄就叫麦仁店。

离开麦仁店，不几日来到一个叫石榴驿的驿站，杨广传令在驿站休息，正在此时，探马来报：扬州的琼花已经凋谢。杨广十分不悦，正郁闷不已，不料又有军卒急报：杨玄感起兵，攻陷洛阳城！杨广大吃一惊，立即传旨，火速回朝平叛军。临行之前，这个暴君下令将龙舟和拉纤的美女一齐火焚。因石榴驿是这次杨广下扬州的最后一站，于是后人也称之为站集。

（三）下邑县令米芾与火正阏伯

北宋时期，著名的书法家、画家、书画理论家米芾在下邑任县令。米芾生于北宋皇祐四年（1052），卒于大观二年（1108），号海岳外史，又号鬻熊后人、火正后人等。官至书画博士、礼部员外郎。据《夏邑县志》记载："米芾，字元章，湖北襄阳人，曾官下邑知县，其间书画遗墨收入《滋蕙堂墨宝》第四，今已不传。"与苏轼、黄庭坚、蔡襄合称"宋四家"。《宋史·文苑传》载："（米芾）特妙于翰墨，沈著飞翥，得王献之笔意。"尤工行草，擅水墨山水，人称"米氏云山"。所书《蜀素帖》是天下第八行书，被称为"中华第一美帖"。嗜奇石，有"米痴拜石"的故事流传于世。米芾任下邑知县的时间不详，任期大约在元丰五年（1082）至绍圣二年（1095）之间。据考证，米芾号火正后人，源于火正阏伯居商，今商丘尚存阏伯台。下邑宋代属应天府（今商丘），米芾前往阏伯台，因仰慕火正阏伯，故以"火正后人"为号。

米芾任下邑县令虽仅一年余，但这段短暂的人生经历，这一带"无土不殖，桑麦翳野，舟舻织川"的景象，为其艺术创作带来灵感，运河之水酝酿了他的水墨点染"烟云掩映"的意境。走出下邑，米芾最终停步于江南大运河古镇丹徒（今镇江），从通济渠到江南河，运河之水成就了一代书画大师。

（四）泥马渡康王

据传，北宋末年，金军南下攻入东京汴梁城，掳走徽、钦二宗。靖康二年（1127）二月，金人攻破东京汴梁，北宋灭亡。宋康王赵构逃出东京城，奔南京宋州城，辗转到黄河边，在今夏邑马头的马头寺渡黄河。金兵追来，面对滔滔黄河，赵构仰天大叫："天丧予！"正在这千钧一发的紧急关头，突然一匹骏马出现在他面前，赵构大喜，飞身上马，骏马迅速驮赵构飞渡黄河。到黄河对岸，马突然化成一摊泥。赵构逃到一座崔府君庙，发现破庙中少了一匹泥塑马，方大悟，这就是"泥马渡康王"的传说。后人为识此事，曾立"宋康王南渡处"石碑一通。20世纪70年代，在马头乡一座小桥上发现此碑，字迹已模糊不清，唯能辨"康王遇难于斯"几字。

同年五月，赵构在南京（今商丘）即皇帝位，改元建炎，是为高宗，史称南宋。当年十月，为避金军，宋高宗弃南京城南逃扬州，为阻止金兵顺运河南下，下令壅塞汴河，使部分河段不能正常通航。定都余杭后，朝廷的物资供应不需北运，盛极一时的汴河失去了漕运价值，部分河段逐渐废弃。

（五）羊无忌与公羊母羊

在通济渠汴河沿岸，关于大运河的历史传说很多，流传最广的是羊无忌智筹治理运河款的故事。

据《夏邑县志》记载，羊无忌是会亭集管理集市的官员，此人聪明机智，博学且善辩。会亭位于通济渠汴河边，汴河的水源为黄河水，泥沙沉积，常泛滥成灾，羊无忌心系此事，昼夜思虑，疏浚运河要大量的款项，苦于无处筹银。一天，住在会亭东南鄢阳集和住在济阳集的两个羊姓富绅在会亭集聚会，平时二人相互勾结、为富不仁、仗势欺人，也互不服气，经常攀比，因两人都姓羊，济阳的羊富绅戏称自己姓的羊是公羊，鄢阳的富绅姓的是母羊，两人为此争执起来，诉讼到市衙。二人争相拼财富，重金行贿以争公羊，羊无忌将贿赂照单全收，并私下放出风声：银钱多的就判姓公羊，二羊姓富绅暗自争相送银，唯恐对方送得多，不几天，羊无忌就收到纹银四五千两。市衙宣判那天，万人空巷，四乡百姓蜂拥而至，在市衙围观。待两羊姓富绅到场后，羊无忌当场宣判："东鄢阳、西济阳，中间是我老母羊。你们姓的是公羊，老爷我来姓母羊！"两个羊姓富绅一听，老爷达成了他们的心愿，二人十分高兴，正准备叩谢下堂，忽听羊无忌大声说："二位且慢！老爷今天还要奉送打油诗一首，以谢你们二位：'两羊角斗不相让，为争公羊上大堂。欲求银两修河防，老爷甘愿姓母羊。可笑两羊不思量，母羊倒比公羊强。'"众百姓听了捧腹大笑，二羊姓富绅顿时面红耳赤，羞愧而去。

（六）美酒飘香王酒店

大运河漕运的发达，使运河沿岸饮食业、手工业、种植业得到长足发展，近会亭镇的王酒店村，地处运河南岸，是以酿酒闻名的古村庄。该村水质甘洌清甜，用之酿酒醇香馥郁、香飘溢远，是周边百里较为著名的民间酒坊。据传说，最早王家酒并不出名，靠祖上的酿酒手艺开了一家小酒坊。有一天，开封城一家酒商家的伙计从运河乘船贩酒到永城，一路行来，疲惫不堪。伙计开了一坛酒，本想稍饮一点解解乏，却不知不觉地将一坛酒喝了大半。船头凉风吹来，伙计顿时清醒过来，想到酒少了到时无法交差，于是匆匆上岸，准备想办法补救。走到运河附近的一个小村庄，见村中有一清澈见底的池塘，突然灵机一动，舀池塘水添满酒坛，把酒坛封好，然后起程送酒到永城。酒店掌柜按规矩先尝了酒，然后付钱，掌柜惊喜地发现这次的酒比起以往的酒更加香醇，问之原因，伙计也不解，待发现这酒正是添加池塘水的那一坛，顿时恍然大悟，原来酒醇的原因竟是添加了池塘水的缘故。此事一经传开，很多人都知道该村水质极佳，不仅酿的酒清洌甘醇，淘洗的粉条也是洁白透亮。后有善酿酒者在池塘边开店、酿酒，该村成为远近闻名的专业酿酒的村庄，因王姓所酿酒最为著名，故村名曰王酒店。

（七）脟汤的传说

脟汤是豫东夏邑独有的适合北方气候特征的秋冬进补、保健的一种风味饮食，至今已有200多年的历史，是以中医养生理论为指导，以羊、鸡、牛肉为主料，以中草药为辅料，研制总结出的一种具有生津和胃、除湿祛寒、补充钙质等多种功效的营养丰富的美食。其渊源可追溯到清乾隆年间，在夏邑、永城一带至今流传着脟汤的故事。

据史志及《程氏族谱》记载：自明清以来，豫东地区黄河肆虐，流寇猖獗，天灾人祸不断，百姓流离失所，饥寒常伴着这一带的百姓。据传，清康乾盛世，这里的百姓仍然处于饥饿之中，每逢大旱之年，更是饿殍遍野。有一位新上任的县令看到这一景象，即上报朝廷请求赈灾，然灾民甚多，朝廷的赈灾粮食杯水车薪，仍有许多人卖儿卖女，甚至饿死路边。

在夏邑的东南部与永城交界处，美丽的虬龙沟畔，有一位大善人叫程景运，是北宋理学家程颢的第二十三代孙。他家中殷实，是夏邑、永城交界处的一位富户，这时也将自家粮仓所存粮食拿出来施粥。灾民源源不断地从永城、夏邑甚至更远的地方涌来，滞留在程家村附近，眼看粮食即将告罄，如果停止施粥，怕又有许多人饿死在路边，继续施粥，恐有更多的难民蜂拥而来，难以救济。程景运愁得睡不着觉，正无奈间，突然心里一动，决定在自己院子里盖一座大楼，以工代赈，施粥济民。

开工的第一天，前来盖楼的人很多，然而由于饥饿，民工体弱气虚，竟拿不动锨，挑不起筐，无法干活。程景运略通医术，便令家人杀了自家所有的牛、羊、鸡，为饥民熬汤，但又恐饥民体弱不堪补，便将鸡、羊、牛肉整个放入大锅，加入白芷、小茴、桂皮、高良姜、草豆蔻、丁香、生姜、大葱、麦仁等十余种滋补调料，煮一大锅肉汤。

汤熬了整整一夜，直到肉烂、骨酥、汤浓，肉熬成丝状，香味四溢，用面粉勾芡，出锅后放入香醋、芫荽、香油，供饥民食用。三日以后，饥民个个精神饱满，面色红润，体力大增，于是挑土的、运砖的，热热闹闹，程家楼正式开工了。不久，程家楼盖好了，新麦也已收仓，一场大饥荒终于熬过去了。程家所盖楼房被当地人称为"程楼"，即今夏邑县胡桥乡东南部虬龙沟畔的程楼村。

灾荒过去，凡在程家饮过此汤者，无不回味，莫不称道。于是有人便仿效程家做汤的方法熬制肉羹，久而久之，在夏邑、永城交界处的地方，甚至山东、安徽等省亦有人熬制此汤，配以地方小吃水煎包、肉盒子、糖糕等食物一起摆摊叫卖，但此汤一直没人叫出名字。有人问啥汤时，摊主就会幽默地用方言说："你说是啥（撒）汤就是啥（撒）汤。"就这样，这种营养丰富、味道鲜美的汤就在夏邑、永城一带流传开来，成为人们补营养、饱口福的美食。

此汤一直没有名字，直到清乾隆皇帝下江南时，路经夏邑，驻跸于太子少保、礼部尚书李奕畴家，有一地方官献此汤给乾隆帝品尝，乾隆食后，顿觉味道甚美，神清气爽，便问道：这是啥汤？一句话问得大小官员个个面面相觑，不知如何回答。还是旁边献汤的一个地方官机灵，顺口用地方方言回道：还是皇上说得对，这就叫啥（撒）汤。乾隆帝又问：是哪一个字？地方官一时张口结舌，县令一见便接口回答道：请皇上赐名。乾隆帝沉吟半晌，没有说话，尚书李奕畴道：不若以啥（撒）字之音称之，其字用左边月令之月，右上为天，下为韭菜的韭字吧。乾隆帝不解地问：何以用此字？李尚书答道：此汤为秋冬进补的佳品，故取腊月的"月"，今有幸蒙天子品尝，而其味鲜如新韭，不如就以"朣"字命名此汤，取"啥（撒）"字之音，使百姓知"啥汤"为"朣汤"，从此，这种灾年为赈济灾民而特制的汤便有了正式的名字——朣汤。

八、夏邑县济阳镇大运河文化遗产价值介绍

（一）文献记载济阳镇与大运河关系

1. 隋大业元年（605）开凿通济渠。

2. 唐初置济阳镇，济阳因位于通济渠之北岸而得名，是因运河而产生的村镇。（《夏邑地名考》）

3. 唐天宝后，汴河复湮。

4. 唐广德二年（764），刘晏开汴水以通运。

5. 唐代末年，大堤溃坏。

6. 后周显德二年（955）至五年（958），疏浚汴口达江淮，通航运，是唐末以来首次疏浚汴河。

7. 北宋太祖建隆二年（961）加强运河堤岸、水道治理，济阳镇段汴堤两岸广植榆柳以固堤防。

8. 北宋开宝四年（971）六月，汴水决宋州谷熟县济阳镇（今夏邑济阳镇）。[康熙四十四年（1705）《商丘县志》]

9. 北宋熙宁四年（1071），沈括受命浚汴河，采取分层筑堰水准测量法，测量汴京到泗州八百多里，精确度达到寸分，其中包括汴河济阳镇段。（《梦溪笔谈》）

10. 宋建炎二年（1128），为阻金兵南进，东京（今开封）留守杜充决黄河，自泗夺淮入海，汴河济阳镇段遭受较大的破坏。

11. 明洪武六年（1373），议浚汴河而中格，汴河济阳镇段自此部分壅塞。[康熙四十四年（1705）《商丘县志》]

12. 明嘉靖时期，商丘段大运河仍通航使用。[康熙四十四年（1705）《商丘县志》]

13. 乾隆二十二年（1757），疏导汴河。（《乾隆中州治河碑》）

（二）考古调查发掘反映的济阳镇大运河文化遗产的重要价值

通济渠在夏邑境内长 27 公里，河道走向与河南省道 325 线走向基本一致，西部从虞城县沙岗店入境，流经夏邑县济阳镇、罗庄镇、会亭镇三个乡镇，从会亭镇东部流入永城市境。2006 年被商丘市政府公布为商丘市文物保护单位。

唐人杜宝著《大业杂记》："（通济渠）水面阔四十步，造龙舟，两岸为大道，种榆柳。"主要记载隋仁寿四年（604），隋炀帝即位，到越王侗皇泰三年（621）王世充降唐间的历史事件。按唐代一步约合今 150 厘米计算，四十步折合为 60 米，可见当时通济渠水面宽度是 60 米。

考古调查走访村民时，据村民讲述，济阳人世代口头相传，认为济阳镇的产生是因为隋唐大运河通济渠通航之后，常有过往商旅船只靠岸，南北两岸过河摆渡，在此落脚、经商、运输货物的人慢慢多了起来，逐渐在北岸形成了村镇。水南为阴，水北为阳，因此就有了济阳镇的名字。济阳镇是一座典型的因大运河而产生、发展、繁荣延续的村镇，是研究大运河沿线村镇地名的典型资料。可见民间世代口头相传，济阳镇是因位于隋唐大运河通济渠北岸而得名。据史料记载，唐初置济阳镇，明代置济阳乡，清复为镇。面积 51.5 平方公里，辖 92 个自然村，325 省道从济阳镇中心区东西穿过，镇区街道至今保留通济路、济隋路的称谓，是大运河文化遗产传承的印记。

2001 至 2013 年，为了给大运河遗产保护提供科学依据，文物部门对济阳镇段进行过多次考古调查，取得了一批有价值的考古资料。

20 世纪 90 年代，河南省道 325 线改造工程取土时，在济阳镇西街 325 省道北侧河道内，不到 100 米范围发现两艘沉船，木船已被破坏，后来文物部门在济阳镇西街征集到部分木船板、宋代瓷器、铁锚等文物，现存夏邑县博物馆。2001 至 2004 年 325 省道拓宽，在公路两侧取土时，又发现了大量唐宋时期的文物，主要是瓷器，这些器物几乎涵盖了唐宋时期各个窑口的瓷器，数量之多，器形之丰富，窑口之全，堪称是一座地下瓷器博物馆。

目前济阳镇段考古发掘成果主要有：一、发现了保存完整、规模尺度巨大的河道遗存，在南堤外侧发现了多次疏浚清淤堆积形成的护坡堤；二、在南堤外侧发现了顺大堤方向修建的古道路及车辙印痕；三、在南堤北坡发现有分布密集的行人脚印、动物蹄印，在北堤发现有因天气干旱形成的地裂现象；四、在南堤近河道一侧发现有建筑基槽和大面积分布的断面年轮纹理清晰可见的木桩遗迹；五、出土有宋代木船和大量唐宋时期的瓷器，反映了济阳镇段是一段重要的大运河文化遗存。

济阳镇段的考古发掘成果揭示了这段河道所具有的重大价值和重要意义。第一，这段运河河堤、河道、地上建筑遗迹的完整发现，展现了隋唐宋时期通济渠河道巨大的规模尺度，河堤的形制与工艺，反映了河道历史的线路与走向，是大运河通济渠段作为宏大规模尺度的水利工程的考古证据，是中国古代水利工程高超水平的直接见证。第二，堤外护坡大堤、堤上建筑基槽和大面积分布的木桩遗迹的发现，印证了大运河在使用过程中经常清淤疏浚、维修保护、加固堤防的历史事实，是研究我国古代运河固堤技术和河道治理养护的珍贵材料，具有重要研究价值。第三，堤面密集行人脚印、动物蹄印、车辙印痕和堤外道路的发现，印证了史书关于大运河河堤即当时官道和堤外有道路的记载，也真实反映了当时运河大堤及堤外道路作为官道交通的繁忙。第四，堤面干裂纹现象的发现，是研究当时气候、环境状况的宝贵材料。

总之，通过多年来对济阳镇段进行考古调查、钻探，基本搞清了济阳镇段的保存情况、运河济阳段的宽度及河床基本结构。调查资料显示：济阳镇段河道内口宽 120 米，北堤顶部宽 30 米，南堤顶部宽 25 米；出土文物丰富，发现有沉船。2012 年秋季在济阳镇前街通济路考古钻探调查，距地表深 2～11 米内，发现大面积青砖建筑遗迹。考古调查、发掘结果表明：济阳镇段河道较宽，宽度是大运河普通河段的两倍多，是通济渠上的重要河段，且保存有较完整的大堤遗存，出土了较多的唐宋时期南北方各个窑口的瓷器，为大运河文化遗产研究提供了较为丰富的文化内涵，具有重要价值，鉴于济阳镇段大运河文化遗产的重要价值，我们确定济阳镇段为中国大运河申报世界文化遗产点。

（作者：张帆，夏邑县博物馆原馆长）

九、隋唐大运河永城段

　　对隋唐大运河的重视和研究，目前已提高到一个新的阶段。作为一名身在永城的基层文物工作者，有必要对自己所在区域的隋唐大运河遗迹及有关问题作进一步调查和资料总结，为我国大运河的研究提供一点有用的资料。

　　大运河在永城境内西起马牧乡马庄村，与夏邑县接壤；东入安徽省濉溪县境，止于永宿公路收费站东300米处，属侯岭乡辖区，全长53公里。从老县城说起，城西基本上是与永商南线公路一致，且多数情况是路基压在大运河的南堤和南坡，河道中心多偏在路北。特殊情况是，从西往东，在七里店、马牧老街、李店、酂阳老街、十八里老街，均下压河道。早期的永商公路穿过这些老街和村庄，而20世纪90年代改造后的永商公路在经过上述集镇时，都是在其北侧绕过。这种情况在县城东也是一样。永宿公路也是沿大运河而修，路基选择此处肯定由来已久，后代修路多是选择在前人道路的基础上修建，这是规律性的常识。古代把河堤当作路也是一种明智的选择。在县城东这一段，除侯岭乡大呼庄是公路从河道北侧绕过之外，其他均是路与古河道基本一致，且河心大多处于路北侧。由此可见，在永城境内这一段，早已是利用运河的南堤作为路使用。走访群众中的老者也都说，新中国成立后北堤尚高于现地面5米左右，而没有见到过南堤，就是因为南堤早已被平整修成了道路。

　　新中国成立以来，永城对大运河的调查和研究工作搞得很少。最大规模的一次是2007年7月商丘市文物局组织的调查。下面把部分调查情况及成果略述于后，供研究者参考。

（一）在永夏交界处的调查情况

　　在永城与夏邑的交界处对大运河的调查工作中，我们走访了当地群众，他们提供了前几年修路时，大家都在油路北侧挖宝，而南侧不是河道的情况。经实地勘察，果然在公路北侧30米的地方发现河堤的遗迹，宽度15米左右，明显不同于两边的土质土色，是以灰黑色土为主的花土，正是当年筑堤之土。这种土在十多年前仍有大量保留。特别是永城城西，有一段河堤高出地表2米余。对这种筑堤之土，大家都非常熟悉。

根据北堤的位置，参照以前在永城境内配合基本建设时曾经清理过的大运河断面，以及地方志记载河宽40步的情况，我们在距北堤南口45米以外的地方实施钻探。先是钻了几处不见河道的遗迹，最后在公路南边沿处得到确切的资料。此处地面与公路面一致，上部1.8米都是混杂有石灰的路基土，经碾轧，变得非常坚硬。至2米时见到河道内淤积的黄沙土，钻探到3.3米处见到河床的灰黑色淤泥。根据钻探情况判断，此处应是接近南堤的河床上部，由此可知，大运河在此处的宽度为50米。

（二）在酇阳镇的走访及钻探调查情况

今年7月份，我们在酇阳老街进行了走访调查，并在酇阳棉厂西70米处，实施了钻探，解剖了隋唐大运河在此处的断面。

大运河位于酇阳老街下面，穿街而过。也就是说酇阳老街是以大运河河道为中心而建设起来的。街心的油路面多数位于河的北坡，部分位于河心。在十字街口东侧百余米处，原酇阳农行营业所的东南角，是村民田纪丰的两间房屋，位于街道南侧。三年前，当地群众在他的房屋西头空地上挖宝时，挖出一艘木船。由于空间小，只看到船体的一部分。其他大部分压在田纪丰的房屋下面。因为群众对古代木船不感兴趣，又原封不动地埋在地下。这给我们以后索取资料提供了确实的线索。

在老街十字街口西百米处，三年前群众在此处挖宝时，挖出大量石磙坯子，路下及路的南北两侧都有发现。此处正位于隋唐大运河的河道内，这些石材究竟作何用途，尚不可知。因该处为街道中心及群众住房，无法再做钻探工作，暂作此记载。

另外，我们又在酇阳棉厂西70米处，南北向搞了一个大运河断面的钻探。此处农田地表以下2米均是黄河泛滥冲积形成的地层。结合永城史志记载及以前的考古资料可知，这2米左右的淤积层形成的时间均在宋代以后。所以此处大运河当年的地表要比县城东部的深2米。河底距地表也就比县城东增加2米。据当地村民所讲，前段挖宝时见到的河底位置，距现在的地表有7米左右，这与城东的调查情况是大体一致的。此处运河的宽度约40米，堤也较窄，在12米左右，但可能已遭到破坏。河底距地表深7米。

（三）在侯岭乡谢酒店村西的调查情况

1991年11月份，永城文化局在配合矿区铁路修筑工程中，于铁路经过的谢酒店村西边，永宿公路的北侧，清理了大运河的一个断面。永宿公路经过此处时，路基修在大运河的南堤上，使得河道基本上全部暴露于外，清理出一个相对比较完整的河道横剖面，但上半部早已不存。残存的河道下半截上口宽28米，河底宽度为15.6米，河底距现在的路面深3.1米。河床坡度较小，显得较为平缓，这可能较有利于人工负土上下，以加快工程的进度。清理过程中发现，出土器物多在河底南侧，并且多混杂在草末、朽木等杂物之中，也是河水旋流形成的迹象。

在这次调查过程中，我们看到北堤已彻底消失。走访当地群众都说：刚解放时，河堤要比现在的路面高出 4~5 米，连运货的大汽车都能挡住。由此可知，河道的宽度也要在 40 多米。重要的是在此处得到了有关大运河的确切数据，即在现地表以下深度为 3.1 米，而且在距河底 3.1 米处的河口宽度为 28 米。这也为其他地段大运河的调查提供了参考依据，当然存在着变化则是确定无疑的。

（四）在芒山路南端东侧的调查情况

芒山路是永城东城区内一条主要的街道，其南端正好连接永宿公路。该路南端东侧 400 余米长的范围内，均为中豫世纪城的建设工地。今年 6 月上旬，永城文物局配合此处的基本建设，已经对占地范围内实施了钻探和发掘。该工地紧挨永宿公路，施工的临时围墙南墙，正好垒砌在大运河的河道上。公路北侧 15 米处，似可见到河北堤的遗迹，只是破坏较甚。6 月份在此对大运河断面进行清理时，于公路沥青面北侧 5 米处开挖探方时可见：上部有 1 米多厚的扰土，其下为淤土和胶泥层，最后全是黄沙土。在断面宽 6 米的范围内，南部靠近公路一侧仍不见河底，北部已到地表，其上部早已被人们在生产、建设过程中削去。这一段正是河的北坡下半截。另外，在清理时发现的瓷器多为隋唐之物，靠近河床底部的瓷碗为饼形和璧形底。铜钱也都是唐高祖李渊时发行的开元通宝，钱文中"元"字的第二笔向左挑起是其特征。在接近现地表 40 厘米处淤积层内，出土的还是五代的瓷器。由此可见河的上半部早已消失在历史的尘埃中。

经过调查和发掘可知大运河流经此处的情形。河的底部及南坡均被压在公路之下，南堤位于路南侧及民房下。路北侧是河道的底部北口及北河坡。北堤以南、路面以北暴露河道的宽度为 12 米左右。

（五）在侯岭乡十八里小学的调查情况

城东 20 里是侯岭乡大赵庄村，该村沿大运河南北两岸而建。村中路北有一座小学，名十八里小学。该学校的大门距永宿公路 5 米，学校墙外是篮球场。球场正位于运河的北坡。三年前，当地群众在修路期间对此处进行了挖掘，出土有青石块 10 余块。我们调查时找到了这些石块。石块凿制规整，基本上为正方形，长 55 厘米，宽 54 厘米，厚 12 厘米。据当时挖出石块者讲：石块均散乱地弃置于河道北侧。我们怀疑是否为修筑码头时所用，因为距此往东 20 多里的安徽濉溪柳孜码头均为石块垒砌。所以，我们又组织专家对此处进行了钻探，想进一步查找石块的范围，均无新的发现。但可以看出，此处大运河的情形同中豫世纪城所压一样，河底及南坡均在路基下。两边的河堤均已无存,当地老农讲:解放初期,北堤尚与瓦房顶部一样高,主要是 1958 到 1960 年前后,大搞平整深翻土地,把北堤平掉了。但南堤在他们记事时就没有了,是历史上修路的原因,早已将南堤削平了。

(六)在豫皖交界处的调查情况

县城东永宿公路的路基多数是压住了大运河的南坡和南堤,或者是加上河道的南半部。局部地方如侯岭乡谢酒店村西一段只压住了南堤,而将整个河道抛在了路的北侧。只有豫皖交界处收费站西 200 米,长约 1 公里的地段,是路基压住了河道北半部,而在路南却暴露出 20 多米宽的河道及河南坡。运河在此处很长一段本来是直的,是后人修路时,特别是近年为了建收费站还是什么原因,永宿公路在这里却偏了一点。因其特殊,我们即选择此处作了解剖调查,见到油路面以南 26 米内属于河道的遗迹,经钻探可见冲积的沙土。南侧的农田内依稀可见有筑河堤所用的以黑色土为主的花土。该选点向东 500 米处已到安徽界内,河道的暴露部分即转到路北去了。

几十年来,在农田水利及修路、基建过程中,群众在大运河内挖出难以数计的陶、瓷器,以及铜、铁器等。在出土瓷器中有唐宋时期很多著名窑口的东西,其中以耀州窑、邢窑、长沙窑、磁州窑、景德镇窑、定窑的瓷器居多。种类也丰富多彩,以盘、碗、罐、壶以及小玩具为主。永城博物馆也收藏了一部分大运河内出土的文物,但大多数流落于民间收藏家之手,有些被文物贩子倒卖出去。隋唐大运河尽管已伤痕累累,显露苍老凄凉之态,但它留给后人的仍然是一笔取之不尽、用之不竭的文化财富。

(作者:李俊山,永城博物馆原馆长)

十、关于"杨广下江都经过虞城"的史实

杨广是历史上一位著名的荒淫皇帝。在河南、淮北广为流传着"杨广拉纤"的故事,特别是在豫东传说得更形象。传说杨广带着后妃、大臣,乘龙舟经河南、淮北下扬州,他们坐在船上,下铺黍稷,让五百美女赤着身子,手牵彩绳,倒拉旱船,缓步前行。当杨广和后妃们高兴的时候,割断一根绳子,摔得某个美女仰面朝天,惹得他们阵阵狂笑。传说这帮人马拉着旱船,由宋州开来,到菜籽开花的时候,拉到菜(蔡)道口,又拉了几个月,到麦子熟了才拉到芒种桥,从芒种桥拉到秋里,谷子熟了,才拉到谷熟集等。

其实,民间传说只反映了隋炀帝荒淫无耻的某个侧面,并不是历史。那么,杨广

乘龙舟下江都（俗称"杨广拉纤"），是否真有其事呢？答：有。而且大致还是从那些地方经过的。但不是传说中的拉旱船，也不是那么简单。其规模之大，坑害黎民之苦，要比传说厉害得太多了。

至于虞城县的那些村镇，直到现在都确实存在，但都与"杨广拉纤"无关，而是基于杨广下江都从这里经过这个事实，人们形象地把它们串联了起来。如谷熟镇，现在仍在。该镇在东汉时由谷丘、熟城两县合并为谷熟县，历经一千多年，到元代该县并入睢阳，而谷熟县改为镇至今。就是说在杨广之前五百余年就有了"谷熟"。芒种桥的来历是：明代有位当地的秀才叫毛仲，是位有声望的大富户，他看到村边包河上没有桥，来往归德府不方便，便主动捐资，让村民出工建了一座三空桥。为了纪念他，群众称此桥为"毛仲桥"。后来就转音为"芒种桥"了。这是杨广之后八百年才有的。至于菜（蔡）道口，那不是菜花的菜，而是包河附近姓蔡的一个大村庄，原名叫"蔡家道口"。

那么，杨广下江都的情况是怎样的呢？

据史书记载，杨广是在杀其父兄之后，才当上皇帝的。他在夺位之后，凭着其父二十余年的积蓄和强大的国力，除大修宫殿、开凿驰道、征调几百万人打仗外，在他初当政的六年内，还征调几百万民工开凿了通济渠、永济渠、江南河，共四千八百余里。

在杨广即位的当年（605），即开挖通济渠（群众称"运河"）。他敕令："尚书右丞皇甫议发河南、淮北诸郡民，前后百余万，开通济渠。"西自洛阳西苑引谷、洛二水入黄河，又从荥阳东北的板渚引黄河入汴，再疏通莨荡渠故道，向东南经陈留、杞县，而进入梁郡的睢州、宁陵，然后到达宋州城，由城南经虞城的蔡道口、芒种桥、谷熟镇、站集、沙岗店进入夏邑的济阳，经东皋、会亭而进入永城的小马牧、酂阳到永城城南，东南向下至二十里铺，经宿州、灵璧、泗县入淮。于是杨广又发"淮南民十余万开邗沟，自山阳至扬子入江"。这样就到达了通济渠的尽头——江都（扬州）。

通济渠是三大运河的主体，其规模之大、运河之长都是空前的，该河"水面阔四十步，造龙舟，两岸为大道，种榆柳，自东都至江都，二千余里，树荫相交，每两驿置一宫，为停顿之所，自京师至江都，离宫四十余所"。

在大业元年（605）三月征调民工开挖，限当年八月完成，限期短，任务重，民工死亡近半，车拉死尸，相望于道，情景甚惨。正如《资治通鉴》所讲："东京官吏督役严急，役丁死者什四五，所司以车载死丁，东至城皋，北至河阳，相望于道。"如按民工死者十分之四五，死亡者当在几十万之多，而耗资更无可计算。

运河的开挖，除杨广寻欢作乐的一面外，还有它好的一面。在当时的交通条件下，它是一大动脉，对沟通东南与中原的经济、文化交流，促进各项事业发展，都有重要意义。该渠"西通河洛，南达江淮……其交、广、荆、益、扬、越等州，运漕商旅，往来不绝"。沿河的城市很快发展繁荣起来。如南端的杭州，长江岸边的京口、江都，运淮汇合处的楚州（今淮安），运河中途的宋州（今商丘），运黄交口的汴州（今开封）等，由于沿河建了离宫、驿站、码头，因之航运繁盛、客商云集，也随之繁荣起来。

杨广是一位有名的"巡游"皇帝，他曾北出长城，西巡张掖，南游江都，每次巡游都要耗费巨资，尤其以游江都为甚。

且看他第一次巡游江都的情形。在开通济渠的同时，他就"遣黄门侍郎王弘往江南采木造龙舟"，在大业元年（605）八月，通济渠开通，数万龙舟、杂船运回京都之际，杨广游兴大发，决定大行巡幸江都。于是他"偕皇后、嫔妃、贵戚、官僚、僧尼、道士等，分乘龙舟、杂船五千二百余艘巡幸江都"。皇帝和皇后坐的是龙凤舟，实际上是奢侈豪华的水上宫殿，其"龙舟四重，高四十五尺，长二百丈，上重有正殿、内殿、东西朝堂。中二重有二百房。皆饰以金玉。下重有内侍处之"，而皇后乘坐的"翔螭舟"，除尺寸略小一点外，其装饰和龙舟无异。在龙凤舟前后，另有三重高的花、鸟、虫、鱼彩船九艘，作为流动的"浮景"以供帝妃、王储、公主们游乐。这些龙凤舟和浮景船队组成水上宫殿群体。尾随其后的是"漾彩、朱鸟、苍螭、白虎、玄武、飞羽、青凫、陵波、五楼、道场、玄坛、板𦨴、黄篾等数千艘"，供"后宫诸王、公主、百官、僧尼、道士、蕃客乘之"。船载各种供奉之物，以备随时之用。

当时因为没有机器，这些船队只好用大量纤夫拉纤前进。这五千余艘船只，共用挽船夫士八万余人，其挽漾彩以上者九千余人。这些青年男女都以"锦彩为袍"，手挽花绳彩带，挽拉官船前行，以为"殿脚"。群众口中"拉纤"的就是这些挽船的男女青年。

其水上卫兵，又分乘"平乘、青龙、艨艟、艚艓、八棹、艇舸等数千艘"。船内载有各种兵器、幕帐。这些船只拥簇前后，不给民夫，使士兵"自引"其船。几千艘船只行在河里，两岸又有骑兵夹岸巡护，而船队"舳舻相接二百余里，照耀川陆，骑兵翊两岸而行，旌旗蔽野"，真是浩浩荡荡，威严森森，好不威风啊！

这个十几万人的"流动宫殿"，穿州过县，游山玩水，可快乐了皇帝、后妃，却忙坏了地方官吏，苦坏了黎民百姓。皇上在巡幸江都之前，就下诏："所过州县，五百里内皆令献食。"否则，官要罢职，民要治罪。通济渠全长二千余里，经河南境内九百余里。淮北、苏北境内还有千里左右。沿河两岸五百里内的黎民都逃脱不了"献食"之苦，于是各地"多者一州至百舆，极水陆奇珍"。地方官吏为了献殷勤、保乌纱，乘机加码敲诈、限期送交。按"舳舻相接二百余里"算，人拉竿撑前行，每天最多能走一个行宫（六十里）。所过之地，如帝后无事，最顺当的也得三至五天，才能过去；如帝后有兴玩耍或上岸观光，或有要事停顿处理，或遇阴雨不能前行等，多少天能过去，就很难说了。就在这半年之内，除百万挖运河民工死亡近半外，河南、淮北人民又要大量"奉献"奇珍食物，黎民之苦可想而知。对黎民们奉献的山珍海味、陆上佳肴，那些妃嫔们吃得不耐烦了，竟然在"将发之际，多弃埋之"。

在灾荒连年、烽烟四起的大业十二年（616），杨广在两次大游江都之后，仍不满足，乘兴作龙舟、杂船数千艘送到东都，决意再游江都，大臣们屡谏不从，杨广数斩忠臣名士，一意孤行。建节尉任宗上书极谏，被杀于朝堂。临行前，奉信郎崔民象上表于建国门再谏，结果"帝大怒，先解其颐，然后斩之"，朝野骇然。当龙舟行至汜水时，奉信郎王爱仁复上表谏阻，又惨遭杀害，并下令对那些反对者，"罪无轻重，不待闻奏，皆斩"，从此路无敢阻谏者。这个暴君，带着数千艘船只、十几万人马，游尽了山山水水，经过几个月的跋涉，总算到了江都。但好景不长，不久，全国民怨沸腾，烽烟四起，纷纷起义割据，就连他的护卫队骁果军也乘机骚动起来，一贯被隋炀帝信任的右屯卫将军宇文化及等看大势已去，趁机把他勒死在江都的行宫，结束了这个暴君的统治。这是他罪有应得的下场。

隋炀帝虽去了，而沟通中原与东南的大动脉——通济渠，却经历了唐、五代、北宋五百余年通航不衰，对沟通经济、文化交流曾起到重大的作用。南宋以后，京都南迁，运河作用大减，加之黄河屡次决口，运河逐渐被湮没。现在只断断续续地还残留着痕迹。运河淤平了，而隋堤（运河堤）却成为商永公路的基础，还在服务着人民；运河湮没了，而"杨广拉纤"的故事却一代代流传着，仍在起着抑恶扬善的作用。

（作者：马俊华。摘自虞城县志编纂委员会编《虞城县志·附录》，生活·读书·新知三联书店，1991年。有改动）

十一、宋元时期的运河水利专家及其事迹简表

姓名	时代	籍贯	事迹
陈承昭	宋	江南	以习知水利被宋太祖任用，先授官右领军卫上将军。建隆二年（961）督治惠民河与广济河，疏汴河等
乔维岳	宋	陈州南顿（今河南项城西）	太祖开宝中，先后知高邮军、通判扬州等。太平兴国三年（978）任淮南运副使，熟知运河水利
陈尧佐	宋	阆州阆中（今属四川）	太宗端拱元年（988）进士，历官翰林学士、枢密副使、参知政事。提出了"下薪实土法"。知滑州时为堵黄河在滑州缺口，他发明了"木龙杀水法"。他在汾水两岸筑堤植柳防洪，汾水成为长期造福人民的柳溪
谢德权	宋	福州	习水利，初任右侍禁，与转运使宋太初治咸阳浮桥等
张君平	宋	磁州滏阳	为官有才，尤明习水利，故多担任浚治运河水利之职
康德舆	宋	河南洛阳	历巡护开封府等六州黄河堤岸等，保证汴河安全，为诸运河畅通做出了贡献
张纶	宋	颍州汝阴（今安徽阜阳）	仁宗天圣年间任江淮制置发运副使，大兴运河之利，增加漕运，先后主持了多项水利工程
沈括	宋	杭州钱塘（今浙江杭州）	熙宁五年（1072），受命整治汴河，对汴河进行实地勘测，是《梦溪笔谈》的作者，兴利除弊，善于创造，在水利方面亦多有贡献
曾孝蕴	宋	泉州（今福建泉州）	仁宗时宰相曾公亮之侄，建议将一些堰改为闸，在深入调查的基础上，提出兴建复闸与澳闸相结合的新技术
蒋之奇	宋	常州宜兴（今属江苏）	神宗熙宁初年，迁淮东转运副使，以饥荒流民数众，遂以募代赈，大量招募流民兴修水利，最突出的水利工程是整修了扬州天长县及宿州境的沟渠，用工百万，溉田9000顷，使8.4万饥民渡过饥荒。尤其这些工程紧邻汴河和淮阳运河，对运河的治理也产生了积极的作用，后整顿漕改，成绩显著
向子諲	宋	临江（今属江西）	真宗时宰相向敏中玄孙，他多次向朝廷建议并使漕运复通，治理南运河颇见成效，曾任江淮发运司主管文字、淮南转运判官等职
毕辅国	元	奉符（今山东泰安）	宪宗七年（1257）为济州左贰官，时值宋蒙军队相持淮水流域，在汶水南岸之城镇筑斗门，遏汶水分水南流，修复了古河水道，重辟由汶水入流通泗的运河河道

续表

姓名	时代	籍贯	事迹
郭守敬	元	顺德邢台（今属河北）	精通天文、水利之学，世祖中统三年（1262）被荐朝廷，曾陈水利六事，主持、设计很多水利工程，提出开通惠河并主持整个工程，在测量、绘图、规划、组织施工等方面总结出一套行之有效的科学方法，在中国运河开发史上具有重要的意义
备注			在运河治理方面做出贡献的众人中，有身份卑贱的宦官，也有很多的一般人物，史籍对治理运河的人和事多有记载，限于篇幅，无法尽列表中

十二、汴河棹影通济阳　通济余韵遗会亭

（一）千年故道古汴河

中国大运河是世界上开凿时间最早、流程最长的一条人工运河，是中国古代利用自然河道开凿的人工运河，是中国北方地区最早的、沟通黄河与淮河两大水系的运河遗存，是世界最宏伟的四大古代工程之一。

通济渠商丘夏邑段是隋唐大运河的重要组成部分，隋大业元年（605）征发河南、淮北民工100多万人，利用古汴河(古名汳水，又称鸿沟或蒗荡渠)的一部分疏浚而成。《隋书·炀帝纪上》载："发河南诸郡男女百余万，开通济渠，自西苑引谷、洛水达于河，自板渚引河通于淮。"通济渠于三月二十一日开挖，八月十五日完工，短短4个多月全线通航，堪称世界奇迹。

通济渠从黄河岸的板渚，引黄河水向东进入古汴河故道，在开封继续向东南，经过杞县、睢县、宁陵至商丘东南，进入蕲水故道，又经夏邑、永城入安徽宿县、灵璧、泗县直到淮河，长达1000多里。

唐初通济渠曾改称广济渠、汴河、汴水。通济渠商丘夏邑段，位于河南省夏邑县西南18公里的济阳镇。汴河从开封杞县向东流经商丘的睢县、宁陵县、梁园区、睢阳区、虞城县、夏邑县、永城市等七个县（市、区），全长近200公里，其中夏邑县境内约27公里，经济阳镇、罗庄乡、会亭镇进入永城市马牧乡。

汴河济阳镇段遗址是通济渠的故道，也称汴河、隋堤，西邻虞城县，东邻夏邑县罗庄乡、会亭镇，南邻中峰乡，北邻何营乡。故道水面东西长约2000米，宽30～50米不等，河道内口宽150米，北堤顶部宽15米，南堤顶部宽33米，面积39.6万平方米，

商永公路南线（S325公路）从故道北部穿过。

20世纪七八十年代，这里的大运河遗址保留得十分完好。运河堤岸的土岭、河床基本保留原始状态。20世纪90年代初，文物工作者曾在济阳镇零星分布的故道水面出土两艘木船，伴出有瓷器、陶器、铁锚等。2007年7月，为配合大运河申报世界文化遗产工作，文物工作者对大运河商丘段进行了第一次全面考古调查。通过考古勘探，初步探清了运河的走向以及河口、河堤、河床的宽度等。2011年4月，夏邑县博物馆与中国社会科学院考古研究所文化遗产保护研究中心遗址勘探规划部、科技考古中心的物探部合作，首次尝试利用高密度电法勘探技术对汴河济阳镇段进行探测，累计探测长度6400米。2011年12月，考古工作者在济阳镇济西村325省道北侧进行考古发掘，发现了大运河北堤道路上车辙印迹及密集的行人脚印，发现了因干旱形成的地裂迹象，以及大雨造成大堤地面的泥泞现象，这些遗迹为研究当时的交通状况、古代车制、气候状况提供了考古资料。2012年4月，在济阳镇东刘铺村西进行考古发掘，首次揭露了运河河道和大堤的完整形态，发现了超宽的运河河道，河道宽达142.3米，是已知通济渠的运河河道和河堤遗址中规模最大的一处。

通济渠商丘夏邑段，是通济渠上较重要的一部分。2006年11月商丘市人民政府公布隋唐大运河夏邑段为市级文物保护单位，2013年3月5日公布其为全国重点文物保护单位。2014年6月22日，在卡塔尔首都多哈举行的第38届世界遗产大会上，"中国大运河"成功列入《世界遗产名录》，成为中国第46个世界遗产项目，通济渠商丘夏邑段成功列入《世界遗产名录》。

通济渠商丘夏邑段河道遗产区范围东起刘铺村西，西至010县道，北至325省道，南至生产路（老325省道），遗产区面积12公顷，之外缓冲区面积13公顷。地理坐标为N34°10′07.2″，E115°57′45.4″，高程43米。

（二）隋朝开河益唐宋

隋炀帝是一位亡国之君，但是他和秦始皇建造万里长城一样，开挖大运河创造了人间奇迹。隋唐大运河通济渠商丘夏邑段是中国大运河的重要组成部分，是在战国时期的鸿沟、古睢水，东汉的汴渠、蕲水等诸多原有的天然旧河道基础上改造、加宽、疏通而形成的完整的人工水运系统。古汴河的开凿，沟通了我国五大河流和三大水系，即海河、黄河、淮河、长江、钱塘江五大河流和黄河、淮河、长江三大水系，为隋、唐、宋、元时期的重要漕运航道、经济大动脉，是维护中央政权赖以生存的生命线。据史料记载，唐初置济阳镇，明代置济阳乡，清复为镇。水以北为阳，以南为阴，济阳因位于通济渠北岸而得名，是一座典型的因大运河而产生、发展和繁荣的村镇。

通济渠是中国北方地区运河开发利用历史的重要证据,作为重要的水上运道,对隋、唐、宋时期漕运发挥了巨大支撑作用。据史载,唐代从汴河转运到京都的漕粮每年多达四百万石,是唐朝国家经济的主要来源。杜甫《忆昔》诗"忆昔开元全盛日,小邑犹藏万家室。稻米流脂粟米白,公私仓廪俱丰实",写的就是当时国富民强的开元盛世的情景。

宋代通济渠汴河的漕运粮食则增加到五百七十五万石,占年运到京都漕粮总数的85%。宋代张方平说:"国依兵而立,兵以食为命,食以漕运为本,漕运以河渠为主。"(《乐全集》卷二十七《论汴河利害事》)宋太宗说:"东京养甲兵数十万,居人百万家,天下转漕,仰给在此一渠水,朕安得不顾?"汴河不仅给当时的京都带来繁荣,也保证了朝廷百官和京师数十万军民的饮食用度。李焘《续资治通鉴长编》云:"东京有汴渠之漕,岁致江淮米数百万斛,都下兵数十万人,咸仰给焉。"张方平《论汴河利害事》:"国家初浚河渠三道,通京城漕运,自后定立上供年额,汴河斛斗六百万石,广济河六十二万石,惠民河六十万石。"因此"今仰食于官廪者不惟三军,至于京师士庶以亿万计,大半待饱于军稍之余,故国家于漕事至急至重。……有食则京师可立,汴河废则大众不可聚。汴河之于京城,乃是建国之本,非可与区区沟洫水利同言也……大众之命,惟汴河是赖"。可见宋代漕运的重要性,漕运关系到朝廷的命脉,在诸运河中,汴河漕运规模之大,无疑是朝廷最倚重的。

长期以来,古汴河是唐宋时期国家的经济大动脉,"八方通货溢河渠"(刘禹锡《令狐相公见示河中杨少尹赠答兼命继之》),发达的漕运给唐、宋两个王朝带来繁荣兴盛。当时有诗:"官舻客艑满淮汴,车驰马聚无闲时。"白居易《渡淮》诗曰:"淮水东南阔,无风渡亦难。"成群结队的船只在汴河上运行,描述了码头船舶如流、渡口喧闹繁忙的景象。汴河巨大的漕运,使唐、宋两个王朝获利甚多。"唯汴水横亘中国,首承大河,漕引江、湖,利尽南海,半天下之财赋,并山泽之百货,悉由此路而进。"(《宋史·河渠志三》)隋炀帝开凿的大运河尚未得到充分利用,给隋朝带来实际利益,却加速了隋朝的灭亡,为唐朝的统一和繁盛起到了巨大的作用。唐代李敬方《汴河直进船》:"汴水通淮利最多,生人为害亦相和。东南四十三州地,取尽脂膏是此河。"

通济渠夏邑段位于汴河漕运的中腰地段,承接京师到江南南北方的漕运,大批米粮、丝绸、瓷器、茶叶等物资源源不断地经此转输送向全国各地,数不尽的货船在这里停留、补给。北宋开宝四年(971)六月,汴水决宋州谷熟县济阳镇(今夏邑济阳镇)。北宋熙宁四年(1071),沈括受命浚汴河,采取分层筑堰水准测量法,测量汴京到泗州八百多里,精确度达到寸分(《梦溪笔谈》),其中包括汴河济阳镇段。

北宋末年，由于朝廷对汴河疏浚的懈怠，致使汴河水运不通。据《宋史·食货志·漕运》载："靖康初，汴河决口有至百步者，塞之，工久未讫，干涸月余，纲运不通，南京及京师皆乏粮。"南京即应天府，今商丘。

靖康二年（1127）二月，金人攻破东京汴梁，北宋亡。宋康王赵构逃出东京城，奔南京宋州城，辗转到黄河边，在今夏邑马头镇马头寺渡黄河，后人为识此事，曾立"宋康王南渡处"石碑一通。同年五月，赵构在南京（今商丘）即皇帝位，改元建炎，是为高宗。当年十月，为避金军，宋高宗弃城南逃。宋建炎二年（1128），为阻金兵南进，东京（今开封）留守杜充决黄河，自泗夺淮入海，汴河济阳镇段遭受较大的破坏。定都余杭后，朝廷的物资供应不需要北运，盛极一时的汴河失去了应有的漕运价值，部分河段逐渐湮没。明洪武六年（1373），议浚汴河而中格，汴河济阳镇段自此部分壅塞。康熙四十四年（1705）《商丘县志》记载：明嘉靖时期，该段大运河还在通航使用。明代以后才逐步废弃，汴河济阳镇段河道保留至今。

（三）运河考古现端倪

通济渠汴河段受黄河冲积湮没废弃后，其遗产价值一直不清楚。文物工作者为搞清这段河道遗存的基本情况，对夏邑境内大运河遗址进行过多次调查。1996年前后，济阳镇运河曾发现长20余米的两艘宋代木船，船上发现有瓷器、陶器、铁器等遗物。在济阳镇区河段还出土有一件大铁锚和一件完整的大瓷瓮。通过钻探，推测这里很可能是一处运河码头遗址。

2002年325省道拓宽时，济阳镇段河道出土大量瓷器。为配合大运河申报世界文化遗产，经国家文物局批准，2011年12月至2013年9月在济阳镇段共进行三次考古发掘，分别为济阳镇西800米325省道北侧、济阳镇刘铺村西，发掘面积2000余平方米。济阳镇西于2011年12月开始发掘，这次发掘搞清了大堤结构由上、中、下三个层面组成，上层为明代废弃前使用的大堤，中层是唐宋时期的大堤，下层为早于唐或更早的大堤，在上、中层地表分别发现密集的车辙印痕、行人脚印、动物蹄印等，反映了当时大运河河堤交通之繁忙，通过发现的车辙印痕，可分析当时的车轮间距，为研究我国古代车制提供可资参考的实据；在该发掘点出土陶片3000多片，可复原的50余件，发现制作陶器的陶轮托盘、多块窑砖、炉渣等，由此初步判定该处为一废弃的陶窑，为研究运河地区宋代陶器的制作工艺、器形、器类等提供了重要的考古学依据。刘铺村西第一期发掘始于2012年4月，这次发掘的主要价值有：在南大堤外侧发现三个时期的护坡大堤，印证了大运河在使用过程中经常清淤疏浚的历史事实；在护坡大堤最外层表面发现典型的宋代青瓷片，证明最外层护堤的建筑和使用年代最晚不晚于宋代，据此推断中层大堤的筑建使用年代是隋唐宋时期，那么，早期大堤的年代很可能早于隋唐；南堤北坡发现分布密集的行人脚印和大堤外古道路，反映了当时大运河大堤作为道路的交通繁忙。在第一期发掘的基础上，考古工作者向西进行扩方，完整揭露运河南、北大堤，发现济阳镇运河河道的宽度是大运河正常河道的两倍多，其他河段的宽度一般在40～50米，刘铺西河道最宽达142.3米，是目前发现大运河通济渠段运河河道最宽的河段，填补了大运河考古发掘的空白。发现大堤南堤北坡的大堤建筑基槽，时代与中期大堤同时，当是大运河水工遗存，在其北侧与之相邻还有分布较为密集的大小不同的树桩遗迹。

汴河补给水源是黄河水，因含沙量大，汴河淤积相当严重。古汴河担负隋、唐、宋、元的漕运，隋唐宋王朝非常重视对古汴河的疏浚及堤防管理。据记载，汴河的疏浚，唐朝一年一浚，北宋初年循唐旧例，宋祥符中后期改为三年一浚，据沈括《梦溪笔谈》卷二十五称，"京城东水门下至雍丘、襄邑，河底皆高出堤外平地一丈二尺余，自汴堤下瞰民居，如在深谷"，说明汴河早已成为"悬河"。考古发掘在运河南堤北侧发现了宋代运河水工建筑基址及密集的树桩遗迹。据载：北宋嘉祐六年（1061），应天府（商丘）西至汴河入黄的一段河道"宜限以六十步阔，于此则为木岸狭河，扼束水势令深驶"。南岸北堤坡发现的建筑基址及树桩遗迹，应是史书所载北宋嘉祐六年至治平三年（1066）为了防止黄河泥沙淤塞，将应天府宋州城以东运河河段300里限60步，以草束、木桩等做成木岸，使河床束窄，水流冲击加大，陈年泥沙随急流而去，令河水加深，以便大船行驶。通济渠济阳镇水工遗迹的发现，恰巧在北宋大堤的地层，印证了史书记载该河段"木岸狭河""束水冲沙"水工技艺的史实。

早在隋代开凿运河时，汴河两岸已普遍栽植榆柳以固河堤。到了宋代则更加重视，柳树也更加旺盛。建隆三年（962），宋太祖下诏："缘汴河州县长吏，常以春首课民夹岸植榆柳，以固堤防。"开宝五年（972）又下诏："洛、黄、汴、清、御各河道所属州县，按户籍等第分配种植任务。一等户每岁种五十本，以下各递减十本。"沿河两岸居民都参与种植杨柳的活动，汴河堤岸杨柳夹道，蔚然成荫。明嘉靖《夏邑县志·隋堤》载："（隋堤）县南三十里，炀帝时所筑，夹堤杨柳苍翠，昏晓凝烟尚存。"

济阳镇西街现在还保留下来约2000米的大运河故道水面，水面宽30～50米，水深3米左右。由于近年来经济建设和生产建设的不断破坏，原长达数公里的大运河故道被填平，现在的大运河故道被分割成数段，仅存的水面仍是碧水荡漾，它是一段活着的古运河，目前济阳镇"隋堤烟柳"景观尚存。

通济渠济阳镇段河道是保存较为完整的一段，考古发现顶宽25～30米的南北大堤、宽120～142米的河道遗址。南堤外有多次清淤加固河外堤的地层、树桩遗迹、顺河道修建在南堤外16米宽的古道路。

汴河济阳镇段作为重要的运河河道和水工遗存，展现了我国唐宋时期大运河河道巨大的规模尺度、形制与工艺、线路、走向等，证实了史书关于大运河在使用期间经常进行清淤疏浚、使用木桩加固河堤、堤外为官道的记载，是中国古代早期规划思想和建造工艺技术的直接见证，是中国古代水利工程超高水平的考古证据。

（四）琳琅满目皆瑰宝

隋唐大运河通济渠在中国文明进程中占有十分重要的地位，在浩如烟海的中国历史画卷上打下了深深的烙印。历史上陶、瓷器均是通过大运河传播至全国及世界各地的，夏邑段运河遗址出土文物异彩纷呈，汇集全国各地大窑口和民间窑的瓷器。

近年来，大运河夏邑段故道内出土了大量隋唐宋时期的陶、瓷器，夏邑段运河出土文物的主要窑口有汝窑、定窑、钧窑、磁州窑、耀州窑、景德镇窑、巩县窑、当阳峪窑、邢窑、哥窑、龙泉窑、越窑、德清窑、长沙窑、德化窑、吉州窑、建窑等，还有众多的民间窑。这些窑口分布于河南、河北、湖南、江西、浙江、安徽、陕西、福建等地，南北皆有。主要器形有瓮、瓶、尊、壶、盒、罐、盆、盂、碗、盘、豆、盏、枕、炉、熏、洗、奁、灯、钵等生活用器，还有大量的装饰器、明器、摆件等；造型多变，有花瓣式、瓜棱式等；在装饰工艺上有刻花、印花、划花、剔花、贴花、戳印、堆塑、镂空、绘彩、白釉绿彩、白釉黑彩、白釉褐彩、三彩、素胎黑花等；常见装饰纹样有鱼纹、蕉叶纹等；釉色有白、青、黄、酱、黑、灰、褐绿等。除上述外，考古还发掘了陶窑和部分陶器。济阳镇济西村325省道北侧发现的一座废弃的陶窑出土了四系罐、瓮、甑、盆、碗、杯、盒、盂等，还有一批制陶工具陶拍、轮盘、窑砖、支座及范残片等。

历年征集的运河文物更是不乏精品，其中，夏邑县博物馆收藏的一件宋代瓷瓮，体型硕大，保存完整，通高34厘米，中口，直领，白地黑花，肩部及近底处饰两周水波纹，腹部饰马首凤身、云气纹图案，两组图案间绘仙山，图案下部为水波纹，上部绘直线纹和三角纹。这是北宋时期磁州窑具有代表性的瓷器精品。还有通高137厘米的四齿钩铁锚、作为锚使用的耢石等典型的运河文物。另外，还有隋黄绿釉瓷坛、唐黄釉执壶、越窑青瓷壶、宋"婴戏"白瓷枕、青白瓷壶、兔毫盏等。除了瓷器，还在济阳镇至会亭段征集了陶烟囱、木船板、瓷枕、执壶、四系罐、三彩陶圈、鸟食盒、宋代钱币、陶铃、釉陶狗、瓷鸟食盒等其他近百件文物。

大运河夏邑段河道出土的质地不同、用途各异的文物，形形色色、琳琅满目，皆为瑰宝，不仅真实地反映了当年大运河航运时的繁盛，也同时为研究隋唐宋时期各窑口瓷器制作工艺提供了样本，描述了我国瓷器发达文化的基本轮廓，是研究中国陶瓷史、制瓷工艺发展演变史的珍贵实物证据。

（五）妙笔生花咏隋堤

开凿大运河无疑是一项伟大的工程，给唐宋带来辉煌的盛世，然隋朝的覆灭，莫不与运河的开凿密切相关。汴河的溃决，中原航运的停滞，"商旅皆不通"致使物资匮乏，断绝了国家财源，使盛极一时的唐王朝陷入了绝境，逐步走向衰败灭亡。北宋后期，金人南侵，汴河疏于管理，以致"汴水浅涩，阻隔官私舟船"。汴河漕运使北宋王朝得到空前的繁盛，北宋灭亡，宋室南渡，南方物资不再需要北运，汴河被彻底废弃。但南北方文化的交流，使运河区域文学艺术出现了丰富多彩、百花争艳的景象，诗词、文章中都可寻见运河的影子，成为运河文学历史长卷中的重要组成部分，为研究运河文化提供了多时代、多地域、多角度的文字资料。

隋炀帝"三征高丽""南幸江都"，给老百姓带来了巨大灾难，战争与徭役使民间怨声不绝，在百姓悲惨凄苦的呼声中，频繁的战争与沉重的徭役使隋朝二世而亡。一曲乐府诗，道尽了民夫的痛苦："我儿征辽东，饿死青山下。今我挽龙舟，又困隋堤道。方今天下饥，路粮无些小。前去三千程，此身安可保？寒骨枕荒沙，幽魂泣烟草。悲损门内妻，望断吾家老。安得义男儿，焚此无主尸。引其孤魂回，负其白骨归。"[①] 开凿通济渠曾一度使河南、淮北一带人口稀少，造成人口十之不存其一的悲惨境况。

运河经济的繁荣，带来了文学的昌盛局面。唐宋之后的众多文人以汴河、隋堤为题写下了大量的诗作，有的描述当年古汴河的秀美和繁华，有的追忆当年的繁盛，有的慨叹繁华落幕后隋堤的荒芜与衰败。唐宋描写汴河的诗，大多充满对隋炀帝残暴统治的痛斥，对百姓悲苦的同情，有针对时弊之作，亦有弥漫着浓厚沉痛感伤情调之作，读起来荡气回肠。

唐代著名诗人白居易的《隋堤柳》，寄托了诗人对当时汴河隋堤的感慨。"隋堤柳，岸久年深尽衰朽。风飘飘兮雨萧萧，三株两株汴河口。老枝病叶愁杀人，曾经大业年中春。大业年中炀天子，种柳成行夹流水。西自黄河东至淮，绿影一千三百里。大业末年春暮月，柳色如烟絮如雪。南幸江都恣佚游，应将此柳系龙舟。紫髯郎将护锦缆，青娥御史直迷楼。海内财力此时竭，舟中歌笑何日休？上荒下困势不久，宗社之危如缀旒。炀天子，自

[①] 《炀帝幸江南时闻民歌》，隋炀帝第三次下扬州时拉纤民夫所唱，最早记录于《东虚记》。

言福祚长无穷,岂知皇子封鄘公?龙舟未过彭城阁,义旗已入长安宫。萧墙祸生人事变,晏驾不得归秦中。土坟楼尺何处葬?吴公台下多悲风。二百年来汴河路,沙草和烟朝复暮。后王何以鉴前王?请看隋堤亡国树。"

唐胡曾《汴水》:"千里长河一旦开,亡隋波浪九天来。锦帆未落干戈起,惆怅龙舟更不回。"

唐罗邺《汴河》:"炀帝开河鬼亦悲,生民不独力空疲。至今呜咽东流水,似向清平怨昔时。"

唐杜牧《汴河怀古》:"锦缆龙舟隋炀帝,平台复道汉梁王。游人闲起前朝念,折柳孤吟断杀肠。"

唐李益《汴河曲》:"汴水东流无限春,隋家宫阙已成尘。行人莫上隋堤望,风起杨花愁杀人。"

唐张祜《隋堤怀古》:"隋季穷兵复浚川,自为猛虎可周旋。锦帆东去不归日,汴水西来无尽年。本欲山河传百二,谁知钟鼎已三千。那堪重问江都事,回望空悲绿树烟。"

宋石介《汴渠》:"隋帝荒宴游,厚地剖为沟。万舸东南行,四海困横流。义旗举晋阳,扬帆入扬州。扬州竟不返,京邑为墟丘。吁哉汴渠水,至今病不瘳。世言汴水利,我为汴水忧。利害吾岂知,吾试言其由。汴水浚且长,汴流湍且遒。千里泄地气,万世劳人谋。舳舻相属进,馈运曾无休。一人奉口腹,百姓竭膏油。民力输公家,斗粟不敢收。州侯共王都,户租不敢留。太仓粟峨峨,冗兵食无羞。上林钱朽贯,乐官求要优。吾欲塞汴水,吾欲坏官舟。请君简赐予,请君节征求。王畿方千里,邦国用足周。尽省转运使,重奉富民侯。天下无移粟,一州食一州。"

唐代皮日休对隋炀帝开凿运河,予以了比较客观的评价,其《汴河怀古(二)》是运河诗词中的一股清流,引人注目:"尽道隋亡为此河,至今千里赖通波。若无水殿龙舟事,共禹论功不较多。"

"隋堤烟柳"是历史上夏邑十景之一。出生在夏邑、成长在运河两岸的文人,以"隋堤烟柳"为题,从不同的角度写下文采斐然的诗篇,流传于世的仅存十余篇。

明代进士金酝,曾写下:"锦缆牙樯一梦休,夹堤杨柳弄春柔。轻烟尚锁当时恨,嫩叶犹缄旧日愁。翠色遥连原上草,绿边斜照驿边楼。昔年承命金陵去,曾挽长条系紫骝。"[①]隋炀帝开凿大运河、南幸江都,给老百姓带来巨大灾难,也使他自己成为千

[①] 明嘉靖《夏邑县志》载金酝《隋堤烟柳》。金酝,明进士,中省魁。夏邑人。绘《栗城十老会》图,有诗并序。

古罪人。

通政使司右通政、中议大夫，被御封为"劲骨清襟"的明进士彭端吾，登临隋堤写下："堤南堤北草茫茫，锦缆牙樯怨恨长。水溢龙舟回日脚，秋清凤管咽雷塘。芳烟碧树空亡国，绿袖红妆已断肠。一代繁华悲往事，依依风雨怨垂杨。"① 通过描写萧索隋堤上的衰草，嘲讽隋炀帝乘龙舟下江南，而今唯见"亡国树"的情景。

明进士陕西副使杨德："千里长堤一带连，荫荫绿柳锁寒烟。柔条尚学纤腰舞，密叶还如泪眼悬。翠袖已曾陪凤驾，彩绳无复拽龙船。当时巡幸成陈迹，徒使行人说当年。"② 感叹隋堤长荫如带，绿柳随风飞舞，隋炀帝当年游江南，早已成为后人的谈资。

清进士夏邑彭舜龄："不尽隋堤柳，年年又早春。植根已异代，折赠欲何人？莺弄愁时雨，乌啼战后尘。不堪思往事，策鼓下长津。"③

佚名《隋堤》："长堤一望尽荒沙，锦缆当年引翠华。只为江都入梦好，千秋依旧落杨花。"

清夏邑县令方立桢："江都好梦久荒茫，剩有隋堤一水长。锦缆牙樯经洛阳，龙箫凤管付雷塘。"由此可知，直到清代汴河尚存"一水长"，这是清代夏邑汴河隋堤的真实写照，成为研究清代夏邑运河史的佐证。

夏邑流传的运河诗，表现的不仅是文人的多愁善感，透过清愁也有隐喻对隋朝修运河弊端的看法，同时也有对夏邑汴河隋堤烟柳美景由衷的赞叹，已成为研究隋唐大运河夏邑段文化史最直观的文字资料。

运河之水孕育了博大精深的运河文化，也是艺术家的摇篮。北宋时期，著名的书法家、画家、书画理论家米芾在下邑任县令。米芾生于北宋皇祐四年（1052），卒于大观二年（1108），号海岳外史，又号鬻熊后人、火正后人。官至书画博士，礼部员外郎。据《夏邑县志》记载："米芾，字元章，湖北襄阳人，曾官下邑知县，其间书画遗墨收入《滋蕙堂墨宝》第四，今已不传。"与苏轼、黄庭坚、蔡襄合称"宋四家"。《宋史·文苑传》："（米芾）特妙于翰墨，沈著飞翥，得王献之笔意。"尤

---

① 彭端吾，字元庄，夏邑人。明万历二十九年（1601）进士，中省魁。任山西道御史，两淮巡盐，巡按漕运、巡按四川，历官至光禄、太常两寺少卿，通政使司右通政，晋阶中议大夫，御赐"劲骨清襟"匾额，入祀乡贤、名宦两祠。
② 明嘉靖《夏邑县志》载进士杨德《隋堤烟柳》。杨德，夏邑人。明进士，自翰林庶吉士任大理寺左寺副，历福建佥事，升陕西副使。致政后约致政的金酝等为"栗城十老会"。
③ 民国九年《夏邑县志·地理志·古迹》载彭舜龄《隋堤烟柳》。彭舜龄，夏邑人。清进士，祀乡贤祠。

工行草，擅水墨山水，人称"米氏云山"。所书《蜀素帖》是天下第八行书，被称为"中华第一美帖"。嗜奇石，有"米痴拜石"的故事流传于世。

米芾原名黻，后改为芾。任下邑知县的时间不详，据考证，在下邑任期应是在元祐六年（1091）改名芾之后。米芾号曰"火正后人"，源于陶唐氏火正阏伯居商丘，今商丘尚存阏伯台。下邑宋代属应天府（今商丘），在任下邑县令期间，米芾前往瞻仰，因仰慕火正阏伯，遂以"火正后人"为号。

米芾任下邑县令虽仅一年余，但这段短暂的人生经历，这一带"无土不殖，桑麦翳野，舟舻织川"的景象，为其艺术创作带来灵感，运河之水酝酿了他的水墨点染"烟云掩映"的意境。走出下邑，米芾沿运河南下，最终停步于江南大运河古镇丹徒（今镇江），从通济渠到江南河，运河之水成就了一代书画大师。

（六）繁华已逝余韵远

通济渠的开凿，给沿线城市、村镇带来巨大的变革，对运河两岸的政治、经济、文化影响极为深远，为此产生了很多历史传说及非物质文化遗产，成为运河文化中不可或缺的一部分，有些传说至今还在民间流传，被记载于地方志中，同时也为我们研究大运河文化遗产提供了重要的文化资源。

历经1300多年沧桑巨变，古老的汴河没有了隋炀帝"舳舻千里泛归舟"（隋炀帝杨广《泛龙舟》）的繁华，也没有了唐宋时期舟船相接、百里不绝的繁忙，但依然保持着古河道的风姿，其产生的一些历史文化现象，犹如一道有形的线，清晰地勾画出大运河的行经线路。

济阳镇，唐初置济阳镇，又称济阳铺，因位于通济渠北岸而得名。镇区总面积为4.6平方公里，总人口5400人，1962户。汴河济阳镇段计划下一步恢复河道面积103万平方米，河道本体内居住人口4913人，1302户，分属于三个村。1000多年过去，济阳镇依然深深烙印着大运河的痕迹，至今济阳镇主要街道仍沿旧称通济路、济隋路。济阳镇常住居民不足3000人，姓氏多达52个，是一个十分罕见的、典型的杂姓聚居的小镇。唐王建《汴路即事》诗："千里河烟直，青槐夹岸长。天涯同此路，人语各殊方。草市迎江货，津桥税海商。回看故宫柳，憔悴不成行。"诗人描述汴河附近操着不同语言、从四面八方而来的不同行业不同姓氏的各地客商携带各地货物齐聚的场面。

运河沿线村镇百业俱兴，商业气息日渐浓厚，运河沿岸的商业人口也大大增多，商品经济一度十分发达，沿着运河从城镇到农村，各类商业店铺、手工业作坊等蓬勃兴起，政治、经济、文化达到了鼎盛，逐渐形成了运河商业集镇。济阳镇多姓氏，其形成的历史原因就是大运河通航后,以及从事货物搬运、手工业、酒肆饮食等各方人群依河而居,年深日久,定居在此,出现杂姓集居济阳镇的现象。

在夏邑短短27公里的范围内,因运河而产生的村镇、地名多达20余处,至今沿用不衰。沿古运河两岸自西向东依次有八里庙、邓铺、插花刘楼、济阳镇、戚菜园、张菜园、刘铺、田道口、王白腊园、万和宫、东皋、十里铺、杨堤湾、王酒店、会亭(驿)、花园、六里饭棚、常核桃园、关(官)仓、刘齐炉等。从济阳镇西沿运河以铺为名的村镇有三处:邓铺、刘铺、十里铺。按照距离计算,基本合于史书记载的大运河十里置一铺。

罗庄乡东皋村,因处运河北岸之高地而得名。隋炀帝南巡时曾在大运河沿途设置很多驿站,今夏邑会亭镇就是运河沿岸的一个驿站,北宋时置会亭镇。据《大业杂记》载:"(大运河)水面阔四十步,造龙舟,两岸为大道,种榆柳,自东都至江都,二千余里,树荫相交,每两驿置一宫,为停顿之所,自京师至江都,离宫四十余所。"万和宫地处石榴驿(今虞城县站集)与会亭驿之间,合于文献"两驿置一宫"记载,当为隋炀帝南巡之行宫。会亭驿位于夏邑县会亭镇西街,汴河故道南侧,今遗址尚存。明进士杨德的"南近隋堤一驿亭,春融霁景足关情。马嘶官道云荫渺,鸟弄乔林夕照明。隔舍好花香旖旎,侵阶芳草色轻盈。幸逢圣治无虞日,不见皇华络绎行"(《会亭春霁》)一诗就是描绘隋堤岸边会亭驿的春景。

漕运的发达使运河沿岸饮食业、手工业、种植业得到长足发展,沿运河有专业宋绣的插花刘楼、花园、种植白蜡条的白腊园等相关地名的村庄。近会亭镇的王酒店村,地处运河南岸,是以酿酒闻名的古村庄。据说该村水质甘洌清甜,用之酿酒醇香馥郁、香飘溢远,是周边百里著名的民间酒坊,因王姓善酿酒者在此开店,故名王酒店。至今仍有王氏后人从事酿酒,其酒响誉周边数省。"会亭从古著佳名,淑景偏宜雨乍晴。风暖柳堤莺舌巧,泥干官道马蹄轻。帘飘酒肆笙歌沸,花拥楼台锦绣明。共喜太平今有象,皇华莫厌日相迎"(明金酝《会亭春霁》)描写的就是运河沿岸会亭驿商贾如云、店铺林立、酒旗高悬、歌声鼎沸的繁华热闹情景。

会亭镇沿运河向东有六里饭棚村,据传为隋炀帝下扬州时,沿途官吏"献食"之处。据史载,献食从役者每天都在十数万众,所献美味珍馐极为丰盛,以至"后宫厌饫,将发之际,多弃埋之"。该村因距会亭驿6里,故称六里饭棚。与六里饭棚相邻的关仓村,原为"官仓",因置运河漕运的转运仓而得名,官仓久废,讹称关仓。1985年的第二次全国文物普查,文物工作者就在关仓发现了一个窖藏谷物的遗迹,发现炭化的谷子、大豆等粮食,由于当地群众取土破坏,遗迹的具体情况不是十分详细。2008年，在第三次全国文物普查中，又对该遗址进行了勘探调查，在关仓村西同样发现了炭化的谷物，其所处的位置在大运河的北岸200余米，恰与史志和传说的"官仓"的位置十分吻合。

通济渠商丘夏邑段，作为世界文化遗产中国大运河重要的河道和水工遗存，历经1000多年，承载着对大运河的记忆，凝结着祖先高超的技艺与智慧，犹如一道无形的文化风景线，播洒在运河沿线地区。今天的大运河被冠上世界文化遗产的光环，登上了世界舞台，所遗留下的丰厚的历史文化遗产与自然风光形成了和谐美好的景观，改善着沿线环境，支撑和阐释着中国大运河的突出普遍价值，具有独特的贡献，是中国千年历史的实物见证。

（作者：张帆，夏邑县博物馆原馆长。原载于夏邑县文化旅游局编《夏邑五大文化》，有改动）

附录九　通济渠商丘夏邑段（济阳镇）遗址保护展示设计方案

中国大运河是中国古代南北水陆交通大动脉，在中国历史上产生过巨大的作用，历经千百年的发展演变，其中一部分至今仍在沿线地区经济社会发展和人民生活中发挥着重要作用，是中国古代劳动人民创造的一项伟大水利工程，也是世界上开凿最早、规模最大的运河之一。

通济渠是中国大运河中开凿时间较早、规模较大、体现中国古代早期运河规划思想和建造技术水平的重要渠段，2001年夏至2011年春，河南省考古研究院、商丘市文物管理局对商丘境内通济渠199.7公里进行了考古普探，同时商丘市文物管理局、河南省考古研究院、商丘博物馆、夏邑县博物馆联合对通济渠商丘夏邑段进行了4次考古调查勘探工作，初步掌握了夏邑段27公里大运河的基本情况。2011年冬至2013年春，在夏邑县济阳镇济西村和刘铺村西进行了考古发掘，取得了丰硕成果。其中的商丘夏邑济阳镇段是最具典型和代表性的运河遗址之一。

商丘夏邑段运河遗址保护展示设计方案从现场考古和社会调查研究入手，深入商丘市、夏邑县单位、社区，收集了大量的考古发掘数据资料，并与地方文物主管部门、城市规划部门多次交换意见，夏邑段运河遗址保护展示设计方案使用的相关资料由夏邑县文化局、商丘博物馆、夏邑县博物馆提供。

2014年6月22日，在卡塔尔首都多哈举行的第38届世界遗产大会上，中国大运河获准列入《世界遗产名录》。在中国大运河河道遗产涉及的27个城市的58个遗产点中，包括河南省5个城市的7处遗产点，其中商丘"通济渠商丘南关段、通济渠商丘夏邑段"作为"立即列入项目"赫然在列。同年，河南省文物建筑保护研究院完成了通济渠夏邑段遗址保护展示设计方案。

2016年11月，国家文物局批复该方案文物保函〔2016〕1846号。

2017年3月，河南省文物局核准并同意该方案。

第一部分 遗址保护展示设计方案文本说明

第一章 项目概况

一、项目背景

中国大运河是中华民族最伟大的创造之一，历经千百年的发展演变，成为世界历史上的重大创举，其中一部分至今仍在沿线地区经济社会发展和人民生产生活中发挥着重要作用。2014年6月，中国大运河成功列入《世界遗产名录》，成为中国第46个世界遗产项目。加强对世界文化遗产的保护和管理是党中央、国务院的重大决策，是国家重大文化工程，对于传承人类文明，促进社会和谐发展，具有极其重大的意义。通济渠商丘夏邑段是河南省大运河遗产的重要组成部分，属于运河河道遗存，是中国大运河重要遗产要素和实物见证。2016年，通济渠商丘夏邑段被国家发改委列入"十三五"期间重点文物保护利用设施建设储备项目，夏邑县人民政府、商丘市文物管理局高度重视该遗产点的保护工作，通济渠商丘夏邑段运河遗址的保护展示设计方案工作亟待实施。

二、项目意义

真实、完整地保护并延续通济渠商丘夏邑段运河遗产及其全部价值，充分发挥大运河遗产的文化价值和社会价值，促进大运河遗产的保护、展示、利用，使运河遗产成为商丘、夏邑地区社会经济生活的重要组成部分，丰富城乡居民的精神文化生活。建立统一、完善的管理机制，科学有效地管理保护大运河遗产。

三、保护展示对象

保护展示对象包括已发掘和已探明的隋唐时期运河河道、堤岸、古道路、水工遗迹等，还包括相关地形地貌；保护展示已发掘与河道相关的出土文物。

四、工作范围

通济渠商丘夏邑段遗址保护展示设计方案的工作范围包括运河遗址及其周边遗产环境，共计8.49公顷。本次展示设计范围主要参考如下因素确定：

（一）遗址核心区，展现申报世界文化遗产的遗产区范围。

（二）包含了世界文化遗产缓冲区或与遗址核心区毗邻的部分，依据遗址周边现有道路确定，并已完成征地手续。设计范围为考古部门对325省道南、刘铺村西、乡村道路北、县道东这一区域进行了钻探，探明了河道及河堤遗址的走向和范围，2012年的春季和秋季，在刘铺村西30米进行了两次发掘，下文表述为T1和T2。本设计成果为运河遗址保护展示设计方案。

五、技术成果

通济渠商丘夏邑段运河遗址保护展示设计方案的成果由文本说明、文本图纸和附件组成。

第二章 保护展示设计原则与目标

一、指导思想

坚持"保护为主、抢救第一、合理利用、加强管理"的文物工作方针，以《实施〈保护世界文化与自然遗产公约〉的操作指南》《关于文化线路的宪章》《遗产运河文件》和《国际运河古迹名录》等相关国际文件为指导，正确处理遗产保护与城镇发展及建设的关系，文物保护和合理利用的关系，促进文化遗产保护的可持续发展。

方案在编制中充分体现遗产本体、历史环境要素与现存环境的相互关系，正确处理文物保护与文化、经济、社会的统筹协调发展。在保证遗产本体及其历史环境的安全性、完整性的同时充分发挥其社会价值，实现社会的和谐科学发展。

二、基本原则

（一）保护遗产本体的真实性和完整性

保护展示设计方案以前期考古为依据，同时也为后续的考古工作留有充分的可能。本方案是《商丘市大运河遗产保护规划（2011—2030）》中针对通济渠商丘夏邑段运河遗产的专项设计，遵循原址保护要求，实施遗址保护性展示。展示设计主要根据遗址保护的安全性、真实性、可观赏性和交通服务条件等综合因素进行策划，必须满足遗址保护要求。所有用于遗址展示服务的建（构）筑物和绿化方案设计必须在不影响文物原状、不破坏历史环境的前提下进行。

（二）坚持展示的科学性与合理性

选择的展示方法以"最小干预"为原则，保护设施及展示设施的内容与规模应严格限制；遗址展示的景观环境设计不得采用城市园林设计手法，设计效果应尊重历史场景和地域特征。遗址展示的开放容量应以满足文物保护为前提。

（三）保证展示设施与遗产环境的和谐性

保护展示设施在外形设计上要尽可能简洁大方、淡化形象、缩小体量；材料选择既要与遗址本体有可识别性，又要与遗产环境相协调，并具备可逆性。

三、总体目标

通济渠商丘夏邑段运河遗址的保护展示为有效保护运河遗产的不同意识形态，充分发掘、全面保护并延续文化遗产及历史环境的历史信息与文化价值；建成特色鲜明、主题明确的运河遗址展示场所；科学管理、合理利用文化遗产，使之在国家振兴、构建和谐社会方面发挥积极作用。

第三章　遗产概况

一、遗产性质

作为重要的运河河道和水工遗存，商丘夏邑段运河遗址展现了隋唐宋时期大运河河道的规模、形制、技术、线路、走向等真实情况，印证了史书关于大运河在使用期间经常进行清淤疏浚、使用木桩加固河堤、堤外为官道等的记载，反映了中国古代水利工程的高超技术水平，是隋唐大运河的重要实物例证。

二、地理位置

夏邑位于河南商丘市东部，通济渠商丘夏邑段运河遗址位于夏邑县济阳镇东约500米刘铺村西，北距河南省级公路325线约200米，南临刘铺村通往济阳镇的生产路，西距县级公路约600米，经纬度为东经115°58′37.2″，北纬34°09′20.9″。陇海铁路、连霍高速穿县域而过，交通便捷。

三、自然环境

通济渠商丘夏邑段发掘遗址保护区范围内大部分为农田，北侧临325省道，沿路有少量民房院落和建筑，除变电站为永久性公共建筑设施外，其他的多为临时建筑。遗址东为刘铺村，村内民居建筑以一层为主，有少量两层建筑，遗址和村落中间有宽30余米的空地，现植有杨树。遗址南仍为耕地，西南角处乡村土路南是济阳镇卫生院所在地。遗址保护范围临县级公路处均为民房及商业铺房，建筑为一层或两层。遗址保护范围的土地利用现状多为耕地，少量为村镇建设用地及小面积树林，其树种以槐树、杨树、桐树为主。

夏邑境内自然地势平坦，土质肥沃，气候温和，雨量充沛，是国家小麦、棉花生产基地县；年平均气温14.1℃，年平均降水量762毫米，无霜期217天；夏邑位于黄河故道决口平原区，是典型的平原冲积区。

夏邑县地下水水位较浅，约在地下4.5米至7米以下。

四、夏邑历史沿革

（一）夏邑是中国上古古都，华夏祖地，龙山文化的发祥地之一。全境为新生代第四纪之冲积平原。在打井和治河运动中征得象牙、肿骨鹿角等一些动物化石。据此推断，远在几十万年前，这里气候温暖，森林茂密，草原广阔，沼泽棋布，动物繁多，自然环境优美，是古代人类理想的生活地区。

早在5000多年前的新石器时代，夏邑是栗陆氏建都地，境内就已建立起众多的原始居民村落。清凉山、马头等新石器时代遗址的出土物证明：当时人们已过着以农业为主的定居生活，畜牧、渔猎、制陶、纺织业也都有相当发展。马头遗址发现了陶祖，这是由母系氏族进入到父系氏族公社阶段的标志。

（二）商丘历史上曾因河而兴。史料记载，隋唐大运河开挖于605年（隋炀帝大业元年），全长2700公里，在商丘境内通济渠长约199公里，是古代水陆交通的大动脉。

（三）581年，杨坚夺取北周政权建立隋朝，于589年灭亡了南朝的陈，统一了中国，结束了长期割据的局面，隋复实行郡县两级制，改州为郡，夏邑属梁郡。618年，唐王朝建立后，鉴于隋朝实行的郡县两级制已不适应于当时的社会情况，改行道、州、县三级行政制。开始时划全国为十道，开元间增划十五道，夏邑属河南道之宋州。后宋州改睢阳郡，夏邑属之。唐玄宗统治后期，阶级矛盾日趋尖锐，战乱又起。继安史之乱以后，节度使演变成藩镇割据的势力而此争彼夺，民生凋敝，终于爆发了农民大起义。868年，徐州募兵在防地发生兵变，拥庞勋为主，北上攻陷徐州，向西进军到夏邑时，邑人华敬忠率众抗击，庞勋兵败退往宿州。875年冤句（今山东单县境）人黄巢聚众响应王仙芝起义，夏邑为起义军征战驻守之地先后达十年之久。

（四）隋唐大运河通济渠自废弃后，由于黄河泛滥的冲积淹没，其遗产价值状况一直不明。为配合大运河申遗工作，考古工作者对通济渠夏邑段进行了考古调查发掘，基本搞清了这段运河的地层堆积、结构、使用和废弃年代等情况，填补了通济渠遗产价值状况不明的空白。在通济渠济阳镇段的两个发掘点，考古人员均发现隋、唐、宋三个时期的大堤遗存：最晚大堤废弃年代为明代；中期大堤堆积厚，使用年代长，废弃于宋代；早期大堤为青灰土筑成，是隋代修建通济渠之前的旧河堤。

（五）北宋后期商丘一度成为陪都。康王赵构在商丘登基成为皇帝后，升当时的应天府（即今商丘）为"南京"。由于大运河的通航，唐宋时期的商丘西到京师，南达江淮，交通十分便利，漕运商旅往来不绝，商业繁荣，人民生活富足。由于隋唐大运河商丘段引入的是黄河水，黄河水带着大量的泥沙，泥沙长年淤积于河床，直接影响大运河的通航。南宋时期，随着政治中心南移，通济渠的漕运地位逐步减弱，再加上每年缺少清淤治理，运河河床逐渐淤塞断流，至明朝中后期故道渐渐被泥沙掩埋于地下，最终废弃。

五、遗址概况

（一）遗址范围

考古部门对325省道南、刘铺村西、乡村道路北、县道东这一区域进行了钻探，探明了河道及河堤遗址的走向和范围，2012年的春季和秋季，在刘铺村西30米进行了两次发掘，下文表述为T1和T2。

（二）遗址发掘情况简述

历次发掘面积共3050平方米，T1+T2+T1扩方=3050平方米。（见后图纸7、8）

T1是春季时所发掘，为南堤及部分河道横断面的探沟，南北长95米，东西宽10米，方向43°，发掘面积950平方米。发掘前地面为平坦的农田，种植有冬小麦。据村民反映这一带原先地势较高，后来在生产建设中逐渐削平，地面能捡到宋、明、清时期的瓷片。在发掘区东南侧坑塘内早年村民取土时出土多件宋代瓷器。南堤位于探沟中部偏南，向南挖至大堤外道路，向北伸入河道内40余米。探沟最深处挖至3米（因地下水渗出而停止），最浅处距地表0.3米，即发现大堤表面，大堤外有护坡。在T1中部偏南处发现了早、中、晚三个时期上下叠压的大堤遗存，即运河南堤，堤顶部宽25米。晚期大堤位于中期大堤近河道一侧，黄沙土、黏土混合筑成，表面有疑似树木年轮遗迹，河堤近河道一侧发现有长方形建筑基址；中期大堤是运河主堤，近河口部分压在晚期大堤下，外侧比晚期堤高，灰褐黏土筑成，土质坚硬，内夹大量料姜石颗粒、炭灰颗粒等，揭除耕土后即暴露本期大堤表面，由于早年村民在这一带种植苹果树，植树、浇水、施肥过程中局部破坏了大堤表面。

根据春季发掘情况，为进一步搞清楚T1大堤内侧发现建筑基槽的规模、形状、结构等问题，秋季在T1西侧向西沿大堤方向布置扩方，扩方长50米，宽10米，T1扩方南壁距T1南壁41.6米。

在T1西50米处布置探沟一条，即T2，南北长160米，东西宽10米，方向40°，基本与T1相平行。探沟沿横截南堤及河道，目的是了解运河河道结构、文化遗存、河堤文化遗存及结构情况。从T2发掘的情况看，南堤由褐灰土、沙土、红黏土等不同土质构成，顶部距地表0.25米，揭去耕土即暴露大堤顶部。南堤主大堤用土质坚硬的褐灰土筑成，向外有堤外护坡，这与春季发掘的T1南堤结构基本相同。护坡从顶部平面看，主要由沙土、红黏土、灰花土筑成，与主大堤土质相比较为松软，主护坡堤均不见夯筑痕迹，为堆筑而成。

六、遗产构成

通过历史研究及考古发掘工作，依据运河遗址类型特点确定遗产构成包括：

（一）河堤文化遗存

在T1和T2中部偏南处发现了早、中、晚三个时期上下叠压的大堤遗存，即运河南堤。尽管没有对该期大堤进行解剖发掘，但从地层堆积、表面包含物情况看，大堤的年代应该是唐宋时期；早期大堤位于中期大堤下部，偏向河道一侧，由青灰色黏土筑成，现在发掘暴露的仅是晚期、中期大堤表面，没有做大堤解剖发掘，所以大堤结构情况还不清楚；在中期大堤外侧发现5个时期堆筑的大堤外护坡，发现一层堆积很厚的纯净河沙护坡；在晚期大堤顶面发现分布密集的木桩的遗迹，木桩已腐朽成黄土色，但从平面看，树木年轮清晰可辨。大堤及护坡均不见夯筑痕迹，为堆筑而成。

另外，通过钻探了解到北堤位于325省道南侧，大堤顶部宽近30米，清除耕土即暴露大堤，土质情况与南堤基本一致，北堤北坡压在325省道线下，相关遗迹尚不清楚。

（二）南堤外道路

在南护坡大堤外侧，发现紧临大堤、宽16米的古道路，路面有清晰的车辙印痕，有宋代陶瓷片，下压第4层（大堤护坡最外层）。古道路在T1中清晰度较好，路面略有起伏。

（三）河道

从T1和T2断面看河道内约2米深内的堆积为河道废弃后黄河泛滥形成的堆积土，层次清晰，南北堤间河道内口宽142.3米，因此处地下水位较浅，无法发掘至原始河床，通过钻探可知，河道最深处距现地表9米。

（四）南堤河工遗迹

在T1中期大堤近顶部河道内侧、距西壁0.9米发现一处长方形建筑基础槽，直壁平地，长4.28米、宽1.16米，槽底中部有一个长0.8米、宽0.6米、高0.3米的土台，土台两侧各有一个十字形坑槽，槽为圜地，口宽0.2米左右、深0.1米；南堤与建筑基槽相对应位置向内侧约20米处发现有密集的木桩痕迹，木桩直径0.15～0.2米。据水利专家考证，此处应为河工设施。河道较宽时，水流变缓，易沉积泥沙，古人发明了此种措施，在深入河道的地方埋入木桩，压缩河道的宽度，加快挟带泥沙水流的速度，这被称为"木龙锁水"，木龙与河堤间处于河边的位置易于清淤，考古发掘中发现的河堤外侧的纯净河沙护坡，应为清淤时堆积而成，木龙最终起到了冲淤、降淤和放淤的作用，遗址的存在印证了大运河在使用过程中经常清淤疏浚的历史事实。

（五）出土文物

发掘出土文物非常丰富，包括两件制作陶器使用的陶轮托盘，还有大量的灰陶片，能复原的有四五十件之多，主要器形有盆、缸、罐等，其中以罐为最多，同时发现一枚宋代青瓷片、多块烧炉渣、砌筑陶窑的砖块，另外还出土一件宋代青瓷碗。

第四章 遗产价值评估

一、文物价值

（一）历史价值

1. 通济渠商丘夏邑段始于公元前361年魏惠王开凿的鸿沟运河，是我国开凿较早的运河之一。随着隋唐大运河的全线开通，通济渠成为中国历史上第一条沟通南北的全国性运河的重要组成部分，是中国古人创造性精神的杰作。

2. 历史上的通济渠商丘段是隋唐、北宋时期国家漕运生命线的重要组成部分，起到了联系南方经济中心与北方政治中心的作用，维护了国家的政治稳定。同时，通济渠航运也有力地促进了南北方的物资流通、文化交流和对外交往。

（二）科学价值

1. 通济渠商丘夏邑段河道及河堤遗址是目前通济渠故道沿线发现的河道较宽的一处遗址，文化层堆积厚、规模大，真实展现了唐宋时期商丘段大运河水运的繁荣，见证了运河对于沿岸城市发展的巨大影响。

2. 通济渠商丘夏邑段河道的发现，为真实了解隋唐至北宋时期通济渠的使用时间、河道变迁、疏浚历史，河堤筑建方法、加固方式、加高过程、用料选择，以及河工设施等方面提供了科学的考古实物资料，具有重要的学术研究价值。

3. 通济渠商丘夏邑段对于认识历史上通济渠的流向、形态、功能和作用具有较高的考古研究价值。

二、社会价值

（一）通济渠商丘夏邑段遗址是河南省乃至中国大运河遗产的重要组成部分，是中国北方地区最早的、连接黄河与淮河两大水系的运河遗存，也是中国北方地区隋唐至北宋约1500年运河开发利用史的见证。

（二）通济渠商丘夏邑段遗址是中国古代农业文明时期运河航运繁盛的直接证据或历史延续，是历史上运河重要作用的有力见证。

（三）通济渠商丘夏邑段遗址面积大、内涵丰富，在我国文化遗产领域弥足珍贵，遗址的科学保护与合理利用，对商丘市的社会、经济、文化的发展将会产生极大的促进作用。

三、世界遗产价值评估

通济渠商丘夏邑段印证了史书关于大运河河堤即当时官道和堤外有道路的记载，真实反映了当时运河大堤及堤外道路作为官道交通的繁忙景象，是隋唐宋时期中国大运河漕运发达的重要物证，有力地促进了南北方的物资流通、文化交流和对外交往。

中国大运河代表一种独特的艺术成就、一种创造性的天才杰作。通济渠商丘夏邑段运河作为中国大运河的重要组成部分，展示出人类历史上几个重要阶段的漕运文化。

第五章　保存现状评估

一、本体保存现状

遗址在发掘后，为了防止自然破坏，已对 T1 和 T2 的局部采取先覆塑料布再覆压黄土的回填保护措施。现仅有 T2 南段约 70 米为现场揭露保护展示部分。

遗址场地目前主要靠人员不定期巡查进行安防，缺乏专业的安防、监测系统，无法应对突发性破坏事件。

二、已采取的保护措施

（一）为满足世界遗产申报考察现场需要，用铁丝网沿考古发掘区域做了简单围护。

（二）2013 年，为配合大运河申遗工作，在考古发掘过程中对通济渠商丘夏邑段 T2 南段搭建了简易考古工作棚兼作保护棚（钢结构）。考古工作棚占地 1728 平方米，规格为 24 米 × 72 米。

现考古工作已完成，现有的工作棚多处漏雨且为半封闭，满足不了遗址保护的要求，与世界文化遗产保护展示要求相差甚远。

场地简易围封设施

世界文化遗产保护标志碑

考古发掘工作棚

遗产保护界桩

（三）回填保护

回填保护是遗址在发掘、整理、记录后，经过必要的隔离措施，且采用原发掘土进行回填以恢复到发掘前所处的平衡状态，以便日后重新研究。例如河姆渡遗址、大地湾遗址、城头山遗址等均采用了回填保护措施。实施回填保护的前提条件：①当时遗址没有迫切的展示需要；②遗址尚不具备对外开放的条件；③尚无比回填相对更好的保护方法。

2013年为配合中国大运河申遗工作，鉴于时间的紧迫性和土遗址保护难度较大，结合现场保护条件，已采取回填保护的为T1全段和T2北段60米。回填面积约为1950平方米。现存商丘夏邑段遗址回填后地面上植草或铺以碎石路面，局部采用了简易标识牌保护。回填保护的优点是自然、经济、技术可靠。

三、监测措施

（一）监测的必要性、内容

《世界文化遗产监测规程（试行）》中明确了监测目的是客观评价、全面反映世界文化遗产地环境质量及保护对象的现状，评估保护效果，为管理提供决策依据。世界文化遗产地监测是对自然因素及人为因素所引起的保护对象及其环境变化进行长期监测。

古遗址监测的内容主要是古遗址保存的整体格局，地上遗存结构稳定性和自然力的侵蚀速度、地下埋藏部分的人工活动干扰程度和破坏速度、遗产地环境容量以及背景环境的真实性和完整性等。

（二）已有的监测措施

现夏邑段遗址本体尚未建立完善的监测系统，遗产本体病害监测及环境监测内容属于空白。环境要素监测包括大气（大气成分变化、空气污染、酸雨等）、地质地貌、生态系统（包括微生物环境等）。

遗产区内设有安防监测，有摄像头12个，主要分布于入口和考古工作棚四周。

四、主要病害因素

现遗址本体受自然因素影响较大，如日照、风蚀、水、生物、温湿度变化等。病害如下：

（一）土体裂隙、风化：遗址侧壁、探沟侧壁、遗址发掘顶面，出现表面土体风化、开裂现象。

（二）盐害：地下毛细水上升，使土体自身盐分析出，现部分揭露处泛碱现象严重。

（三）霉菌生长：由于潮湿的原因，土遗址的低洼部分，底部和侧壁出现苔藓和地衣，以及一些草类植物，有部分苔藓开裂脱落。

（四）生物病害：遗址侧壁、探沟底部揭露部分多处出现小孔洞，应为虫害现象。

以上本体病害中，土体潮湿、植物生长、生物病害是比较明显的病害，其他病害现象还在继续发展，如果不采取相应的措施进行治理，长期下去就可能将遗址破坏得面目全非，失去研究与展示的价值。

病害类型	位置及影响因素	照片	备注
土体裂隙、风化	日照、风蚀、温湿度变化 风化剥落面积约为750平方米		
盐害	水 主要分布于T2探方壁上部、T1扩方南壁上部		

续表

病害类型	位置及影响因素	照片	备注
霉菌生长	温湿度变化、水 主要分布于T2探方壁下部、河道底部 霉菌生长面积约为600平方米		
生物病害	虫害、鼠洞 主要分布于南堤堤岸、河道底部		鼠洞位于南堤堤坡

五、保护管理机构

2013年10月，夏邑县人民政府批准成立了通济渠商丘夏邑段保护管理所，为商丘夏邑段大运河遗产专门的保护管理机构，隶属夏邑县文化局，对大运河济阳镇段遗址实施巡查、监测、报告等管理职能。事业编制11名，设所长、副所长各1名，机构规格为股级，经费实行财政全额预算管理。

第六章　保护展示条件评估

一、展示设计条件

（一）文化层丰富、分期叠压

运河大堤结构由上、中、下三个层面组成，上层为明代使用的大堤，中层是唐宋的大堤，下层是更早期大堤。在上、中层表面发现分布密集的车辙印痕、行人脚印痕、动物蹄印痕等，反映了当时大运河堤面交通之繁忙。

（二）遗存类型丰富

遗址出土三千多片灰陶片，同时发现一枚宋代青瓷片、多块烧炉渣、砌筑陶窑的砖块。在南侧大堤外侧发现了沿河堤方向修建的古代道路遗存，宽约16米，印证了史书中关于大运河堤外为官道的记载。南大堤内侧，还发现有建筑基槽和大面积分布的木桩遗迹，木桩断面年轮纹理清晰可见。专家初步考证认为，这是大运河护岸工程之"木龙杀水法"的建筑遗迹。

（三）格局完整，连续性强

运河河堤、河道、地上建筑遗迹的完整发现，展现了隋唐宋时期通济渠河道巨大的规模尺度、河堤的形制与工艺，反映了河道历史的线路与走向，是大运河通济渠段作为宏大规模尺度的水利工程的考古证据。

二、确定本次保护展示的依据

（一）本次保护展示区依据《商丘市大运河遗产保护规划（2011—2030）》确定的遗产保护内容，同时兼顾了土地征用的可操作性以及经费投入情况。

（二）《商丘市大运河遗产保护规划（2011—2030）》将商丘市大运河遗产划分为3个展示区：

1. 通济渠故道展示区。
2. 商丘南关码头展示区。
3. 商丘古城展示区。

本次展示的通济渠商丘夏邑段运河遗址属于汴河故道展示区。

（三）世界文化遗产区划

——遗产区：

北至325省道，东至刘铺村，南至乡村道路，西至乡村道路。

——缓冲区：

北界：扩大至距遗产区边界约400米处的乡村道路；

东界：扩大至距遗产区边界150～200米范围内的刘铺村乡村道路或房屋边界；

南界：扩大至距遗产区边界约500米处的乡村道路；

西界：缓冲区扩大至距遗产区边界约200米处的道路。

三、主要影响因素

（一）村镇建设活动

遗址东侧紧邻刘铺村；南侧为济阳镇卫生院；西侧为变电站、村庄；北侧均为村庄和农田。村镇建设活动对遗址保护有较大的威胁，遗产环境完整性受到较大影响。

附 录

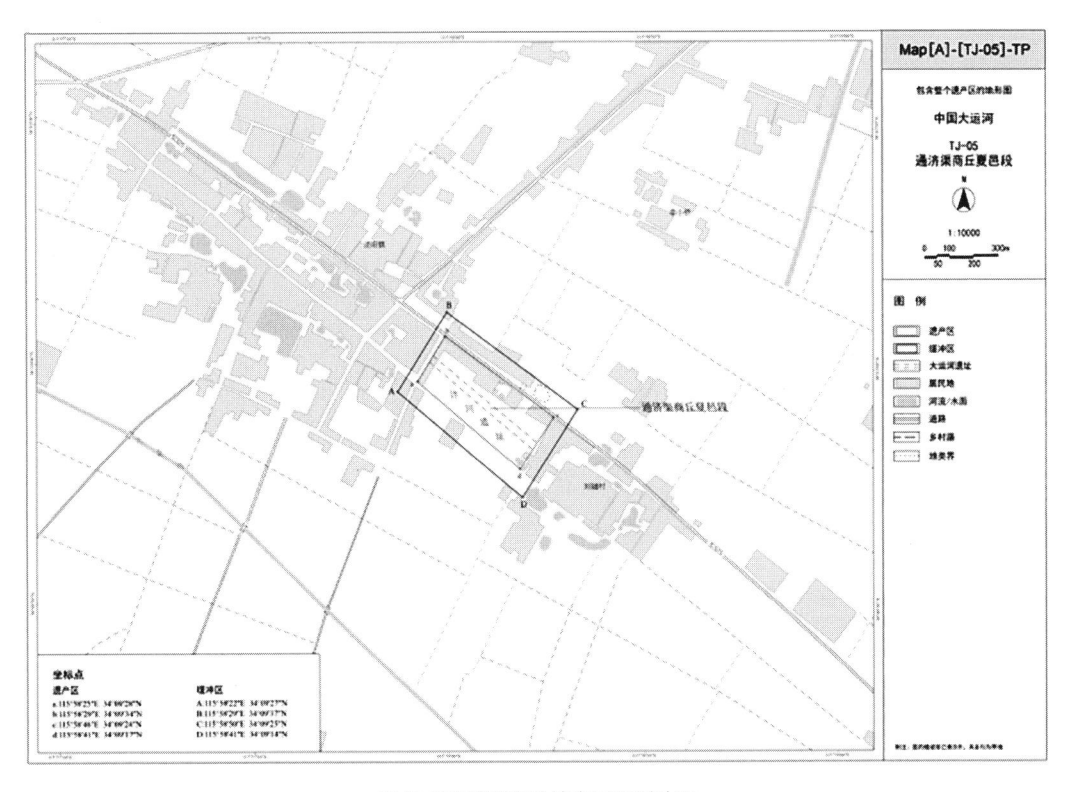

2012 年申遗划定的遗产区和缓冲区

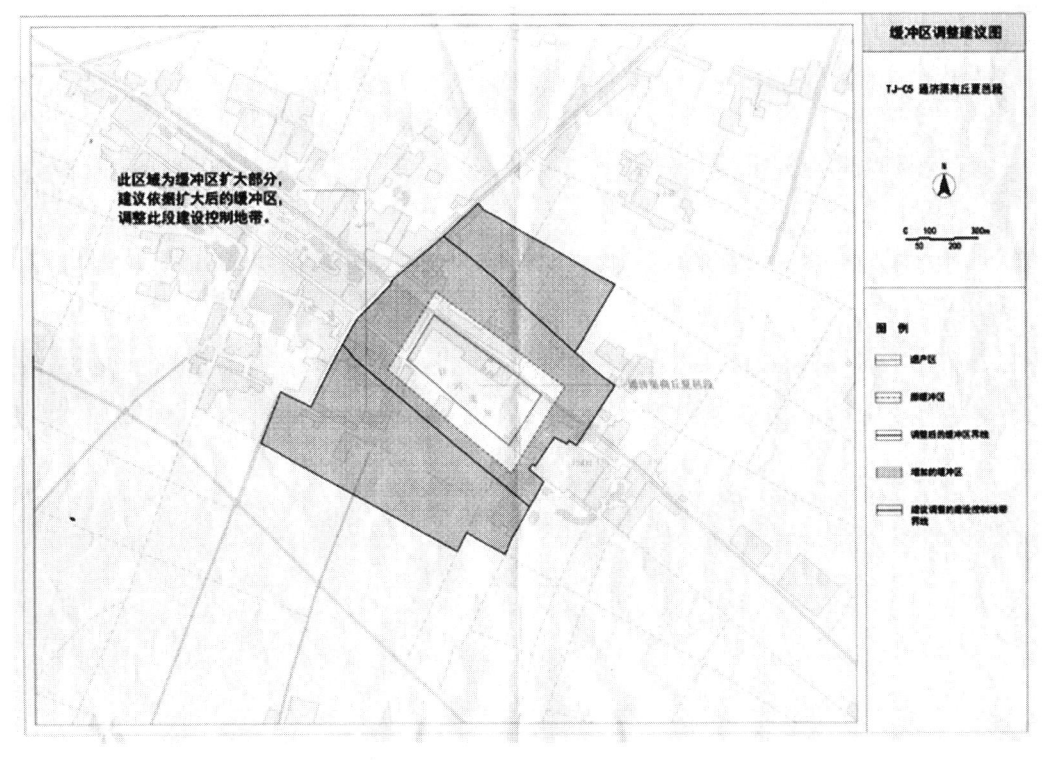

2015 年重新调整后的缓冲区

2015年大运河遗产缓冲区调整情况说明表（9个组成部分13处）

省份	序号	组成部分名称	区段类型	区划调整处	调整说明	增加缓冲区面积（ha）	是否建议调整该段建设控制地带
河南	3	TJ-03 通济渠（汴河）郑州荥阳段	—	通济渠郑州荥阳段	缓冲区扩大部分与《大运河通济渠郑州段管理规划》中建设控制地带范围一致	1033	否
	5	TJ-05 通济渠商丘夏邑段	乡村类环境景观	—	北界：扩大至距遗产区边界约400米处的乡村道路；东界：扩大至距遗产区边界150～200米范围内的刘铺村乡村道路或房屋边界；南界：扩大至距遗产区边界约500米处的乡村道路；西界：扩大至距遗产区边界200米处的道路	85	是
	6	WH-01 卫河（永济渠）浚县滑县段	历史城镇类环境景观	第1处：浚县段	东界：西大街以北扩大至大运河河南省段规划中划定的建设控制地带界线；西大街以南扩大至距遗产区边界100～200米处，具体以道路或房屋为界	40	是

建议济阳镇村镇建设规划应综合考虑运河遗产分布情况，近期搬迁刘铺村部分村民，远期迁出遗产区内的变电站，严格控制周边村庄规模和新建建筑高度及风貌。

（二）道路占压及交通影响

现325省道直接占压运河北堤，车流量大，且噪声、粉尘、尾气污染等对遗址本体及遗产环境造成较大危害，直接影响遗产本体的安全性和完整性。

结合《商丘市大运河遗产保护规划（2011—2030）》关于夏邑段相关措施，建议远期325省道改道。

（三）基础设施滞后

基础设施不完善；现有保护及展示服务设施缺乏；亟待设立完善的安防、监测系统；环境卫生状况严重影响了整个保护区的历史风貌。在未来的管理工作中应加强自然灾害评估及防治措施，确保文物资源的有效保护。

（四）用地性质

遗址本体及邻近范围内用地现状为耕地、居住用地、道路及医疗卫生用地，用地性质较复杂，无法满足未来保护展示利用的需要。

根据上位规划要求，首先将通济渠商丘夏邑段遗产区用地性质明确为文物古迹用地，未来设计范围内土地须纳入文物部门的管理，为运河遗产保护与展示提供必要的条件。

第七章　本体保护工程设计

一、工程性质

工程性质为遗址类保护性展示。通过保护工程的实施，不仅使遗址得到有效的保护，消除或遏制其病害的发展，改善遗址的生存环境，还通过遗址展示这种较为直观的方式，达到教育和宣传的目的。此外，通过实施运河遗址的保护展示工程，营造一个有着浓厚历史氛围的文化环境，促进当地社会文化、经济的发展。

二、保护措施

本体保护措施的设计方案主要根据国家文物局已批复的《商丘市大运河遗产保护规划（2011—2030）》中的相关保护要求，按照通济渠商丘夏邑段现场的保存状况，进一步明确遗产区范围、本体保护做法和工程类别等，为下一步详细工程设计提供技术支撑。所有遗址保护加固措施必须在试验分析的前提下进行，对遗址本体做到最小干预。

（一）场地清理措施

——建（构）筑物清理

将遗址区现有的临时考古工作棚拆除，未来T2南段的保护展示结合本设计方案确定的展示建筑方案实施。

远期对遗址西侧变电站及临时构筑物进行拆除，拆除后结合现状条件对河道进行标识保护与展示。

（二）探方 T2 壁加固措施

1. 裂隙渗透加固

遗址裂隙发育能造成土体坍塌而导致遗址毁坏。因此对于裂隙，应采用裂缝注浆的方法进行加固处理。实施灌浆加固应首先进行现场灌浆试验，并确定灌浆材料，宜优先选用无机材料，尽可能将对遗址本体的影响降到最低。在施工图设计阶段和施工期间对工作面应采取保护措施。

2. 表面风化加固

表面风化加固采用化学材料渗透与土钉相结合的方法进行，遗址表面防风化加固应预先取样，根据试验效果，结合土体试验块加固试验效果分析，确定较为合适的加固材料。渗透深度须超过表面疏松风化层厚度，渗透工艺根据现场施工试验确定。

3. 生物病害

采用物理方式进行修复加固，加固应遵循"远看无差别，近看可区分"的理念，工艺需经现场试验确定。

T2 加固措施一览表

病害类型	前期工作	保护工程措施
土体裂隙、风化	现场灌浆试验，确定灌浆材料；土体试验块加固试验	表面风化加固
盐害	通过试验分析，找出盐害形成原因	对表层盐质进行清理后现状保护
霉菌生长	对表面苔藓进行清理	控制温湿度，加强通风
生物病害	确定虫害、鼠洞位置，对鼠洞内部规模、大小进行探查并说明虫害、鼠害起因	用原土对鼠洞实施填堵

（三）地表水下渗防治措施

地表排水是使遗产本体保持稳定环境以延长寿命的重要环节，因此需要对整个遗址区进行科学的给排水规划与设计，并在设计指导下完成场地的防治措施。

——仔细检查，填堵遗产缓冲区域内的坑洞、鼠洞，对以往的冲沟进行清理和填堵。

——适当平整展示区域内场地，保护展示建筑外围自然排水找坡，排水坡度3%；边缘处设排水暗道，将雨水有组织排向四周。

（四）安全防护措施

——为保护遗产区以及参观人员的安全，设置局部空透围栏。

——按照本次保护展示设计范围修筑围封设施。建议围封设施为半通透的形式，并与安防设施结合。西至变电站东墙，东至刘铺村西缘，北至325省道，南至乡村道路。

——结合围封设施安置安全监测系统和埋地震动电缆警戒系统，以加强田野文物安全。监控室的设置结合管理办公用房设置。

（五）监测措施

1. 遗产本体

——针对揭露展示的T2南段夯土的物理、化学性质及强度等进行试验检测。

——对T2探方壁及运河河道夯土层剥落、风化、开裂及植物破坏等进行勘察，以现状勘察数据为标准，对其风化和受损变化进行日常监测。

——对于人为的取土、挖洞等破坏活动进行监测。

2. 遗产环境

——针对气象环境（包括雨量、风、温湿度等），空气污染、酸雨等环境污染对遗产本体的影响进行检测。

——对遗产区和缓冲区范围内的建设环境的监测，防止过度开发和建设给遗产区环境造成不良影响。

3. 监测分析及档案记录

对日常监测数据进行分类分析，对异常的数据频率、时间及影响程度等进行分析；分析对文物保护造成直接或间接影响的危害因素，为文物管理决策及下一步开展科研工作提供依据。

将日常监测工作形成档案记录，作为文物的信息数据妥善保管。

三、日常管理措施

由于该运河遗产的重要性，需要加强遗址的日常管理工作，将一些病害遏制在萌芽阶段。日常维护保养包括对遗产本体、附属设施和相关环境的保护。如植被清理、防水处理、道路等基础设施维护，界标标识牌的维护维修等。

建议制定日常的遗址巡查措施，防止人为破坏。对由自然原因造成的损害也能及时发现和治理，将病害的危害控制在最小程度。

第八章 展示设计方案

一、保护及展示对象

（一）遗产本体

——运河遗产格局展示；

——运河河堤；

——运河河道；

——古道路；

——河工遗迹；

——出土文物。

（二）遗产历史环境

——历史格局与演变；

——生态环境。

（三）遗产历史信息和文化内涵

——汴河水运史；

——通济渠在航运繁盛时期的作用及影响；

——运河河堤筑建方法、护岸工程；

——漕运重大历史事件。

二、展示方式

本保护展示方案主要依据已发掘的运河河堤、河道、古道路及河工遗迹等，结合建筑设计、景观设计及标识展示等多种手段对通济渠商丘夏邑段进行全面、有效的保护与展示。

（一）新建保护展示建筑，对遗址局部揭露展示

对已揭露的T2南段建设项目可采用进入式保护展示建筑，进行遗址现场局部揭露展示。辅以展板、展示说明牌、多媒体等方式全面展示运河河道、河堤及相关遗迹。

（二）模拟复原展示

对运河南堤东段局部进行夯土模拟复原展示，模拟复原展示段长50米，并对堤岸上的车辙、脚印进行标识展示。

（三）绿化标识展示

根据2012年考古调查、发掘确定的河堤、河道位置，对西侧南北堤间河道局部进行绿化标识展示，河道内口宽142.3米。通过地面上种植浅根系绿篱标示出河道的位置、宽度及走向，展示面积约7200平方米。

对已考古发掘区域（T1—T2形成的"H"区域）未揭露展示河堤以绿篱形式展示，采用石楠浅根系植被。

（四）卵石标识展示

对南堤外古道路按照"覆土保护，卵石盖面"进行保护展示。即素土表层配卵石嵌入土内，并用卵石勾出堤外古道路边界（路宽16米），展示道路长度为本次考古勘

探区域。

对 2012 年考古发掘的 T1 探沟（已回填）部分地面采用卵石标识，主要标识 T1 东西边界线和建筑基槽，可采用自然石材或卵石。

三、展示功能分区

——管理服务区

结合地方社会发展的阶段性和文物保护工作的可行性，本方案将遗址东侧临近 325 省道的民房院落进行征用，改造后作为通济渠商丘夏邑段管理办公建筑、监控室，值班室设在管理办公区。

——遗址展示区

遗址展示区包括本次申遗工作全部发掘区域，涵盖河道、河堤、堤外道路及相关遗存区域。

——考古预留区

遗址展示区西侧从变电站东墙至西侧村级道路、北至 325 省道为考古预留区，近期保持现状。

——停车场

停车场设置在管理办公区南侧，毗邻 325 省道，面积约 1100 平方米。

四、工程期间遗址保护措施

——按照遗址保护要求，制订施工方案，确保施工过程中把施工作业面控制在最小；对施工场地、施工机械、施工方案进行论证。建筑展示棚采用钢筋混凝土条形基础形式，基础浅埋。

——以现有考古遗址坑壁、土体的稳定性为依据，进行加固、支护等文物保护工程设计与施工。施工期间，为保护好地下文物，施工现场应精确地标示出文物的位置，并在文物上方搭设施工通道，保证工程材料不在文物区放置。

——制订专门的施工过程中遗址保护方案，遗址内施工前应将重要及脆弱遗迹点进行现场标示，并有警示牌提醒作业人员注意防护。

——工程完工后，对展示建筑内的土遗址风化、霉变等病害应进行长期监测并及时采取保护措施，开展运河遗址科技保护研究。

五、展示建筑设计要求

以文物保护"可识别性原则"为依据，为避免仿古风格对公众的误导，方案设计采用现代建筑风格。建筑主体结构采用钢结构形式，建筑围护结构的材料不承重，布置可以相对灵活、多变，为保证室内通风、采光。墙体部分采用可开启铁艺仿古玻璃窗形式，屋顶上部采用轻质灰瓦覆盖，局部采用天窗形式，有利于室内采光、通风。

六、展示服务设施

——保护展示厅

新建多媒体展示设施作为遗址的管理、展示厅。

——管理办公用房

保护展示区域东侧民居院落改造后作为管理办公用房，面积为480平方米。

——卫生间

现阶段整个遗址保护展示区范围无公共卫生间，新建卫生间结合停车区及遗址展示区综合考虑设置，在停车场区域设置公共卫生间，面积80平方米。在遗址保护展示区设可移动卫生间2处。

——停车场

325省道东侧，结合管理办公区考虑。

七、展示配套设施

（一）多媒体展示系统

利用电子、多媒体新技术，根据展示内容设计展示效果，实现遗址区多媒体宣传展示平台，丰富观众对文化遗产不同面的了解认知。

（二）标识系统

标识系统包括世界文化遗产标志碑、导游图、说明牌和警示牌等。按遗产地标示要求设标识说明牌，设计应简洁大方且与遗产地环境相协调。

标识牌：分别对河道、南堤、堤外道路、脚印等进行标示。

说明牌：对整个遗址格局、发掘情况、出土文物及整个申遗过程等进行说明。

警示牌：对展示建筑内揭露遗址、河道展示部分、堤岸模拟展示等设置警示标识。

（三）解说系统

完善电子解说系统建设，引进多媒体导游系统，提高展陈服务的科技含量。

第九章 地表标识展示方案

一、展示对象

本方案确定的地标标识展示方式分为绿化标识展示和粗砂卵石盖面标识展示。

展示对象：局部南北堤间河道、河堤、南堤外古道路。

二、展示内容

（一）南北堤间河道局部

以浅根系绿篱标识展示河道和河堤局部。南堤外古道路以粗砂卵石路面展示。对古道路脚印采用镶嵌青石展示。

——施工工艺

1．根据考古发掘确定河道的宽度和边界，对拟标识展示段素土回填至自然地面以下 0.6 米高。素土为过筛素土，黏粒含量不小于 15%。

2．在河道的边界以内种植铺地柏作为标识；沿河道展示边界铺设 280 毫米×140 毫米×70 毫米青砖。

3．采用粗砂卵石结合青石的做法硬化展示河道西侧游步道，以利游人参观。

4．设置说明牌。

（二）南堤外古道路

采用白色卵石铺地，标识堤外道路边界轮廓，堤外道路宽度 16 米。展示道路长度为 60 米。

——施工工艺：

1．考古发掘验证设计的堤外古道路位置，首先对地表杂物进行清理。

2．古道路底部夯实后回填三七灰土 15 厘米，然后回填素土夯实。

3．素土表层用 D30—D80mm 级配卵石嵌入土内，并用青石勾出道路边界。整个表层用卵石铺成北高南低的缓坡状。（根据考古发掘情况并综合考虑排水）

4．粗砂卵石间播撒固土草籽。

三、植物配置

（一）植物配置原则

1．适地适树原则

和谐性园林的首要因素是生态，在进行地被植物选择配置时，应尽量选用适应性强、适合当地环境条件的乡土植物，因为它们不仅生长状况良好，而且具有浓郁的地方特色。

充分了解植物本身的生长特性和种植地的立地条件，根据这些选择适宜的地被植物，做到适地适树适植。

2．生物多样性原则

为了形成一个良性循环的生态系统，维持生态平衡，在植物配置方面应以乡土树种为基调，加强引种驯化，适度采用新品种，提高园林生态系统的稳定性，营造人性化景观。

3．搭配合理性原则

植物配置时，选择树种后，要充分考虑物种与物种、物种与环境之间的关系，合理选择地被及其他植物种类，避免各个物种对空间和营养的争夺，保持群落中各种群间以及与周围环境间关系的协调和动态平衡。

（二）植物配置规划

小乔木：西府海棠、红叶李、女贞、栾树、桂花树。

灌木：榆叶梅、黄栌、紫叶小檗、石楠、卫矛、棣棠。

地被植物：麦冬、铺地柏、紫花苜蓿、三叶草、紫花地丁。

河道标识植被：金叶女贞。

园区外围树种：榆树、国槐。

第十章 T2保护展示设计方案

一、展示遗址

对已考古发掘区域南部的T2（局部河道、河堤）进行发掘现场展示。综合展示运河河道变迁、使用时间、河堤砌筑方式及加高过程等，使公众较为全面地了解通济渠商丘夏邑段运河遗址。

二、展示方式

展示方式采用覆罩建筑保护展示：局部揭露考古遗迹，展示遗址采取表面加固、内部做防潮处理，周围设木制参观栈道满足可进入式现场展示，辅以相关图片、展示标识牌、解说词、多媒体等展示手段。

本方案揭露展示遗址面积：1728平方米。

三、建筑风格

由于钢结构耐热性好、自重轻、承载力高，且具有良好的抗震性和可逆性，连接、焊接便捷等优点，国内大遗址保护与展示多采用这种结构，因此，对发掘区域南部的T2采用钢结构形式。

鉴于保护展示建筑的特殊性，本设计采用现代建筑风格，主体采用大跨度钢结构，仅在建筑两侧采用钢柱，且尽可能利用原考古保护棚的基础，以减少对遗址本体的破坏。在建筑色彩及设计上注意与运河遗产遗址区风貌相协调。展示建筑内设置通风、去湿设施，建筑的入口、屋顶等部位作为自然采光的主要手段。

四、建筑设计指标

保护展示建筑位于T2探方南半部，占地面积1944平方米，建筑面积1830.47平方米，覆盖已发掘需揭露展示的河堤、道路和部分河道等。

建筑整体采用中国传统的坡屋顶设计，但是将坡屋顶分为两个部分，中间部分高出两侧将近1米，这一竖直部分全部设计为长条形窗户，不但可以增加采光面积，而且与墙体上面的窗户同时开启还能增强室内空气的对流，降低能耗，达到低碳节能的目的。

建筑的主入口在北侧，进入大厅首先是大运河主题展示墙，通过门厅可以进入遗址展示区，遗址展示区保留了T2探方南半部分，围绕发掘区域设置一圈参观廊道，同时在东西侧廊道的中部和南部各开启两个出口，这两个出口不仅能起到消防疏散的作用，同时分别对应古道路和河堤的室外展示区域，便于人们游览，加强室内外的有机联系。

建筑设计充分尊重地理条件，最大程度地避免对遗址的破坏，同时采用中国传统的建筑形式，做到低碳环保。

五、专项设计

（一）电气设计

1. 本工程为遗址博物馆项目，安防工程按三级防护等级设计。

2. 本安防系统包括视频监控系统、出入口控制系统、入侵报警系统、巡更系统及集成显示系统。

3. 本系统连接采用底层总线、上层以太网的架构形式，通信采用总线及以太网的混合形式。

4. 系统电源采用UPS220V转换为UPS/DC12V/31V等电源等级，视设备的说明配置到位。

5. 在重要的部位加装防雷器设备，以保证系统免受雷电感应的瞬间高电压侵扰。

6. 系统应由专业厂家负责设备供应和安装调试。

（二）暖通空调

暖通专业的设计范围：本工程的通风及防排烟系统设计。

1. 空调系统

工程的空调考虑采用分体式空调制冷制热，由建筑预留空调机位置及排水管。电气专业预留用电负荷。

2. 通风系统

（1）遗址内有热、湿通风需要的房间设通风系统，换气次数根据计算确定。

（2）通风系统管道采用镀锌钢板制作，施工中按照《通风与空调工程施工质量验收规范》（GB50243—2002）表4.2.1-1"风管钢板厚度"的规定选料。

3. 防、排烟系统

地上房间均采用设在高处的电动外窗自然排烟，电动窗可开启面积不小于房间面积的2%。

4. 环保和卫生防疫措施

采用消声、隔声、减震、隔震设施，满足环保规范对于噪声的要求。产生污浊空气或热、湿空气处设置机械通风或机械排风设施，以满足人体对室内空气品质的要求，或机电设备对运行环境的要求。

5. 节能说明

（1）所选风机的单位风量耗功率不高于规范要求。

（2）保证围护结构建材的热工性能和热工参数符合《河南省公共建筑节能设计标准实施细则》（DBJ41/075—2006）的要求。

（三）给水排水设计

1. 工程概况

本工程为地上一层，建筑高度为9米，工程性质为一般公共建筑。整个工程建筑基底面积1693.28平方米，总建筑面积为1830.47平方米。

本建筑为单层公共建筑，且设置有集中空气调节系统。本园区周围无市政给排水管网，园区内消防用水由自备深井提供，供水压强为0.25MPa（甲方提供）。

2. 设计依据和设计范围

（1）设计依据

《建筑工程设计文件编制深度的规定》（2008年版）

《建筑给水排水设计规范》GB50015—2003（2009年版）

《建筑设计防火规范》GB50016—2014

《建筑灭火器配置设计规范》GB50140—2005

《展览建筑设计规范》JGJ218—2010

《消防给水及消火栓系统技术规范》GB50749—2014

《建筑给水排水及采暖工程施工质量验收规范》GB50242—2002

此外，还有其他专业及建设方提供的相关资料。

（2）设计范围

该工程的室内消防系统设计。

建筑灭火器的配置。

3. 给水设计

水源选择

本园区周围无市政给排水管网，园区内消防用水由自备深井提供，供水压强为0.25MPa（甲方提供）。

室内消火栓用水由室外独立建设的"消防自动恒压给水设备"提供，消防水池有效容积252立方米。本建筑屋顶设置一座18立方米的消防水箱，提供火灾初期消防用水。

室外消防用水由室外独立建设的"消防自动恒压给水设备"提供。

4．雨水系统

雨水量计算

屋面雨水采用外排方式排至室外，雨水设计重现期按10年，降雨历时按5min，暴雨强度取238mm/h。

5．防腐与保温

（1）室内消防管采用内、外热镀锌钢管，DN≥65的采用卡箍连接，其余丝接；埋地消防管道采用球墨铸铁管，承插式连接。

（2）埋设的消防金属管道均应先清污除锈，然后做"一漆两布三油（底漆＋沥青漆＋玻璃丝布＋沥青漆＋玻璃丝布＋沥青漆）"普通级防腐；铸铁管刷沥青漆两道。

（3）明设镀锌钢管和破损处及接口清污除锈后涂刷防锈漆两道、银粉面漆两道。

6．材料表

序号	名称	规格（型号）	材料	单位	数量	备注
1	室内消火栓	SNZ65		套	10	
2	屋顶试验消火栓	SN65		套	1	兼用
3	消防增压稳压给水设备	W-18-18/3.6-30-Ⅰ-HDXBF 水箱尺寸：6m×2.5m×2m 增压泵功率：2×3kW 控制柜型号：SXK2/3	装配式不锈钢	套	1	屋顶水箱间内
4	消防自动恒压给水设备	HBP4.0/10-2-HDXBF252 水池规格：10m×10m×3m Q=35L/S，H=50m N=2×30kW	装配式不锈钢	套	1	室外埋地设置
5	室外消火栓	SSF100/65-1.0		套	3	

7．消防设计

（1）设计范围

A．该工程的室内消防系统设计。

B．建筑灭火器的配置。

（2）消防水源

室内消火栓用水由室外独立建设的"消防自动恒压给水设备"提供，消防水池有效容积252立方米。本建筑屋顶设置一座18立方米的消防水箱，提供火灾初期消防用水。

室外消防用水由室外独立建设的"消防自动恒压给水设备"提供。

本建筑室内消火栓用水由消防泵房、消防水池和屋顶消防水箱联合供水。

(3) 室内消火栓给水系统组成

A．消防用水量及火灾延续时间

室内消火栓用水量10L/S，火灾延续时间2h。

B．系统组成

本楼的室内消火栓系统设计为临时高压系统，由消防水泵、消防水池、高位消防水箱、增压设施、室内消火栓环状管网、室内消火栓（包括试验消火栓）及阀门等组成。

消防水池、消防水泵、高位消防水箱和增压设施见相应设计图纸。

C．系统设置

a．本建筑室内消火栓采用15S202-15型。消火栓型号：SNZ65；衬胶水龙带：L=25m；水枪：QZ19/φ19。消防软管卷盘型号为JPS1.0-19，软管长度30米。

消防水泵由消防水泵出水干管上设置的压力开关和屋顶消防水箱出水管上设置的流量开关等开关信号直接自动启动消防水泵。

每个消火栓箱内均设置消火栓按钮，发出报警信号。

b．消火栓管道上的阀门应经常开启，并有明显的开启标志或开启后铅封。

c．室内消火栓布置时确保室内任何点都有两股水柱同时到达。室内消火栓尽量布置在走道等公共部位，以方便取用。

d．室内消火栓管道在室内水平呈环状布置。

e．室内消火栓系统采用内、外热镀锌钢管，DN≥65采用卡箍连接，其余丝接。

f．室内消火栓系统接管处压强0.40MPa。

(4) 室外消火栓给水系统

A．消防用水量及火灾延续时间

室外消防用水量25L/S，火灾延续时间2h。

B．室外消火栓系统组成

本建筑室外共设置三套SSF100/65-1.0型室外消火栓，消防用水由室内外合用的消防给水管网提供。

(5) 建筑灭火器配置

本工程火灾危险等级属严重危险级，主要为A类火灾。

该建筑灭火器在图示位置每处配置2具3A级MF/ABC5手提式磷酸铵盐干粉灭

火器，具体见平面图。

灭火器中危险级保护半径为15米。

8．存在问题

由于本项目属土遗址保护工程，出于文物保护考虑，本建筑不适宜设置自动喷水灭火系统，又因为参观走道属于人员密集场所，同样不适宜采用气体灭火系统。出于以上考虑，本建筑只设置室内、外消火栓系统以及灭火器配置。

第十一章　与展示相关的保护措施

一、植草固土

规划展示区范围内未做标识展示和现场展示的区域种植地被植物麦冬，固土绿化。

二、场地给水

由于展示区范围内、管理办公区均偏僻，无法与城市供水连接，因此，场地内采用地下水供水，方案在管理办公区东侧设无塔供水设备，以满足管理办公区和消防、绿化需求。给水设施采用暗管地埋。

三、场地排水

展示区范围内场地部分采用暗管做有组织排水，部分绿化范围做自然渗漏排水，同时结合管理办公区排水，选取适当位置设置化粪池，使雨水、污水有组织排放。

四、科学回填保护

对不需揭露展示的已发掘遗址采用科学回填保护，具体措施如下：

（一）首先对遗址土层裂缝、濒临崩塌土块、鼠洞、散落的土块、表面雨蚀洞孔等进行临时性修复保护。

（二）对遗址表面强度较低的棱角处、表面风化酥粉处、松散土等处进行加固支护等处理措施。

（三）遗址表面清扫后，上铺2～3厘米厚细砂层，然后用原土进行回填压实，上部做固土绿化。

五、安防设施

加强遗产本体的安全和对游客的管理监控，规划在保护展示建筑室内外安放全景夜视彩色监控摄像头6处，监控室设在管理办公区。

沿本次设计范围设置围封设施，有效防护遗址展示区遭到人为损坏。围封设施采用铁艺护栏，总长度共计约800米。

六、控制基础埋深

根据遗址埋藏深度，结合土遗址保护要求，保护展示工程均为无基础或浅基础设施，埋深均不超过现状地表以下 0.6 米。

第十二章 项目分期

一、分期依据

——现状问题的严重性和紧迫性；

——"保护为主，抢救第一，合理利用，加强管理"的文物工作方针；

——国家文化遗产保护事业"十二五""十三五"规划；

——文物保护工作的科学程序；

——地方发展计划及财政可行性；

——已批复的《商丘市大运河遗产保护规划（2011—2030）》。

二、分期内容

（一）近期实施项目（2017—2020 年）

——完成《通济渠商丘夏邑段遗址保护展示设计方案》的论证、报批程序。

——完成遗址本体保护加固工程，包括土遗址加固前期试验、监测和保护展示建筑工程。

——完成保护范围内的建（构）筑物清理工程。

——完成规划范围内的安全防护设施建设工程，包括围封设施、安全监测系统及安全警戒系统，建立遗产本体监测系统。

——完成河堤、古道路及河道展示、标识工程。

——完成管理办公用房的改造工程。

——完成停车场建设和相关展示服务设施。

——完成展示范围内的绿化系统建设和植被补充。

——完成展示区域内的道路系统建设和场地平整。

（二）远期实施项目（2021—2030 年）

——完成已考古发掘工作的考古报告出版研究。

——完成考古预留区的考古发掘与研究工作。

——完成西侧变电站的搬迁工程。

——完成整个遗产区的保护展示工程设计方案并实施。

——完成遗产展示区内的电力线路及通信线路埋地敷设。

——进一步完善遗产展示的安全监测系统。

（河南省文物建筑保护研究院　吕军辉　孙丽娟　杨华南）

第二部分　遗址保护展示设计方案文本图纸

图纸目录：

1 区位图（一）（未收录）

2 区位图（二）（未收录）

3 通济渠商丘遗产点位置关系图（未收录）

4 通济渠商丘段运河遗产展示结构图

5 影像关系图

6 现状总平面图

7 考古发掘图

8 运河结构示意图

9 遗产区划图

10 出土文物照片

11 环境现状照片

12 遗址本体病害分析图

13 已采取保护措施图

14 道路系统现状图

15 基础设施现状图

16 保护展示方案总平面图

17 展示功能分区图

18 展示服务设施图

19 安防设施图

20 本体保护措施图

21 效果示意图

22 河道展示设计

23 标识展示示意图

24 T2 保护展示设计方案平面图

25 T2 保护展示设计方案立面图

26 景观道路设计图

（河南省文物建筑保护研究院　吕军辉　孙丽娟　杨华南）

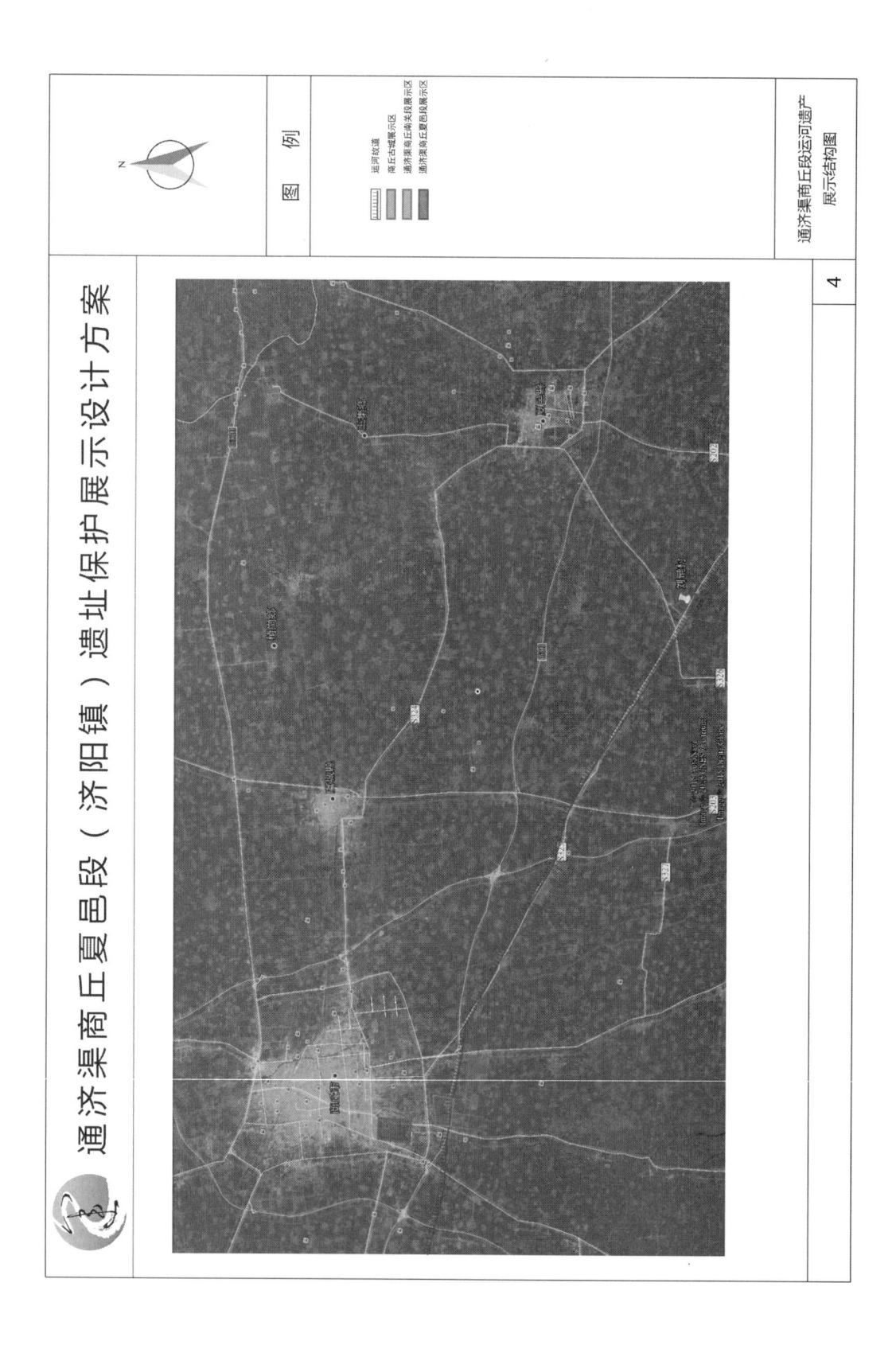

通济渠商丘夏邑段(济阳镇)遗址保护展示设计方案

通济渠商丘夏邑段（济阳镇）遗址保护展示设计方案

图例：遗产区范围

注：遗产区范围于2015年10月经国家文物局核准认定。

影像关系图

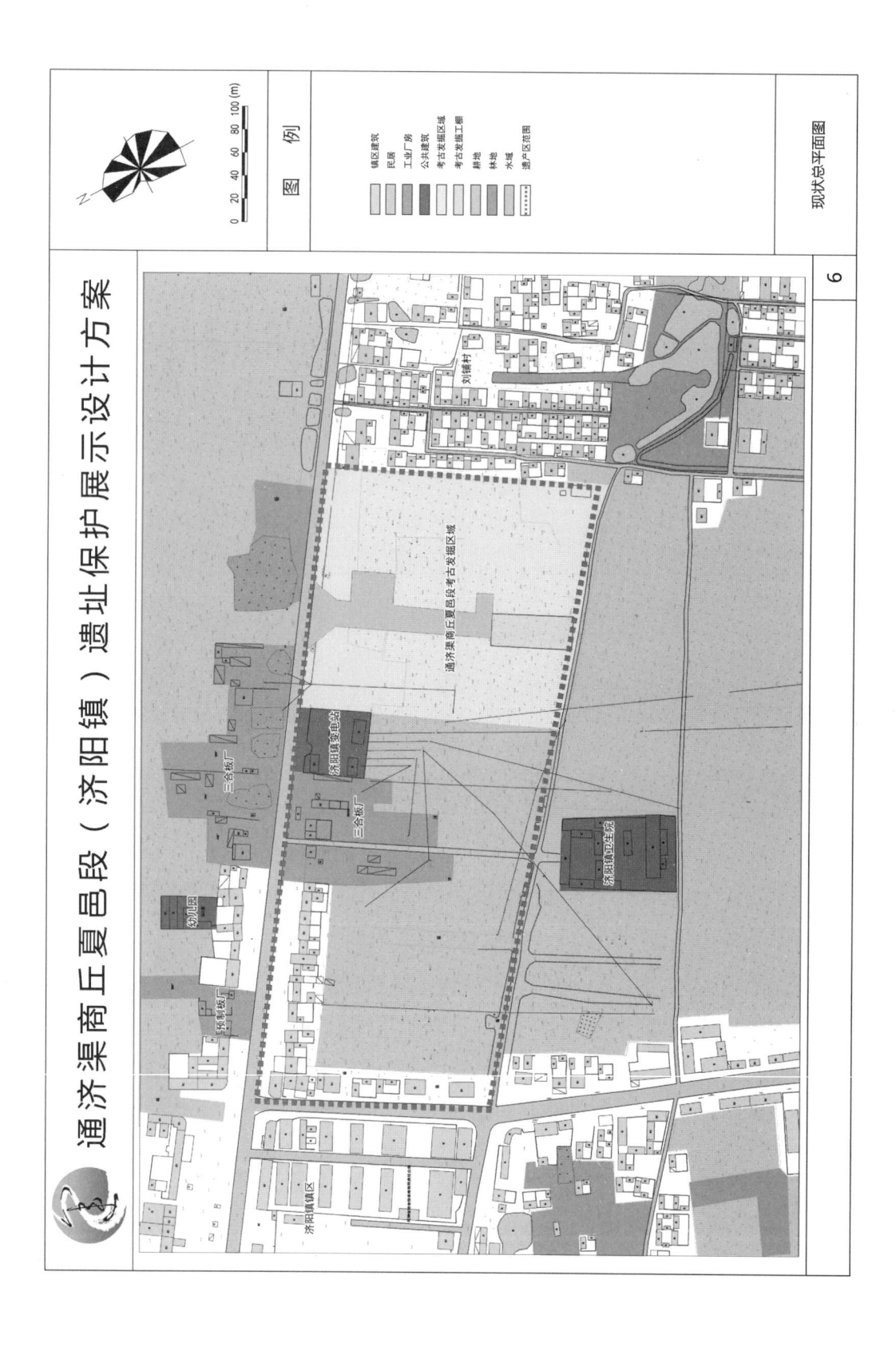

现状总平面图

附 录

通济渠商丘夏邑段（济阳镇）遗址保护展示设计方案

图 例
运河堤岸线
运河堤岸古道路
运河河道
已发掘区域

北堤
南堤
道路
道路
河道
T1
T2

考古发掘现场照片

考古发掘图

7

265

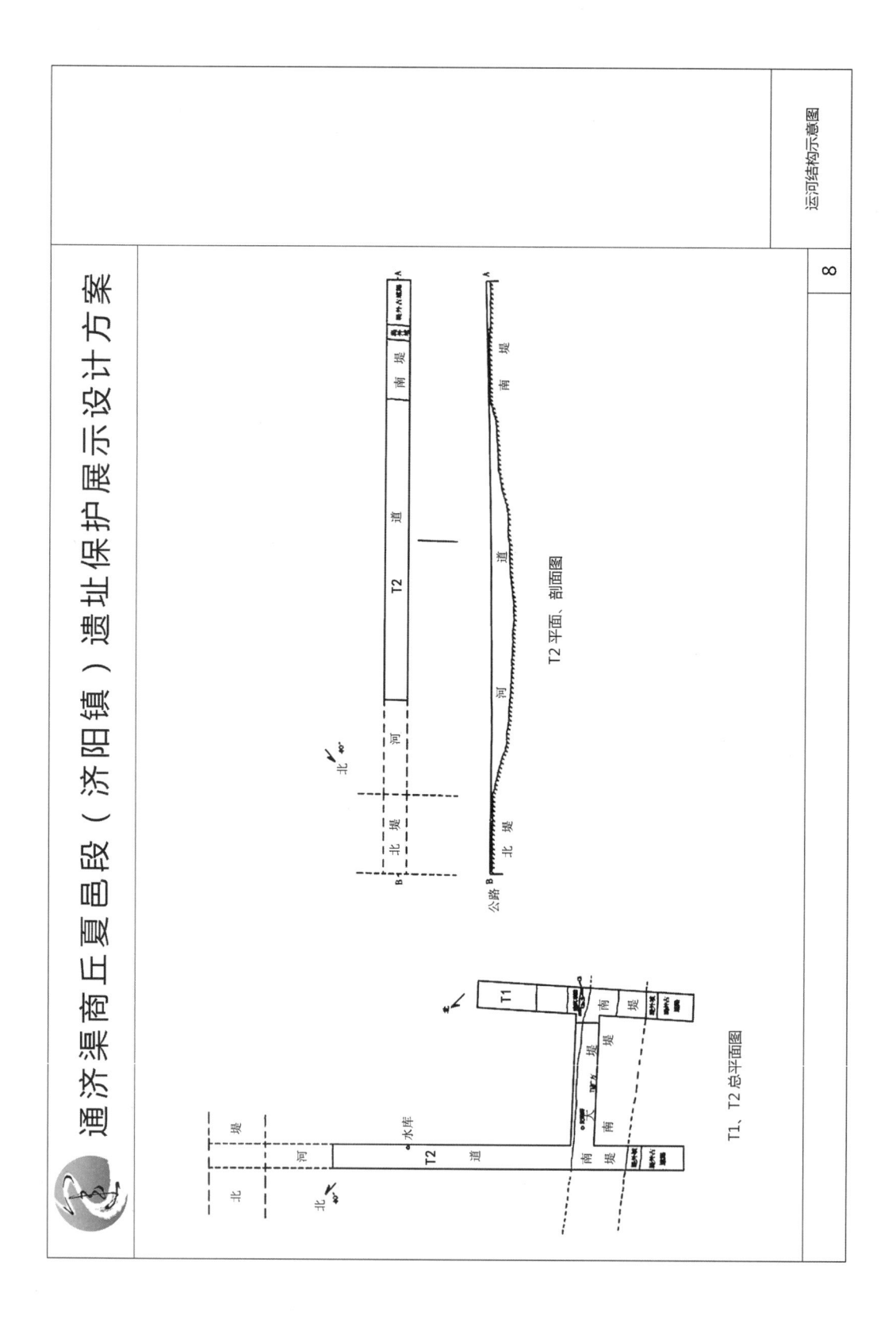

通济渠商丘夏邑段（济阳镇）遗址保护展示设计方案

T2 平面、剖面图

T1、T2 总平面图

运河结构示意图

8

附 录

通济渠商丘夏邑段（济阳镇）遗址保护展示设计方案

遗产区划图

通济渠商丘夏邑段（济阳镇）遗址保护展示设计方案

出土文物照片

10

瓷盏　陶壶　木船板
瓷枕　陶瓷残片　宋代钱币　擂空扶壶　青瓷碗
瓷器残片　船锚　铁锚　白釉瓷壶

附 录

通济渠商丘夏邑段（济阳镇）遗址保护展示设计方案

环境现状照片

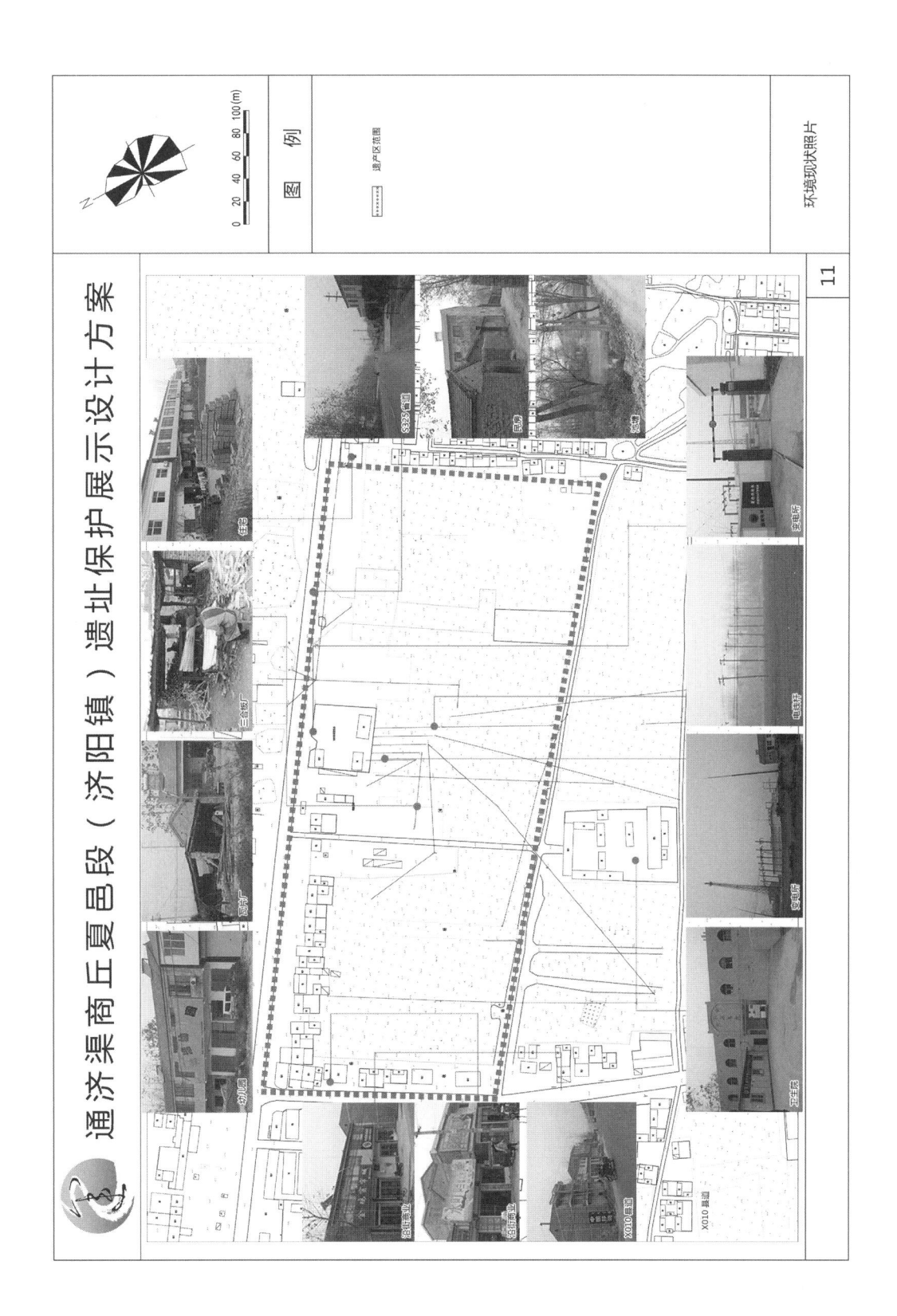

11

通济渠商丘夏邑段（济阳镇）遗址保护展示设计方案

病害类型	位置及影响因素	照片	主要病害因素	备注
土体裂隙、风化	日照、风蚀、温湿度变化 风化剥落面积约为750平方米		主要遗址本体受自然因素影响较大，如日照、风蚀、水、生物、温湿度变化等。病害如下： （1）土体裂隙、风化：遗址侧壁、探沟侧壁、遗址发掘顶面、出现表面土体风化、开裂现象。 （2）盐害：地下毛细水上升，使土体自身盐分析出，现部分揭露处泛碱现象严重。 （3）霉菌生长：由于潮湿的原因，土遗址的低洼部分、底部和侧壁出现苔藓和地衣，以及一些草类植物，有部分苔藓开裂脱落。 （4）生物病害：遗址侧壁、探沟底部揭露部分多处出现小孔洞，应为虫害现象。	
盐害	水 主要分布于T2探方壁上部、T1扩方南壁上部			
霉菌生长	温湿度变化、水 主要分布于T2探方壁下部、河道底部 霉菌生长面积约为600平方米			
生物病害	虫害、鼠洞 主要分布于南堤堤岸、河道底部			鼠洞位于南堤堤坡

遗址本体病害分析图

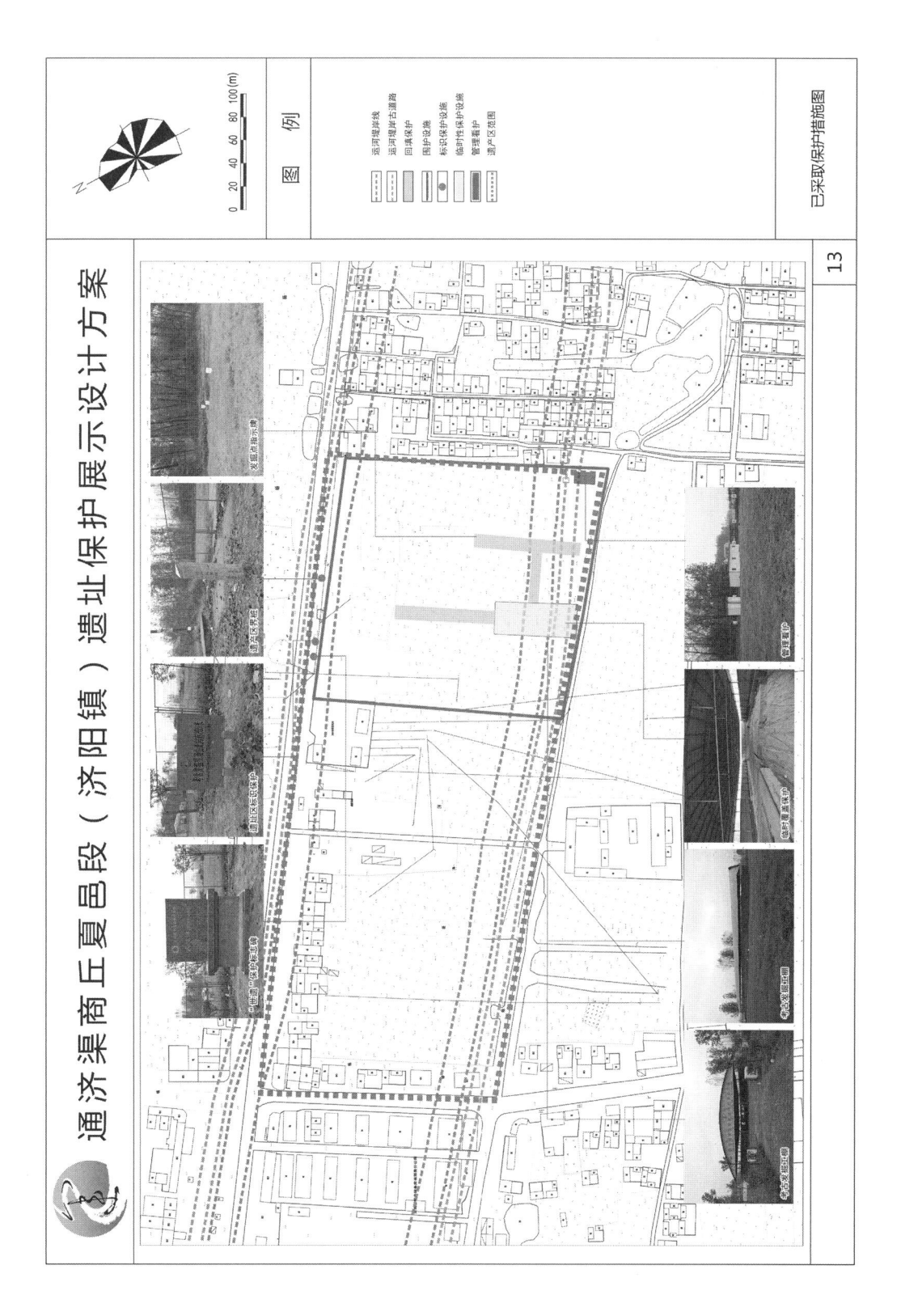

附 录

通济渠商丘夏邑段（济阳镇）遗址保护展示设计方案

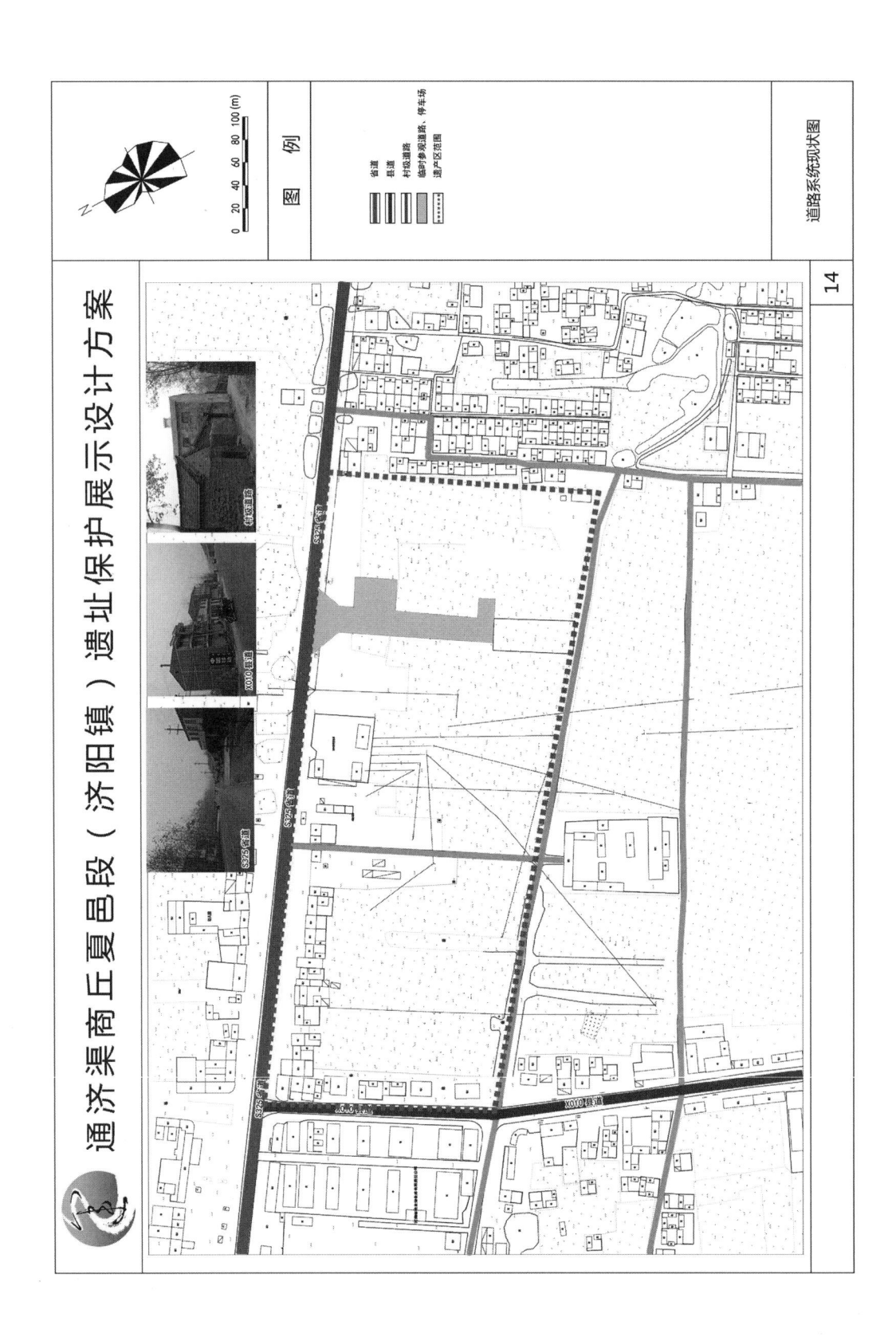

通济渠商丘夏邑段(济阳镇)遗址保护展示设计方案

道路系统现状图

附 录

基础设施现状图

通济渠商丘夏邑段（济阳镇）遗址保护展示设计方案

通济渠商丘夏邑段（济阳镇）遗址保护展示设计方案
图 例
1 入口
2 门岗
3 入口广场
4 停车场
5 管理用房
6 大运河主题广场
7 主要道路
8 步行小路
9 保护展示用房
10 古道路展示
11 古河堤展示
12 古河道展示
13 考古预留用地
保护展示方案总平面图
16

通济渠商丘夏邑段（济阳镇）遗址保护展示设计方案

图 例

- 入口管理区
- 小广场
- 遗址保护展示区
- 道路遗址立体体验区
- 河道遗址立体体验区
- 考古预留区
- 生态环境展示区
- 主要展示道路
- 次要展示道路

展示功能分区图

17

展示服务设施图

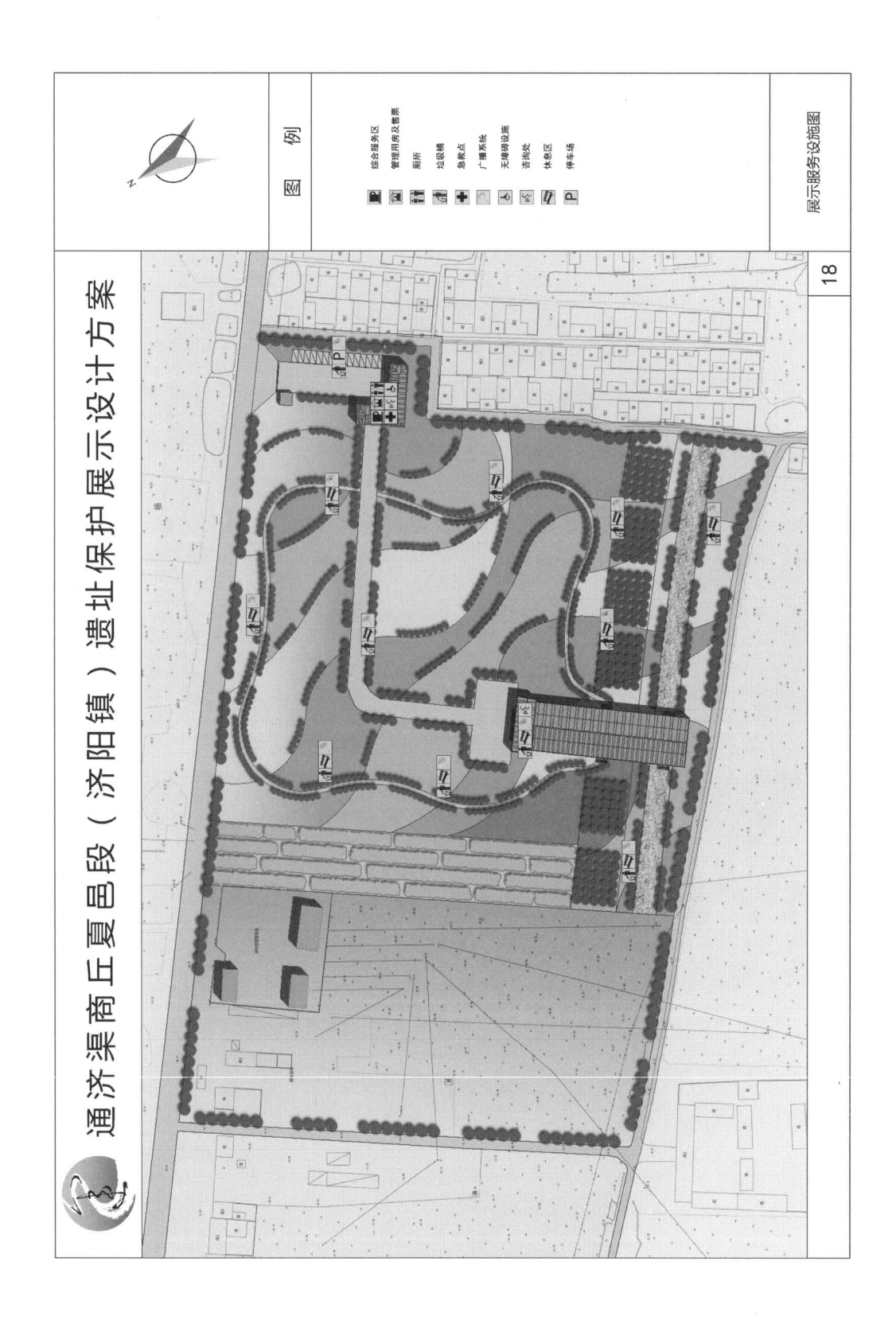

附　录　277

通济渠商丘夏邑段（济阳镇）遗址保护展示设计方案

图　例

360°摄像头
红外夜视摄像机
枪式摄像机
红外入侵检测
震动探测器
监视器

安防设施图

19

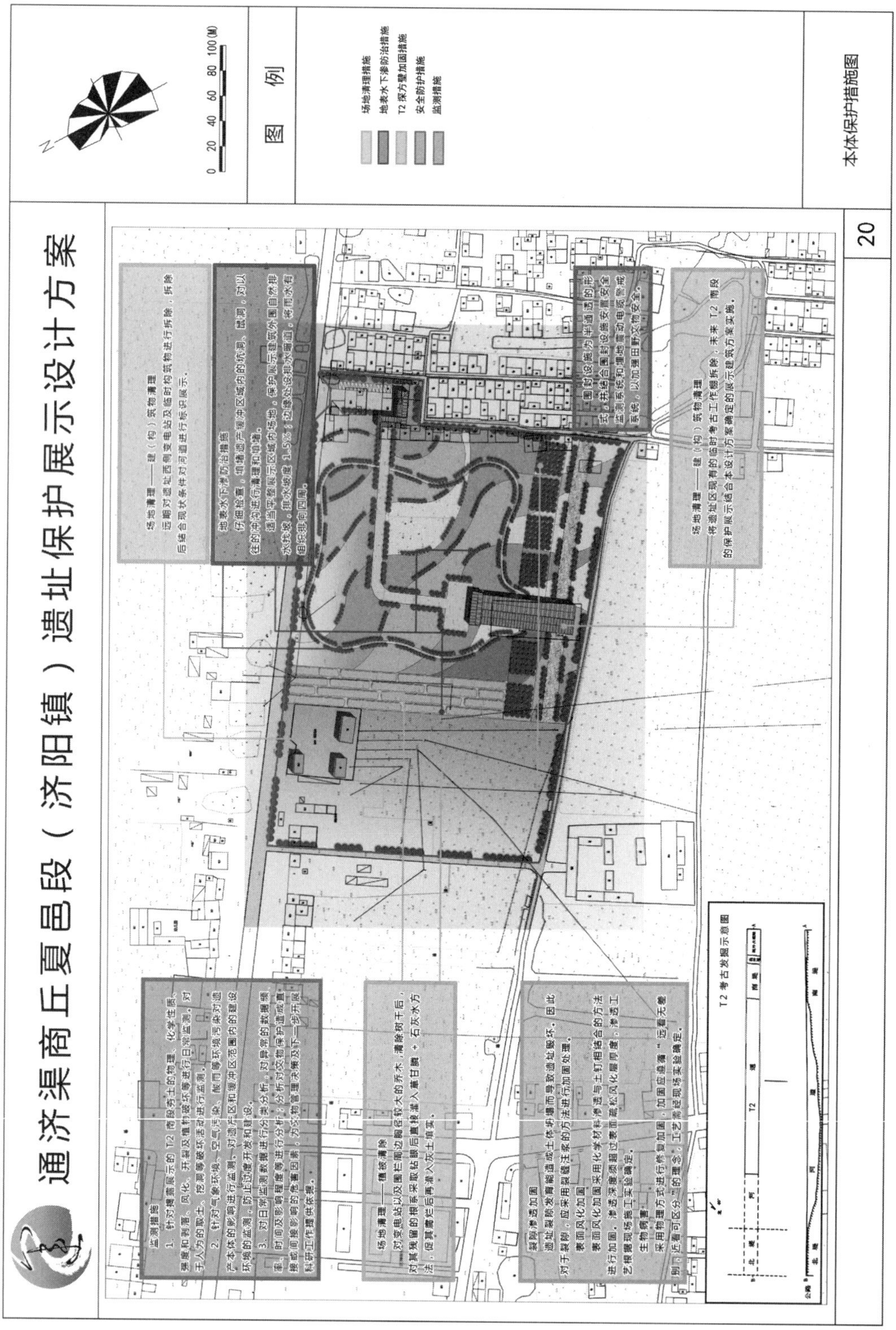
通济渠商丘夏邑段（济阳镇）遗址保护展示设计方案
监测措施
1．针对揭露展示的T2南段夯土的物理、化学性质、强度和剥落、风化、开裂及植物破坏等进行日常监测，对于人为的取土、挖洞等破坏活动进行监测。
2．针对气象环境、空气污染、酸雨等环境污染对遗产本体的影响进行监测，对遗产区和缓冲区范围内的建设环境的监测，防止过度开发和建设。
3．对日常监测数据进行分类分析，对异常的数据频率、时间及影响程度等进行分析；分析对文物保护造成直接或间接影响的危害因素，为文物管理决策及下一步开展科研工作提供依据。
场地清理——植被清除
对变电站以及围栏周边胸径较大的乔木，清除树干后，对其残留的根系采取钻眼后直接灌入草甘膦＋石灰水方法，促其腐烂后再灌入灰土填实。
裂隙渗透加固
遗址裂隙发育能造成土体坍塌而导致遗址毁坏。因此对于裂隙，应采用裂缝注浆的方法进行加固处理。
表面风化加固
表面风化加固采用化学材料渗透与土钉相结合的方法进行加固。渗透深度须超过表面疏松风化层厚度，渗透工艺根据现场施工实验确定。
生物病害
采用物理方式进行修复加固，加固应遵循"远看无差别，近看可区分"的理念，工艺需经现场实验确定。
T2考古发掘示意图
北堤
河
T2
道
南堤
公路
场地清理——建（构）筑物清理
远期对遗址西侧变电站及临时构筑物进行拆除，拆除后结合现状条件对河道进行标识展示。
地表水下渗防治措施
仔细检查，填堵遗产缓冲区域内的坑洞、鼠洞，对以往的冲沟进行清理和填堵。
适当平整展示区域内场地，保护展示建筑外围自然排水找坡，排水坡度1.5%；边缘处设排水暗道，将雨水有组织排向四周。
围封设施为半通透的形式，并结合围封设施安置安全监测系统和埋地震动电缆警戒系统，以加强田野文物安全。
场地清理——建（构）筑物清理
将遗址区现有的临时考古工作棚拆除；未来T2南段的保护展示结合本设计方案确定的展示建筑方案实施。
0　20　40　60　80　100(M)
图　例
场地清理措施
地表水下渗防治措施
T2探方壁加固措施
安全防护措施
监测措施
本体保护措施图
20

附 录

通济渠商丘夏邑段（济阳镇）遗址保护展示设计方案

效果示意图

21

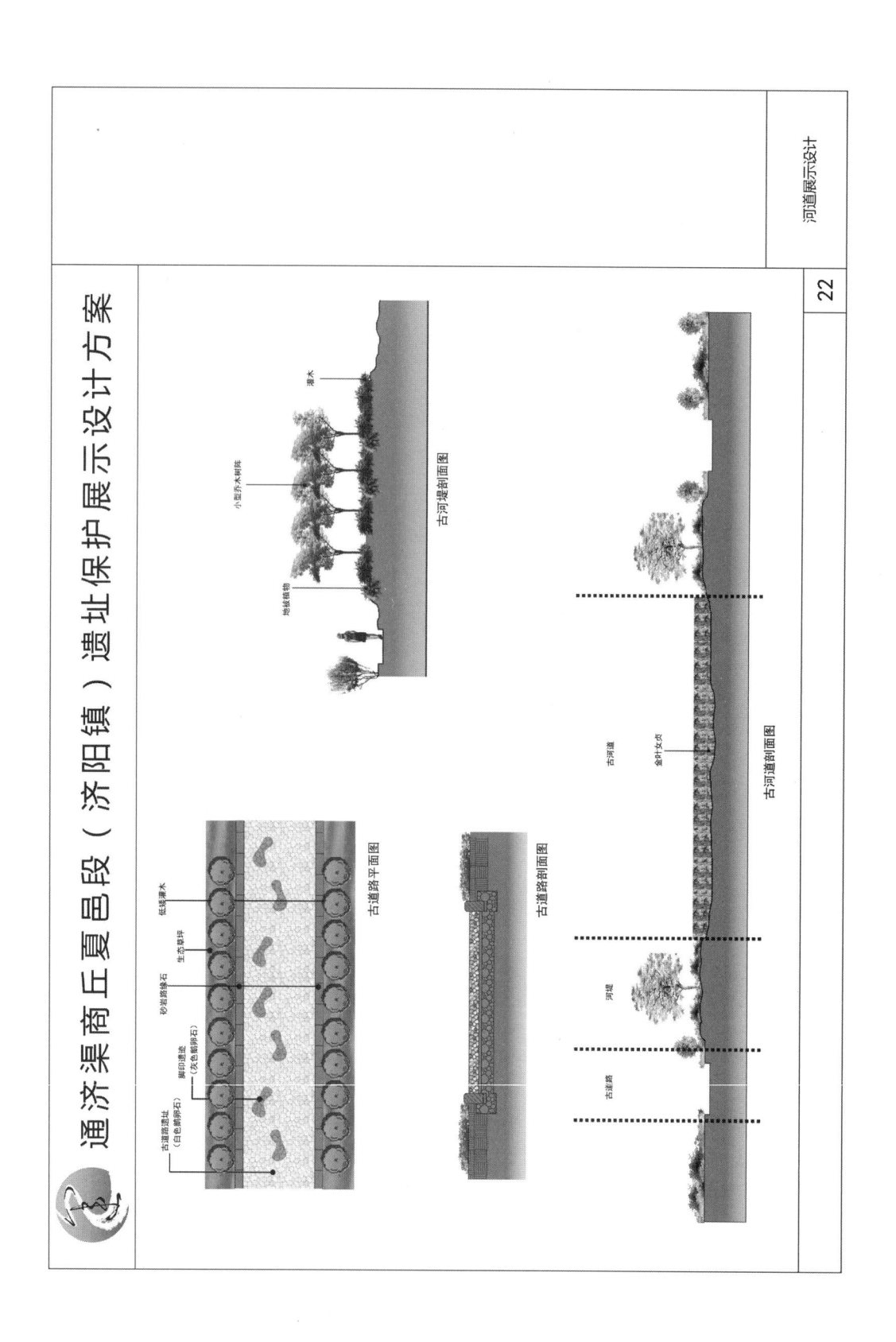

通济渠商丘夏邑段（济阳镇）遗址保护展示设计方案

河道展示设计

附　录　281

通济渠商丘夏邑段（济阳镇）遗址保护展示设计方案

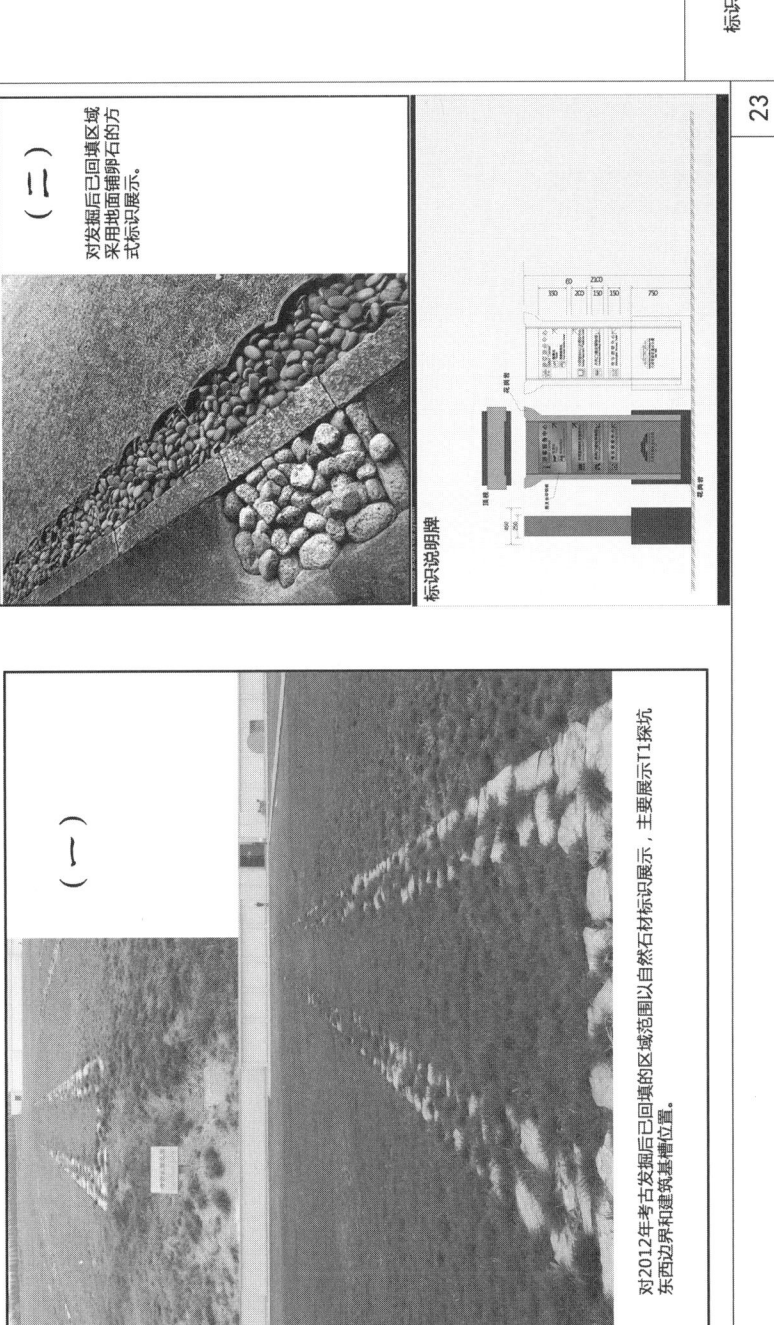

（一）对2012年考古发掘后已回填的区域范围以自然石材做标识展示，主要展示T1探坑东西边界和建筑基槽位置。

（二）对发掘后已回填区域采用地面铺卵石的方式标识展示。

标识说明牌

标识展示示意图

23

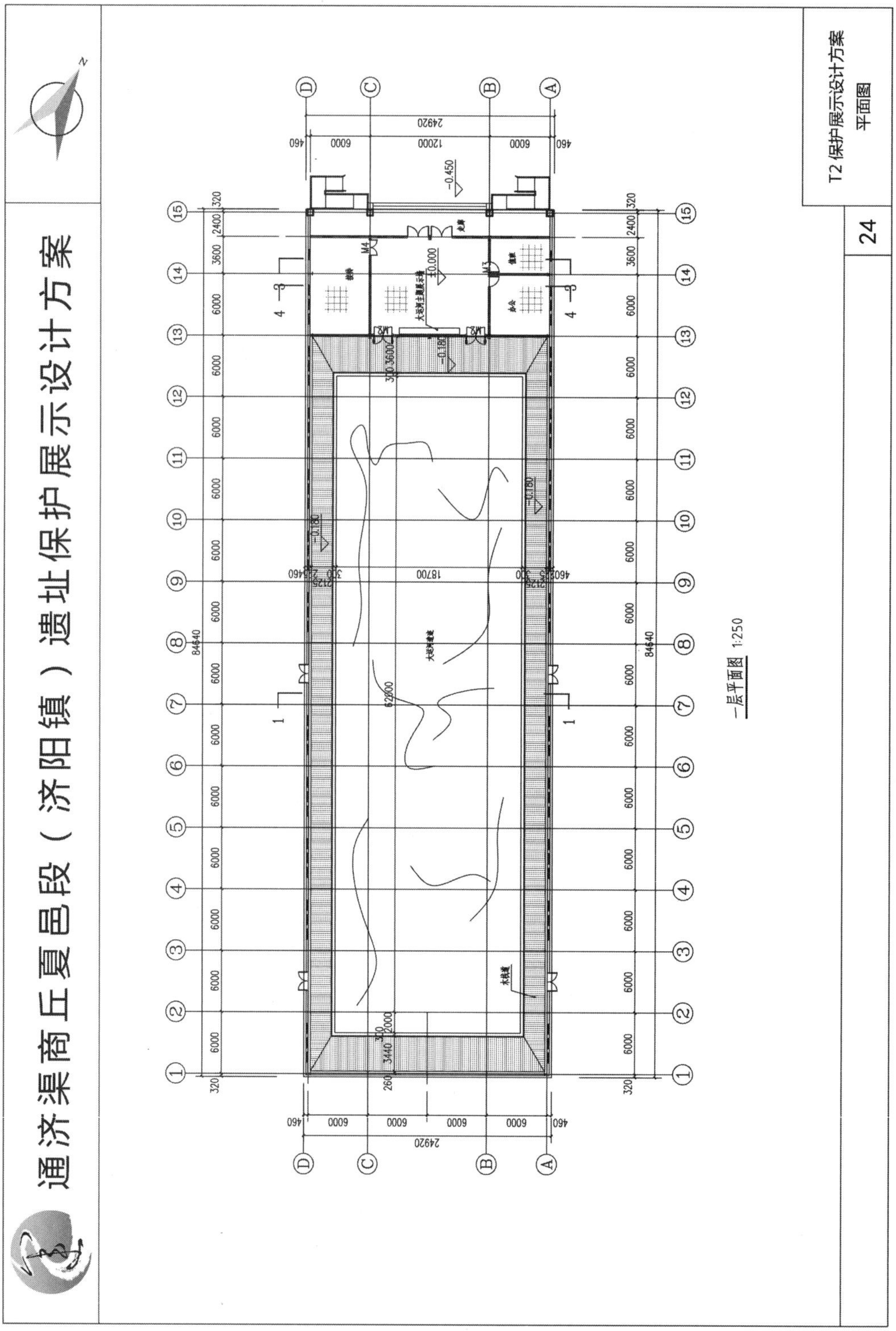
通济渠商丘夏邑段（济阳镇）遗址保护展示设计方案
T2 保护展示设计方案
平面图
24
一层平面图 1:250

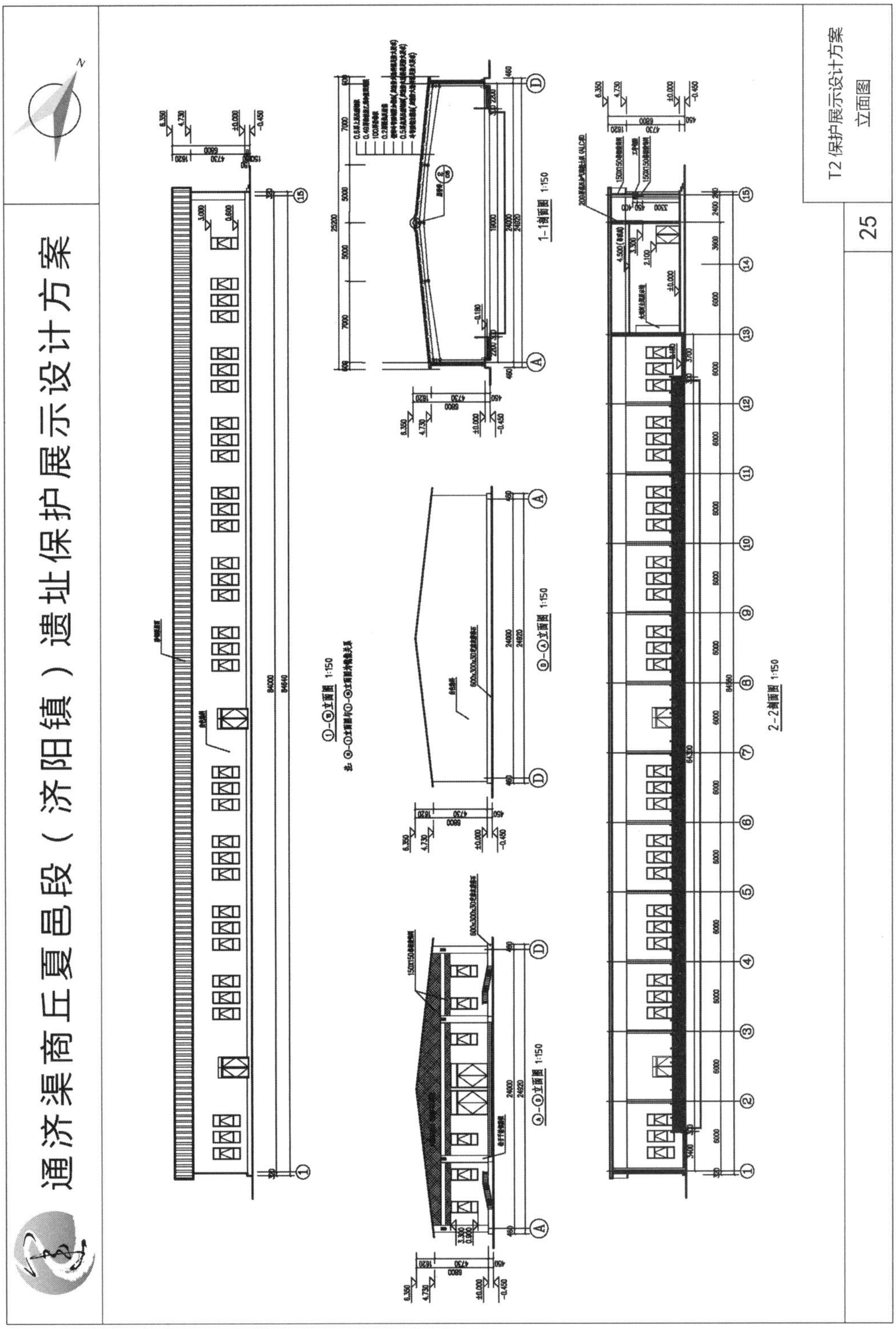
通济渠商丘夏邑段（济阳镇）遗址保护展示设计方案
T2 保护展示设计方案
立面图
25
1-1剖面图 1:150
2-2剖面图 1:150
①-⑮立面图 1:150
Ⓐ-Ⓓ立面图 1:150
Ⓓ-Ⓐ立面图 1:150

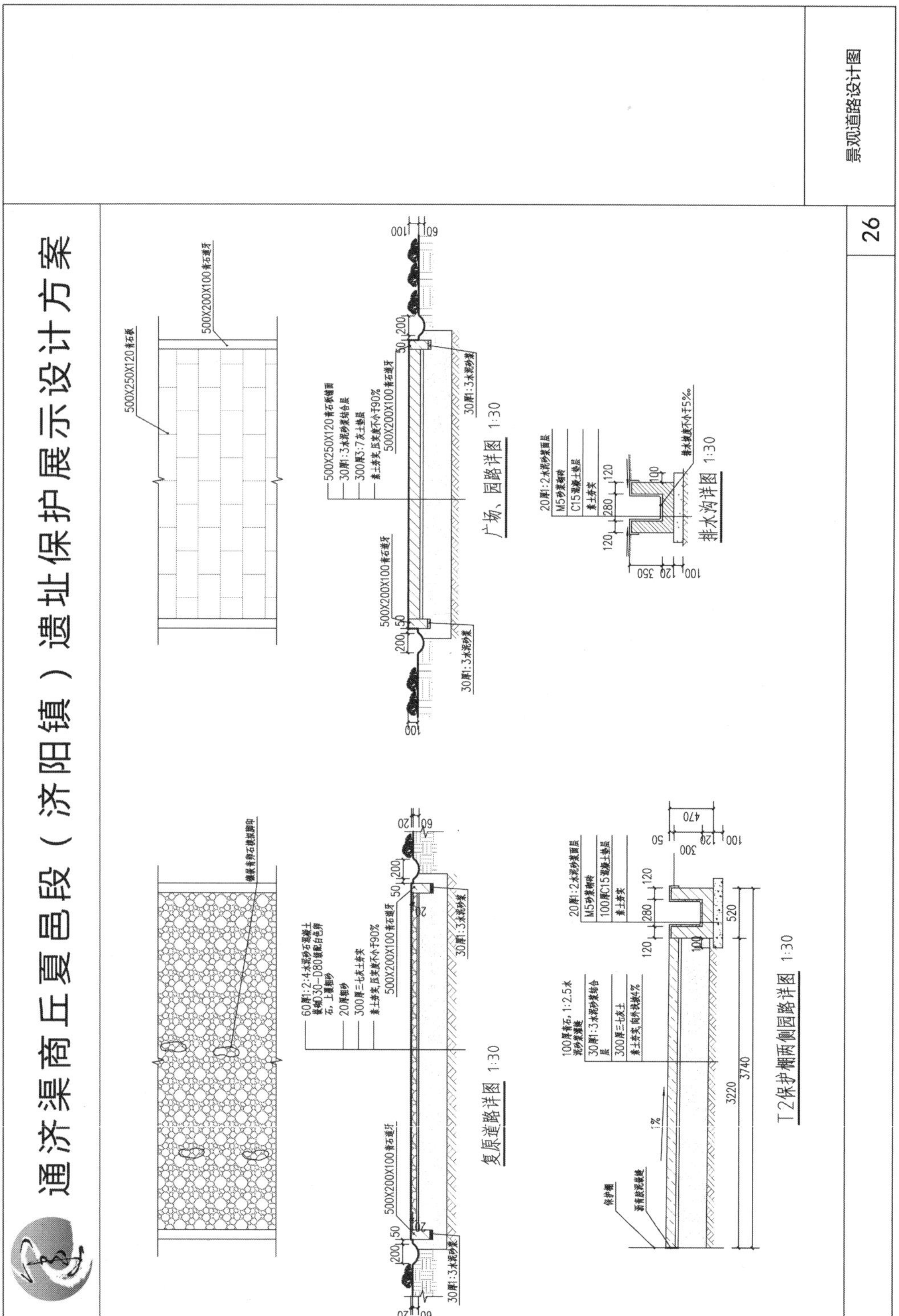
通济渠商丘夏邑段（济阳镇）遗址保护展示设计方案
景观道路设计图
26
500X250X120青石板
500X200X100青石道牙
500X250X120青石板铺面
30厚1:3水泥砂浆结合层
300厚3:7灰土垫层
素土夯实,压实度不小于90%
500X200X100青石道牙
30厚1:3水泥砂浆
广场、园路详图 1:30
20厚1:2水泥砂浆面层
M5砂浆砌砖
C15混凝土垫层
素土夯实
排水坡度不小于5%
排水沟详图 1:30
60厚1:2:4水泥砂石混凝土
20厚粗砂
300厚三七灰土夯实
素土夯实,压实度不小于90%
500X200X100青石道牙
30厚1:3水泥砂浆
复原道路详图 1:30
100厚青石,1:2.5水泥砂浆灌缝
30厚1:3水泥砂浆结合层
300厚三七灰土
素土夯实,向外找坡4%
20厚1:2水泥砂浆面层
M5砂浆砌砖
100厚C15混凝土垫层
素土夯实
保护棚
1%
3220
3740
520
470
T2保护棚两侧园路详图 1:30

附录十　通济渠商丘夏邑段历年征集文物图片选录

001　青釉瓷碗

002　青釉瓷碗

003　济西 H3 出土陶器残片

004　唐　豆青釉瓷碗

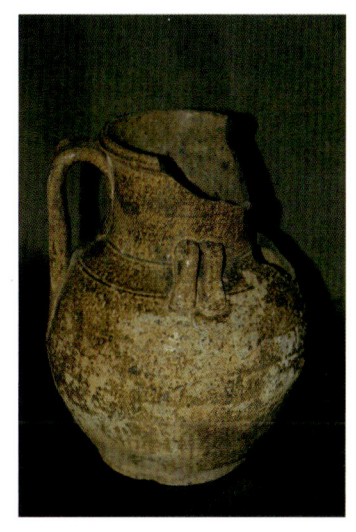

005　唐　单板带流四系瓷壶

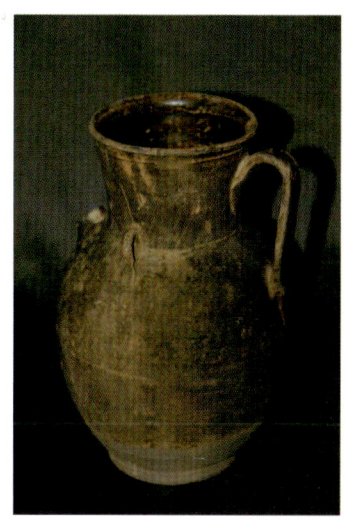

006　单板带流双系瓷壶

007　唐　四系青黄釉瓷罐

008　单板双系带流瓷壶 　　　　009　黑釉瓷壶 　　　　010　唐　青黄釉瓷瓮

011　白瓷碗 　　　　012　青釉暗花瓷碗

013　黑釉瓷碗 　　　　014　黑釉瓷碗

015　青釉小圈足瓷碗 　　　　016　青釉瓷碗

附 录

017 白釉瓷碗

018 青釉瓷尊

019 白釉瓷碗

020 白釉瓷碗

021 明 青花瓷碗

022 青釉折腹瓷碗

023 青釉瓷碗

024 青釉瓷碗

025　青釉瓷盏　　　　　　　　　　　　026　白瓷碗

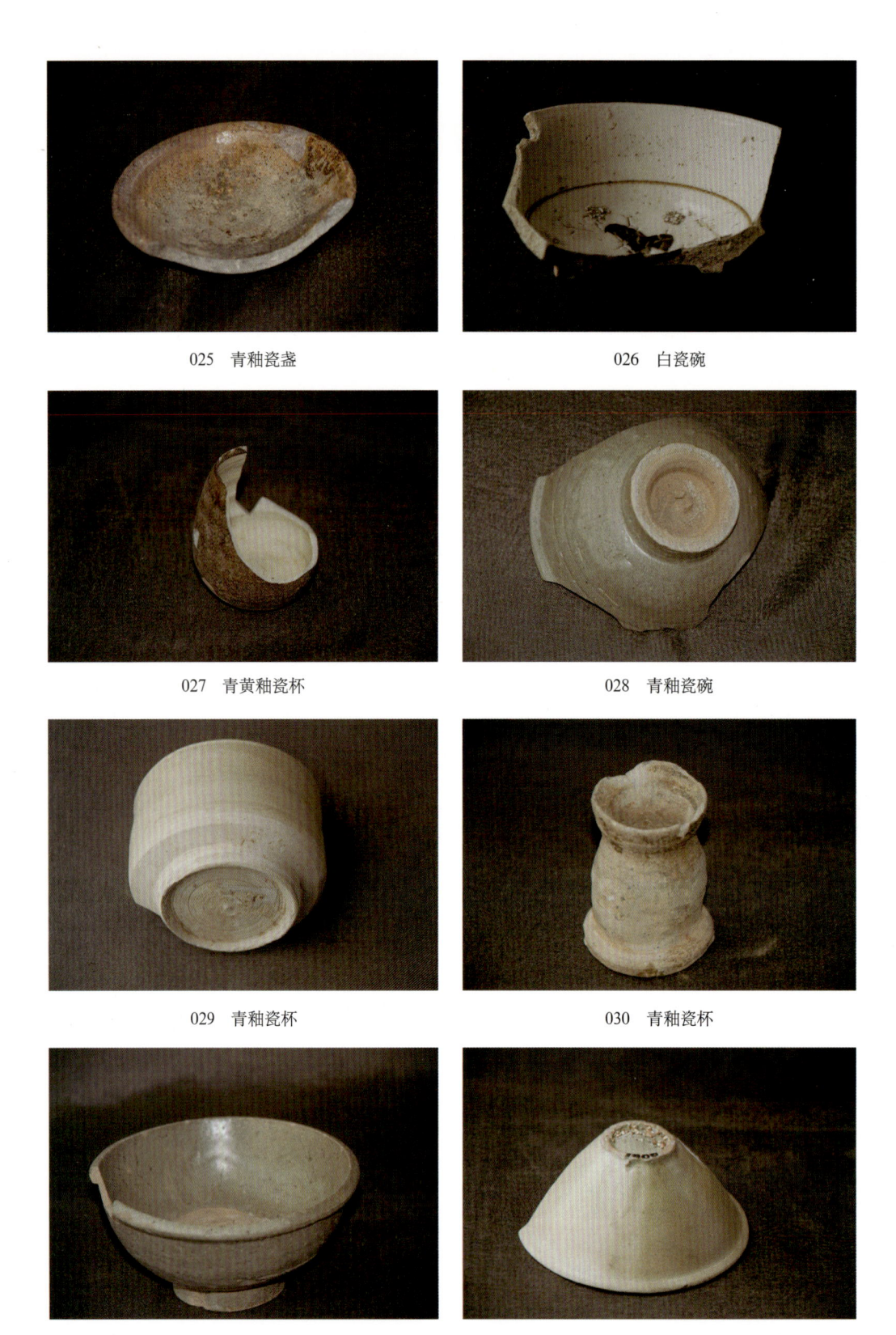

027　青黄釉瓷杯　　　　　　　　　　028　青釉瓷碗

029　青釉瓷杯　　　　　　　　　　　030　青釉瓷杯

031　青釉瓷碗　　　　　　　　　　　032　白釉瓷碗

033 黑釉瓷碗

034 青釉瓷碗

035 白釉高圈足瓷碗

036 黑釉瓷碗

037 白釉瓷碗

038 黑釉瓷碗

039 黑釉瓷碗

040 白釉瓷碗

041　白瓷碗

042-1　青釉瓷碗

042-2　青釉瓷碗

043　青釉瓷碗

044　青釉瓷碗

045　白瓷碗

046　青釉瓷碗

047-1　瓷器盖

047-2 瓷器盖

048-1 瓷器盖

048-2 瓷器盖

049-1 圆钮器盖

049-2 圆钮器盖

050 花形钮器盖

051-1 青釉器盖

051-2 青釉器盖

052-1 青釉瓷碗

052-2 青釉瓷碗

053 青釉瓷碗

054 黑釉瓷碗

055 青釉瓷碗

056 白瓷碗

057 双系瓷壶

058 四系橄榄瓷罐

059 双系青瓷罐

060 青釉瓷碗

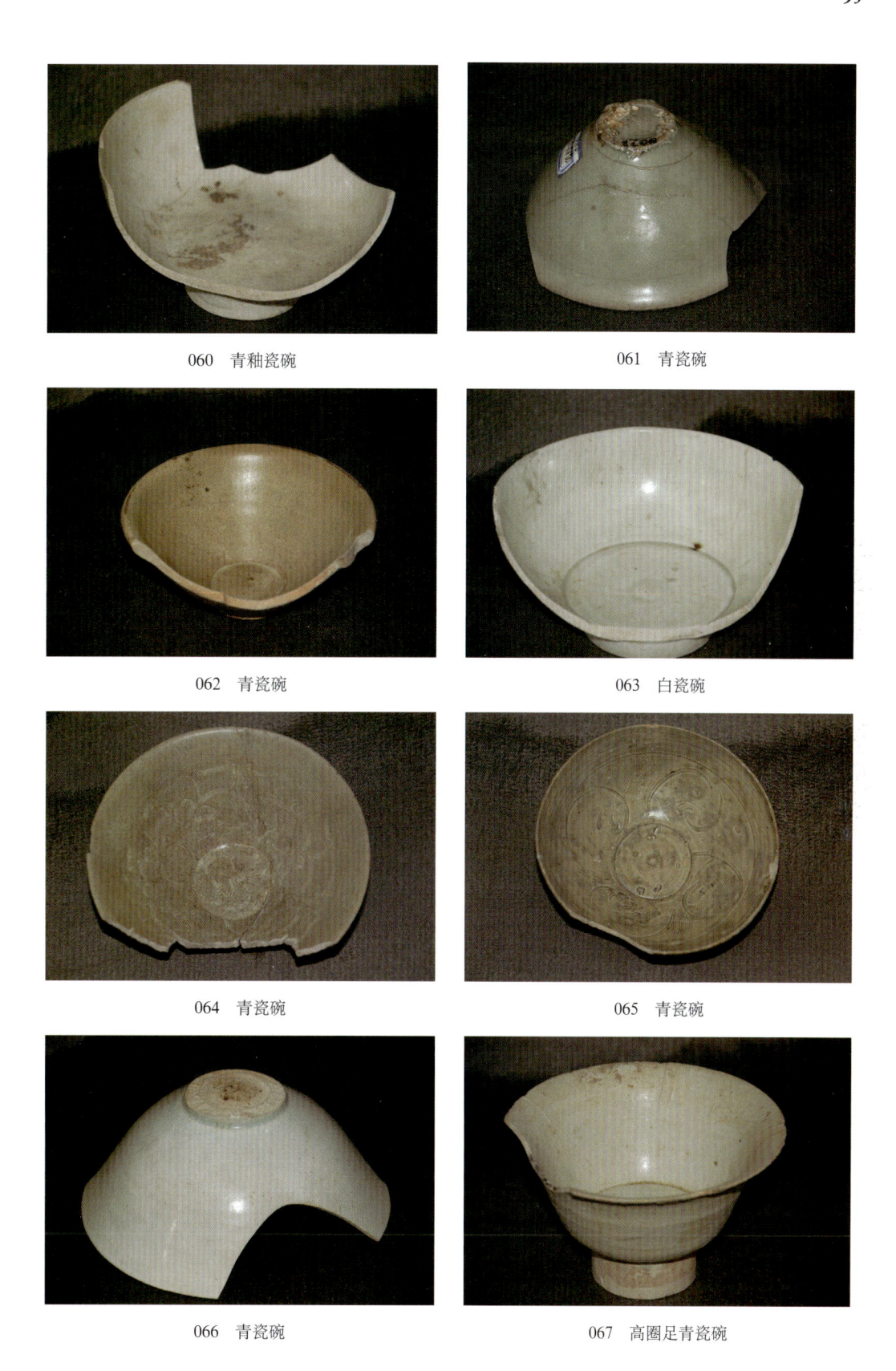

061 青瓷碗

062 青瓷碗

063 白瓷碗

064 青瓷碗

065 青瓷碗

066 青瓷碗

067 高圈足青瓷碗

068 青瓷碗

069 青瓷碗

070 青瓷灯

071 葵口白瓷盘

072 葵口白瓷盘

073 青瓷碗

074-1 青瓷碗

074-2 青瓷碗

附　录

075　黑瓷盏

076　黑釉高圈足碗

077　黑瓷碗

078-1　白瓷钵

078-2　白瓷钵

079　青瓷碗

080　青瓷碗

081　黑瓷碗

082-1 青瓷碗　　　082-2 青瓷碗

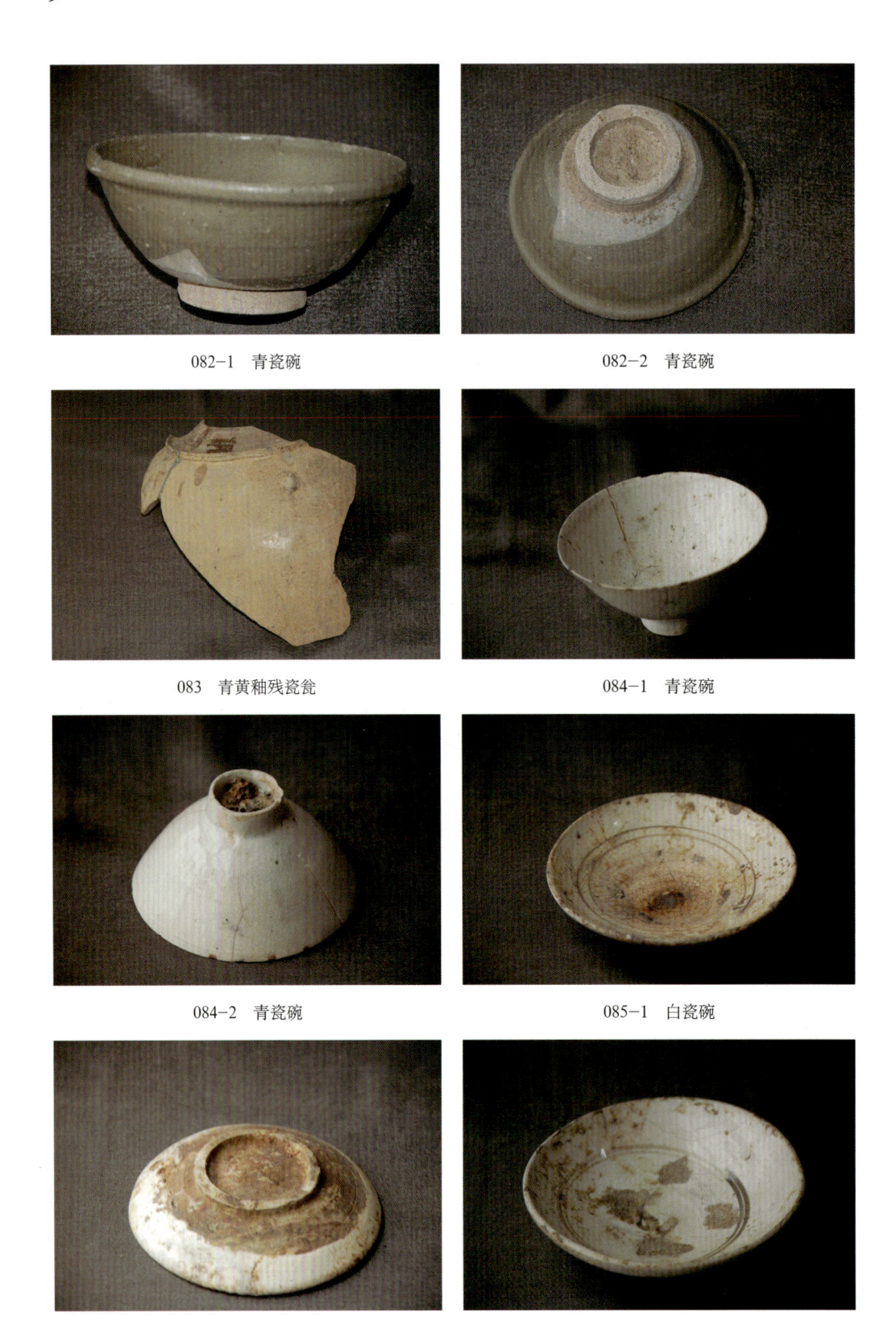

083 青黄釉残瓷瓮　　　084-1 青瓷碗

084-2 青瓷碗　　　085-1 白瓷碗

085-2 白瓷碗　　　086-1 白瓷碗

附　录

086-2　白瓷碗

087-1　白瓷碗

087-2　白瓷碗

088-1　白瓷碗

088-2　白瓷碗

089-1　酱釉瓷碗

089-2　酱釉瓷碗

090-1　青釉高圈足瓷碗

090-2　青釉高圈足瓷碗 　　　　　　　091-1　青釉瓷碗

091-2　青釉瓷碗

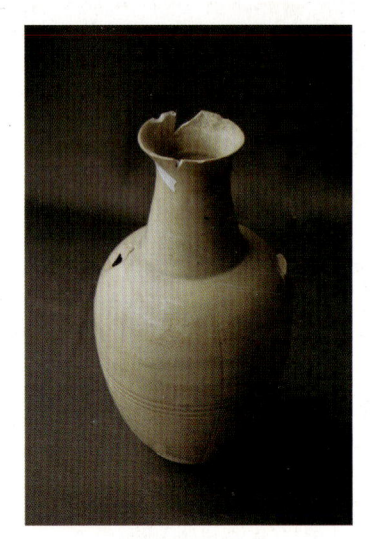

092　青釉瓷壶

093　酱釉瓷瓶

094-1　青釉瓷碗

附 录

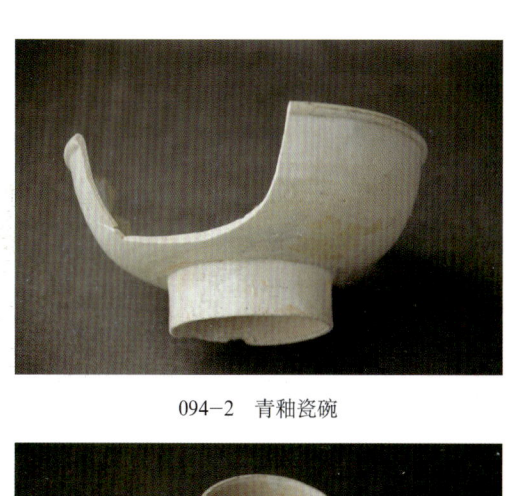

094-2 青釉瓷碗

095-1 青瓷碗

095-2 青瓷碗

096-1 白瓷碗

096-2 白瓷碗

097 白瓷碗

098 黑瓷碗

099 白瓷碗

100 耢石

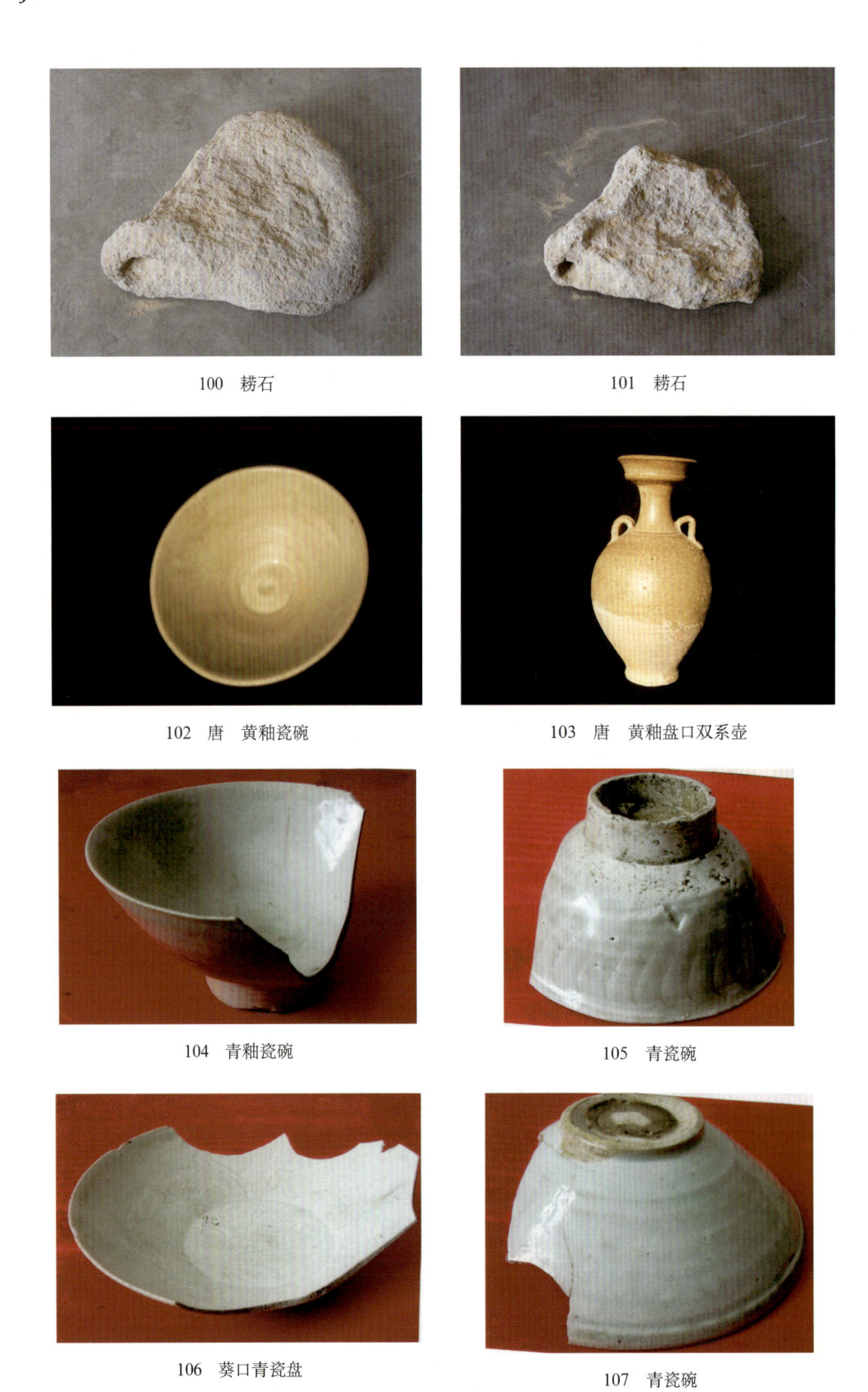

101 耢石

102 唐 黄釉瓷碗

103 唐 黄釉盘口双系壶

104 青釉瓷碗

105 青瓷碗

106 葵口青瓷盘

107 青瓷碗